C·H·Beck
PAPERBACK

Mai 1945: Während die Regierung Dönitz nach Flensburg ausweicht, rücken die alliierten Streitkräfte unaufhaltsam weiter vor. Berlin kapituliert, in Italien die Heeresgruppe C. Raketenforscher Wernher von Braun wird festgenommen, Marlene Dietrich sucht in Bergen-Belsen nach ihrer Schwester. Es kommt zu einer Selbstmordepidemie und zu Massenvergewaltigungen. Letzte Todesmärsche, wilde Vertreibungen, abtauchende Nazi-Bonzen, befreite Konzentrationslager – all das gehört zu jener «Lücke zwischen dem Nichtmehr und dem Nochnicht», die Erich Kästner am 7. Mai 1945 in seinem Tagebuch vermerkt. Volker Ullrich, der große Journalist und Hitler-Biograph, hat aus historischen Miniaturen und Mosaiksteinen ein Panorama dieser «Acht Tage im Mai» zusammengefügt, das sich fesselnder liest als mancher Thriller.

Volker Ullrich ist Historiker und leitete von 1990 bis 2009 bei der Wochenzeitung «Die Zeit» das Ressort «Politisches Buch». Er hat eine ganze Reihe von einflussreichen historischen Werken vorgelegt, darunter «Die nervöse Großmacht. Aufstieg und Untergang des deutschen Kaiserreichs 1871–1918» (1997) und die zweibändige Biographie «Adolf Hitler» (2013 und 2018), die auch in mehrere Sprachen übersetzt wurde. Volker Ullrich erhielt 1992 den Alfred-Kerr-Preis für Literaturkritik und 2008 die Ehrendoktorwürde der Friedrich-Schiller-Universität Jena.

Volker Ullrich

ACHT TAGE IM MAI

Die letzte Woche des Dritten Reiches

C.H.Beck

Dieses Buch erschien zuerst 2020 in gebundener Form
im Verlag C.H.Beck.

1.–5. Auflage. 2020
6. Auflage. 2021

Mit 21 Abbildungen und 1 Karte (© Peter Palm, Berlin)

1. und 2. Auflage in der Reihe C.H.Beck Paperback. 2021
3. Auflage. 2023

Satz: Janß GmbH, Pfungstadt
Druck und Bindung: Druckerei C.H.Beck, Nördlingen
Umschlaggestaltung: Rothfos & Gabler, Hamburg
Umschlagabbildung: US-Soldat mit jungen deutschen Gefangenen
© Bettmann/Getty Images
Printed in Germany
ISBN 978 3 406 81524 9

myclimate

klimaneutral produziert
https://rsw.beck.de/nachhaltig

Inhalt

NORWEGEN
Von deutschen Truppen am 1.5.1945 gehaltene Gebiete
Grenze des «Großdeutschen Reiches»
Konzentrationslager
Vernichtungslager
Sitz der «Regierung Dönitz»
(erst in Plön u. Eutin, dann in Flensburg)
Göteborg
SCHWEDE
DÄNEMARK
Aarhus
Karlskrona
Kopenhagen
Malmö
Nordsee
Sylt
Flensburg
Bornholm
Kiel
Rügen
GROSS-
BRITANNIEN
Plön
Eutin
Bremerhaven
Lübeck
Rostock
Hamburg
Norwich
NIEDERLANDE
Stettin
Bremen
Elbe
Amsterdam
Celle
Oder
London
Utrecht
Arnheim
Hannover
Berlin
Münster
Magdeburg
Potsdam
Dünkirchen
Antwerpen
Kassel
Cottbus
Torgau
Lille
Brüssel
Köln
Weimar
Leipzig
Dresden
BELGIEN
DEUTSCHES
REICH
Chemnitz
Le Havre
Rhein
Frankfurt
Luxemburg
Reims
Prag
Seine
Protektorat Böhm
und Mähren
Paris
Mannheim
Nürnberg
Nancy
Karlsruhe
Donau
Straßburg
Stuttgart
Regensburg
Troyes
Orléans
Ulm
Inn
FRANKREICH
Freiburg
Linz
Wi
München
Dijon
Salzburg
Basel
Zürich
Loire
Innsbruck
Bern
SCHWEIZ
Klagenfurt
Gr
Vichy
Meran
Genf
Bozen
Lyon
Mailand
Padua
Triest
Zag
Turin
Verona
Venedig
Rhône
Rijeka
(Fiume)
0
100
200 km
Genua
Bologna
Adria

Das Deutsche Reich im Mai 1945

Vorwort

Am 7. Mai 1945 schrieb der Schriftsteller Erich Kästner in sein Tagebuch: «Leute laufen betreten durch die Straßen. Die kurze Pause im Geschichtsunterricht macht sie nervös. Die Lücke zwischen dem Nichtmehr und dem Nochnicht irritiert sie.»[1] Von dieser Phase des «Nichtmehr» und «Nochnicht» handelt dieses Buch. Die alte Ordnung, die Herrschaft des Nationalsozialismus, war zusammengebrochen; eine neue Ordnung, das Regiment der Besatzungsmächte, hatte sich noch nicht etabliert. Viele Zeitgenossen erlebten die Tage zwischen dem Tod Hitlers am 30. April und der bedingungslosen Kapitulation Deutschlands am 7./8. Mai 1945 als eine tiefgreifende lebensgeschichtliche Zäsur, als die vielzitierte «Stunde Null».[2] Die Uhren schienen buchstäblich stillzustehen. «Es ist so sonderbar, ohne Zeitung, ohne Kalender, ohne Uhrzeit und Ultimo zu leben», notierte eine Berlinerin am 7. Mai. «Die zeitlose Zeit, die wie Wasser dahinrinnt und deren Uhrzeiger für uns einzig die Männer in den fremden Uniformen sind.»[3] Dieses Gefühl, in einer Art «Niemandszeit» zu leben, gab den ersten Tagen des Mai 1945 ihr eigentümliches Gepräge.[4]

Dabei waren gerade diese Tage erfüllt von einer ungeheuren Dramatik. «Sensation auf Sensation! Die Ereignisse überstürzen sich!», hielt ein Justizinspektor im hessischen Städtchen Laubach am 5. Mai in seinem Tagebuch fest. «Berlin von den Russen erobert! Hamburg in den Händen der Engländer! (…) Die deutschen Truppen in Italien u(nd) West-Österreich haben kapituliert. Heute Vormittag ist auch noch die Kapitulation der deutschen Armee in Holland, Dänemark u(nd) Nordwestdeutschland in Kraft getreten. Auflösung an allen Fronten.»[5]

Dieser Auflösungsprozess vollzog sich so plötzlich und in einem so rasanten Tempo, dass zeitgenössische Beobachter Mühe hatten, sich zu orientieren und mit der Entwicklung Schritt zu halten. Bei vielen hinterließ der dramatische Umbruch ein Gefühl der Fassungslosigkeit, ja des

Phantastisch-Unwirklichen. «Immer wieder fasst man sich an den Kopf, um sich zu vergewissern, dass alles dies nicht ein Traum sei», bemerkte der württembergische Liberale Reinhold Maier am 7. Mai.[6]

Zur Verwirrung trug bei, dass das Kriegsende in verschiedenen Teilen des untergehenden «Dritten Reiches» unterschiedlich verlief und von den Menschen auch unterschiedlich wahrgenommen wurde.[7] Während die Alliierten in den eroberten westlichen Gebieten vielerorts als Befreier begrüßt wurden, war in den östlichen Provinzen die Angst vor den Russen vorherrschend. Das jahrelang geschürte antibolschewistische Feindbild spielte hier eine Rolle, aber auch das verbreitete Wissen um die deutschen Verbrechen im Vernichtungskrieg gegen die Sowjetunion. Während sich im Westen viele Soldaten mehr oder weniger bereitwillig Briten und Amerikanern ergaben, leistete die Wehrmacht an der Ostfront bis zuletzt erbitterten Widerstand gegen die Rote Armee. So wurde Hamburg am 3. Mai kampflos übergeben, in der Festung Breslau aber noch bis zum 6. Mai weitergekämpft. Während in den befreiten Städten und Regionen erste Maßnahmen zur Reorganisation des politischen Lebens getroffen wurden, dauerte die deutsche Besatzungsherrschaft in den Niederlanden, Dänemark und Norwegen noch in den ersten Maitagen an. Im Protektorat Böhmen und Mähren setzte ihr erst der Aufstand in Prag vom 5. Mai ein Ende.

Während in der subjektiven Wahrnehmung vieler Deutscher die Zeit gleichsam zum Stillstand gekommen schien, war auf den Straßen doch alles in Bewegung. Große Menschenmassen waren unterwegs. Die Todesmärsche der KZ-Häftlinge kreuzten sich mit zurückflutenden Wehrmachteinheiten und Flüchtlingstrecks, die Kolonnen der Kriegsgefangenen mit denen befreiter Zwangsarbeiter und heimkehrender Ausgebombter. Alliierte Beobachter sprachen von einer regelrechten Völkerwanderung. «Es wirkte, als habe jemand in einen ungeheuren Ameisenhaufen gestochert», erinnerte sich der britische Diplomat Ivone Kirkpatrick.[8] Die chaotische und widersprüchliche Abfolge des Geschehens anschaulich zu machen, ist ein wichtiges Vorhaben des Buches.

Mit dem Zwischenspiel der acht Tage untrennbar verbunden ist die Regierung unter Karl Dönitz in Flensburg. Der Großadmiral war noch von Hitler selbst zu seinem Nachfolger bestimmt worden. Er trägt die Hauptverantwortung dafür, dass der Krieg auch nach dem Selbstmord des Diktators noch um eine volle Woche verlängert wurde. Sein Konzept – Teilkapitulationen im Westen bei Fortsetzung des Krieges gegen die Sowjetunion – sollte nicht nur möglichst vielen Zivilisten und Soldaten die Flucht hinter die britischen und amerikanischen Linien ermöglichen, sondern auch Zwietracht säen im Lager der Anti-Hitler-Koalition. Wie versucht wurde, dieses Konzept umzusetzen, welche Schritte unternommen wurden und welche Illusionen dabei im Spiel waren, bildet einen roten Faden der Darstellung.

Das Intermezzo der Dönitz-Regierung ist auch deshalb aufschlussreich, weil sie sowohl in ihrem Personal als auch in ihren programmatischen Verlautbarungen eine geradezu gespenstische Kontinuität mit dem NS-Regime aufwies – und weil sie keinerlei Bereitschaft zeigte, sich der Verantwortung für die begangenen Verbrechen zu stellen. Darin entsprach sie nicht nur der Haltung der gesamten nationalsozialistischen Machtelite, sondern auch großer Teile der deutschen Bevölkerung.

Doch die Dönitz-Regierung als letztes Überbleibsel deutscher Staatlichkeit prägte nur einen kleinen Ausschnitt jener acht Tage. Daher richtet das Buch den Scheinwerfer weit über die Flensburger Enklave hinaus auf viele andere Schauplätze, um ein möglichst facettenreiches Panorama politischer, militärischer und gesellschaftlicher Ereignisse und Entwicklungen einzufangen. Dabei soll keines der relevanten Themen ausgespart bleiben: die letzten Kämpfe, die Todesmärsche, die Selbstmordepidemie am Ende des Krieges, die immer noch andauernden Schrecken der deutschen Besatzungsherrschaft, die ersten Begegnungen mit den fremden Soldaten, die Massenvergewaltigungen in Berlin, das Schicksal der Kriegsgefangenen, KZ-Häftlinge und «Displaced Persons», die frühen «wilden» Vertreibungen der Deutschen, der Alltag in den Trümmern und der tastende Neubeginn, der für einige den Start in eine steile Nachkriegskarriere markierte.

Die Ereignisse, von denen hier erzählt wird, haben Ursachen, die in die Vergangenheit zurückreichen, und Folgen, die in die Zukunft weisen. Die Darstellung überschreitet daher immer wieder die zeitlichen Grenzen der acht Tage – teils nach hinten und teils nach vorne. Und ebenso müssen die Personen, die in den Blick treten, in ihrem Werdegang und ihrer Entwicklung porträtiert werden. Biographische Miniaturen und Nahaufnahmen mit historischer Tiefenschärfe wechseln sich ab, und dieses Ensemble soll sich zu einem Gesamtbild runden, das, wie ich hoffe, einen plastischen Eindruck von der dramatischen Umbruchphase zwischen dem apokalyptischen Untergang des «Dritten Reiches» und den Anfängen der Besatzungsherrschaft vermittelt.

Dieses Buch lässt Zeitgenossen in Tagebüchern, Briefen und Erinnerungen ausführlich zu Wort kommen. Vor allem Tagebücher erweisen sich als unverzichtbare Quelle, weil sie die Schwellenerfahrung des Kriegsendes am unmittelbarsten zum Ausdruck bringen.[9] Darin spiegelt sich das Nebeneinander widersprüchlichster Empfindungen und Gefühle, das die Tage Anfang Mai 1945 auch kennzeichnete: Endzeitstimmung auf der einen und Aufbruchstimmung auf der anderen Seite.

Prolog, 30. April 1945

In den frühen Stunden des 30. April 1945 traf im Tiefbunker unter der Alten Reichskanzlei eine niederschmetternde Nachricht ein. Wilhelm Keitel, der Chef des Oberkommandos der Wehrmacht (OKW), meldete, dass der Vormarsch der 12. Armee unter General Walter Wenck auf Berlin am Schwielow-See südwestlich von Potsdam zum Stehen gekommen war. Damit war auch die letzte Hoffnung geschwunden, die seit dem 25. April von sowjetischen Truppen eingeschlossene Reichshauptstadt zu entsetzen. Erst jetzt entschloss sich Adolf Hitler, das wahrzumachen, womit er im Laufe seiner unheilvollen Karriere immer wieder gedroht hatte: seinem Leben ein Ende zu setzen.[1]

Noch in der Nacht begann er, sich von einem Teil seiner Mitarbeiter zu verabschieden, darunter auch vom medizinischen Personal des Behelfslazaretts unter der Neuen Reichskanzlei. Er habe das «Gefühl einer fast unerträglichen Ernüchterung» empfunden, berichtet der Arzt Ernst Günther Schenck, der Hitler zum ersten Mal aus der Nähe beobachten konnte. Denn der Mann, der vor ihm stand, habe nicht mehr entfernt dem energiegeladenen «Führer» früherer Tage geähnelt: «Wohl trug er einen grauen Rock mit dem goldgestickten Hoheitszeichen und dem Eisernen Kreuz an der linken Brustseite, auch die lange schwarze Hose; aber der Mensch, der in diesem Tuch steckte, war unvorstellbar tief in sich selbst zurückgefallen. Ich sah hinab auf einen gekrümmten Rücken mit sich abhebenden Schulterblättern, aus dem er den Kopf fast gequält hob.»[2] Hitler gab allen die Hand und bedankte sich für die ihm erwiesenen Dienste. Er wolle sich das Leben nehmen, erklärte er, und entbinde sie von ihrem Eid. Sie sollten versuchen, sich nach Westen, zu den britischen und amerikanischen Verbänden durchzuschlagen, um nicht in russische Gefangenschaft zu geraten.

Bereits um 5.00 Uhr lag die Reichskanzlei wieder unter Dauerbeschuss der russischen Artillerie. Eine Stunde später rief Hitler Wilhelm Mohnke, den Kommandanten der «Zitadelle», des letzten Verteidigungsrings um das Regierungsviertel, zu sich in den Tiefbunker und erkundigte sich, wie lange die Reichskanzlei noch gehalten werden könne. Allenfalls noch ein bis zwei Tage, lautete die Antwort des SS-Brigadeführers. Inzwischen hatten die Russen den größten Teil des Tiergartens erobert und kämpften bereits am Potsdamer Platz, nur 400 Meter von der Reichskanzlei entfernt. Eile war also geboten.

Gegen 12.00 Uhr mittags kam General Helmuth Weidling, den Hitler wenige Tage zuvor zum Kampfkommandanten von Berlin ernannt hatte, von seinem Gefechtsstand in der Bendlerstraße zu einer letzten Lagebesprechung in den Führerbunker. Er zeichnete ein noch düstereres Bild als zuvor Mohnke: Aller Wahrscheinlichkeit nach werde die Schlacht um Berlin bereits am Abend des 30. April beendet sein, da die Munitionsvorräte zur Neige gingen und mit einer weiteren Versorgung aus der Luft nicht mehr gerechnet werden könne. Hitler nahm die Mitteilung ruhig entgegen. Eine Kapitulation lehnte er zwar nach wie vor strikt ab, aber nach Rücksprache mit dem Chef des Generalstabes, General Hans Krebs, erlaubte er den Verteidigern Berlins für den Fall, dass alle Reserven aufgebraucht seien, in kleinen Gruppen auszubrechen und Anschluss an die noch kämpfenden Truppen im Westen zu suchen. Einen entsprechenden letzten schriftlichen «Führerbefehl» erhielt Weidling nach seiner Rückkehr in die Bendlerstraße.[3]

Nach der Lagebesprechung ließ Martin Bormann, der mächtige Leiter der Parteikanzlei und «Sekretär des Führers», Hitlers persönlichen Adjutanten, SS-Sturmbannführer Otto Günsche, zu sich kommen und teilte ihm mit, dass der Diktator sich am Nachmittag mit Eva Braun, seiner frisch angetrauten Frau, das Leben nehmen wolle. Er habe angeordnet, dass die Leichen verbrannt werden sollten. Zu diesem Zweck solle Günsche die notwendige Menge Benzin heranschaffen. Kurze Zeit später nahm auch Hitler seinem Adjutanten das Versprechen ab, für die strikte Ausführung des Befehls zu sorgen. Er wolle nicht, dass man seinen Leichnam nach Moskau bringe und ihn dort zur Schau stelle. Offensichtlich stand ihm das Schicksal Benito Mussolinis vor Augen. Der war am 27. April gemeinsam mit seiner Geliebten Claretta Petacci am Comer See von italienischen Partisanen verhaftet und einen Tag später erschossen worden. Die Leichen waren am Morgen des 29. April nach Mailand geschafft und kopfüber an einer Tankstelle auf der Piazzale Loreto aufgehängt worden. Die Nachricht vom Ende des Duce war am späten Abend des 29. April im Bunker eingetroffen, und sie dürfte Hitler in dem Entschluss bestärkt haben, dass von seinem Leichnam und dem seiner Frau nichts übrigbleiben sollte.

Unverzüglich traf Günsche die Vorbereitungen für die Verbrennung. Er rief Hitlers Chauffeur und Leiter des Kraftwagenparks, Erich Kempka, an und beauftragte ihn, zehn Kanister Benzin heranzuschaffen und am Notausgang des Bunkers zum Garten der Reichskanzlei bereitzustellen.[4]

Zwischen 13.00 und 14.00 Uhr nahm Hitler in Gesellschaft seiner Sekretärinnen Traudl Junge und Gerda Christian sowie seiner Diätköchin Constanze Manziarly die letzte Mahlzeit ein. Wie in den Wochen zuvor drehte sich die Unterhaltung um banale Themen; über das unmittelbar bevorstehende Ende wurde nicht gesprochen – ein «Gastmahl des Todes unter der Maske heiterer Gelassenheit und Gefasstheit», so hat sich Traudl Junge in ihren 1947 geschriebenen (und erst 2002 veröffentlichten) Erinnerungen die Szene ins Gedächtnis zurückgerufen.[5] Eva Braun, Hitlers langjährige Gefährtin, nahm nicht teil. Sie war Anfang März 1945 endgültig aus München nach Berlin zurückgekehrt und hatte sich früh entschieden, gemeinsam mit Hitler in den Tod zu gehen. Zum Dank für ihre bedingungslose Loyalität hatte Hitler sie noch in der Nacht vom 28. auf den 29. April geheiratet. Er habe sich, ließ er die Nachwelt in seinem zuvor diktierten «privaten Testament» wissen, «entschlossen, jenes Mädchen zur Frau zu nehmen, das nach langen Jahren treuer Freundschaft aus freiem Willen in die schon fast belagerte Stadt hereinkam, um ihr Schicksal mit dem meinen zu teilen».[6]

Für Hitler wurde es nun Zeit, sich von seiner Entourage zu verabschieden. Seinem Chefpiloten Hans Baur vermachte er als Geschenk Anton Graffs Porträt Friedrichs des Großen, das über dem Schreibtisch in seinem kleinen Arbeitszimmer im Bunker hing. «Meine Generale haben mich verraten und verkauft, meine Soldaten wollen nicht mehr, und ich kann nicht mehr!» Er wisse, setzte er hinzu, dass ihn «morgen schon (…) Millionen Menschen verfluchen» würden, aber das Schicksal habe es nun einmal nicht anders gewollt.[7] Seinem Kammerdiener Heinz Linge, der seit zehn Jahren täglich um ihn gewesen war, empfahl der Diktator, sich einer der Gruppen anzuschließen, die sich nach Westen absetzen sollten. Auf die erstaunte Frage Linges, für wen man sich denn jetzt noch durchschlagen solle, entgegnete Hitler: «Für den kommenden Mann!»[8]

Gegen 15.15 Uhr versammelten sich die engsten Mitarbeiter im Korridor des Bunkers: Martin Bormann, Propagandaminister Joseph Goebbels, der Verbindungsmann des Auswärtigen Amtes Walther Hewel, der Generalstabschef des Heeres Hans Krebs, der Chefadjutant der Wehrmacht Wilhelm Burgdorf sowie die Sekretärinnen Junge und Christian und die Diätköchin Manziarly. Hitler erschien in Begleitung seiner Frau. «Er kommt ganz langsam aus seinem Zimmer, gebeugter denn je, tritt in die offene Tür und reicht jedem die Hand», erinnerte sich Traudl Junge. «Ich fühle seine Rechte warm in der meinen, er schaut mich an, aber er sieht mich nicht. Ganz weit weg scheint er zu sein. Er sagt mir etwas, aber ich höre es nicht (...) Erst als Eva Braun auf mich zukommt, löst sich der Bann etwas. Sie lächelt und umarmt mich. ‹Bitte, versuchen Sie doch, rauszukommen, vielleicht können Sie noch durch. Dann grüßen Sie Bayern›.»[9]

Unmittelbar danach tauchte Magda Goebbels auf und bat Günsche, Hitler noch einmal sprechen zu dürfen. Mit ihrem Mann hatte sie entschieden, ebenfalls gemeinsam Selbstmord zu begehen und dabei auch ihre sechs Kinder mit in den Tod zu nehmen. Sie seien nun schon sechs Tage im Bunker, um ihrem «nationalsozialistischen Leben den einzig möglichen, ehrenvollen Abschluss zu geben», hatte sie am 28. April in ihrem Abschiedsbrief an ihren Sohn aus erster Ehe, Harald Quandt, geschrieben. «Die Welt, die nach dem Führer und dem Nationalsozialismus kommt, ist nicht wert, darin zu leben, und deshalb habe ich auch die Kinder hierher mitgenommen. Sie sind zu schade für das nach uns kommende Leben, und ein gnädiger Gott wird mich verstehen, wenn ich selbst ihnen die Erlösung geben werde.» Sie habe dem Führer «Treue bis in den Tod» geschworen, und dass sie und ihr Mann mit ihm das Leben beenden könnten, betrachte sie als «eine Gnade des Schicksals, mit der wir niemals zu rechnen wagten».[10] Anscheinend war Magda Goebbels nun in ihrem Entschluss schwankend geworden, denn sie versuchte Hitler zu bewegen, doch noch einen Versuch zu unternehmen, Berlin zu entkommen. Sichtlich ungehalten über die Störung in letzter Minute, wies Hitler sie ab.[11]

Nach etwa zehn Minuten – es war kurz nach 15.30 Uhr – öffnete Diener Linge die Tür zu Hitlers Arbeitszimmer, warf einen Blick hinein und meldete Bormann: «Herr Reichsleiter, es ist passiert!» Beide betraten den Raum. Ihnen bot sich folgendes Bild: Auf der linken Seite des Sofas – vom Betrachter aus gesehen – saß Hitler, den Kopf leicht nach vorn geneigt. Seine rechte Schläfe wies eine zehnpfenniggroße Einschusswunde auf, von der Blut die Wange hinunterlief. Wand und Sofa waren blutbespritzt. Auf dem Boden hatte sich eine tellergroße Blutlache gebildet. Dem herunterhängenden rechten Arm war die Pistole entglitten und lag neben Hitlers rechtem Fuß. Auf der rechten Seite des Sofas saß Eva Braun mit hochgezogenen Beinen. Der bittermandelähnliche Geruch, den die Leiche ausströmte, wies darauf hin, dass sie sich mit einer Zyankalikapsel vergiftet hatte.[12]

Adjutant Günsche ging in den Lageraum und rief den dort Wartenden zu: «Der Führer ist tot!» Goebbels, Krebs, Burgdorf, Reichsjugendführer Artur Axmann und der Leiter des Reichssicherheitsdienstes, SS-Gruppenführer Johann Rattenhuber, begaben sich in den Vorraum zu Hitlers Arbeitszimmer. In diesem Augenblick kam Linge, gefolgt von zwei SS-Männern, mit Hitlers Leichnam heraus. Der Körper war in eine Decke gehüllt, nur die Unterschenkel mit den schwarzen Hosenbeinen, den schwarzen Socken und Halbschuhen schauten heraus. Man trug die Leichen Hitlers und seiner Frau die Treppe hinauf in den Garten der Reichskanzlei und legte sie etwa drei bis vier Meter vom Bunkerausgang entfernt nieder. Bormann trat noch einmal vor, schlug die Decke über Hitlers Gesicht zurück und verharrte einen Augenblick schweigend.

Währenddessen ging ein Hagel von Artilleriegeschossen über der Reichskanzlei nieder. In einer Feuerpause stürzten Günsche, Kempka und Linge hinaus und leerten die bereitgestellten Benzinkanister über die Leichen aus. Zunächst gelang es nicht, das Benzin zu entzünden, da der starke Wind, der durch die Brände entfacht wurde, die Streichhölzer immer wieder ausblies. Schließlich drehte Linge aus einem Stück Papier eine Fackel und schleuderte sie auf die Leichen. Augenblicklich schoss eine helle Flamme empor. Die am Ausgang Versammelten hoben noch einmal den Arm zum Hitlergruß und zogen sich danach schnell in den Bunker zurück. Die sterblichen Überreste Adolf und Eva Hitlers wurden am Abend des 30. April auf Befehl Günsches von zwei SS-Leuten aus Hitlers Leibwache in einer Mulde im Garten der Reichskanzlei verscharrt.[13]

Zur selben Zeit, als Hitler die letzten Vorbereitungen für seinen Selbstmord traf, setzten die sowjetischen Truppen zum Sturm auf den Reichstag an. Das wuchtige neobarocke Gebäude am Königsplatz, das der Frankfurter Architekt Paul Wallot zwischen 1884 und 1894 hatte erbauen lassen, galt den russischen Befehlshabern als das eigentliche Wahrzeichen der verhassten Hitler-Diktatur. Für sie waren es die Nationalsozialisten gewesen, die am 27. Februar 1933 den Reichstag in Brand gesteckt hatten – ein Ereignis, das nicht nur den Vorwand geliefert hatte für die brutale Verfolgung der Kommunisten in ganz Deutschland, sondern mit der Reichstagsbrandverordnung vom 28. Februar auch den Grundstein gelegt hatte für die Errichtung der nationalsozialistischen Schreckensherrschaft. So erklärt sich, dass der Reichstag und nicht die nur wenige hundert Meter entfernte Reichskanzlei mit dem Führerbunker, Hitlers letztem Schlupfloch, als wichtigstes Ziel im Endkampf um Berlin auserkoren wurde. Bis zum 1. Mai, dem internationalen Kampftag der Arbeiterklasse, sollte der Wallot-Bau erobert werden.

Bereits am 29. April hatten russische Stoßtruppen die über die Spree führende Moltkebrücke freigekämpft und das nahegelegene Reichsinnenministerium besetzt. In den Morgenstunden des 30. April begann der Sturm auf den Reichstag.[14] Doch die Eroberung erwies sich als weitaus schwieriger als gedacht. Denn die Verteidiger – eine zusammengewürfelte Truppe aus Wehrmacht- und SS-Einheiten, dazu einige hundert eingeflogene Marineinfanteristen – hatten das Gebäude in eine Festung verwandelt. Sie hatten alle Fenster und Türen, bis auf Schießscharten, zugemauert und das Gelände vermint. Maschinengewehrnester und mit Wasser gefüllte Gräben stellten ein schwer zu überwindendes Hindernis dar. Der erste Angriff blieb im heftigen deutschen Gegenfeuer liegen. Zur Unterstützung der Infanterie brachten die Russen weitere Sturmgeschütze und Panzer über die Moltkebrücke auf den Königsplatz. Doch auch zwei weitere, am Vormittag und frühen Nachmittag unternommene Angriffe scheiterten unter hohen Verlusten. Deshalb beschlossen die sowjetischen Kommandeure, für den letzten, um 18.00 Uhr angesetzten Angriff den Einbruch der Dunkelheit abzuwarten. Und tatsächlich glückte es den sowjetischen Soldaten diesmal, bis zu den Stufen des Reichstags vorzudringen und die Eingangstür aufzubrechen. Im Gebäude selbst begann ein blutiger Nahkampf von Mann zu Mann. Während sich die Rotarmisten mit Maschinenpistolen und Handgranaten die breiten Treppen hinaufkämpften, zogen sich die Verteidiger in die Untergeschosse und die Keller zurück.

Gegen 22.40 Uhr gelangte eine Gruppe sowjetischer Soldaten um Michail Petrowitsch Minin auf das Dach des Reichstags. Sie hatten ein

Rotarmisten hissen die Rote Fahne auf dem Berliner Reichstag. Die Szene wurde vom sowjetischen Fotografen Jewgeni Chaldej am 2. Mai 1945 nachgestellt.

rotes Tuch dabei, aber keine Fahnenstange. So nahmen sie ein herumliegendes Rohr, befestigten daran das Tuch und steckten die improvisierte Fahne in eine halbzerstörte Frauenskulptur.[15] Damit war der Kampf um den Reichstag jedoch noch nicht beendet. Die Deutschen leisteten weiterhin verbissenen Widerstand. Erst am Nachmittag des 2. Mai ergaben sich die letzten Einheiten.

Es wurde also noch gekämpft, als der sowjetische Fotograf Jewgeni Chaldej am Morgen des 2. Mai das Gebäude betrat und mit seiner Kamera nachstellte, was in Wirklichkeit bereits 30 Stunden zuvor geschehen war: Zwei Rotarmisten hissten als angeblich erste die rote Fahne mit Hammer und Sichel auf dem Dach des Reichstags. Das berühmte Foto wurde zur Ikone, symbolisierte es doch wie kein anderes den Sieg der Sowjetarmee über Hitler-Deutschland. Zur Geschichte dieses Bildes gehört, dass Chaldej einige Monate später eine zweite Armbanduhr am rechten Handgelenk des Soldaten, der den Bannerträger stützte, wegretuschieren musste. Damit wollte man gar nicht erst den Verdacht aufkommen lassen, es handle sich womöglich um Diebesgut. Denn Uhren waren ein begehrtes Beutestück der sowjetischen Eroberer.[16]

Der Reichstag wurde in den folgenden Tagen zum «Ziel einer wahren Pilgerfahrt».[17] Der Strom der Besucher riss nicht ab. Viele Rotarmisten schrieben Losungen auf die Wände oder ritzten Botschaften in das Gemäuer, mit denen sie ihren Triumphgefühlen Ausdruck verliehen.[18] Die Graffiti in kyrillischen Buchstaben sind noch heute zu besichtigen.

«Abends sehen wir einige amerikanische Autos. Sie beziehen Posten in den Straßen. Es ist erstaunlich friedlich vor sich gegangen.» Das notierte Marianne Feuersenger, Sekretärin in der Kriegsgeschichtlichen Abteilung des Oberkommandos der Wehrmacht, am 30. April 1945 in ihren Taschenkalender.[19] Dass die Besetzung Münchens durch die Amerikaner zu der Zeit stattfand, als sich Adolf Hitler und seine Gefährtin in Berlin das Leben nahmen, war von hoher Symbolkraft. Denn in der bayerischen Metropole hatte der namenlose Gefreite des Ersten Weltkriegs im Jahr 1919 seine politische Laufbahn begonnen. Hier, in dem aufgeheizten Klima der Gegenrevolution nach der Episode der Räterepublik, hatte sich dem aufstrebenden Demagogen ein idealer Resonanzboden für seine hemmungslose Agitation geboten. Und hier war die nationalsozialistische Bewegung in den frühen Zwanzigerjahren rasch aufgeblüht, wohlwollend geduldet durch die bayerische Polizei und Justiz. Seine anhaltende Dankbarkeit hatte der spätere «Führer» und Reichskanzler bewiesen, als er München im August 1935 den Ehrentitel «Hauptstadt der Bewegung» verlieh. Bei ihrem Einmarsch präsentierten amerikanische Soldaten als eine Art Siegestrophäe das Ortsschild mit der Aufschrift «Hauptstadt der Bewegung. München», das ihnen zuvor als Zielscheibe gedient hatte. Das Bild sollte fast dieselbe ikonografische Bedeutung erlangen wie Jewgeni Chaldejs Foto von der Flaggenhissung auf dem Berliner Reichstag.[20]

In den letzten Apriltagen 1945, als die Amerikaner bereits Nürnberg, die Stadt der Reichsparteitage, erobert hatten und sich im raschen Vormarsch auf Bayerns Hauptstadt befanden, warfen US-Flugzeuge Flugblätter ab, in denen die «Männer und Frauen von München» aufgefordert wurden, den anrückenden Truppen keinen Widerstand zu leisten: «Es liegt in Eurem Interesse, im Interesse der gesamten Bevölkerung, der Ver-

Amerikanische Soldaten führen beim Einmarsch am 30. April 1945 das Ortsschild Münchens als Trophäe mit.

nunft zum Sieg zu verhelfen. Deshalb: Windet den Fanatikern das Heft aus der Hand! Mut gefasst und gehandelt!»[21]

Doch Gauleiter Paul Giesler, ein fanatischer Nationalsozialist, und seine Gefolgsleute dachten gar nicht daran, München kampflos zu übergeben. Sie wollten die Stadt, die zu großen Teilen nur noch ein Trümmerfeld war, einer Anweisung Hitlers folgend, so lange wie möglich verteidigen. Giesler ordnete an, die wichtigsten Brücken über die Isar zu sprengen – einer der vielen sinnlosen Zerstörungsbefehle in letzter Minute, der von einem Offizier des beauftragten Pionierbataillons erfolgreich sabotiert wurde.

Allerdings gab es in München und Umgebung mehrere Gruppen von Hitler-Gegnern, die sich im Laufe des Monats April 1945 zur «Freiheitsaktion Bayern (FAB)» zusammengetan hatten und nun zum Handeln entschlossen waren. Ihnen gehörten überwiegend konservative, bayerisch-patriotisch gesinnte Männer an. Ihr erstes Ziel war, die hohen NS-Funktionäre festzunehmen und München kampflos den Amerikanern zu übergeben. In der Nacht vom 27. auf den 28. April setzten Offiziere unter Führung von Hauptmann Rupprecht Gerngroß, Chef der Dolmetscherkompanie im Wehrkreis VII, das Signal zum Aufstand. Die Aktion lief unter dem Codewort «Fasanenjagd» ab – eine Anspielung auf die «Goldfasane», wie die ungeliebten braunen Bonzen mit ihren goldbetressten Uniformen genannt wurden. Es gelang den Aufständischen im ersten Anlauf, das Münchner Rathaus zu stürmen und zwei Rundfunksender – den Wehrmachtsender in Freimann und die Großsendeanlage in Ismaning – zu besetzen.

Die Rundfunkhörer im Großraum München glaubten ihren Ohren nicht zu trauen, als sie in den frühen Morgenstunden des 28. April die Nachricht vernahmen, dass eine «Freiheitsaktion Bayern» «die Regierungsgewalt erstritten» habe. In einem Zehn-Punkte-Programm versprachen die Aufständischen die «Ausrottung der Blutherrschaft des Nationalsozialismus», der «die Gesetze der Moral und Ethik in einer Weise verletzt» habe, «dass sich jeder anständige Deutsche mit Abscheu davon abwenden muss». Außerdem verlangten sie die Beseitigung des Militarismus, die Wiederherstellung des Rechtsstaates und der Menschenwürde sowie die Schaffung eines «modernen Sozialstaats», in dem «jeder den Platz erhalten» sollte, «der ihm aufgrund seiner Fähigkeiten zusteht».[22]

Doch Gerngroß und seine Mitstreiter hatten die Lage falsch eingeschätzt. Die Münchner schlossen sich dem Aufruf zur Rebellion nicht an, sondern zogen es vor, sich abwartend zu verhalten. Franz Ritter von Epp, Reichsstatthalter in Bayern, versagte sich dem Wunsch der Aufständischen, gemeinsam mit ihnen Kapitulationsverhandlungen zu führen und eine Übergangsregierung zu bilden. Vor allem aber missglückte der Versuch, Gauleiter Giesler zu verhaften. Nach einer kurzen Phase der Verwirrung leiteten die Machthaber Gegenmaßnahmen ein. In einem Flugblatt «An die Bevölkerung des Gaues München–Oberbayern» verkündete Giesler am Vormittag des 28. April: «Alle Positionen in München sind fest in unserer Hand. Wir stehen zu unserem Führer Adolf Hitler (…) Gerngroß wird seiner Strafe nicht entgehen. Der Spuk wird bald vorbei sein.»[23] Tatsächlich wurde der Aufstand schon nach wenigen Stunden niedergeschlagen. Gerngroß konnte entkommen, aber eine Reihe seiner Mitkämpfer wurde im Hof des Zentralministeriums standrechtlich erschossen, unter ihnen Günther Caracciola-Delbrück, ein Verbindungsoffizier der Wehrmacht und Vertrauter Ritter von Epps.

Auch in zahlreichen Gemeinden Südbayerns, wo der Aufruf der FAB den Anstoß gegeben hatte, sich gegen die örtlichen NS-Funktionsträger zu erheben, kam es zu einem blutigen Rachefeldzug von Hitler-treuen Fanatikern und SS-Männern, dem über 50 Menschen zum Opfer fielen. Eines der scheußlichsten Verbrechen ereignete sich in dem Bergbaustädtchen Penzberg. Hier erschossen und erhängten die Mörder in der Nacht vom 28. auf den 29. April 16 Männer und Frauen, darunter den früheren SPD-Bürgermeister.[24]

Noch bevor die US-Soldaten am Vormittag des 30. April in die bayerische Metropole einrückten, hatte sich Gauleiter Giesler nach Berchtesgaden abgesetzt, wo er sich einige Tage später erschießen sollte. Der Einmarsch der Amerikaner vollzog sich nahezu kampflos. Nur vereinzelt leisteten SS- und Volkssturm-Einheiten noch Widerstand. Kurz nach 16.00 Uhr übergab der Stellvertreter des Münchner Oberbürgermeisters Karl Fiedler – der sich ebenfalls aus dem Staub gemacht hatte – das Rathaus an einen Major der 7. US-Armee. «Die ganze Alliierte Expeditionsstreitmacht gratuliert der 7. Armee zur Einnahme von München, der Wiege der Nazi-Bestie», schrieb General Dwight D. Eisenhower in seinem Tagesbefehl.[25]

Viele Münchner standen Spalier und bereiteten den GIs einen freundlichen Empfang. «Dieser Einzug in die Stadt ist das Eigenartigste, was ich bis jetzt erlebte (…)», empörte sich eine junge Münchner Nationalsozialistin, die 19jährige Wolfhilde von König, in ihrem Tagebuch. «Kaum zeigten sich die ersten Amerikaner in unserer Straße, da wurden von einzelnen Wohnungen die weißen Fahnen gehisst. Manche Leute winkten mit den Tüchern. Etwas mehr Ehre hätte ich den Münchnern schon zugetraut.»[26] Ernst Langendorf, ein emigrierter deutscher Journalist, der als Sergeant in einer US-Propagandakompanie diente, erinnerte sich, wie sich nach der Ankunft im Stadtzentrum der Marienplatz rasch mit Hunderten von Menschen füllte: «Interessiert betrachteten sie unsere Fahrzeuge, andere betasteten den Stoff unserer Uniformen und lobten seine Qualität, Mädchen fielen uns um den Hals und das Verbrüderungsverbot wurde gründlich übertreten. Es herrschte eine recht fröhliche Stimmung, überall hörte ich: Jetzt ist es vorbei. Jetzt können wir wieder schlafen. Jetzt kommen keine Flieger mehr.»[27]

Von seinem Bett im Krankenrevier des Konzentrationslagers Dachau beobachtete der Häftling Edgar Kupfer-Koberwitz am 30. April 1945, einen Tag nach der Befreiung durch amerikanische Soldaten: «Überall im Lager wehen jetzt von den Blocks die Fahnen in den Farben aller Länder, die hier vertreten sind. – Wo sind sie nur hergekommen? (...) Dachau, wie immer, viele Häftlinge gehen auf der Lagerstraße, aber sie gehen, sie schleichen nicht so in ihrem Gang, sie gehen freier, unbeschwerter (...) Alle sind sehr beruhigt, weil die Amerikaner jetzt unseren Schutz übernommen haben. – Ich glaube, für jeden von uns wird das Wort ‹Amerikaner› das Leben lang einen goldenen Klang haben.»[28]

Das Konzentrationslager Dachau war im März 1933 errichtet und schon bald zu einem Synonym für schrankenlosen staatlichen Terror geworden. Es diente als eine Art Laboratorium für alle Formen der Gewalt, die unter der Regie der SS erprobt und in den folgenden Jahren auch auf andere Konzentrationslager übertragen wurden. Gerüchte über das, was im Lager geschah, machten die Runde und waren dem Regime wegen ihrer Abschreckungswirkung durchaus willkommen. «Lieber Gott, mach mich stumm, dass ich nicht nach Dachau kumm!», wurde zur weitverbreiteten Flüsterparole im «Dritten Reich».[29] Die Befreiung Dachaus wurde daher – noch mehr als die Buchenwalds am 11. April und Bergen-Belsens drei Tage später – zum Symbol für das Ende des nationalsozialistischen Terrorsystems, so wie das Aufziehen der roten Fahne auf dem Reichstag zum Sinnbild für die endgültige Niederlage Hitler-Deutschlands wurde.

In den letzten Monaten des Krieges hatten sich die Bedingungen im Stammlager Dachau dramatisch verschlechtert. Ständig trafen neue Transporte aus den evakuierten Konzentrationslagern in Osteuropa ein, so dass das Lager hoffnungslos überfüllt war. Die ohnehin völlig unzureichenden Lebensmittelrationen wurden weiter gekürzt, die hygienischen Bedingungen spotteten jeder Beschreibung. Viele Häftlinge fielen einer Flecktyphusepidemie zum Opfer. Allein vom Dezember 1944 bis zum Tag der Befreiung kamen über 14 000 Menschen um. «Die Häftlinge, erschöpft, unterernährt und verlaust, starben wie die Fliegen (...)», sagte ein ehemaliger Lagerschreiber in den noch Ende 1945 begonnenen Dachauer Prozessen aus. «Die Leichen lagen zwischen den Blöcken zwischen den lebenden Häftlingen, sie lagen auf den Straßen (...), manchmal so lange, bis sie verwest waren.»[30]

In der zweiten Aprilhälfte, als bereits der Geschützdonner in der Ferne zu hören war und amerikanische Tiefflieger über dem Areal auftauchten, stieg die Spannung ins Unerträgliche. Es verdichteten sich die Anzeichen, dass die SS im Begriff war, aus dem Lager abzuziehen. Um die Spuren ihrer Untaten zu verwischen, ließ sie Unmengen von Akten verbrennen. Die Stimmung der Häftlinge schwankte zwischen der Hoffnung auf Befreiung und der Furcht, noch in letzter Stunde einem Massaker zum Opfer zu fallen.

Am 26. April rückten die Arbeitskommandos nicht mehr aus. Die Häftlinge mussten auf dem Appellplatz antreten. Gegen Abend wurden 6887 Lagerinsassen gezwungen, sich in drei Blöcken in Marsch zu setzen. Ihnen folgten schwerbewaffnete SS-Männer mit Hunden. Dem Zug schlossen sich noch weitere Gruppen aus verschiedenen Außenlagern an, so dass es schließlich rund 10 000 Menschen waren, die sich Richtung Süden bis nach Bad Tölz schleppten. Die Einwohner der Gemeinden, durch die sich der Elendszug wälzte, reagierten zum Teil gleichgültig, zum Teil aber auch erschrocken und verängstigt. Zum ersten Mal wurden sie ganz unmittelbar mit den Verbrechen des Regimes konfrontiert. Wer Mitleid zeigte und den Entkräfteten ein Stück Brot zustecken oder ein Getränk reichen wollte, wurde nicht selten von den SS-Aufsehern daran gehindert. Am Morgen des 2. Mai, nach einem Nachtlager in einem Wald nahe Waakirchen, konnten die Häftlinge schließlich aufatmen: Die Wachmannschaften waren verschwunden. Wie viele der Verschleppten auf dem Todesmarsch am Wegesrand gestorben oder erschossen worden waren, ist nicht sicher. Ihre Zahl wird auf 1000 bis 1500 geschätzt.[31]

Für die im Stammlager verbliebenen rund 32 000 Häftlinge, mehr als 4000 im Krankenrevier, hatte die Stunde der Befreiung schon früher geschlagen. Gegen Mittag des 29. April erreichten Angehörige des 157. Infanterieregiments der 45. Thunderbird-Infanteriedivision unter Lieutenant Colonel Felix Sparks das riesige Areal des Lagers. Edgar Kupfer-Koberwitz hat in seinem Tagebuch den Augenblick festgehalten: «Plötzlich draußen Geschrei, Gelaufe, Gerenne: ‹Die Amerikaner sind da, die Amerikaner sind im Lager, ja, ja, sie sind auf dem Appellplatz!› – Alles gerät in Bewegung. – Kranke verlassen die Betten, die fast Gesunden und das Personal rennen auf die Blockstraße, springen aus den Fenstern, klettern über die Bretterwände. – Alles rennt auf den Appellplatz. – Man hört von weitem bis hierher das Schreien und Hurrarufen. – Es sind Freudenschreie. – Immer noch läuft und rennt alles. – Die Kranken haben erregte, verklärte Gesichter: ‹Sie sind da, wir sind frei, frei!›.»[32]

Bevor die amerikanischen Soldaten bis zum eigentlichen Lagergelände vordrangen, stießen sie auf einen auf einem Nebengeleis abgestellten Güterzug, in dem sich die Leichen von 2000 Häftlingen befanden, die auf dem Transport von Buchenwald nach Dachau verhungert und verdurstet waren. Der Schock über die grausige Entdeckung verstärkte sich noch, als sie im Lager selbst Hunderte über das ganze Areal verstreute Leichen vorfanden. «Dantes Inferno schien blass gegen die reale Hölle von Dachau (…)», beschrieb Lieutenant Colonel Sparks den Anblick. «Etliche Männer der Ersten Kompanie, allesamt kriegsgewohnte Veteranen, wurden aufs höchste erregt. Manche weinten, während andere in Raserei gerieten.»[33] In dieser aufgebrachten Stimmung erschossen die GIs einen Teil der SS-Männer, derer sie habhaft werden konnten. Erst Sparks' entschlossenes Eingreifen verhinderte, dass die Erschießungen fortgesetzt wurden.[34] Gegen Abend hatte sich die Lage beruhigt. Gemeinsam mit dem Internationalen Häftlingskomitee konnten sich die Amerikaner daranmachen, die Kranken zu versorgen. Aber auch nach der Befreiung starben noch täglich ehemalige Häftlinge. Edgar Kupfer-Koberwitz, der Chronist von Dachau, überlebte. In seinem letzten Eintrag vom 2. Mai schrieb er: «Ich muss jetzt unbedingt aus dem Revier, sehen wie es im Lager aussieht. – (…) Vor allen Dingen aber ist es wichtig, die Manuskripte, das Tagebuch, das Buch über Dachau und die anderen schriftlichen Sachen aus ihrem Versteck zu heben, in Gegenwart der Amerikaner, so dass später niemand sagen kann, es sei vielleicht gar nicht hier geschrieben worden.»[35]

Am 30. April, um 18.35 Uhr, ging im Hauptquartier des Oberbefehlshabers der Kriegsmarine, Großadmiral Karl Dönitz, in Plön ein Telegramm Martin Bormanns ein: «Anstelle des bisherigen Reichsmarschalls Göring setzte der Führer Sie, Herr Großadmiral, als seinen Nachfolger ein. Schriftliche Vollmacht unterwegs. Ab sofort sollen Sie sämtliche Maßnahmen verfügen, die sich aus der gegenwärtigen Lage ergeben.»[36] Dass Hitler bereits seit drei Stunden tot war, verschwieg Bormann, ja er hatte das Telegramm wohl absichtlich so formuliert, dass Dönitz in dem Glauben belassen wurde, der Diktator sei noch am Leben.

In seinem in der Nacht vom 28. auf den 29. April diktierten «politischen Testament» hatte Hitler tatsächlich Dönitz zu seinem Nachfolger als Staatsoberhaupt bestimmt – allerdings nicht als «Führer und Reichskanzler», sondern mit dem Titel «Reichspräsident», den er seit dem Tode Hindenburgs im August 1934 abgeschafft hatte. Dönitz zur Seite gestellt hatte er als Reichskanzler Propagandaminister Goebbels und mit dem neugeschaffenen Amt eines «Parteiministers» seinen Sekretär Bormann. Noch in derselben Nacht hatte Hitler angeordnet, das Testament in drei Ausfertigungen aus Berlin herausbringen zu lassen. Ein Exemplar sollte an Dönitz, ein zweites an den neuen Oberbefehlshaber des Heeres, Generalfeldmarschall Ferdinand Schörner, und ein drittes an die Münchner Parteizentrale gehen. Doch keiner der ausgesandten Kuriere erreichte sein Ziel.[37]

In seinen 1963 veröffentlichten Memoiren hat Dönitz bekundet, ihn habe die Ernennung zu Hitlers Nachfolger unvorbereitet getroffen: «Niemals hatte er mir gegenüber die geringste Andeutung gemacht, dass er mich als seinen Nachfolger in Betracht gezogen hätte (...) Nie war ich selbst auf den Gedanken verfallen, dass mir eine solche Aufgabe gestellt werden könnte.»[38] Doch so überraschend war Hitlers Entscheidung nicht. Denn Hermann Göring, der Oberbefehlshaber der Luftwaffe, den der Diktator in seiner Reichstagsrede zu Beginn des Krieges am 1. September 1939 als designierten Nachfolger für den Fall seines Todes präsentiert hatte, hatte viel an Wertschätzung verloren, seit die alliierten Kampfflugzeuge und Bombengeschwader die Luftherrschaft über den Kontinent errungen hatten. Dass sich der Reichsmarschall nach dem letzten Geburtstagsempfang Hitlers am 20. April 1945 als Erster unter seinen Paladinen nach Süddeutschland davongemacht hatte, war übel vermerkt worden. Vollends in Ungnade fiel er drei Tage später, als er in einem Telegramm vom Obersalzberg anfragte, ob die Nachfolgeregelung in Kraft treten solle, da Hitler offenbar seiner «Handlungsfreiheit» beraubt sei. Der Diktator interpretierte den Vorstoß als einen Akt der Illoyalität, ließ Göring unter Hausarrest stellen und enthob ihn aller seiner Ämter.[39]

Auch Heinrich Himmler, der zweitmächtigste Mann des Regimes, hatte sich um die Gunst Hitlers gebracht. Am Abend des 28. April war im Führerbunker bekannt geworden, dass der Reichsführer SS über den schwedischen Diplomaten und Vizepräsidenten des Schwedischen Roten Kreuzes, Graf Folke Bernadotte, versucht hatte, Verhandlungen mit Eisenhower anzuknüpfen mit dem Ziel, eine Kapitulation der deutschen Streitkräfte im Westen in die Wege zu leiten. Hitler schäumte vor Wut, als er die Nachricht erhielt. Ausgerechnet Himmler, dessen SS-Männer auf die Devise «Unsere Ehre heißt Treue» eingeschworen waren, hatte ihn nun hintergangen und führte sich bereits auf, als sei er sein Nachfolger. In seinem Testament schloss er Himmler und Göring aus der Partei und von allen Staatsämtern aus, weil sie durch Geheimverhandlungen mit dem Gegner und den Versuch, die Macht an sich zu reißen, dem Land «unabsehbaren Schaden zugefügt» hätten. An Himmlers Stelle wurden der Münchner Gauleiter Paul Giesler zum Innenminister und der Breslauer Gauleiter Karl Hanke zum Reichsführer SS und Chef der Polizei ernannt.[40]

Am Vormittag des 30. April informierte Bormann Großadmiral Dönitz, Himmler habe «laut Feindrundfunk» über Schweden den Westmächten ein Kapitulationsangebot gemacht und der «Führer» erwarte, dass gegen alle Verräter «blitzschnell und stahlhart» vorgegangen werde. Der Großadmiral begab sich daraufhin gegen 15.00 Uhr zur Polizeikaserne in Lübeck, wo sich Himmler inzwischen einquartiert hatte, und stellte den Reichsführer SS zur Rede. Der aber bezeichnete die Reuters-Meldung über seine Verhandlungen mit Bernadotte als eine glatte Erfindung, und Dönitz gab sich vorerst mit dieser Erklärung zufrieden.[41]

Göring und Himmler kamen also als Nachfolger Hitlers nicht mehr in Betracht, und unter den ranghohen Militärs war Dönitz der einzige, zu dem der Diktator noch volles Vertrauen besaß. Im Januar 1943 hatte er ihn anstelle von Erich Raeder zum Oberbefehlshaber der Kriegsmarine ernannt, und der Großadmiral dankte ihm den Gunstbeweis mit bedingungsloser Loyalität. Noch vor dem Nürnberger Militärtribunal machte er aus seiner schrankenlosen Verehrung für den «Führer» keinen Hehl: Er habe in ihm «die gewaltige Persönlichkeit gesehen, mit einer außerordentlichen Intelligenz und Tatkraft, mit einer geradezu universalen Bildung und einem kraftausströmenden Wesen und mit einer ungeheuer suggestiven Kraft».[42] Hitler behandelte Dönitz anders als viele Befehlshaber des Heeres mit Respekt, redete ihn stets mit «Herr Großadmiral» an und mischte sich nur wenig in die Belange der Kriegsmarine ein.

Noch bis in das Frühjahr 1945 hinein glaubte Dönitz, durch die Entwicklung und den Einsatz neuer U-Boot-Typen, die vom gegnerischen Radar nicht geortet werden konnten, eine Wende in der Seekriegsführung herbeiführen zu können. An die Marineoffiziere richtete er am 7. April einen fanatischen Durchhalteappell: «Unsere militärische Pflicht, die wir unbeirrbar erfüllen, was auch links und rechts und um uns herum geschehen mag, lässt uns wie ein Fels des Widerstandes kühn, hart und treu stehen. Ein Hundsfott, wer nicht so handelt. Man muss ihn aufhängen und ihm ein Schild umbinden: ‹Hier hängt ein Verräter!›» Drei Tage später forderte er in einem Erlass an die Kommandeure der Kriegsmarine, gemäß dem Befehl des Führers «bis zum letzten» zu kämpfen: «Es heißt dann, siegen oder fallen.»[43] Noch in den letzten Kriegstagen schickte Dönitz Marinesoldaten in den aussichtslosen Kampf um Berlin.

Am 15. April erließ Hitler einen grundsätzlichen Befehl für den Fall, dass sich die Truppen der Westalliierten und die Rote Armee in Mitteldeutschland treffen und das Reich in zwei Teile aufspalten würden: Im «Nordraum» sollte Großadmiral Dönitz, im «Südraum» Generalfeldmarschall Albert Kesselring den Oberbefehl übernehmen. Für sich selbst hatte Hitler längst entschieden, in Berlin auszuharren und sich nicht, wie seine Entourage ihm anriet, zum Obersalzberg abzusetzen. Für die Inszenierung des Endkampfs als eines «heroischen Untergangs» war sein Verbleiben in der Trümmerwüste, wie er meinte, ungleich wirkungsvoller als in der abgeschiedenen Idylle seiner Alpenresidenz.

Am Nachmittag des 21. April, als Berlin bereits unter russischem Artilleriefeuer lag, fand eine letzte Unterredung zwischen Hitler und Dönitz statt. In der Frühe des 22. April verließ der Großadmiral mit seinem Stab die Reichshauptstadt in nordwestlicher Richtung. Der Konvoi kam nur langsam voran, weil die Straßen durch zurückflutende Wehrmachteinheiten und Flüchtlingstrecks verstopft waren. Gegen Mittag erreichten sie ihr Ziel: Plön in Holstein, wo ein paar Baracken für das neue Quartier freigemacht worden waren.[44] Durch bewegliche Marinefunktrupps konnten die Verbindungen mit allen Befehlsstellen im «Nordraum», aber auch mit Berlin aufrechterhalten werden. Siegfried Unseld, der spätere Suhrkamp-Verleger, gehörte einem dieser Trupps an. 1995, 50 Jahre nach Kriegsende, erinnerte er sich: «Über unseren Sender liefen die entscheidenden Meldungen der letzten Kriegstage. Ich war zwanzig Jahre alt, im Mannschaftsdienstgrad eines Obergefreiten, hatte drei Jahre als Marinefunker an Kriegsfronten gedient und erhielt nun den Auftrag, für die Funkarbeit neue, bisher nicht verwandte Codes zu benutzen, um die an Dönitz gerichteten oder von ihm ausgehenden Funksprüche zu entschlüsseln oder zu verschlüsseln.» So war seine Funkstation auch die erste, die am späten

Nachmittag des 30. April das Telegramm Bormanns aufnahm, das Dönitz zum Nachfolger Hitlers bestimmte.[45]

Nachdem sich der Großadmiral von der ersten Überraschung erholt hatte, bestellte er noch am gleichen Abend Heinrich Himmler, den er gerade am Nachmittag in Lübeck aufgesucht hatte, zu sich. Die Unterredung fand gegen Mitternacht statt. Der Reichsführer SS erschien in Begleitung von sechs bewaffneten SS-Offizieren, so als wolle er demonstrieren, dass mit ihm als Machtfaktor zu rechnen war. Dönitz seinerseits hielt, glaubt man seinen Erinnerungen, als Vorsichtsmaßnahme «griffbereit eine entsicherte Pistole unter Papieren verborgen». Er gab Himmler den Funkspruch Bormanns zum Lesen und beobachtete, wie sich dessen Gesicht veränderte: «Es drückte (…) großes Erstaunen, sogar Bestürzung aus. Eine Hoffnung schien in ihm zusammenzubrechen. Er wurde sehr blass. Er stand auf, verbeugte sich und sagte: ‹Lassen Sie mich in Ihrem Staat der zweite Mann sein›.»[46] Dönitz reagierte auf dieses Anerbieten offenbar ausweichend. Himmler verfügte immer noch über beträchtliche SS- und Polizeikräfte, und es konnte nicht ausgeschlossen werden, dass er das Telegramm Bormanns nicht anerkennen und sich selbst zum Nachfolger ausrufen würde. Deshalb war es für Dönitz auch wichtig, sich des Rückhalts der Wehrmacht zu versichern. Am späten Abend des 30. April wies er seinen Adjutanten Walter Lüdde-Neurath an, die Chefs des OKW und des Wehrmachtführungsstabes, Generalfeldmarschall Wilhelm Keitel und Generaloberst Alfred Jodl, für den nächsten Tag nach Plön zu beordern.[47] Wie sich die Dinge schließlich klären würden, das war, als der Tag zu Ende ging, noch vollkommen ungewiss.

1. Mai 1945

In Berlin gingen auch nach Hitlers Tod die Kämpfe mit unverminderter Heftigkeit weiter. «Der 1. Mai dämmerte herauf (…)», erinnerte sich Oberst Hans Refior, der sich mit seinem Stab im Bendlerblock verschanzt hatte. «Vom frühen Morgen bis zum späten Abend rollte Geschützdonner über die Stadt, dröhnten die Einschläge der Granaten, hämmerten aus Ruinen und Häuserresten MGs und gaben mit dem Auf- und Abschwellen des Gewehrfeuers die schaurige Begleitmusik zur Bedeutung des Tages.»[1]

Um 3.50 Uhr, noch mitten in der Nacht, erschien General Hans Krebs in Begleitung von Oberst Theodor von Dufving und eines Dolmetschers in Tempelhof, Schulenburgring 2, wo Generaloberst Wassili Tschuikow, der Befehlshaber der 8. Sowjetischen Gardearmee, Quartier genommen hatte. Mit gewichtiger Miene erklärte er: «Sie sind der erste Ausländer, dem ich mitteile, dass Hitler am 30. April freiwillig von uns gegangen ist und Selbstmord begangen hat.» Tschuikow nahm die sensationelle Nachricht scheinbar ungerührt zur Kenntnis: «Das ist uns bereits bekannt», behauptete er wahrheitswidrig. Daraufhin verlas Krebs ein Schreiben von Goebbels an den Obersten Befehlshaber der sowjetischen Streitkräfte. Darin wurde bestätigt, dass Hitler am 30. April, um 15.30 Uhr, seinem Leben ein Ende gesetzt und in seinem Testament die Regierungsgewalt an Großadmiral Dönitz, Goebbels und Bormann übertragen habe. Als neuer Reichskanzler sei er, Goebbels, bevollmächtigt, in Verbindung mit der sowjetischen Führung zu treten, um Verhandlungen zwischen den beiden Mächten einzuleiten, welche die größten Kriegsverluste erlitten hätten.[2]

Mit der Krebs-Mission griff Goebbels eine Idee auf, die er seit Herbst 1943 wiederholt, aber vergeblich an Hitler herangetragen hatte: nämlich den Versuch zu unternehmen, mit Stalin zu einer Separatverständigung zu gelangen, um vielleicht doch noch mit einem blauen Auge aus dem Krieg herauszukommen.[3] Dabei spekulierte er darauf, dass sich die Interessengegensätze zwischen den Westalliierten und ihrem unnatürlichen Verbündeten zunehmend verschärfen würden und die sowjetische Führung selbst geneigt sein könnte, aus der Anti-Hitler-Front auszuscheren. Wenn es nach dem Tod des «Führers» überhaupt noch einen Ausweg in allerletzter Minute gab, dann, so glaubte Goebbels, lag er in einem Arrangement mit der Sowjetunion. Am Abend des 30. April, nachdem die Leichen Hitlers und seiner Frau verbrannt und die sterblichen Überreste verscharrt worden waren, fand in Hitlers Arbeitszimmer im Bunker eine lange Konferenz statt, an der neben Goebbels und Bormann die Militärs Krebs, Burgdorf und Weidling, Vizeadmiral Hans-Erich Voss, der Gesandte Hewel und Reichsjugendführer Axmann teilnahmen. Es wurde beschlossen, Generalstabschef Krebs mit der Führung der Verhandlungen zu betrauen, weil er als ehemaliges Mitglied der Militärkommission in Moskau über russische Sprachkenntnisse verfügte.

Es dauerte geraume Zeit, bis die telefonische Verbindung mit dem Befehlsstand Tschuikows hergestellt und Ort und Zeitpunkt des Übergangs der Parlamentäre auf die sowjetische Seite vereinbart werden konnten.[4] Nervös ging Goebbels im Lageraum auf und ab. «Während hier früher nicht geraucht werden durfte, zündete er sich jetzt eine Zigarette um die andere an», beobachtete Arthur Axmann. «Manchmal pfiff er eines seiner Lieblingslieder aus der Kampfzeit.»[5] Die übrige Gesellschaft vertrieb sich die Wartezeit bei Kaffee, Schnaps und langen Gesprächen darüber, ob man auch Selbstmord verüben oder einen Ausbruch aus dem Bunker wagen solle. Nachdem Hitler tot war, schien es, als habe sich ein Bann gelöst. Auf einmal seien aus seinen Satrapen, die auch die letzten Befehle des «Führers» noch umstandslos befolgt hätten, «wieder selbstständig handelnde und denkende Menschen» geworden, stellte Traudl Junge rückblickend fest.[6]

Erst kurz nach Mitternacht machten sich Krebs, Dufving und ein Dolmetscher auf den beschwerlichen Weg durch die Trümmer Berlins. An der vereinbarten Übergangsstelle wurden sie von Rotarmisten umringt, die sie über mehrere Stationen zum Hauptquartier Tschuikows brachten.[7] In welcher Stimmung er die deutschen Parlamentäre empfing, hat der sowjetische General in seinen Erinnerungen so beschrieben: «Glaubten denn die Anführer des Dritten Reiches jetzt, dass wir ein so kurzes

Gedächtnis hatten und bereits die Millionen Toten und Abermillionen Witwen und Waisen vergessen hatten? Und die Galgen und Krematorien? Und Majdanek und die anderen Todeslager?»[8]

Nachdem Krebs das Schreiben von Goebbels verlesen hatte, übergab er seine Verhandlungsvollmacht sowie eine Abschrift von Hitlers Testament mit der Namensliste der neuen Reichsregierung. In den nun folgenden Verhandlungen standen sich die Positionen schroff gegenüber: Der deutsche Generalstabschef bot im Auftrag von Goebbels eine sofortige Waffenruhe an, damit die von Hitler ernannten Kabinettsmitglieder, an ihrer Spitze Dönitz, in Berlin zusammenkommen könnten, um die Lage zu beraten. Erst in einem zweiten Schritt sollte in Verhandlungen mit der Sowjetunion über eine Kapitulation der deutschen Streitkräfte eingetreten werden.

General Tschuikow erkannte sofort, dass es den Deutschen vor allem darauf ankam, Zeit zu gewinnen in der Absicht, einen Keil zwischen die Sowjetunion und ihre Alliierten zu treiben. Ohne Umschweife erklärte er, dass weder ein Waffenstillstand noch separate Verhandlungen, sondern nur eine bedingungslose Kapitulation, und zwar gleichzeitig auch gegenüber den USA und England, in Frage kommen könne.[9]

In einer Verhandlungspause rief Tschuikow Marschall Georgi Schukow, den Oberbefehlshaber der 1. Belorussischen Front, an, um ihn über den Stand der Dinge zu unterrichten. Schukow schickte seinen Stellvertreter, General Wassili Sokolowski, zu Tschuikows Gefechtsstand am Schulenburgring und informierte anschließend Stalin in einem Telegramm, das um 5.05 Uhr in Moskau einging, dass Hitler nach Mitteilung von General Krebs sein Leben durch Selbstmord beendet hatte.[10] Wenig später setzte er sich auch telefonisch mit Stalin in dessen Landhaus bei Moskau in Verbindung. Der sowjetische Diktator hatte noch geschlafen und war sichtlich ungehalten über die Störung. «Der Schuft hat also ausgespielt! Schade, dass wir ihn nicht lebend in die Hände bekommen haben», soll er die Nachricht kommentiert haben. Nachdrücklich erinnerte er Schukow noch einmal daran, dass weder mit Krebs noch mit anderen deutschen Abgesandten über etwas anderes verhandelt werden dürfe als über die bedingungslose Kapitulation.[11]

Gerade dazu aber waren die beiden deutschen Unterhändler nicht autorisiert. Da die Gespräche nicht von der Stelle kamen, wurde in den Morgenstunden des 1. Mai vereinbart, dass Oberst von Dufving und der Dolmetscher in die Reichskanzlei zurückkehren sollten, um Goebbels einen Zwischenbericht zu geben. Mit ihnen ging ein sowjetischer Major. Unterwegs wurde die Truppe von SS-Leuten beschossen, wobei der Major schwer verletzt wurde. Es dauerte wiederum Stunden, bevor Dufving im Bunker der Reichskanzlei eintraf und die Nachricht überbrachte, dass die sowjetische Seite auf sofortige bedingungslose Kapitulation beharre. Darauf werde er «nie, nie» eingehen, rief Goebbels aus.[12]

Zwischen 13.00 und 14.00 Uhr kehrte auch Krebs, erschöpft vom zwölfstündigen Verhandlungsmarathon, zurück und bestätigte das komplette Scheitern seiner Mission. Noch einmal empörte sich Goebbels: «Die wenigen Stunden, die ich noch als deutscher Reichskanzler zu leben habe, werde ich nicht dazu benutzen, meine Unterschrift unter eine Kapitulationsurkunde zu setzen.»[13] Für alle, die nicht bereit waren, der Familie Goebbels in den Selbstmord zu folgen, war nun die Stunde gekommen, um sich auf den Ausbruch aus dem Bunker vorzubereiten.

Um 1.22 Uhr, in der Nacht zum 1. Mai, als General Krebs bereits auf dem Weg zu Tschuikows Gefechtsstand war, sandte Großadmiral Dönitz einen Funkspruch an die Reichskanzlei. In der Annahme, dass Hitler noch am Leben sei, legte er ein weiteres Mal ein glühendes Bekenntnis ungebrochener Loyalität ab: «Mein Führer, meine Treue zu Ihnen wird unabdingbar sein. Ich werde daher alle Versuche unternehmen, um Sie in Berlin zu entsetzen. Wenn das Schicksal mich dennoch zwingt, als der von Ihnen bestimmte Nachfolger das Deutsche Reich zu führen, werde ich diesen Krieg so zu Ende führen, wie es der einmalige Heldenkampf des deutschen Volkes verlangt.»[14] Den Text des Telegramms hatte Albert Speer entworfen.[15] Der Rüstungsminister hatte sich, nachdem er am 23. April zu einem letzten Besuch Hitlers ins umkämpfte Berlin geflogen war, ebenfalls in den «Nordraum» abgesetzt. So war er auch zugegen, als am Abend des 30. April die Mitteilung Bormanns in Plön eintraf, dass der Großadmiral zu Hitlers Nachfolger bestimmt sei. Zu diesem Zeitpunkt war Speer noch nicht bekannt, dass Hitler ihn in seinem Testament als Rüstungsminister abgesetzt und an seiner Stelle seinen alten Konkurrenten Karl-Otto Saur ernannt hatte – eine Quittung dafür, dass sich der einstige Favorit des «Führers» in den letzten Kriegsmonaten geweigert hatte, die Zerstörungsbefehle des Diktators widerspruchslos auszuführen.[16]

Am Vormittag, um 10.53 Uhr, als General Krebs noch mit Tschuikow verhandelte, ging in Plön ein zweiter Funkspruch Bormanns ein: «Testament in Kraft. Ich werde so schnell als möglich zu Ihnen kommen. Bis dahin meines Erachtens Veröffentlichung zurückstellen.»[17] Wiederum war nicht ausdrücklich davon die Rede, dass Hitler bereits tot war. Aus der Formulierung «Testament in Kraft» konnte allerdings geschlossen werden, dass er nicht mehr unter den Lebenden weilte. Über den Zeitpunkt und die Art seines Todes ließ Bormann Dönitz aber nach wie vor im Ungewissen. Offenbar war er zu dieser Stunde bereits überzeugt, dass die Verhandlungen mit den Sowjets zu keinem Ergebnis führen würden. So bereitete er sich darauf vor, sich auf irgendeinem Weg nach Plön zu begeben, um sein neues Amt als «Parteiminister» in der Regierung Dönitz anzutreten. Während Goebbels niemanden im Unklaren gelassen hatte, dass er in Berlin bleiben und hier sein Leben beenden wolle, war Bormann entschlossen, seine Haut zu retten und weiter eine wichtige politische Rolle zu spielen.[18]

Nachdem General Krebs zurückgekehrt war und das definitive Scheitern einer Separatverständigung mit den Sowjets feststand, sah Goebbels keinen Grund mehr, warum er das Versteckspiel Bormanns weiterbetreiben sollte. In einem dritten Funkspruch, der um 14.46 Uhr in der Reichskanzlei abgesetzt und um 15.18 Uhr in Plön aufgenommen wurde, schenkte er Dönitz endlich reinen Wein ein: «Führer gestern 15.30 Uhr verschieden. Testament vom 29. 4. überträgt Ihnen das Amt des Reichspräsidenten, Reichsminister Dr. Goebbels das Amt des Reichskanzlers, Reichsleiter Bormann das Amt des Parteiministers, Reichsminister Seyß-Inquart das Amt des Reichsaußenministers. Das Testament wurde auf Anordnung des Führers an Sie, an Feldmarschall Schörner und zur Sicherstellung für die Öffentlichkeit aus Berlin herausgebracht. Reichsleiter Bormann versucht, noch heute zu Ihnen zu kommen, um sie über die Lage aufzuklären. Form und Zeitpunkt der Bekanntgabe an Truppe und Öffentlichkeit bleibt Ihnen überlassen.»[19]

Nun, nachdem er Gewissheit über Hitlers Tod erlangt hatte, fühlte sich Dönitz an sein Treuebekenntnis nicht mehr gebunden und lehnte es daher auch ab, sich in der Wahl seiner engsten Mitarbeiter festlegen zu lassen. So erteilte er seinem Adjutanten Lüdde-Neurath den Befehl, Goebbels' Funkspruch unter sicheren Verschluss zu nehmen. Zugleich ordnete er an, Bormann und Goebbels verhaften zu lassen, falls sie in

Plön auftauchen sollten. So jedenfalls haben es Dönitz und Speer übereinstimmend in ihren Erinnerungen überliefert.[20]

Bereits am 30. April hatte der Großadmiral überlegt, wen er als Außenminister in sein Kabinett berufen könne. Seine Wahl fiel zunächst auf Konstantin von Neurath, der schon in den beiden letzten Präsidialregierungen der Weimarer Republik und danach in der Hitler-Regierung bis 1938 den Posten bekleidet hatte. Doch der Ruf erreichte Neurath nicht, da er sich in den letzten Kriegswochen mit seiner Frau und seinem Schwiegersohn Hans-Georg von Mackensen, ehemals Staatssekretär im Auswärtigen Amt, in ihr abgeschiedenes Jagdhaus in Vorarlberg zurückgezogen hatte. Dort wurden sie am 6. Mai von einer französischen Einheit verhaftet. «Eine Schar kleiner zwergartiger afrikanischer Soldaten» habe das Haus umstellt, und den beiden Männern sei nur eine Viertelstunde Zeit geblieben, um sich umzuziehen und den Rucksack zu packen, klagte Neuraths Frau. «Der Abschied war sehr schwer, aber wir hielten uns tapfer. Dieses Gesindel sollte uns nicht schwach sehen!»[21]

Da die Nachforschungen nach dem ehemaligen Außenminister erfolglos blieben, ließ Dönitz bei dessen Nachfolger, Joachim von Ribbentrop, der sich in der Nähe von Plön aufhielt, anfragen, ob ihm etwas über den Verbleib Neuraths bekannt sei. Ribbentrop, der nicht wusste, dass Hitler ihn in seinem Testament nicht mehr berücksichtigt und an seine Stelle den bisherigen Reichskommissar der Niederlande, Arthur Seyß-Inquart, zum neuen Außenminister ernannt hatte, bestand auf eine persönliche Aussprache mit dem Großadmiral. Sie fand am späten Abend des 1. Mai statt. Wie schon zuvor Himmler bot auch Ribbentrop seine Dienste an, doch Dönitz wimmelte ihn ab. «Der ist mir zu dumm», soll er geäußert haben.[22] Stattdessen entschied er sich, Lutz Graf Schwerin von Krosigk, der ebenfalls in den «Nordraum» ausgewichen war, mit dem Amt des Außenministers zu betrauen. Der langjährige Reichsfinanzminister, der seit Papens «Kabinett der Barone» von 1932 alle Regierungswechsel überstanden hatte und von Hitler auch noch in seinem Testament bestätigt worden war, galt in Dönitz' Augen als ein politisch weniger belasteter Fachmann, mit dem sich leichter Kontakte zu den gegnerischen Mächten anknüpfen ließen. Er wisse, dass mit dem Posten des Außenministers «keine Lorbeeren zu ernten» seien, «aber er brauche einen Mann, der ihn bei den kommenden Entscheidungen politisch berate». Schwerin von Krosigk erbat sich Bedenkzeit und erklärte sich am 2. Mai bereit, das ihm angetragene Amt zu übernehmen.[23]

Ursprünglich hatte Dönitz auch einen Wechsel in der Leitung des Oberkommandos der Wehrmacht vornehmen wollen. Der bisherige OKW-Chef Wilhelm Keitel, der wegen seiner servilen Haltung Hitler gegenüber den Spitznamen «Lakaitel» trug, sollte durch Feldmarschall Erich von Manstein ersetzt werden, dem der Diktator Ende März 1944 den Laufpass gegeben hatte. Doch nachdem Alfred Jodl erklärt hatte, dass er in diesem Fall auch nicht mehr als Chef des Wehrmachtführungsstabes zur Verfügung stehen würde, beließ es der Großadmiral bei der bisherigen Wehrmachtführung.[24]

Eine sofortige bedingungslose Kapitulation an allen Fronten kam allerdings auch für Dönitz nicht in Frage. Vielmehr sah er seine Hauptaufgabe darin, den Krieg an der Ostfront eine Zeit lang fortzusetzen, um möglichst viele Soldaten und Flüchtlinge dem Zugriff der Roten Armee zu entziehen. Gerade um dieses Ziel zu erreichen, wollte er andererseits versuchen, die Kampfhandlungen im Westen möglichst rasch zu beenden. Dabei schwebte Dönitz auch hier zunächst keine bedingungslose Kapitulation aller Streitkräfte vor, sondern eine Serie von Teilkapitulationen einzelner Heeresgruppen.[25] Diese Absicht brachte der Großadmiral auch in seiner Rundfunkansprache an die deutsche Bevölkerung am Abend des 1. Mai zum Ausdruck, in der er erstmals den Tod Hitlers bekanntgab.

Zwischen 21.00 und 22.25 Uhr kündigte der Reichssender Hamburg mit seinen Nebensendern Flensburg und Bremen dreimal eine wichtige Nachricht an, unterbrochen jeweils durch Ausschnitte aus Wagners Opern «Tannhäuser», «Rheingold» und «Götterdämmerung» sowie aus Anton Bruckners Siebter Symphonie. Dann brach die Musik plötzlich ab, ein Trommelwirbel erklang und die aufgeregte Stimme eines Sprechers ließ sich vernehmen: «Aus dem Führerhauptquartier wird gemeldet, dass unser Führer Adolf Hitler heute Nachmittag in seinem Befehlsstand in der Reichskanzlei bis zum letzten Atemzuge gegen den Bolschewismus kämpfend für Deutschland gefallen ist. Am 30. April hat der Führer den Großadmiral Dönitz zu seinem Nachfolger ernannt.»[26] Nicht nur, was den Zeitpunkt, sondern auch was die Umstände von Hitlers Tod betraf, wurde die deutsche Öffentlichkeit also bewusst falsch informiert. Damit sollte verschleiert werden, dass sich der Diktator durch Selbstmord seiner Verantwortung entzogen hatte.

Dönitz bekräftigte die Falschmeldung, als er im Anschluss an die Bekanntgabe das Wort ergriff. In Ton und Diktion entsprach seine Rede noch ganz den fanatischen Treuebekenntnissen, mit denen der hitlergläubige Großadmiral auch noch in den letzten Kriegswochen die Durchhaltebereitschaft der Marinesoldaten angestachelt hatte. «Deutsche Männer und Frauen, Soldaten der deutschen Wehrmacht! Unser Führer, Adolf Hitler, ist gefallen. In tiefster Trauer und Ehrfurcht verneigt sich das deutsche Volk. Frühzeitig hatte er die furchtbare Gefahr des Bolschewismus erkannt und diesem Ringen sein Dasein geweiht. Am Ende dieses seines Kampfes und seines unbeirrbaren, geraden Lebensweges steht sein Heldentod in der Hauptstadt des Deutschen Reiches. Sein Leben war ein einziger Dienst für Deutschland. Sein Einsatz im Kampf gegen die bolschewistische Sturmflut galt darüber hinaus Europa und der gesamten Kulturwelt.»[27]

Nicht nur griff Dönitz die Version von Hitlers «Heldentod» auf; umstandslos übernahm er auch ein Kernelement der Goebbelsschen Propaganda, die den deutschen Vernichtungskrieg gegen die Sowjetunion in einen Kreuzzug für Europa und die gesamte Zivilisation umgelogen hatte. Mit dem Schreckgespenst des «Bolschewismus» begründete der Großadmiral überdies, warum er den Krieg nicht sofort beenden wollte: «Meine erste Aufgabe ist es, deutsche Menschen vor der Vernichtung durch den vordrängenden bolschewistischen Feind zu retten. Nur für diesen Zweck geht der militärische Kampf weiter. Soweit und solange die Erreichung dieses Ziels durch die Briten und Amerikaner behindert wird, werden wir uns auch gegen sie weiter verteidigen und weiterkämpfen müssen. Die Anglo-Amerikaner setzen dann den Krieg nicht mehr für ihre eigenen Völker, sondern allein für die Ausbreitung des Bolschewismus in Europa fort.» Damit wurde die Verantwortung für die Fortsetzung des Kampfes im Westen den Amerikanern und Engländern zugewiesen. Wie schon Goebbels versucht hatte, über eine Separatverständigung mit der sowjetischen Führung einen Keil in die Anti-Hitler-Koalition zu treiben, so zielte auch Dönitz' Strategie offensichtlich darauf ab, die Gegensätze zwischen den Alliierten auszunutzen, um doch noch einer bedingungslosen Kapitulation zu entgehen.

Dönitz verzichtete auch nicht darauf, die sinnlosen Opfer von Soldaten und Zivilisten in dem verbrecherisch angezettelten Krieg nachträglich zu heroisieren: «Was das deutsche Volk in dem Ringen dieses Krieges kämpfend vollbrachte und in der Heimat ertragen hat, ist geschichtlich einmalig.» Er versprach, den «tapferen Frauen, Männern und Kindern», soweit es in seiner Macht stünde, «erträgliche Lebensbedingungen zu schaffen», und rief am Ende den Beistand des Allmächtigen an: «Wenn wir tun, was in unseren Kräften steht, wird auch der Herrgott nach soviel Leid und Opfern uns nicht verlassen.»

Nach Dönitz' Rede wurde das Deutschlandlied gespielt und die zweite Hymne der Nationalsozialisten, das Horst Wessel-Lied. Es folgte eine dreiminütige Funkstille, an die sich wiederum Trauermusik, unter anderem Beethovens «Eroica», anschloss. Das Programm wurde in der Nacht zum 2. Mai beendet mit den Worten: «Wir grüßen unsere Hörer in Deutschland und im Ausland, unsere Soldaten zur See, im Felde und in der Luft mit dem Deutschen Gruß: Heil Hitler.»[28]

In seinem Tagesbefehl an die Wehrmacht vom 1. Mai wiederholte Dönitz im Wesentlichen, was er in seiner Rundfunkansprache ausgeführt hatte. Er werde «den Kampf gegen die Bolschewisten so lange fortsetzen, bis die kämpfende Truppe und bis die Hunderttausende von Familien des deutschen Ostraumes vor der Versklavung und Vernichtung gerettet sind». Nur soweit sie ihn in diesem Kampf hinderten, werde er auch gegen Engländer und Amerikaner weiterkämpfen lassen. Der Großadmiral forderte als neues Staatsoberhaupt und Oberbefehlshaber der Wehrmacht weiterhin «bedingungslosen Einsatz». Der dem «Führer» geleistete Treueid gelte nunmehr «ohne weiteres» auch für ihn als den von Hitler bestimmten Nachfolger.[29]

Der Schriftsteller Erich Kästner, der im März 1945 mit seinen Kollegen von der Ufa aus Berlin nach Mayrhofen im Tiroler Zillertal ausgewichen war, hielt in seinem Tagebuch fest, wie die Dönitz-Ansprache und sein Tagesbefehl auf ihn und seine Umgebung wirkten: Das neue Staatsoberhaupt sei nur «eine Verlegenheitslösung». «Es will die bolschewistische Flut zurückschlagen, aber gegen die restlichen Alliierten nur fechten, wenn diese es nicht anders wollen. Der Mann an der Drehorgel hat gewechselt. Er spielt das alte Lied. ‹Heil Dönitz!› sagen die Leute zum Spaß, wenn sie einander begegnen. Es, das neue Staatsoberhaupt, erwartet von den Truppen, dass die ihren dem Führer geschworenen Eid prolongieren und auch dem designierten Nachfolger halten werden. Das wird, mangels Masse, schwer halten. Allein seit der Invasion (vom Juni 1944 – V. U.) sind im Westen drei Millionen Mann und hundertfünfzig Generäle gefangengenommen worden. Dem fliehenden und umherirrenden Rest steht die Gefangennahme unmittelbar bevor. Der Eid wird einsam.»[30]

Ganz ähnlich fiel die Reaktion unter den deutschen Generälen aus, die im herrschaftlichen Anwesen von Trent Park in Cockfosters bei London interniert waren. Dönitz sei ein «Rindvieh», ein «Scharlatan», sein Kabinett eine «Eintagsregierung». Seine Rede habe geklungen, «als ob Klein-Hitler spricht». Wie könne «ein vernünftiger Mensch, der seine fünf Sinne beisammen hat», einen solchen Unsinn von sich geben und Hitler als «den reinsten Engel» darstellen, wo er doch wüsste, wie der Diktator mit den Truppenführern umgesprungen sei. Obwohl Dönitz gar keine Machtmittel mehr hinter sich habe, markiere er immer noch «den dicken Wilhelm»: «Sollen wir jetzt ‹Heil Dönitz› sagen?» Der Mann sei «überhaupt nicht legitimiert zu führen und zu sprechen».[31]

Dönitz habe «ziemlich schwach» gesprochen, notierte die Berliner Journalistin und Hitler-Gegnerin Ursula von Kardorff, die im Februar 1945 Zuflucht im schwäbischen Dorf Jettingen bei Augsburg gesucht hatte und dort die Sendung am Radio verfolgte. «Das also ist der Moment, den ich seit Jahren glühend herbeigesehnt, um den ich flehentlich gebetet habe. Und nun? Als jetzt das Deutschlandlied gespielt wurde, ergriff es mich zum erstenmal seit vielen Jahren wieder. Ist das Sentimentalität?»[32]

Auch Rüstungsminister Albert Speer befand sich nach der Rundfunksendung, glaubt man seinen Erinnerungen, in einer sentimentalen Stimmung. Als er am späten Abend in seiner kleinen Kammer in Dönitz' Plöner Quartier ein Hitler-Porträt, das ihm der Diktator erst sechs Wochen zuvor zu seinem 40. Geburtstag mit persönlicher Widmung überreicht hatte, auf seinen Nachttisch aufstellte, habe ihn ein «Weinkrampf» überfallen: «Das erst war das Ende meiner Beziehung zu Hitler, jetzt erst war der Bann gelöst, seine Magie ausgelöscht (…) Ich fiel in tiefen Schlaf.»[33] Doch abgeschlossen war Speers Beziehung zum einst bewunderten «Führer» noch keineswegs. Vielmehr sollte er nun entschlossen seine seit Frühjahr 1945 begonnenen Anstrengungen fortsetzen, seine Rolle als einer der mächtigsten Hitler-Günstlinge und seine Beteiligung an den Massenverbrechen des Nationalsozialismus zu verschleiern.[34]

William L. Shirer, der amerikanische Korrespondent in Berlin, der im Dezember 1940 Deutschland verlassen hatte, erhielt die Nachricht von Hitlers Tod in San Francisco, wo seit dem 24. April die Gründungskonferenz der Vereinten Nationen tagte. Die Erklärung von Dönitz, so sein Kommentar, sei nur folgerichtig: «Das ganze Hitlerregime, die ganze Hitlerlegende, alles war auf Lügen gegründet. Nun umgeben ihn Lügen auch im Tod. Sein Nachfolger wälzt sich in ihnen ebenso, wie er es tat.»[35]

Wie Shirer so zweifelte auch Thomas Mann in seinem kalifornischen Exil, ob es mit der von Dönitz in die Welt gesetzten Version vom Tode Hitlers seine Richtigkeit habe. «Als Held gefallen im Kampf gegen den Bolschewismus (...) Das Ganze verdächtig und ungewiss», bemerkte er am 1. Mai. Das «Wahrscheinlichste» sei, dass Hitler Selbstmord begangen habe.[36] Der Schriftsteller hatte mit großer Zustimmung das im Frühjahr 1940 erschienene Buch von Sebastian Haffner «Germany: Jekyll and Hyde» gelesen, in dem Hitler bereits als «der potentielle Selbstmörder par excellence» bezeichnet wurde.[37]

Nachdem Goebbels, gewissermaßen als seine letzte Amtshandlung als Reichskanzler, Dönitz über Hitlers Tod in Kenntnis gesetzt hatte, bereitete er sich auf den letzten Akt vor. Gemeinsam mit dem Diktator hatte der Propagandaminister in den zurückliegenden Kriegsmonaten große Anstrengungen unternommen, um das apokalyptische Finale des «Dritten Reiches» als eine heroische Inszenierung im Gedächtnis der Nachwelt zu erhalten. Dabei beriefen sich beide auf das Vorbild Friedrichs des Großen. Wie der preußische König im Siebenjährigen Krieg gegen eine übermächtige Koalition standgehalten habe, so werde man niemals kapitulieren – und am Ende vielleicht doch noch eine Wende herbeiführen. «Der Führer stimmt mir völlig zu, wenn ich ihm sage, dass es unser Ehrgeiz sein soll, dafür zu sorgen, dass, wenn in Deutschland einmal in 150 Jahren eine gleich große Krise auftaucht, unsere Enkel sich auf uns als das heroische Beispiel der Standhaftigkeit berufen können.»[38]

Noch in der letzten Ausgabe des «Panzerbär», des «Kampfblatts für die Verteidiger Groß-Berlins», vom 29. April 1945 war von einem «in der Geschichte einmalig grandiosen Ringen» die Rede.[39] Dass er mit Hitler in Berlin bleiben und ihm hier, wenn es keinen anderen Ausweg mehr gab, mitsamt seiner Familie in den Tod folgen würde, hatte Goebbels mehr als einmal kundgetan. In einem «Anhang zum politischen Testament des Führers», den er in der Nacht zum 29. April der Sekretärin Traudl Junge diktierte, legte er dar, warum er zum ersten Mal in seinem Leben einem Befehl Hitlers – nämlich «im Falle eines Zusammenbruchs der Verteidigung der Reichshauptstadt Berlin zu verlassen und als führendes Mitglied an einer von ihm ernannten Reichsregierung teilzunehmen» – nicht Folge leisten könne. Er würde sich für sein ganzes weiteres Leben «als ein ehrloser Abtrünnling und gemeiner Schuft vorkommen», wenn er «den Führer in seiner schwersten Stunde allein» ließe: «In dem Delirium von Verrat, das in diesen kritischsten Tagen des Krieges den Führer umgibt, muss es wenigstens einige geben, die bedingungslos und bis zum Tode zu ihm halten.»[40]

Nur noch wenige Stunden blieben an diesem Nachmittag des 1. Mai. Offenbar nutzte sie Goebbels, um sein Tagebuch, das er am 10. April abrupt abgebrochen hatte, zu beenden – als eine Art Vermächtnis für die Nachwelt. Die Aufzeichnungen soll er seinem Staatssekretär Werner Naumann, den Hitler in seinem Testament zum Nachfolger von Goebbels als Propagandaminister eingesetzt hatte, mit der Bitte übergeben haben, sie aus Berlin herauszuschaffen. Doch in den Wirren der Flucht aus dem Bunker sollen sie verschollen sein.[41]

Während Joseph Goebbels letzte Anordnungen traf, bereitete Magda Goebbels ihre sechs Kinder – fünf zwölf- bis vierjährige Töchter und einen neunjährigen Sohn –, die am 22. April mit ihr in den Bunker gezogen waren, auf das Ende vor. Alle Versuche der in den Katakomben unter der Reichskanzlei Verbliebenen, sie zu überreden, die Kinder zu verschonen, hatte sie zurückgewiesen, und ihr Mann hatte sie darin bestärkt. «Meine Frau und ich sind uns einig, dass unsere Kinder mit uns in den Tod gehen. Wir möchten nicht, dass sie erleben, wie ihr Vater durch die internationalen Gazetten gezerrt wird», ließ er sich gegenüber Arthur Axmann aus.[42]

Am späten Nachmittag beobachtete der Telefonist Rochus Misch, wie Magda Goebbels ihre Kinder für den Tod fertig machte. Sie streifte allen die gleichen langen, weißen Nachthemden über und redete beruhigend auf sie ein. Nur die älteste, die zwölfjährige Helga, scheint geahnt zu haben, was ihnen bevorstand, denn sie weinte.[43] Danach rief die Mutter Helmut Kunz, Adjutant des Chefarztes in der Sanitätsverwaltung der SS in der Reichskanzlei, der ihr einige Tage zuvor versprochen hatte, ihr bei der Tötung der Kinder behilflich zu sein, zu sich in den Bunker und teilte ihm mit, dass die Entscheidung gefallen sei. Auch der Arzt will sich noch angeboten haben, die Kinder im Lazarett unter der Neuen Reichskanzlei unterzubringen und sie unter den Schutz des Roten Kreuzes zu stellen, doch der Eintages-Reichskanzler, der hinzugekommen war, habe nur brüsk entgegnet: «Das geht nicht, es sind doch die Kinder von Goebbels!»[44]

Im Vorzimmer ihrer Bunkerwohnung reichte Magda Goebbels Kunz eine mit Morphium gefüllte Spritze. «Dann betreten wir das Kinderzimmer», berichtete der Arzt in seiner ersten Vernehmung durch den sowjetischen militärischen Nachrichtendienst SMERSCH am 7. Mai. «Die Kinder lagen schon im Bett, schliefen aber noch nicht. Frau Goebbels sagte zu den Kindern: ‹Kinder, habt keine Angst, der Doktor gibt euch jetzt eine Spritze, die jetzt alle Kinder und Soldaten bekommen.› Mit diesen Worten verließ sie das Zimmer.» Kunz spritzte jedem der Kinder das Morphium ein. Die ganze Prozedur dauerte acht bis zehn Minuten. Nach seiner Erinnerung war es 20.40 Uhr. Danach verließ er den Raum und wartete mit Magda Goebbels, bis die Kinder eingeschlafen waren.

Bei seiner ersten Vernehmung am 7. Mai gab Kunz zu Protokoll, dass Magda Goebbels nach ungefähr zehn Minuten in seiner Begleitung wieder in das Kinderzimmer zurückgekehrt sei und jedem der Kinder eine zerdrückte Zyankali-Ampulle in den Mund gelegt habe. Bei seiner zweiten Vernehmung am 19. Mai korrigierte er sich: Magda Goebbels habe ihn gebeten, den Kindern das Gift zu verabreichen, das aber habe er abgelehnt, weil er die dafür notwendige «seelische Kraft» nicht habe aufbringen können. Daher habe Magda Goebbels den Begleitarzt Hitlers, Ludwig Stumpfegger, rufen lassen. Der übernahm offenbar die traurige Aufgabe, den Kindern das Gift zu geben.[45]

Nach vollbrachter Tat begaben sich Magda Goebbels und Kunz in den Tiefbunker, wo Joseph Goebbels sie schon ungeduldig erwartete. Es war nun nicht mehr viel Zeit zu verlieren, denn stündlich konnten die ersten Rotarmisten in der Reichskanzlei auftauchen. Seinem Adjutanten, Günther Schwägermann, nahm er das Versprechen ab, seine Leiche und die seiner Frau verbrennen zu lassen – auch noch im Tode wollte es Hitlers Chefpropagandist, der wie kein Zweiter für die Erschaffung und Popularisierung des Führermythos gesorgt hatte, seinem bewunderten Idol gleichtun. Danach nahm Goebbels Abschied von den Bunkerinsassen, die schon auf dem Sprunge waren, die Stätte des Grauens zu verlassen. «Vielleicht kommen Sie durch», wünschte er Traudl Junge mit einem verzerrten Lächeln, und zu Flugkapitän Baur bemerkte er: Wenn es ihm gelinge, Dönitz zu erreichen, solle er ihm ausrichten, «dass wir nicht nur verstanden haben zu leben und zu kämpfen, sondern auch zu sterben».[46]

«Les jeux sont faits» – das waren die letzten Worte, die Goebbels an den Telefonisten Rochus Misch richtete, bevor er ihn aus seinen Diensten entließ. Wie «erlöst» habe er sich gefühlt, erinnerte sich Misch, und sofort alle Stecker aus der Telefonanlage gezogen: «Ich rupfte sie regelrecht heraus, riss mit einem kräftigen Ruck an den Kabeln, gleichzeitig mit jeder Hand jeweils eine Schnur greifend. Rechts, links, rechts, links. Es konnte mir nicht schnell genug gehen. Nicht einen einzigen Stecker vergaß ich (…) Auf dem Schaltpult türmte sich der Kabelsalat. Ende. Aus.»[47]

Wie sich Joseph und Magda Goebbels umbrachten, darüber existieren unterschiedliche Versionen. Nach der Darstellung in Hugh Trevor Ropers Buch von 1947 «Hitlers letzte Tage», die sich vor allem auf die Aussagen des Goebbels-Adjutanten Schwägermann stützte, soll das Ehepaar die Treppe zum Bunkerausgang hinaufgestiegen und im Garten der Reichskanzlei von einem SS-Mann erschossen worden sein.[48] Dagegen haben Hitlers Diener Heinz Linge und Hitlers Adjutant Otto Günsche in russischer Kriegsgefangenschaft ausgesagt, dass sich Goebbels und seine Frau im Bunker erschossen hätten.[49] Beide Darstellungen sind nicht zutreffend, denn bei der Untersuchung der Leichen am 7. und 9. Mai 1945 stellten die sowjetischen Gerichtsmediziner fest, dass sich im Munde von Joseph und Magda Goebbels, ebenso wie bei ihren Kindern, Splitter von zerdrückten Zyankalikapseln befanden.[50] Sie hatten sich also vergiftet. Möglich ist, dass Goebbels, um ganz sicherzugehen, SS-Männer damit beauftragt hatte, ihm und seiner Frau nach dem Zerbeißen der Giftampullen noch die Kugel zu geben. Denn neben den Köpfen der Toten fanden die Ermittler zwei feuergeschwärzte Walther-Pistolen.[51]

In seinem britischen Gefangenenlager in der lybischen Hafenstadt Bengasi erfuhr Harald Quandt, Magda Goebbels' Sohn aus erster Ehe mit dem Industriellen Günther Quandt, über die BBC vom Tod seiner Mutter, seines Stiefvaters und seiner Halbgeschwister. Wie er darauf reagierte, ist nicht überliefert, wohl aber, dass er sich noch während der Kriegsgefangenschaft aus der psychologischen Abhängigkeit von seinem Stiefvater löste. Das hinderte ihn allerdings später nicht daran, auch stark belastete ehemalige Nationalsozialisten in seinem Familienunternehmen unterzubringen, darunter Werner Naumann, einen engen Mitarbeiter des Propagandaministers, der in den frühen Fünfzigerjahren zusammen mit Gleichgesinnten den Versuch unternehmen sollte, die nordrhein-westfälische FDP zu unterwandern.[52]

«Ausbruchsversuch» – so lautete die letzte Eintragung, die Martin Bormann am Abend des 1. Mai in seinem Taschenkalender vornahm.[53] Noch während Joseph und Magda Goebbels die Vorbereitungen für ihren Selbstmord trafen, rüstete die übrige Gesellschaft zur Flucht. Fast alle beherrschte nur ein Gedanke: wie sie noch in letzter Stunde heil aus dem Bunker herauskommen und sich durch die russischen Linien schlagen könnten. Hitlers engste Gefolgsleute vernichteten ihre Ausweispapiere, um im Falle einer Verhaftung ihre Identität zu kaschieren. Manche trennten auch die Rangabzeichen von ihren Uniformen ab. Feldmarschmäßig ausgerüstet mit Pistolen und Stahlhelmen, wartete man die Dunkelheit ab.[54]

Kampfkommandant Wilhelm Mohnke legte den Fluchtplan fest: Mehrere Gruppen sollten in Abständen von jeweils wenigen Minuten aus dem Keller der Neuen Reichskanzlei ausbrechen, über den Wilhelmplatz sich zur U-Bahnstation «Kaiserhof» (heute «Mohrenstraße») schleichen und von dort entlang der Untergrundbahngeleise, unter den russischen Linien hindurch, zur Station «Friedrichstraße» marschieren. Hier sollten sie sich mit den Resten von Mohnkes Kampftruppe vereinigen und versuchen, über die Spree hinweg zum Stettiner Bahnhof durchzuschlagen, und von dort Berlin in nordwestlicher Richtung verlassen, um Anschluss an die noch kämpfenden deutschen Verbände zu finden.[55]

Kurz nach 22.00 Uhr brach die erste Gruppe unter Führung Mohnkes auf. Ihr gehörten Hitlers Adjutant Günsche, Botschafter Hewel, Vizeadmiral Voss, Hitlers Sekretärinnen Christian und Junge, Bormanns Sekretärin Else Krüger und die Diätköchin Manziarly an. Einer dritten Gruppe, die von Werner Naumann geführt wurde, der Fronterfahrung besaß, schlossen sich Bormann, Hitlers Begleitarzt Stumpfegger und Flugkapitän Baur an. Unter den Gruppen, die nach und nach den Bunker verließen, befanden sich unter anderen auch Hitlers Diener Linge, sein Fahrer Kempka, Goebbels' Adjutant Schwägermann, der Führer des Reichssicherheitsdienstes Rattenhuber sowie Reichsjugendführer Axmann.[56] Nicht mit von der Partie waren die Generäle Krebs und Burgdorf sowie der Befehlshaber des SS-Begleitkommandos, Franz Schädle. Sie zogen es vor, sich das Leben zu nehmen, offenbar weil sie dem Gelingen des Ausbruchsversuchs von vornherein keine Chancen einräumten.

Tatsächlich erwies sich der Fluchtplan als undurchführbar. In der Dunkelheit der U-Bahnschächte, in denen zahllose Verwundete, Soldaten

Sowjetische Soldaten in der Marmorgalerie der Neuen Reichskanzlei in der Voßstraße, Anfang Mai 1945.

und Zivilisten, Zuflucht gefunden hatten, löste sich der Zusammenhalt der Gruppen rasch auf. Als die ersten am Bahnhof «Friedrichstraße» ins Freie gelangten, wurde das Weiterkommen erst recht gefährlich. Denn immer noch tobten hier heftige Kämpfe. Überall loderten Brände, nahmen russische Scharfschützen alles, was sich bewegte, ins Visier. In diesem Inferno schmolzen die Gruppen der Flüchtenden zu wenigen Personen zusammen, und am Ende versuchte jeder nur noch, sich selbst zu retten. «Stundenlang kriechen wir durch Kellerlöcher, brennende Häuser, fremde dunkle Straßen», schrieb Traudl Junge zwei Jahre später, als die Erinnerung noch frisch war. «Irgendwo in einem verlassenen Keller rasten wir, schlafen ein paar Stunden. Dann geht es weiter, bis russische Panzer den Weg versperren (…) So vergeht die Nacht, und am Morgen wird es still. Das Schießen hat aufgehört (…) Schließlich landen wir in einem alten Bierkeller einer Brauerei (…). Hier ist die letzte Station.»[57]

Nur wenigen – wie Kempka, Naumann, Schwägermann, Axmann, Traudl Junge, Gerda Christian – gelang die Flucht. Von Constanze Manziarly verlor sich jede Spur. Die meisten wurden von den Russen gefangengenommen, unter ihnen Baur, Linge, Günsche, Voss, Rattenhuber und

Misch. Andere wiederum entzogen sich der Gefangennahme durch Selbstmord – so Hewel, Bormann und Stumpfegger. Die Skelette von Hitlers Sekretär und seinem Leibarzt wurden erst im Dezember 1972 bei Bauarbeiten auf dem Gelände des Lehrter Bahnhofs aufgefunden. Beide hatten Zyankalikapseln zerbissen. Die Gebeine Bormanns wurden im April 1999 in Bayern eingeäschert, die Aschenreste in die Ostsee gestreut.[58]

Am 1. Mai 1945 schrieb eine Lehrerin aus Demmin in ihr Tagebuch: «Freitote, am Sinn des Lebens irre geworden.»[59] Hinter dieser kurzen Notiz verbarg sich ein Drama, das zu DDR-Zeiten totgeschwiegen wurde und erst seit wenigen Jahren ins gesamtdeutsche Gedächtnis eingegangen ist. Nirgendwo sonst nahmen sich Anfang Mai 1945 so viele Menschen das Leben wie in Demmin. Die vorpommersche Hansestadt an der Peene war bis kurz vor Kriegsende von Luftangriffen verschont geblieben. Zwar trieb Fliegeralarm die rund 15 000 Einwohner immer wieder in die Keller, doch die Bombengeschwader flogen stets weiter und luden ihre todbringende Last über Stettin, Anklam oder Berlin ab. Seit Januar 1945 wälzte sich allerdings ein nichtabreißender Strom von Trecks aus Hinterpommern, Ost- und Westpreußen durch die Stadt. Viele Privatwohnungen und öffentliche Gebäude waren vollbelegt mit Flüchtlingen, die Zwischenstation auf ihrem beschwerlichen Weg nach Westen machten.

Ende April 1945, als die Rote Armee näher rückte, machten sich die Amtsträger von Partei und Staat, die eben noch das Durchhalten bis zum «Endsieg» gepredigt hatten, als Erste aus dem Staub. Auch die in und um Demmin stationierten Einheiten der Wehrmacht dachten gar nicht daran, die Parole vom «heroischen Untergang» auf sich selbst zu beziehen. Sie verließen fluchtartig die Stadt, nachdem sie die Brücken über die Peene und ihre Nebenflüsse, die Trebel und die Tollense, gesprengt hatten. Das hatte für die Zurückgebliebenen fatale Folgen: Der Fluchtweg nach Westen war abgeschnitten; die Einwohner, die sich nicht rechtzeitig abgesetzt hatten, und Hunderte von Flüchtlingen saßen buchstäblich in der Falle. In angstvoller Anspannung erwarteten sie das Einrücken der sowjetischen Truppen.

Die Angst war durchaus berechtigt. Denn viele wussten aus Erzählungen von Soldaten, welche Verbrechen SS und Wehrmacht in den eroberten Gebieten der Sowjetunion begangen hatten. Das «Unternehmen Barbarossa», das mit dem deutschen Überfall am 22. Juni 1941 begonnen hatte, war von vornherein angelegt gewesen als ein Vernichtungskrieg, der nach dem Willen Hitlers und seiner folgsamen Generalität auf die Ermordung und Versklavung großer Teile der Zivilbevölkerung zielte. Hunderttausende sowjetische Kriegsgefangene ließ man bereits in den ersten Kriegsmonaten verhungern. Fast eine Million Leningrader kamen bei der Blockade der Stadt 1941 bis 1944 ums Leben. Millionen junger Russinnen und Russen wurden als sogenannte «Ostarbeiter» ins «Dritte Reich» verschleppt und zur Zwangsarbeit herangezogen. Bei ihren Rückzügen an der Ostfront seit 1943 wandten die Deutschen die Methode der «verbrannten Erde» an, das heißt, sie zerstörten alles, was dem Gegner irgendwie von Nutzen sein konnte. Ganze Regionen wurden in «tote Zonen» verwandelt.[60]

Im Oktober 1944 hatte die Rote Armee in Ostpreußen zum ersten Mal die Reichsgrenze überschritten. Während ihres Vormarsches war sie überall auf die Spuren der deutschen Vernichtungswut gestoßen. Fast jeder Rotarmist hatte zudem Verluste von Familienangehörigen zu beklagen. Der Hass auf die faschistischen Eindringlinge und das Bedürfnis nach Rache, durch die sowjetische Propaganda noch zusätzlich geschürt, entluden sich in einer ersten Welle von Gewalt. Der Name Nemmersdorf wurde zum Menetekel. Hier stießen Wehrmachtsoldaten, als sie den kleinen Ort zurückeroberten, auf die Spuren eines Massakers, dem etliche Zivilisten, vorwiegend ältere Männer und Frauen, zum Opfer gefallen waren.[61]

Goebbels nutzte die Entdeckung zu einer großangelegten Kampagne. Auf seine Anweisung wurden die Bilder der Leichen sowohl für die Wochenschau als auch für die Zeitungen freigegeben. Damit sollte, wie er am 26. Oktober in seinem Tagebuch vermerkte, der Bevölkerung vor Augen geführt werden, was sie zu erwarten habe, «wenn der Bolschewismus tatsächlich vom Reich Besitz ergreift».[62] Ende Oktober 1944 gelang es der Wehrmacht noch einmal, die Rote Armee hinter die Reichsgrenze zurückzudrängen, doch der am 12. Januar 1945 begonnenen sowjetischen Großoffensive hatte sie kaum noch etwas entgegenzusetzen. Innerhalb von nur drei Wochen stießen die sowjetischen Truppen 500 Kilometer nach Westen vor, befreiten die besetzten und annektierten polnischen Gebiete und eroberten den größten Teil Ostdeutschlands. Jetzt setzte sich verstärkt fort, was bereits beim ersten Einfall in Ostpreußen begonnen hatte. Der erbarmungslose Vernichtungskrieg, den Wehrmacht und SS gegen die Sowjetunion geführt hatten, schlug auf die deutsche Zivilbevölkerung zurück. «Soll die deutsche Mutter den Tag verfluchen, an dem sie einen Sohn geboren hat! Sollen die deutschen Frauen jetzt die Schrecken des Krieges verspüren! Sollen sie das, was sie den anderen Völkern zugedacht haben, selber erleben», schrieb ein Soldat aus dem westukrainischen Tiraspol am 30. Januar nach Hause.[63] Die Wucht der Vergeltung traf vor allem jene, die sich nicht rechtzeitig auf den Weg nach Westen gemacht hatten. Plünderungen und Vergewaltigungen waren an der Tagesordnung. Die Berichte über die Gräueltaten verbreiteten sich mit Windeseile, und sie hatten auch die in Demmin ausharrenden Menschen vor Augen, als sie voller Angst dem Auftauchen der ersten Rotarmisten entgegensahen.

Der 30. April war ein strahlender Frühlingstag. Am Morgen drang aus der Ferne Geschützdonner herüber, und immer deutlicher zu vernehmen war das rasselnde Geräusch der sich nähernden Panzer. Die Bewohner Demmins und die Flüchtlinge suchten Zuflucht in den Kellern. Frauen schwärzten ihre Gesichter mit Ruß und banden sich zerschlissene Kopftücher um, um möglichst unattraktiv zu erscheinen. Einige mutige Bürger hängten weiße Bettlaken und Handtücher aus den Fenstern – als Zeichen der kampflosen Übergabe. Am Vormittag erreichten die Spitzen zweier sowjetischer Panzerbrigaden den südlichen Stadtrand. Da die Brücken gesprengt worden waren, konnten die Kampftruppen nicht, wie geplant, rasch weiter nach Westen Richtung Rostock vorstoßen. Gegen Mittag stauten sich Panzer und andere Fahrzeuge bis in die Altstadt hinein. Nach zwei kurzen Schießereien war Demmin am Nachmittag vollständig von sowjetischen Truppen besetzt. Bereits vor dem Einmarsch hatten sich 21 Einwohner das Leben genommen.

In der Nacht zum 1. Mai begann ein wahrer Alptraum. «Die Panzer, die Schützenpanzer, die Flugabwehrlafetten, die Lastwagen, die gewaltigen Mengen von Kriegsgerät hatten die Stadt in ein unruhig brodelndes Heerlager verwandelt», schreibt der Historiker und Dokumentarfilmer Florian Huber in seiner Darstellung der Demminer Ereignisse. «Hunderte von Soldaten, in ihrem Siegeszug gebremst, schwärmten aus auf der Suche nach Uhren, nach Schmuck, nach Schnaps, nach Frauen, nach Spaß und Lust und Gewalt (...) Zum Triumphgefühl des Sieges über die Nazis, der so kurz bevorstand, kam die Feierlaune zum 1. Mai. In dieser

Nacht brannten in Demmin die ersten Häuser.»[64] Die dicht beieinanderstehenden Fachwerkhäuser boten den Flammen reichlich Nahrung. Das Feuer wütete mehrere Tage. Am Ende waren große Teile der Altstadt zerstört.

Schlimmer war der Schrecken, den marodierende, häufig betrunkene Rotarmisten in diesen Tagen verbreiteten. Hunderte Frauen und Mädchen wurden vergewaltigt, zahlreiche Bewohner getötet, Wohnungen ausgeraubt. Was folgte, war ein Massenselbstmord, wie er sich in diesem Ausmaß in keiner anderen deutschen Stadt in der Schlussphase des Krieges ereignet hat. Es scheint, als habe eine kollektive Panik, eine Art Massenhysterie die Menschen erfasst. Scharenweise suchten ganze Familien den Freitod. Hören wir dazu noch einmal den Chronisten Florian Huber: «Unter den Toten waren Säuglinge und Kleinkinder, Schüler und Halbwüchsige, junge Männer und Frauen, gesetzte Ehepaare, Leute in den besten Jahren, Ruheständler und Greise. Die Herkunft der Menschen, ihre Berufe, ihr Status in der Gesellschaft folgen keinem Muster. Hunderte Flüchtlinge aus Pommern, Ost- und Westpreußen und anderen Gegenden waren darunter, aber auch hunderte Bürger aus Demmin und der näheren Umgebung. Es starben Arbeiter und Angestellte, Beamte und Handwerker, Ärzte und Apotheker, Hausfrauen, Witwen und Kriegerwitwen, Kaufmänner und Polizisten, Direktoren und Buchhalterinnen, Rentner und Lehrer (...) Die Selbstmörder von Demmin waren ein Querschnitt und Abbild der kleinstädtischen deutschen Gesellschaft.»[65]

Wer konnte, nahm Gift oder schoss sich eine Kugel in den Kopf. Andere schnitten sich die Pulsadern auf oder erhängten sich. Die meisten aber ertränkten sich. Frauen füllten Rucksäcke mit Steinen, banden Knoten um die Handgelenke ihrer Kinder und gingen so, fest aneinander geschnürt, ins Wasser. Noch Wochen später trieben in der Peene und den Nebenflüssen zahlreiche Leichen.

Über die Anzahl der Selbsttötungen gibt es unterschiedliche Angaben. In einem improvisierten Totenbuch, das die Tochter des Friedhofsgärtners am 6. Mai begann, wurden die Namen von 612 Menschen aufgeführt, von denen mehr als 400 den Freitod gewählt hatten. Der Bericht des Landrats des Kreises Demmin vom November 1945 nannte eine Gesamtzahl von 700 Selbstmorden, Zeitzeugen sprechen gar von mehr als 1000. Man wird bei vorsichtiger Schätzung eine Zahl zwischen 500 und 1000 Toten annehmen müssen.[66] An sie erinnert ein Findling auf dem Friedhof von Demmin. Er trägt als Inschrift die Tagebuchnotiz der Lehrerin: «Freitote, am Sinn des Lebens irre geworden.»

Der Massensuizid von Demmin war beispiellos. Aber auch in vielen anderen Orten kam es im Chaos des Kriegsendes zu einer Welle von Selbsttötungen, so dass man von einer regelrechten «Selbstmordepidemie» sprechen kann.[67] Und es war nicht allein die Angst vor der Roten Armee, die Furcht vor der Rache der Sieger, die Menschen dazu trieben, sich das Leben zu nehmen. Nicht nur für führende NS-Funktionäre und hochdekorierte Wehrmachtoffiziere, sondern für viele gewöhnliche Deutsche, die dem Führermythos verfallen waren und die Normen des NS-Regimes verinnerlicht hatten, war ein Leben ohne Hitler und den Nationalsozialismus kaum vorstellbar. Selbstmord erschien ihnen als einziger Ausweg aus einer Situation, in der die Niederlage unabwendbar war und sie für sich und ihre Familien keine Zukunft mehr sahen. Bereits im geheimen Lagebericht des Sicherheitsdienstes der SS vom März 1945 wurde gemeldet: «Viele gewöhnen sich an den Gedanken, Schluss zu machen. Die Nachfrage nach Gift, nach einer Pistole und sonstigen Mitteln, dem Leben ein Ende zu bereiten, ist überall groß. Selbstmorde aus echter Verzweiflung über die mit Sicherheit zu erwartende Katastrophe sind an der Tagesordnung.»[68] Viele erlebten das bevorstehende Kriegsende in einer Weltuntergangsstimmung, als den Zusammenbruch einer Ordnung, die ihrem bisherigen Leben Struktur und Halt gegeben hatte. Neben dem kollektiven Sinnverlust war häufig die Unsicherheit über das Schicksal von Angehörigen ein treibendes Motiv. So war die Selbstmordrate gerade unter Flüchtlingen aus den Ostgebieten, die ihre Familien hatten zurücklassen müssen, auffällig hoch. Auch in den westlichen Landesteilen stieg die Zahl der Selbsttötungen, allerdings bei weitem nicht so dramatisch wie in den östlichen Regionen, wo sich Hoffnungslosigkeit und Trauer über das Verlorene mit einer weitverbreiteten Russenfurcht mischten.

«Als wir nach Berlin kamen, konnte man vor Qualm kaum den Weg durch die Trümmer finden», das war der erste Eindruck, den Walter Ulbricht erhielt, als er am 1. Mai 1945, nach zwölf Jahren Abwesenheit, in die noch umkämpfte Reichshauptstadt zurückkehrte.[69] Ulbricht stand an der Spitze einer zehnköpfigen Gruppe kommunistischer Funktionäre aus Moskau –

der sogenannten «Gruppe Ulbricht» –, die dazu bestimmt war, der sowjetischen Besatzungsmacht zur Hand zu gehen. Berlin war für den damals 51jährigen gelernten Tischler kein fremdes Terrain. Von 1929 bis 1932 war er Sekretär der KPD-Bezirksleitung Berlin-Brandenburg gewesen, kannte sich also mit den Verhältnissen der dortigen Arbeiterbewegung aus. Sein Weg in die Emigration nach 1933 hatte ihn über Paris und Prag nach Moskau geführt. Als er Ende Januar 1938 in der sowjetischen Hauptstadt eintraf, waren die Stalinschen Säuberungen noch in vollem Gange. Auch die führenden deutschen Kommunisten, die aus Hitler-Deutschland in die Sowjetunion geflohen waren, gerieten in das Räderwerk der Verfolgungen. Von den neun Mitgliedern oder Kandidaten des Politbüros der KPD 1932/33 wurden fünf ermordet, zwei starben eines natürlichen Todes und nur zwei überlebten den NKWD-Terror: Walter Ulbricht und der Parteivorsitzende Wilhelm Pieck.[70]

Um alle Säuberungswellen zu überstehen, bedurfte es besonderer Fähigkeiten, und über die verfügte Ulbricht offenbar in hohem Maße. Er verkörperte den klassischen Typus des Apparatschiks, der, ohne jemals große Gefühlsregungen zu zeigen, widerspruchslos sich dem Herrschaftsanspruch Stalins unterwarf und alle Richtungswechsel seiner Politik mitvollzog. «Eine gewisse Bauernschläue haftete ihm an, ein Instinkt, der es ihm ermöglichte, sowjetische Wendungen in der politischen Linie zu erahnen und sich darauf einzustellen – und er scheute sich nicht, sowjetische Anordnungen zuweilen mit List, Härte und Rücksichtslosigkeit gegenüber den eigenen Genossen durchzusetzen», so charakterisierte ihn Wolfgang Leonhard, ein Mitglied der «Gruppe Ulbricht».[71] Eben diese Eigenschaften disponierten Walter Ulbricht dazu, eine führende Rolle beim Aufbau der Nachkriegsordnung in der sowjetischen Besatzungszone und späteren DDR zu spielen.

Seit die Wehrmacht nach der verlorenen Panzerschlacht bei Kursk im Juli 1943 in die Defensive gedrängt und die Initiative endgültig an die Rote Armee übergegangen war, hatten auch die deutschen Kommunisten im Moskauer Exil begonnen, sich auf das Kriegsende vorzubereiten. Im Februar 1944 rief die KPD-Führung unter Wilhelm Pieck, Walter Ulbricht und Anton Ackermann eine «Arbeitskommission für politische Probleme» ins Leben, die sich über die Grundlagen der Nachkriegsgestaltung Deutschlands Klarheit verschaffen sollte. Das Ergebnis der Diskussionen schlug sich nieder in einem «Aktionsprogramm der kämpfenden Demokratie» vom

Oktober 1944. Darin wurde unter anderem als «Sofortprogramm» gefordert: die «Verhaftung und Aburteilung der Nazimörder und Kriegsschuldigen für ihre Verbrechen am eigenen Volke und an den anderen Völkern», eine «gründliche Säuberung des gesamten Staatsapparats und der Kommunalverwaltungen von allen faschistischen Elementen», die «Auflösung aller faschistischen Organisationen», die «Inangriffnahme von Maßnahmen zur Wiedergutmachung der den anderen Völkern, besonders dem Sowjetvolke, zugefügten Kriegsschäden» sowie die «energische Entfaltung einer wahren Demokratie, die die staatsbürgerliche Freiheit aller Volksangehörigen ohne Unterschied der Herkunft, des Standes, der Rasse und der Religion (...) sichert».[72]

Allerdings war die Exilführung der KPD nicht frei in ihren Entscheidungen. Sie musste ihre Vorstellungen mit den übergeordneten Interessen der sowjetischen Instanzen abstimmen. Die Rolle des Mittelsmannes übernahm Georgi Dimitroff, ehemals Generalsekretär des Exekutivkomitees der Kommunistischen Internationale, seit Dezember 1943 Leiter der Abteilung für Internationale Information (Auslandsbüro) beim ZK der KPdSU. Stalins Vorgaben waren klar: Er ging davon aus, dass auf die Niederlage Nazi-Deutschlands eine lange Periode der Besatzung folgen würde. Eine unmittelbare Einführung des Sozialismus in der von der Roten Armee okkupierten Zone hielt er weder für möglich noch für wünschenswert. Vielmehr sei es Aufgabe der antifaschistischen Kräfte, zunächst eine bürgerlich-demokratische Umgestaltung in die Wege zu leiten, gewissermaßen als Fortsetzung und Vollendung der Revolution von 1848. Noch setzte der Diktator im Kreml nicht auf eine Teilung Deutschlands und die Etablierung eines unter sowjetischer Kuratel stehenden Separatstaates. Er wollte sich Einfluss auf die Entwicklung in ganz Deutschland sichern und war daher zunächst bestrebt, die westlichen Alliierten in der Anti-Hitler-Koalition nicht zu verprellen, indem er offen auf die kommunistische Machtübernahme im östlichen Teil Deutschlands zusteuerte.[73]

Parallel zu den programmatischen Vorarbeiten trieb die KPD-Spitze die Personalplanungen für die Rückkehr nach Deutschland voran. Im Juli 1944 nahm Wilhelm Pieck «die Tatsache, dass die Rote Armee bald in deutsche Gebiete kommt», zum Anlass, um bei Dimitroff anzuregen, eine «größere Zahl Kader in das Land (zu) schicken, die den Kampf der Hitlergegner organisieren» sollten.[74] Im August stellte Pieck im Auftrag Dimitroffs eine Liste von Genossen zusammen, die in Frage kamen. Um sie auf ihre Mission in Deutschland vorzubereiten, veranstaltete die KPD-Führung Schulungskurse, in denen jeweils 25 bis 30 Teilnehmer mit dem ABC des Marxismus-Leninismus vertraut gemacht und auf die künftige Generallinie der Partei verpflichtet wurden.[75]

Nach der Konferenz von Jalta im Februar 1945, auf der die Beschlüsse zur Aufteilung Deutschlands in Besatzungszonen bestätigt wurden, nahmen die Vorstellungen über den Einsatz der kommunistischen Kader konkrete Gestalt an. Sie sollten in mehreren kleinen Gruppen in die besetzten Gebiete gebracht und der Politischen Hauptverwaltung der Roten Armee unterstellt werden. Ausdrücklich wurde festgehalten, dass sie nur Hilfsfunktionen für die Besatzungsorgane erfüllen sollten. Erst für eine zweite Phase wurden «erweiterte Aufgaben», vor allem der Neuaufbau der KPD, ins Auge gefasst.[76] Dementsprechend hieß es in den Anfang April 1945 verabschiedeten Richtlinien der KPD für ihre Tätigkeit in den ersten Wochen: «Die auf dem besetzten deutschen Gebiet tätigen Antifaschisten arbeiten im vollen Einvernehmen mit der Besatzungsbehörde und sorgen durch ihre Arbeit unter der Bevölkerung dafür, dass die Befehle und Anweisungen der Besatzungsbehörde als im Interesse des deutschen Volkes liegend unbedingt durchgeführt werden.»[77]

Mitte April wurden 30 Kader ausgewählt, die den Kommandos der drei sowjetischen Armeen, der 1. und 2. Belorussischen Front sowie der Ukrainischen Front, zugeteilt werden sollten.[78] Die Vorhut bildete eine zehnköpfige Gruppe unter Walter Ulbricht, die im Windschatten der auf Berlin vorrückenden 1. Belorussischen Front unter Marschall Schukow zum Einsatz kommen sollte. Ihr gehörte eine Reihe von Funktionären an, die es in der DDR zu hohen Ämtern bringen sollten, darunter Karl Maron, Redakteur der Zeitung «Freies Deutschland» in Moskau, später stellvertretender Chefredakteur des SED-Zentralorgans «Neues Deutschland» und Innenminister der DDR; Otto Winzer, langjähriger Mitarbeiter der Kommunistischen Internationale, später Chef der Privatkanzlei des Präsidenten der DDR, Wilhelm Pieck, und Außenminister der DDR; Richard Gyptner, ebenfalls lange Zeit im Kominternapparat in Moskau tätig, später Hauptabteilungsleiter im Außenministerium der DDR und Botschafter in verschiedenen Ländern; Hans Mahle, stellvertretender Chefredakteur des Senders «Freies Deutschland», im Sommer 1945 erster Intendant des Berliner Rundfunks und bis zu seinem Sturz 1951 Generalintendant aller Rundfunksender der SBZ/DDR; Fritz Erpenbeck, Mitarbeiter am Sender «Freies Deutschland», später Chefredakteur der Zeitschrift «Theater der Zeit» und Chefdramaturg an der Berliner Volksbühne. Jüngstes Mitglied der Gruppe war der damals 24jährige Wolfgang (Wladimir) Leonhard, Absolvent einer Kominternschule und Sprecher am Sender «Freies Deutschland». Er sollte 1949 mit dem Stalinismus brechen und über Jugoslawien in die Bundesrepublik flüchten. Sein 1955 veröffentlichtes Buch «Die Revolution entlässt ihre Kinder» zählt zu den wichtigsten Zeugnissen über die Tätigkeit der «Gruppe Ulbricht» und die Entstehungsgeschichte der DDR.[79]

Am 25. April fand eine abschließende Besprechung bei Dimitroff statt. Noch einmal wurde den deutschen Kommunisten eingeschärft, dass ihre Arbeit gemäß den Anweisungen der Politischen Hauptverwaltung bei der Roten Armee (PUR) zu erfolgen habe. Wohl dürften sie Vorschläge machen, aber keine eigenständigen Initiativen entwickeln. Als «Hauptlinie der Propaganda» wurde ihnen mit auf den Weg gegeben: «Legende zerschlagen, dass die Rote Armee das deutsche Volk vernichten und versklaven» wolle. Hitler sei erledigt und werde vernichtet, das deutsche Volk solle leben, müsse aber lernen, sich friedlich in die Gemeinschaft der Völker einzufügen.[80]

Über die letzten Tage in Moskau berichtet Wolfgang Leonhard: «Ulbricht schien überhaupt nicht beeindruckt oder erfreut zu sein – zumindest ließ er sich nichts anmerken. Er sprach zu uns, als ob es sich um die selbstverständlichste Sache der Welt handeln würde, nach so vielen Jahren nach Deutschland zurückzukehren.»[81] Jedes Mitglied der Gruppe bekam 1000 Rubel, um sich noch in Moskau mit dem Notwendigsten einzudecken, und 2000 Reichsmark für die ersten Ausgaben in Deutschland. Am Abend des 29. April fand man sich zu einer kleinen Abschiedsfeier bei Wilhelm Pieck im Hotel «Lux» ein – jener Herberge der internationalen kommunistischen Bewegung im Zentrum Moskaus, in der Stalins Geheimpolizei zur Zeit der großen Säuberung fast jede Nacht Bewohner abgeholt und in die Keller der Lubjanka eingeliefert hatte.

Am nächsten Morgen, um 6.00 Uhr früh, traf sich die «Gruppe Ulbricht» in einer Nebengasse des Hotels «Lux» und wurde mit einem Bus zum Moskauer Flughafen gebracht. Dort wartete bereits eine amerikanische Douglas-Transportmaschine. Nach einem kurzen Zwischenaufenthalt bei Minsk landete das Flugzeug am frühen Nachmittag auf einem behelfsmäßigen Feldflugplatz in der Nähe von Calau (heute Calewa), etwa

70 Kilometer östlich von Frankfurt an der Oder. Dort wurde die Gruppe von einem sowjetischen Offizier abgeholt und zu ihrem Nachtquartier geleitet. Am Morgen des 1. Mai ging es in Autos weiter Richtung Westen – über Küstrin (Kostrzyn) und die Schlachtfelder um die Seelower Höhen, wo zwei Wochen zuvor noch die heftigsten Kämpfe getobt hatten, bevor Schukows Armee der Durchbruch durch die letzte deutsche Verteidigungslinie vor Berlin gelungen war. Schließlich hielt die Kolonne im kleinen Ort Bruchmühle bei Strausberg, etwa 30 Kilometer östlich von Berlin. Hier hatte die Politische Hauptverwaltung der 1. Belorussischen Front unter Generalleutnant Galadshew ihren Sitz. Der «Gruppe Ulbricht» wurde ein dreistöckiges Gebäude, das sogenannte «Säulenhaus», in der Buchholzer Straße 8 zugewiesen. Es sollte ihr Domizil bis zur bedingungslosen Kapitulation des Deutschen Reiches am 8. Mai bleiben, als sie nach Berlin-Friedrichsfelde in die Prinzenallee 80 (heute Einbeckerstraße 41) übersiedelte.[82]

Am Abend des 1. Mai kehrte Ulbricht von seinem ersten Abstecher nach Berlin zurück. Er berichtete kurz über seine Eindrücke und gab danach den Fahrplan für die kommenden Tage bekannt: «Es wird unsere Aufgabe sein, die deutschen Selbstverwaltungsorgane in Berlin aufzubauen. Wir werden in die verschiedenen Berliner Bezirke fahren und dort aus den antifaschistisch-demokratischen Kräften jene heraussuchen, die sich für den Aufbau der neuen deutschen Verwaltung eignen.»[83]

Viele hätten gemeint, dass der 1. Mai zu einem «großartigen Verbrüderungsfest zwischen deutschen und russischen Kommunisten» werden würde, doch davon sei nichts zu bemerken, notierte der norwegische Korrespondent in Berlin, Theo Findahl. «Abends schlendern junge Soldaten in einem Gemisch von Sieges- und Alkoholrausch durch die Podbielskiallee und suchen mit lauter Stimme nach ‹jungen Frauen›.»[84]

Am selben Abend des 1. Mai 1945 versammelte sich in Stockholm eine Gruppe internationaler Sozialisten, die sich den Namen «Kleine Internationale» gegeben hatte, um zusammen mit schwedischen Genossen den Kampftag der Arbeiterbewegung zu feiern. Unter den einigen hundert Teilnehmern befand sich ein junger deutscher Emigrant, der damals 31jährige Willy Brandt. Im Dezember 1913 als Herbert Frahm in Lübeck geboren, hatte er sich bereits mit sechzehn Jahren der Sozialdemokratie angeschlossen, aus Enttäuschung über den Tolerierungskurs der Partei gegenüber der Brüning-Regierung im Oktober 1931 der SPD den Rücken gekehrt und sich der Sozialistischen Arbeiterpartei Deutschlands (SAP), einer linken Splittergruppe, angeschlossen. Im April 1933 war Willy Brandt, wie sein Deck- und Kampfname nun lautete, auf einem Fischerboot nach Dänemark und von dort weiter in die norwegische Hauptstadt Oslo geflüchtet. In erstaunlich kurzer Zeit hatte er die norwegische Sprache gelernt. Neben seiner journalistischen Arbeit für die SAP-Exilorganisation schrieb er zahlreiche Artikel für Zeitungen der norwegischen Arbeiterbewegung, mit denen er das Publikum über die aktuellen Entwicklungen in Hitler-Deutschland ins Bild setzen wollte. Nach dem Überfall der Wehrmacht auf Norwegen im April 1940 musste Brandt ein weiteres Mal fliehen, diesmal ins schwedische Stockholm. Die Erfahrungen des skandinavischen Exils sollten für ihn prägend werden. Hier, im freien Klima der norwegischen und schwedischen Sozialdemokratie, entfernte er sich von den dogmatischen Positionen seiner frühen Jahre, wandelte sich der junge revolutionäre Sozialist zum pragmatischen linken Sozialdemokraten – ein Lernprozess, der eine unabdingbare Voraussetzung war für seine steile Nachkriegskarriere, die ihn an die Spitze der Berliner SPD und schließlich 1969 ins Bundeskanzleramt führen sollte.[85]

An jenem Abend, gegen Ende der Feier, eilte Willy Brandt ans Rednerpult und verlas eine Resolution: «Wir, die sozialistischen Flüchtlinge, möchten der schwedischen Arbeiterbewegung und dem schwedischen Volk Dank sagen für die Gastfreundschaft, die wir gefunden haben. Wir wollen danken für die Hilfe, die Schweden den Opfern des Krieges gewährt hat.» Noch während er sprach, wurde ihm eine Agenturmeldung heraufgereicht, die er der Versammlung sofort zur Kenntnis gab: «Liebe Freunde, jetzt kann es sich nur noch um Tage handeln. Hitler hat sich durch Selbstmord der Verantwortung entzogen.» «Wir gehen in tiefer Bewegung auseinander», so schließt der Bericht.[86]

Erst im November 1945 sollte Willy Brandt wieder deutschen Boden betreten. Die norwegische Zeitung «Arbeiderbladet» schickte ihn mit dem Auftrag, über das Kriegsverbrechertribunal in Nürnberg zu berichten. Doch er beschränkte sich nicht auf die Beobachtung des Prozesses, sondern unternahm mehrere Reisen durch das zerstörte Land. Seine Eindrücke fasste er nach seiner Rückkehr nach Oslo in einem Buch zusammen, das im Sommer 1946 unter dem Titel «Forbrytere og andre tyskere» («Verbrecher und andere Deutsche») erschien. In den Kampagnen der Sechzigerjahre machten seine Verleumder aus dem rechtsradikalen und nationalkonservativen Lager daraus «Deutsche und andere Verbrecher», und verkehrten den Inhalt des Buches ins Gegenteil: Der Emigrant, so der Vorwurf, habe die Deutschen kollektiv für die Verbrechen des Nationalsozialismus in Haftung nehmen wollen. Dabei war es Brandt gerade darum gegangen, die Thesen des britischen Diplomaten Lord Robert Gilbert Vansittart zurückzuweisen und zu zeigen, dass es auch ein «anderes Deutschland» gegeben hatte und man daher nicht alle Deutschen zu Verbrechern stempeln dürfe.[87]

«Gestern war es kalt und regnerisch, aber heute ist Frühling. Ein ganz besonderer Frühling, nicht irgendein Frühling, sondern der Frühling, in dem der Frieden kam. Himmel, wie herrlich!» Als Astrid Lindgren dies am 1. Mai 1945 in ihr Tagebuch schrieb, war der Friede zwar noch nicht gekommen, aber das Kriegsende war absehbar. Die 37-Jährige, die mit ihrem Mann und zwei Kindern in Stockholm lebte, war damals in der Abteilung für Briefzensur des schwedischen Nachrichtendienstes beschäftigt. Sie hatte bis auf wenige Kurzgeschichten noch nichts veröffentlicht, aber bereits für ihre Tochter Karin die Gestalt der Pippi Langstrumpf erfunden und begonnen, die Geschichte aufzuschreiben. Das Buch erschien Ende 1945 und sollte die Verfasserin berühmt machen.

Am Abend des 1. Mai, zur gleichen Zeit, als Willy Brandt vor der Gruppe internationaler Sozialisten sprach, saß Astrid Lindgren vor dem Radiogerät und hörte über den Reichssender Hamburg die Meldung von Hitlers Ende. «Dies ist ein historischer Moment», notierte sie. «Hitler ist tot. Hitler ist tot. Mussolini ist auch tot. Hitler ist in seiner Hauptstadt gestorben, in der Ruine seiner Hauptstadt und zwischen den Ruinen und Trümmerhaufen seines Landes (…) Sic transit gloria mundi!»[88]

2. Mai 1945

In der Nacht zum 2. Mai, zwischen 0.50 und 1.50 morgens, beendete der Großdeutsche Rundfunk aus der Berliner Masurenallee das Programm mit den Worten: «Wir grüßen alle Deutschen und gedenken des tapferen deutschen Soldatentums zu Lande, zu Wasser und in der Luft. Der Führer ist tot, es lebe das Reich.»[1] Bei der großen Mehrheit der deutschen Bevölkerung scheint die Nachricht von Hitlers Tod kaum Trauer, sondern eher Teilnahmslosigkeit ausgelöst zu haben. «Bloß noch mit Achselzucken wird hingenommen, was man da hört», notierte der 17jährige Christian Graf von Krockow, der als Soldat in Dänemark das Kriegsende erlebte.[2] Der Generalstabsoffizier Gerd Schmückle, der es Ende der Sechzigerjahre zum General der Bundeswehr und stellvertretenden NATO-Oberbefehlshaber in Europa bringen sollte, hörte die Radionachricht in einem Gasthof in Hinterriß, einem Dorf in Tirol. «Wäre statt dieser Meldung der Wirt zur Tür hereingekommen und hätte gesagt, ihm sei ein Tier im Stall verendet, die Anteilnahme hätte geringer nicht sein können», erinnerte er sich. «Nur ein junger Soldat sprang auf, reckte die Rechte und rief: ‹Heil dem Führer!› Alle anderen löffelten ihre Suppe weiter, als sei nichts von Belang geschehen.»[3]

Der Führermythos, der nach dem Attentat vom 20. Juli 1944 noch einmal eine kurzzeitige Renaissance erlebt hatte, war in den letzten Kriegsmonaten einem rasanten Verfall ausgesetzt gewesen. Mit ihm hatte auch der Nationalsozialismus einen wesentlichen Teil seiner Anziehungskraft eingebüßt. Der Zauber war verflogen, der Bann gebrochen. «Den Menschen hier ist es völlig gleichgültig, ob Hitler, der einst so vergötterte, geliebte Führer, noch lebt oder schon tot ist. Er hat seine Rolle ausgespielt», registrierte Ursula von Kardorff am 2. Mai, und sie fügte hinzu: «Millionen starben durch ihn – nun wird sein Tod von Millionen nicht betrauert. Wie schnell verging sein auf tausend Jahre angelegtes Reich.»[4]

Ganz ähnlich schilderte die Journalistin Ruth Andreas-Friedrich, die im Krieg als Mitglied einer Berliner Widerstandsgruppe Verfolgten des Regimes geholfen hatte, die Reaktion in ihrem Bekanntenkreis: «Hitler ist tot! Und wir – wir tun, als ginge uns das nichts an, als handle es sich um den gleichgültigsten Menschen von der Welt. Was hat sich denn geändert? Nichts! Nur, dass wir über dem Inferno der letzten Tage Herrn Hitler vergessen haben. Wie ein Spuk ist das Dritte Reich zerstoben.»[5]

In ihren «Berliner Aufzeichnungen 1945» berichtete die Musikerin und Schriftstellerin Karla Höcker über einen Vorfall, den sie in der Nacht zum 2. Mai in einem Berliner Luftschutzkeller erlebte: Als die Kellergemeinschaft endlich zur Ruhe gekommen war, erschien der Blockwart und meldete mit «merkwürdig kalter Stimme»: «Der Führer soll tot sein.» «Na, denn is ja jut», erklärte eine Frau, und ihr antwortete «dünnes Gelächter».[6]

Auch einer 18jährigen Schülerin, die in einem sozialdemokratischen Elternhaus in Hamburg-Barmbek aufgewachsen war, fiel auf ihrem Schulweg am Morgen des 2. Mai auf: «Seltsam, kein Mensch weinte oder sah auch nur traurig aus, obwohl doch der geliebte, verehrte Führer, in dem die Vollidioten fast einen Gott sahen, nicht mehr lebte (…) Das also war die verschworene Volksgemeinschaft, die alles für ihn, den Führer hingeben wollte!» In ihrer Mädchenschule fielen die Reaktionen allerdings unterschiedlich aus. Manche ihrer Klassenkameradinnen weinten, als der Direktor nach seiner Trauerrede in der Aula das Deutschlandlied und das Horst Wessel-Lied abspielen ließ. «Wie kann so etwas angehen!! Das wollen begabte und kluge Menschen sein!! Lächerlich!»[7]

In den Unterhaltungen der gefangenen Generäle von Trent Park war der Tod Hitlers am 2. Mai das große Gesprächsthema. Und auch hier gingen die Meinungen auseinander. Der «Führer», war sich die Mehrheit einig, sei ein Mann mit «großen Verdiensten» um das deutsche Volk gewesen, eine «geschichtliche Persönlichkeit», dem «erst die spätere Geschichte ganz gerecht werden» könne. Allerdings sei er auf tragische Weise gescheitert, weil er sich mit «unzulänglichen, verbrecherischen Menschen» umgeben habe. Bei anderen, offenbar einer Minderheit, war inzwischen die Einsicht gewachsen, einem System gedient zu haben, das «gegen alle sittlichen Gesetze» verstoßen hatte: «Man fasst sich ja immer nur wieder an den Kopf, dass wir alle diesem Irrwisch nachgelaufen sind.»[8]

Hauptmann Ernst Jünger, der nach der alliierten Invasion von Anfang

Juni 1944 den Kommandostab des Militärbefehlshabers in Paris verlassen und im September, zur «Führerreserve» beurlaubt, nach Kirchhorst nahe Hannover zurückgekehrt war, hielt am 1. Mai 1945 in seinem Tagebuch fest: «Am Abend wurde durch den Rundfunk Hitlers Tod bekanntgegeben, der dunkel ist wie vieles, das ihn umwebt. Ich hatte den Eindruck, dass dieser Mann, ähnlich wie Mussolini, seit langem nur noch als Marionette von anderen Händen, anderen Kräften bewegt wurde. Stauffenbergs Bombe nahm ihm zwar nicht das Leben, doch die Aura; man hörte das auch der Stimme an.»[9]

Nicht wenige empfanden Erleichterung darüber, dass mit dem Tod Hitlers auch das Kriegsende unmittelbar bevorstand. So erinnerte sich der Diplomat Erwin Wickert, der als Rundfunkattaché an der deutschen Botschaft in Tokio arbeitete, wie er sich von einer schweren Last befreit gefühlt habe: «Nun war niemand mehr da oben, der den Krieg fortsetzen und gegen dessen Befehl keine Berufung möglich war. Ich will es nicht Fröhlichkeit nennen, aber es war eine seltsame, ganz ungewohnte Leichtigkeit.»[10]

Für fanatische Hitler-Anhänger, die bis zuletzt den Versprechungen von «Wunderwaffen» und «Endsieg» Glauben geschenkt hatten, bedeutete die Nachricht von Hitlers Tod hingegen einen Schock. An sie wandte sich der Chefredakteur der «Hamburger Zeitung», Hermann Okraß in seinem Nachruf, der am 2. Mai unter der Überschrift «Abschied von Hitler» erschien. «Ein Großer», schrieb er, sei «von dieser Welt gegangen», der «das Beste für sein Volk gewollt» habe und deshalb von diesem «auch so sehr geliebt worden» sei. In Adolf Hitler hätten sich «die schönsten Tugenden, die heißesten Wünsche, das edelste Sehnen, das ganze schöne Wollen unseres Volkes» vereinigt. Man dürfe daher das Urteil über ihn «getrost der Weltgeschichte überlassen».[11]

Nicht selten mischte sich Trauer über den Verlust des geliebten «Führers» mit Selbstmitleid. So notierte die 26jährige Germanistikstudentin Lore Walb am 2. Mai: «Er hat nun Ruhe, für ihn ist es so gewiss am besten. Aber wir? Wir sind verlassen und allem ausgeliefert und können in unserem Leben nicht wiederaufbauen, was dieser Krieg vernichtet hat.» Ursprünglich habe Hitler «positive Ideen» verwirklichen wollen, und in der Innenpolitik sei «manches Gute» geschehen, aber in der Außenpolitik und als oberster Kriegsherr habe Hitler völlig versagt: «Und das Volk muss nun büßen. Wenn Papa das erlebt hätte!»[12] Und eine gleichaltrige Kontoristin aus Hamburg hielt am selben Tag fest: «Unser Führer, der uns soviel versprochen hat, hat erreicht, was noch kein deutscher Machthaber fertigbekommen hat, er hat ein völlig zerstörtes Deutschland hinterlassen (...), Millionen sterben lassen, kurz, ein entsetzliches Chaos erzielt. Und wieder müssen wir, das arme Volk, die Suppe auslöffeln.»[13]

In solchen Klagen spiegelte sich die Gefühlsambivalenz, mit der viele ehemalige Gefolgsleute Hitlers die Meldung von seinem Tod aufnahmen. Das gläubige Vertrauen, das man ihm jahrelang entgegengebracht hatte, schlug nun um in Enttäuschung und Wut. Oder auch in Zynismus, wie bei der 19jährigen Erika Assmus, der einstmals begeisterten Jungmädel-Gruppenführerin aus dem Ostseebad Ahlbeck auf Usedom, die sich am 2. Mai mit ihrer Familie auf der Flucht nach Wismar befand. Dem anfänglichen Schmerz, den sie über den Verlust der auf Hitler gesetzten Hoffnungen empfand, begegnete sie mit einer kühlen Gegenrechnung: «Die Firma ist bankrott. Ihr Gründer hat sich davongemacht und sie im Dreck zurückgelassen. So hat sie nicht gespielt! Das war nicht die Geschäftsgrundlage! Unvermittelt verwandelt sich Trauer in Zynismus, die Ausdrucksform von Betrogenen und Hoffnungslosen.»[14] In der Bundesrepublik wird sich Erika Assmus unter dem Pseudonym Carola Stern einen Namen machen als eine der wichtigsten linksliberalen Publizistinnen.

Der 16jährige Hitlerjunge Lothar Loewe, der mit vielen anderen Gleichaltrigen zum letzten Aufgebot des Volkssturms in Berlin zählte, spürte, als er die Nachricht vom Tod Hitlers im Bunker des Großdeutschen Rundfunks in der Masurenallee hörte, nichts als ein großes Gefühl der inneren Leere und der Ratlosigkeit: «Was nun, dachte ich, wer regiert nun Deutschland, was wird aus uns, eine Hitlerjugend ohne Hitler?»[15] In der Bundesrepublik wird Lothar Loewe als ARD-Korrespondent in Washington, Moskau und Ost-Berlin zu einem der bekanntesten Fernsehjournalisten.

Für die kleine Gruppe der Hitler-Gegner, die das Unheil früh vorausgesagt hatten, sprach der Justizinspektor Friedrich Kellner aus der oberhessischen Kleinstadt Laubach, wenn er seine Landsleute mahnte, nicht die gesamte Schuld auf Hitler und die Clique um ihn herum abzuwälzen. Jeder der Millionen Parteigenossen trage eine Mitverantwortung an der Katastrophe. Kellner, vor 1933 Mitglied der SPD, hatte mit Beginn des Zweiten Weltkriegs begonnen, ein Tagebuch zu führen. In zehn Notizbüchern hielt er Tag für Tag fest, was er zufällig hörte oder was ihm von Bekannten zugetragen wurde. Eine kritische Lektüre der nationalsozialistischen Presse erlaubte es ihm, die Propagandalügen zu durchschauen und sich ein zutreffendes Urteil über den verbrecherischen Charakter des Regimes zu verschaffen. So vermerkte er auf die Nachricht von Hitlers Tod: «Das verruchteste aller politischen Systeme, der einmalige Führerstaat, hat das verdiente Ende gefunden. Die Geschichte wird für ewige Zeiten festhalten, dass das deutsche Volk nicht in der Lage war, aus eigener Initiative das nationalsozialistische Joch abzuschütteln. Der Sieg der Amerikaner, Engländer und Russen war erforderlich, den nationalsozialistischen Irrwahn und die Welteroberungspläne zu zerstören.»[16]

Ganz ähnlich lautete die Bilanz, die William Shirer am 2. Mai zog: «Der Krieg, der so viel Zerstörung gebracht hat und beinahe verlorengegangen wäre, endet mit einem totalen Sieg. Mussolini hängt auf einer Mailänder Piazza. Hitler ist tot, ohne Zweifel von eigener Hand (...) Mit diesen beiden Männern, die ihn geformt und angeführt haben, wird der Faschismus zu Grabe getragen, der unsere Welt fast ergriffen hätte, der sie beinahe ruiniert hat und der schreckliches Leid über mehr Menschen gebracht hat als jede andere Bewegung in der Menschheitsgeschichte.»[17]

In der Nacht zum 2. Mai wurde von der Funkstelle der 79. Sowjetischen Gardedivision in Berlin ein Funkspruch in russischer Sprache aufgefangen. «Achtung! Achtung! Hier ist das LVI. deutsche Panzerkorps. Wir bitten, das Feuer einzustellen. Um 0 Uhr 50 Minuten Berliner Zeit entsenden wir Parlamentäre auf die Potsdamer Brücke. Erkennungszeichen: weiße Fahne. Warten auf Antwort.» Kurze Zeit später ging die Antwort ein: «Verstanden! Verstanden! Wir geben Ihre Bitte an unseren Befehlshaber weiter!»[18] Generaloberst Wassili Tschuikow befahl daraufhin, an der bezeichneten Passierstelle die Kampfhandlungen einzustellen, und bestimmte für den Empfang der Parlamentäre einen Offizier seines Stabes und einen Dolmetscher. Noch einmal gab er strikte Anweisung, nur Verhandlungen über die bedingungslose Kapitulation zu führen und keinen Millimeter von der Forderung abzuweichen, dass die Deutschen sofort ihre Waffen strecken müssten.

Auch auf deutscher Seite war man inzwischen zur Einsicht gelangt, dass eine Fortsetzung des Kampfes in der Reichshauptstadt sinnlos geworden war und es zur Kapitulation keine Alternative mehr gab. Am Abend des 1. Mai, gegen 23.00 Uhr, rief der Befehlshaber des LVI. deutschen Panzerkorps und letzte Kampfkommandant von Berlin, General Helmuth Weidling, alle erreichbaren Truppenführer in seinen Gefechtsstand in den Bendlerblock. Als er den Tod Hitlers bekanntgab und die Notwendigkeit der Kapitulation begründete, sei «ein Aufstöhnen durch die Männer» gegangen, berichtet ein Augenzeuge. Auch wer längst gewusst oder geahnt habe, dass das Ende unmittelbar bevorstand, sei durch die Konfrontation mit der Wirklichkeit überwältigt worden: «Für sie alle brach eine Welt zusammen.»[19]

Am Ende stimmten alle Kommandeure der Entscheidung Weidlings zu. Theodor von Dufving, der bereits tags zuvor General Krebs auf seiner Mission begleitet hatte, erhielt den Auftrag, das Kapitulationsangebot zu überbringen. Mit einem Dolmetscher und einem Soldaten, der eine weiße Fahne trug, machte er sich auf den Weg zum vereinbarten Treffpunkt. Im Unterschied zum Vortag dauerten die Verhandlungen diesmal nicht lange. Der sowjetische Vertreter, Oberst Semtschenko, erklärte, sein Oberkommando habe ihn ermächtigt, das Kapitulationsangebot anzunehmen. Den Deutschen wurden «ehrenvolle Bedingungen» zugesichert: Offiziere sollten «kleine Seitenwaffen» (Degen oder Dolche, aber keine Pistolen) behalten und jeder so viel Handgepäck mitnehmen dürfen, wie er tragen konnte. Außerdem verpflichtete sich die sowjetische Seite, «den Schutz der Zivilbevölkerung und die Versorgung der Verwundeten» zu übernehmen. Was den Zeitpunkt der Kapitulation Berlins betraf, gab Dufving zu bedenken, dass fast alle Fernmeldeverbindungen zerstört worden seien und Meldegänger zu den noch kämpfenden Verbänden ausgeschickt werden müssten, was mindesten drei bis vier Stunden dauern würde. So wurde der Beginn der Waffenruhe auf 6.00 Uhr festgelegt. Gegen 3.00 Uhr kehrte Dufving in den Bendlerblock zurück und unterrichtete die dort Versammelten über das Ergebnis der Verhandlungen.[20]

Zwischen 5.30 und 6.00 Uhr verließ Weidling mitsamt seinem Stab den Bendlerblock und begab sich in Gefangenschaft. Man brachte ihn in Tschuikows Hauptquartier Schulenburgring 2 in Tempelhof. Er habe, versicherte er, bereits den Befehl zur Einstellung der Kampfhandlungen gegeben; aufgrund der schlechten Verbindungen könne er jedoch nicht garantieren, dass sein Befehl bei allen noch kämpfenden Einheiten durchgedrungen sei. Auf Wunsch Tschuikows brachte Weidling um 7.50 Uhr einen förmlichen Kapitulationsbefehl zu Papier: «Am 30. 4. 45 hat sich der Führer selbst entleibt und damit uns, die wir ihm die Treue geschworen hatten, im Stich gelassen. Auf Befehl des Führers glaubt Ihr noch immer um Berlin kämpfen zu müssen, obwohl der Mangel an schweren Waffen, an Munition und die Gesamtlage den Kampf als sinnlos erscheinen lassen. Jede Stunde, die Ihr weiterkämpft, verlängert die entsetzlichen Leiden der Zivilbevölkerung Berlins und unserer Verwundeten. Jeder, der jetzt noch im Kampf um Berlin fällt, bringt seine Opfer umsonst. Im Einvernehmen mit dem Oberkommando der sowjetischen Truppen fordere ich Euch daher auf, sofort den Kampf einzustellen.»[21]

Ein junger sowjetischer Politoffizier deutscher Herkunft, der damals 20jährige Stefan Doernberg, tippte den Befehl auf seiner Reiseschreibmaschine ab. Mit seinen jüdischen Eltern war Doernberg 1935 in die Sowjetunion emigriert; er hatte sich nach dem deutschen Überfall auf die Sowjetunion 1941 freiwillig zur Roten Armee gemeldet und diente während der Verhandlungen um die Kapitulation als Dolmetscher. (In der DDR sollte er als Historiker Karriere machen).[22] Mit einem Exemplar seines Kapitulationsbefehls wurde Weidling in ein Studio nach Johannisthal im Bezirk Treptow-Köpenick gefahren, wo der Text aufgezeichnet und anschließend über Lautsprecherwagen in Berlin verkündet wurde.[23]

Trotzdem gingen die Kämpfe an einzelnen Brennpunkten auch am 2. Mai noch weiter. Vor allem SS-Einheiten leisteten immer noch erbitterten Widerstand. Gegen 17.00 Uhr trat endlich allgemeine Waffenruhe ein. Überall versammelten sich die Reste der geschlagenen Wehrmacht und traten ihren langen Weg in die Kriegsgefangenschaft an. «Viele Soldaten tragen noch immer die sinnlos gewordenen Stahlhelme», beobachtete die sowjetische Dolmetscherin Jelena Rshewskaja. «Da laufen sie nun, erschöpft, betrogen, mit geschwärzten Gesichtern, bedrückt. Die einen haben den Kopf zwischen die Schultern gezogen, andere zeigen sich erleichtert, die meisten aber wirken gleichermaßen niedergeschlagen und gleichgültig.»[24] General Weidling wurde am 8. Mai mit zwölf weiteren Angehörigen der Wehrmacht und SS nach Moskau geflogen, saß in verschiedenen Gefängnissen, bis ihm im Februar 1952 der Prozess gemacht wurde. Er wurde zu 25 Jahren Haft verurteilt. Im November 1955 starb er im Krankenhaus der Lubjanka; als Todesursache wurde Herzversagen angegeben.[25]

Langsam, mit angstvollen, verstörten Gesichtern tauchten die Berliner aus den Kellern auf, wo sie tagelang in drangvoller Enge, ohne elektrisches Licht, Gas und Wasser zugebracht hatten. Ihnen bot sich ein Bild des Grauens: Schwarze Rauchwolken hingen am Himmel, hier und dort loderten immer noch Brände und stürzten Fassaden ein. Die Trümmer der zerstörten Häuser türmten sich zu Bergen, dazwischen lagen die Leichen von Soldaten – Russen und Deutsche. Zerschossene Panzer, umgestürzte Geschütze, ausgebrannte Straßenbahnwagen zeugten von der Heftigkeit der vorangegangenen Kämpfe. Überall lagen auch Pferdekadaver herum, und den Berlinern dienten sie als willkommene Bereicherung ihres Speisezettels.

Die Journalistin Margret Boveri, die anders als ihre Kollegin Ursula von Kardorff nicht nach Süddeutschland ausgewichen war, sondern in ihrer Wohnung in der Charlottenburger Wundtstraße ausgeharrt hatte, hörte am Morgen des 2. Mai, es werde Pferdefleisch verteilt. «Ich (...) rannte hin und fand ein halbes, noch warmes Pferd auf dem Trottoir und drum herum Männer und Frauen mit Messern und Beilen, die sich Stücke lossäbelten. Ich zog also mein großes Taschenmesser, eroberte mir einen Platz und säbelte auch. Einfach war's nicht. Ich bekam ein Viertel Lunge und ein Stück von der Keule, woran noch das Pferdefell war, und zog blutbespritzt ab.»[26]

Eine Massenerscheinung der ersten Friedenstage in Berlin waren Plünderungen von Geschäften und Lebensmittellagern. Besonders turbulent ging es in der Schultheiß-Brauerei am Prenzlauer Berg zu, wo die Wehrmacht große Vorräte gehortet hatte. «Aus dem Bunker (der Brauerei) kamen Männer, Frauen und Kinder mit Butter, Margarine, Konserven, Seife, Keks, Brot, Schokolade, Bonbons, Drops, Wein und noch vielen anderen Sachen (...)», erinnerte sich ein Schüler ein Jahr später. «Das Plündern ging so weit, dass russische Soldaten in die Luft schossen.»[27]

Von der vielbeschworenen «Volksgemeinschaft», die immer mehr propagandistisches Wunschbild als Realität gewesen war, war buchstäblich nichts übriggeblieben. Jeder war sich selbst der Nächste und nur noch damit beschäftigt, für sich und die Familienangehörigen das Lebensnotwendige zu ergattern. «Die Menschen fielen übereinander her, schlugen sich, rissen sich die Sachen vom Leibe, rafften zusammen, was sie nur erreichen konnten.»[28]

Was den Kellerbewohnern als Erstes auffiel, als sie ins Freie kamen,

Nach dem Ende der Kämpfe in Berlin am 2. Mai 1945: Berliner schneiden sich Fleischstücke aus einem Pferdekadaver.

war die ungewohnte, geradezu unheimliche Stille. Der Donner der Geschütze und das Geknatter der Maschinengewehre hatten aufgehört, und es gab auch keine Luftangriffe mehr. «Nicht zu fassen. Keine Sirene wird mehr heulen, keine Bomben können mehr fallen, und man wird sich langsam daran gewöhnen, wieder ausgezogen ins Bett zu gehen», freute sich die Berlinerin Marta Mierendorff am 2. Mai. Und verwundert registrierte sie, dass die Menschen hier und dort schon dabei waren, den Schutt von den Bürgersteigen zu räumen. «Ein leises Aufatmen macht sich bemerkbar.»[29]

Für die Rotarmisten war der 2. Mai in Berlin ein Freudentag. «Ein kolossaler Sieg. An einem großen Obelisken wird spontan gefeiert. Die Panzer versinken in einem Meer von Blumen und roten Fahnen (...)», hielt der Schriftsteller Wassili Grossman in einer Reportage fest. «Alle tanzen, singen und lachen. Bunte Leuchtkugeln steigen auf. Aus Maschinenpistolen, Gewehren und Pistolen ertönen Freudenschüsse.»[30] So wie jetzt habe er «lange nicht mehr geschlafen – wie ein Toter», schrieb der russische Leutnant Nikolai Below an seine Frau Lidija, die ein Kind von ihm erwartete. «Ich weiß nicht, ob es noch weitere schwere Kämpfe geben wird, bezweifle es aber. In Berlin ist alles aus.» Below erlebte das Kriegsende nicht mehr. Am 4. Mai musste er zum Einsatz nach Burg an der Elbe, wo er am Tag darauf fiel.[31]

Am Morgen des 2. Mai – zur selben Zeit, als General Weidling seinen Kapitulationsbefehl schrieb – fuhren die Mitglieder der «Gruppe Ulbricht», begleitet von sowjetischen Politoffizieren, in mehreren Autos nach Berlin hinein. Der Anblick, der sich ihnen bot, war erschütternd: «Brände, Trümmer, umherirrende hungrige Menschen in zerfetzten Kleidern. Rastlose deutsche Soldaten, die nicht mehr zu begreifen schienen, was vor sich ging. Singende, jubelnde und oft betrunkene Rotarmisten. Gruppen von Frauen, die unter Aufsicht von Rotarmisten Aufräumungsarbeiten leisteten. Lange Reihen von Menschen, die geduldig vor Pumpen standen, um einen Eimer Wasser zu erhalten. Alle sahen schrecklich müde, hungrig, abgespannt und zerfetzt aus.»[32] Aus den Fenstern der Häuser hingen weiße Fahnen, in den früheren Arbeitervierteln auch rote. Viele Berliner trugen weiße oder rote Armbinden – manche auch beide zugleich.

Die erste Station war die zentrale sowjetische Kommandantur, die sich in der Straße Alt-Friedrichsfelde Nr. 1–3 befand. Der Stadtkommandant, Generaloberst Nikolai Bersarin, der an den Kämpfen um Berlin beteiligt gewesen war, begrüßte die deutschen Emissäre aus Moskau aufs Liebenswürdigste und gab ihnen erste Instruktionen. Oberste Priorität hatte für die sowjetische Seite die Wiederherstellung der öffentlichen Ordnung. Die Straßen mussten von Trümmern und Kriegsgerät befreit, Leichen und Pferdekadaver beseitigt, die Versorgung mit Wasser, Strom und Gas gesichert, Geschäfte und Betriebe geöffnet werden. «Helfen Sie, das normale Leben wieder in Gang zu bringen. Helfen Sie uns, der Roten Armee. Sie helfen damit Ihren Landsleuten», erklärte Bersarin.[33]

Als Erstes erhielt die «Gruppe Ulbricht» den Auftrag, bei dem Wiederaufbau der 21 Berliner Stadtverwaltungen und der Bildung eines Magistrats behilflich zu sein. Jeweils zwei Mitglieder der Gruppe sollten die ihnen zugewiesenen Stadtbezirke aufsuchen und hier die personalpolitischen Weichen im Sinne der sowjetischen Besatzungsmacht stellen. Wolfgang

Leonhard begleitete Walter Ulbricht nach Neukölln, wo sich in einem halbzerstörten Mietshaus eine Gruppe von alten Kommunisten versammelt hatte, die die Verfolgungen der Hitler-Diktatur überlebt hatten. In seinem Buch «Die Revolution entlässt ihre Kinder» hat Leonhard die Begrüßungsszene anschaulich beschrieben: «Plötzlich sprangen einige Männer auf, riefen ‹Ulbricht›. Im Nu war er umringt. Überraschung und Freude spiegelten sich in den Gesichtern der Genossen. Ulbricht dagegen blieb auch jetzt streng und sachlich. Er begrüßte sie – mir schien seine Begrüßung recht kühl –, stellte mich als seinen Mitarbeiter vor und nach ein oder zwei Minuten ging die Diskussion weiter, jetzt allerdings von Ulbricht geleitet (...) Er stellte Fragen, zwar nicht wie bei einem Polizeiverhör, aber doch keineswegs in einem Ton, den ich von einem Emigranten erwartet hätte, der nach zwölf Jahren die überlebenden Genossen wiedertrifft, die jahrelang unter dem Hitler-Terror gelebt hatten. Als er dann schließlich die jetzige politische ‹Linie› darlegte, tat er es in einem Ton, der keinen Widerspruch zuließ, in einer Art, die jeden Zweifel darüber ausschloss, dass er und nicht die Berliner Kommunisten (...) die Politik der Partei bestimmte.»[34]

Am Abend des 2. Mai traf sich die Gruppe wieder im «Säulenhaus» in Bruchmühle. Man tauschte Erfahrungen aus; danach gab Ulbricht die Anweisung für die Zusammensetzung der Bezirksverwaltungen: In den Arbeiterbezirken sollten Sozialdemokraten als Bürgermeister eingesetzt werden, in den bürgerlichen Vierteln – Wilmersdorf, Charlottenburg, Zehlendorf – «bürgerliche Antifaschisten», wenn möglich mit Doktortitel. Als Dezernenten für Ernährung, Wirtschaft, Soziales und Verkehr waren wiederum Sozialdemokraten vorgesehen – «die verstehen was von Kommunalpolitik», meinte Ulbricht. Die Kommunisten sollten in der Minderheit bleiben, allerdings mit dem Ersten Stellvertretenden Bürgermeister, den Dezernenten für Personalfragen, Volksbildung und Polizei entscheidende Posten besetzen. «Es ist doch ganz klar: Es muss demokratisch aussehen, aber wir müssen alles in der Hand behalten», fasste Ulbricht den Auftrag lapidar zusammen.[35] Nach diesem Muster wurde in den ersten zehn Maitagen der Aufbau einer kommunistisch dominierten Verwaltung zielstrebig in Angriff genommen.

Von Anfang an arbeitete Ulbricht eng mit dem Chef der Politischen Hauptverwaltung der Roten Armee in Berlin (PUR), General Galadshew, und seinem Stellvertreter, Generaloberst Serow, zusammen. Er war der wichtigste Ansprechpartner für die Repräsentanten der sowjetischen Besatzungsmacht. Und da er als Garant für eine loyale und effektive Umsetzung der Stalinschen Richtlinien galt, konnte er sich, wenn es um die Besetzung wichtiger Stellen ging, mit seinen Vorschlägen in der Regel durchsetzen. Bereits nach zwei Wochen berichtete er dem Parteivorsitzenden Wilhelm Pieck nach Moskau: «Jetzt ist es schon so, dass die Kommandanten in verschiedenen Stadtteilen, wenn komplizierte Fragen sind, sich telefonisch an uns wenden und einen Instrukteur anfordern, der hilft, die Fragen zu klären und den Verwaltungsapparat richtig aufzubauen. Dadurch, dass wir am Anfang unsere ganze Kraft auf die Verwaltungsbezirke konzentriert hatten, hatten wir genügend Kader kennengelernt, so dass wir Vorschläge für den zentralen Verwaltungsapparat, für Polizei und alles, was sonst notwendig ist, machen konnten.»[36]

Auch in Berlin war es in den ersten Tagen der Besetzung zu Übergriffen der Rotarmisten gekommen, vor allem auch zu zahllosen Vergewaltigungen von Frauen. Doch eine freimütige Aussprache über dieses bedrückende Thema, wie sie Berliner Kommunisten forderten, wies Ulbricht kategorisch zurück. Ja, er sprach sich dagegen aus, dass Frauen, die infolge der Vergewaltigungen schwanger geworden waren, Abtreibungen vornehmen dürften.[37] Überhaupt hegte Ulbricht ein tiefes Misstrauen gegen die Kommunisten, die im «Dritten Reich» geblieben waren und dort illegalen Widerstand geleistet hatten. Sie schienen ihm immer noch zu sehr den Symbolen und Losungen aus der Zeit der Weimarer Republik verhaftet – und sie verlangten die sofortige Einführung des Sozialismus, was gegen die von Stalin ausgegebene Linie verstieß. «Wir müssen uns Rechenschaft legen darüber, dass die Mehrheit unserer Genossen sektiererisch eingestellt ist (…)», schrieb Ulbricht Mitte Mai an Wilhelm Pieck. «Manche Genossen führen unsere Politik mit Augenzwinkern durch, manche haben den guten Willen, aber dann ist bei ihnen doch die Losung ‹Rot Front›, und manche (…) reden über Sowjetmacht und Ähnliches. Wir haben energisch den Kampf gegen die falschen Auffassungen in den Reihen unserer Genossen geführt, aber immer wieder tauchen neue Genossen auf, die mit den alten Fehlern von vorne beginnen.»[38]

Ulbricht setzte ganz auf die im sowjetischen Exil geschulten Kader, denen das Gebot der Unterwerfung unter Stalins Diktat in Fleisch und Blut übergegangen war. Nur sie boten in seinen Augen die Gewähr dafür, dass die Vorstellungen der sowjetischen Besatzungsmacht rigoros umgesetzt wurden.[39] Mit ebenso großem Misstrauen begegneten die Moskauer Emissäre den «Antifa»-Komitees, die sich unmittelbar nach dem Einmarsch der Roten Armee in fast allen Stadtteilen gebildet hatten. In ihnen hatten sich Antifaschisten unterschiedlicher weltanschaulicher Herkunft spontan zusammengeschlossen, um erste Aufräumungsarbeiten zu koordinieren, Wohnraum zu verteilen und Betriebe und Versorgungseinrichtungen wieder in Gang zu setzen. Ulbricht waren diese selbständigen Initiativen von unten zutiefst suspekt, und er setzte, in enger Abstimmung mit der sowjetischen Kommandantur, alles daran, sie im Keim zu ersticken. Bereits am 5. Mai konnte er Dimitroff berichten: «Wir haben die Büros mit Aushängeschildern geschlossen und den Genossen klargemacht, dass jetzt alle Kräfte auf die Arbeit in der Stadtverwaltung konzentriert werden müssen.»[40]

Parallel zur Arbeit in den Bezirksverwaltungen erhielt die «Gruppe Ulbricht» den Auftrag, geeignete Kandidaten für den neuen Magistrat der Stadt Berlin ausfindig zu machen. Auch hier ging es darum, Sozialdemokraten und «Bürgerliche» zu gewinnen, die gleichsam als Aushängeschilder die «antifaschistische-demokratische Umwälzung» beglaubigen sollten, während in Wirklichkeit die Kommunisten die Fäden in der Hand behielten. Als Erster fand sich der Sozialdemokrat und ehemalige Gewerkschaftssekretär Josef Orlopp bereit, in den neuen Stadtrat einzutreten. Ein Coup gelang Ulbricht, als er den ehemaligen Reichsminister und bekannten Zentrumspolitiker Andreas Hermes dazu überreden konnte, das Dezernat für Ernährungsfragen zu übernehmen. Hermes war wegen seiner Beteiligung am Attentat vom 20. Juli 1944 noch im Januar 1945 zum Tode verurteilt worden, war aber durch einen glücklichen Umstand einer Vollstreckung des Urteils entgangen. Er sollte später Mitbegründer der CDU in der sowjetischen Besatzungszone werden und nach seiner Übersiedlung in den Westen eine wichtige Rolle in der West-CDU spielen. Was er sich von einer Zusammenarbeit mit Hermes erhoffte, sprach Ulbricht in einem Schreiben an Generaloberst Serow offen aus: «Die Verbrechen des Hitlerregimes haben so stark auf ihn gewirkt, dass er für eine gründliche Säuberung Deutschlands vom Faschismus eintreten wird (…) Unsere Aufgabe müsste sein, Dr. Hermes systematisch und geduldig zu beeinflussen und keine Mittel zu scheuen, ihn für die Freundschaft zur Sowjetunion zu festigen.»[41]

Mit dem Chirurgen und Chef der Charité, Ferdinand Sauerbruch, als

Dezernent für das Gesundheitswesen und dem Architekten Hans Scharoun als Baudezernent gelang es, zwei weitere prominente «Bürgerliche» heranzuziehen. Den Posten des neuen Oberbürgermeisters übernahm der 68jährige parteilose Bauingenieur Arthur Werner, der allerdings für sein hohes Amt wenige Voraussetzungen mit sich brachte, was ganz im Sinne Ulbrichts und der sowjetischen Kommandantur war. Denn die eigentliche Arbeit leistete sein Stellvertreter, Karl Maron, bei dem die Fäden der Stadtverwaltung zusammenliefen. Mit Arthur Pieck, dem Sohn Wilhelm Piecks, als Chef des Personalressorts und Otto Winzer als Dezernent für Volksbildung besetzten die Kommunisten zwei weitere Schlüsselpositionen. Am 19. Mai wurde der neue Magistrat in Anwesenheit von Stadtkommandant Bersarin in sein Amt eingeführt.[42]

Wenige Wochen später, am 10. Juni, rief die KPD-Führung zur Neugründung der Partei auf. Damit war die Tätigkeit der «Gruppe Ulbricht» beendet. Innerhalb von zwei Monaten hatte sie das Fundament für die kommunistische Herrschaft in der Sowjetischen Besatzungszone gelegt.

In der Nacht vom 1. auf den 2. Mai war das Regierungsviertel um die Wilhelmstraße noch Schauplatz heftiger Kämpfe gewesen. Doch am Morgen schwiegen auch hier die Waffen. Über die Reichskanzlei, die in den Tagen zuvor unter Dauerbeschuss sowjetischer Artillerie gelegen hatte, senkte sich eine gespenstische Ruhe. Die wenigen Bunkerinsassen, die sich dem Ausbruchsversuch nicht angeschlossen hatten, zitterten dem Eintreffen der ersten Rotarmisten entgegen.

Gegen 9.00 morgens hörte der Cheftechniker des Tiefbunkers, Johannes Hentschel, der die Aggregate in Betrieb gehalten hatte, russische Laute. Sie stammten allerdings nicht von Männern, sondern von einer Gruppe uniformierter Frauen, die einem Sanitätskorps der Roten Armee angehörten. Die Anführerin, die Deutsch sprach, richtete an Hentschel sofort die Frage: «Wo ist Hitler?» Der sei tot, versicherte der Bauingenieur wahrheitsgemäß, und schilderte die Umstände von Hitlers Verbrennung im Garten der Reichskanzlei. Doch dann wandte sich das Interesse rasch der vermuteten Geliebten des «Führers» und ihrer Garderobe zu: «Wo sind die Klamotten?» «Endlich dämmerte mir», erinnerte sich Hentschel Jahre später, «was diese Russinnen eigentlich wollten. Der Sieger darf plündern. Nach langen, heftigen Kämpfen waren diese Kriegerinnen darauf aus, anständige Zivilkleider zu ergattern (…) Mit einem Seufzer der Erleichterung, dass es so glimpflich abging, führte ich sie hinunter ins Ankleidezimmer von Eva Braun.»[43]

Im Laufe des Tages besetzten Truppen der 3. Stoßarmee der 1. Belorussischen Front die Reichskanzlei; Pioniereinheiten suchten die Katakomben nach möglichen Sprengladungen ab. Ihnen folgte eine Einheit der Militärspionage-Abwehrabteilung SMERSCH. Ihr Auftrag lautete, die Leiche Hitlers zu finden und sie zu identifizieren. Zwar hatte General Krebs bereits in der Nacht zum 1. Mai in seinen Verhandlungen mit Generaloberst Tschuikow den Selbstmord Hitlers gemeldet, und General Weidling hatte dies am Morgen des 2. Mai noch einmal ausdrücklich bestätigt. Doch auf sowjetischer Seite blieb man misstrauisch: Was, wenn diese Nachricht falsch war und Hitler hatte entweichen können? Für die SMERSCH-Leute war diese Vorstellung ein Alptraum. Sie standen unter erheblichem Druck aus Moskau, hatte doch die «Prawda» bereits erklärt, dass die Bekanntmachung von Hitlers Tod eine Finte der Faschisten sei.[44]

Am Nachmittag begann die SMERSCH-Abteilung, angeführt von Oberstleutnant Iwan Klimenko, die Suche. Nach einer ersten Inspektion des unterirdischen Labyrinths stiegen sie in den Garten der Reichskanzlei hinauf. «Unzählige Geschosse haben die Erde zerwühlt und die Bäume verstümmelt. Wir treten auf verkohlte Zweige, schreiten über rußgeschwärzten Rasen. Überall liegen Glassplitter, zerbrochene Ziegel», berichtete Jelena Rshewskaja, die als Dolmetscherin fungierte.[45]

Gegen 17.00 Uhr entdeckten die Abwehroffiziere in der Nähe des Bunkereingangs die halbverkohlten Leichen von Joseph und Magda Goebbels. Offenbar war es Adjutant Schwägermann nicht mehr gelungen, ausreichend Benzin für eine vollständige Verbrennung herbeizuschaffen. Im Bericht des Chefs der Abwehrabteilung der 1. Belorussischen Front, Generalleutnant Alexander Wadis, hieß es: «Die Leiche des Mannes war von niedrigem Wuchs, der Fuß des rechten Beines steckte in halbgekrümmter Stellung (Klumpfuß) in einer angekohlten Metallprothese; darauf lagen die Überreste einer verkohlten Parteiuniform der NSDAP und ein angesengtes goldenes Parteiabzeichen. Bei der verkohlten Leiche der Frau wurde ein angesengtes goldenes Zigarettenetui entdeckt, auf der Leiche ein goldenes Parteiabzeichen der NSDAP und eine angesengte goldene

Brosche.»[46] Am 3. Mai fand man im Bunker der Reichskanzlei auch die Leichen der sechs Goebbels-Kinder, fünf Mädchen und einen Jungen. Sie lagen in ihren Nachthemden auf den Betten, wie sie zwei Tage zuvor gestorben waren.

Zur Identifizierung der Leichen wurden der inzwischen gefangen genommene Vizeadmiral Voß sowie der Koch der Reichskanzlei, Wilhelm Lange, und der Garagenwart, Karl Schneider, herangezogen. Alle drei bestätigten, dass es sich bei dem grausigen Fund um den Propagandaminister und seine Familie handelte. Voß bemerkte, dass Hitler Magda Goebbels das goldene Parteiabzeichen noch drei Tage vor seinem Selbstmord überreicht hatte.[47]

Wo aber war Hitler? Natürlich wurde Vizeadmiral Voß auch danach gefragt, und er gab an, bei seinem Fluchtversuch von Hitlers Adjutant gehört zu haben, dass der Diktator sich selbst umgebracht habe und die Leiche im Garten der Reichskanzlei verbrannt worden sei. Am Abend des 3. Mai entdeckte man in einem ausgetrockneten Löschwasserbecken unter vielen Leichen auch eine, die eine gewisse Ähnlichkeit mit Hitler aufwies. Doch bei näherem Hinsehen stellte sich heraus, dass der Mann gestopfte Socken trug, es sich also kaum um den Körper des Diktators handeln konnte.[48] So wurde die Suche nach den sterblichen Überresten fortgesetzt. «Immer wieder tasten wir den verödeten Bunker Meter um Meter ab», berichtete Jelena Rshewskaja. «Umgestürzte Tische liegen umher, zerschlagene Schreibmaschinen, Glas klirrt und Papier raschelt unter den Füßen. Wir durchsuchen Zellen und Zimmer, die langen Korridore. Wir tasten uns an den beschädigten Betonwänden entlang und tappen durch Pfützen, die sich in den Gängen sammeln. Die Luft ist feucht und drückend, die Ventilatoren arbeiten nicht mehr. Das Atmen fällt schwer.»[49]

Am 4. Mai zogen Klimenkos Männer aus einem Bombentrichter, wenige Meter vom Notausgang des Bunkers entfernt, zwei bis zur Unkenntlichkeit verbrannte Körper eines Mannes und einer Frau. Da aber nichts darauf hinzudeuten schien, dass es sich um die Leichen von Adolf Hitler und Eva Braun handelte, vergrub man die Überreste wieder. Doch am nächsten Tag kamen Klimenko Bedenken, und er befahl einem Zugführer der Abwehrabteilung, Oberleutnant Alexej Panassow, die beiden Leichen erneut auszugraben. Die sterblichen Überreste wurden in Decken eingewickelt, in zwei Munitionskisten gelegt und in das chirurgische Feldlazarett Nr. 496 nach Berlin-Buch gebracht.[50]

Inzwischen hatten die sowjetischen Aufklärungsoffiziere nach Vizeadmiral Voß auch General Weidling und Hitlers Chefpilot Hans Baur festgenommen und eingehenden Verhören über das Schicksal der NS-Prominenz unterzogen. Einen zusammenfassenden Bericht übergab der SMERSCH-Kommandant der 1. Belorussischen Front, Generalmajor Trussow, am 5. Mai dem Chef des militärischen Nachrichtendienstes, Generaloberst Fjodor Kusnezow. Der leitete den Bericht umgehend an Stalin weiter. Auch daraus ging klar hervor, dass Hitler Selbstmord begangen und zuvor verfügt hatte, seine Leiche zu verbrennen.[51]

Zwischen dem 7. und 9. Mai obduzierten Gerichtsmediziner unter Leitung von Oberst Faust Jossifowitsch Schkarawski zuerst die Leichen des Goebbels-Ehepaars und ihrer sechs Kinder. Bei ihnen allen wurde als Todesursache «Vergiftung mit einer Zyanverbindung» festgestellt. Aber auch bei den vermuteten Leichen von Hitler und Eva Braun wurden in den Mundhöhlen jeweils Splitter einer zerdrückten Glasampulle gefunden, die ebenfalls auf eine Tötung durch Zyankali schließen ließen.[52] Wie aber stimmte dieser Befund mit den Angaben von General Krebs und General Weidling überein, Hitler habe sich erschossen? Weitere Nachforschungen waren also notwendig, und hierbei kam dem sichergestellten Gebiss eine Schlüsselrolle zu.

Vom Chefarzt der Hals-, Nasen- und Ohrenklinik der Charité, Professor Carl von Eicken, der Hitler zweimal an den Stimmbändern operiert hatte, erfuhren die Ermittler den Namen des Zahnarztes, von dem der Diktator sich hatte behandeln lassen: Hugo Blaschke. Die Suche nach ihm war aber vergeblich, da Blaschke sich in den letzten Kriegstagen zum Obersalzberg geflüchtet hatte. Statt seiner konnte am 9. Mai aber die Assistentin, die Zahnarzthelferin Käthe Heusermann, ausfindig gemacht werden. Sie beschrieb aus dem Gedächtnis – Blaschke hatte die Röntgenaufnahmen mitgenommen – die charakteristischen Besonderheiten von Hitlers Zahnprothesen. Ihre Angaben deckten sich mit den aufgefundenen Gebissteilen. Der Zahntechniker Fritz Echtmann wiederum identifizierte die vorgelegte Kunstharzbrücke als eindeutig von Eva Braun stammend. Damit war ein wichtiger Beweis erbracht, dass es sich bei den entdeckten Körperresten um Hitler und seine Frau handelte.[53]

Am 13. Mai wurde schließlich ein Zeuge aufgetan, der berichten konnte, was sich am Nachmittag des 30. April im Garten der Reichskanzlei zugetragen hatte: Der SS-Rottenführer beim Reichssicherheitsdienst

(RSD), Harry Mengershausen, hatte von seinem Wachposten aus beobachtet, wie die Leichen von Hitler und Eva Braun nach draußen getragen, mit Benzin übergossen und angesteckt worden waren. Auf Nachfrage konnte er die Stelle bezeichnen, wo die verkohlten Leichen vergraben worden waren.[54] Es konnte keine begründeten Zweifel mehr geben, dass Hitler tot war und man seine Leiche verbrannt hatte.

Erst Ende Mai 1945 informierte der Chef der militärischen Abwehr der 1. Belorussischen Front, Generalleutnant Alexander Wadis, Geheimdienstchef Lawrenti Berija über das Ergebnis der Untersuchungen.[55] Doch Stalin blieb misstrauisch. Im Gespräch mit dem amerikanischen Sonderbotschafter Harry Hopkins am 26. Mai äußerte er die Vermutung, Hitler habe mit Bormann aus Berlin flüchten können und halte sich irgendwo verborgen. Es müsse alles getan werden, um ihn zu finden. Vielleicht sei er mit einem U-Boot nach Japan entkommen.[56] Marschall Schukow erklärte am 9. Juni in einer Pressekonferenz in Berlin, man könne nichts Bestimmtes über Hitlers Schicksal sagen. Möglicherweise sei er im letzten Moment aus Berlin ausgeflogen worden und halte sich in Spanien auf.[57] Auch noch auf der Potsdamer Konferenz im Juli 1945 hielt Stalin hartnäckig daran fest, dass Hitler noch am Leben sei. Alle sowjetischen Nachforschungen hätten keinerlei Spur von seinen Überresten und keinen positiven Beweis für seinen Tod zutage gefördert.[58] Glaubte der sowjetische Diktator tatsächlich an die eigene Version oder wollte er die westlichen Alliierten bewusst täuschen?

Wie auch immer – das sowjetische Verwirrspiel setzte sich noch eine ganze Weile fort. Im Herbst 1945 wurden Hitlers Diener Linge, sein persönlicher Adjutant Günsche, sein Chefpilot Baur und der Telefonist Misch in die Lubjanka überstellt und dort intensiven Verhören unterzogen. Anfang 1946 beschloss die NKWD-Führung, eine Sonderkommission einzusetzen, die unter dem Decknamen «Mythos» alle bislang bekanntgewordenen Fakten über Hitlers Selbstmord überprüfen sollte. Mitsamt ihren Gefangenen nahmen die an der Operation Beteiligten im Mai 1946 eine erneute Tatortbesichtigung in Berlin vor. Im Bunker wurden die noch vorhandenen Blutspuren auf dem Sofa in Hitlers Arbeitszimmer sorgfältig untersucht, und bei einer Nachgrabung im Garten der Reichskanzlei zwei Fragmente eines männlichen Schädels entdeckt, deren einer Teil einen charakteristischen Ausschuss aufwies. Damit konnte nun definitiv bewiesen werden, was die Zeugen aus Hitlers Umgebung immer wieder ausgesagt hatten: dass der Diktator sich erschossen hatte. Höchstwahrscheinlich hatte er gleichzeitig eine Zyankalikapsel zerbissen.[59]

Die Leichen der Goebbels-Familie und die Überreste Hitlers und Eva Brauns hatte man nach Abschluss der gerichtsmedizinischen Untersuchung in Holzkisten verpackt und im Raum Berlin-Buch verscharrt. Doch sie wurden erneut exhumiert und zogen mit der SMERSCH-Einheit, die sie erbeutet hatte, von einem Stationierungsort zum anderen: über Finow, Rathenow, Stendal nach Magdeburg, wo sie im Februar 1946 auf einem Militärgelände beerdigt wurden. Hier lagen sie über zwei Jahrzehnte lang. Doch als im Frühjahr 1970 feststand, dass die Garnison in Magdeburg geräumt und die Liegenschaft der DDR übergeben werden sollte, empfahl der Direktor des KGB, Juri Andropow, in einem Brief an Parteichef Leonid Breschnew, «die sterblichen Überreste auszugraben und durch Verbrennung endgültig zu vernichten».[60] Am 4. April 1970 öffneten KGB-Offiziere die Grube und stellten die Holzkisten beziehungsweise das, was davon übriggeblieben war, sicher. Im Abschlussbericht hieß es: «Die Vernichtung der Überreste erfolgte durch Verbrennen auf einem Scheiterhaufen. Die Überreste wurden vollständig verbrannt, dann zusammen mit Kohlestücken zu Aschenpulver zerstampft und anschließend in den Fluss geworfen.»[61]

Am Abend des 2. Mai 1945 brachte die BBC eine sensationelle Nachricht: Bereits am 29. April hatte die deutsche Heeresgruppe C in Norditalien kapituliert, was erst jetzt bekannt wurde. Rund 600 000 Mann legten die Waffen nieder. Es war die erste Teilkapitulation am Ende des Zweiten Weltkriegs und die einzige, die noch zu Lebzeiten Hitlers – allerdings ohne, dass er davon Kenntnis erlangt hätte – vereinbart worden war. Der britische Premier Winston Churchill unterbrach eine Sitzung des Unterhauses und nannte das Ereignis eine historische Sternstunde. In Washington notierte Kriegsminister Henry Lewis Stimson in sein Tagebuch, mit dem spektakulären Ende der Kämpfe in Italien sei ein «überwältigendes Beispiel» gesetzt, dem hoffentlich bald die Gesamtkapitulation folgen werde.[62]

Vorausgegangen waren monatelange komplizierte Geheimverhandlungen. Die entscheidende Initiative war von Himmlers ehemaligem Stabschef

Karl Wolff ausgegangen. Seit September 1943 war er zum «Höchsten SS- und Polizeiführer in Italien» ernannt worden; seit Juli 1944 war er zugleich «Bevollmächtigter General der Deutschen Wehrmacht» in Italien, wodurch zusätzlich zu den SS- und Polizeitruppen auch noch Truppenteile der Wehrmacht im rückwärtigen Heeresgebiet unter seine Kontrolle fielen. Damit rückte Wolff neben dem Oberbefehlshaber Südwest, Generalfeldmarschall Albert Kesselring, in eine Schlüsselposition. Als einer der Hauptverantwortlichen für die brutale Bekämpfung der Partisanen in Italien, bei der auch Tausende unbeteiligte Zivilisten ums Leben gekommen waren, musste er damit rechnen, nach dem Krieg wegen Kriegsverbrechen angeklagt zu werden. Sein Versuch, in den letzten Kriegsmonaten mit den Alliierten Verhandlungen über eine Teilkapitulation der Heeresgruppe C anzuknüpfen, war nicht zuletzt von dem Wunsch diktiert, seinen Kopf aus der Schlinge zu ziehen. Tatsächlich sollte er in den Nürnberger Prozessen als Zeuge aussagen, selbst aber nicht angeklagt werden.[63]

Mit Hilfe von italienischen und schweizerischen Mittelsmännern, allen voran des Luzerner Nachrichtenoffiziers Max Waibel, gelang es, einen Kontakt zum Leiter des Berner Büros des amerikanischen Auslandsnachrichtendienstes OSS (Office of Strategic Services), Allen Dulles, herzustellen.[64] Bevor dieser sich bereit erklärte, Wolff zu empfangen, verlangte er als Geste des guten Willens die Freilassung zweier inhaftierter Resistenza-Führer, Ferruccio Parri und Antonio Usmiani. Nachdem beide aus der SS-Haft in die Schweiz gebracht worden waren, traf Wolff am 8. März 1945 zum ersten Mal mit Dulles und dessen Mitarbeiter, Gero von Schultze-Gaevernitz, in Zürich zusammen. Gleich zu Beginn versicherte der SS-General, dass er weder im Auftrag Hitlers noch Himmlers gekommen sei. Dulles wiederum stellte klar, dass eine Fortsetzung der Gespräche nur Sinn ergebe, wenn die Deutschen das Prinzip der bedingungslosen Kapitulation anerkennen würden. Wolff erklärte sich dazu bereit und versprach, den noch zögerlichen Oberbefehlshaber Kesselring zu gewinnen.

Offenbar war Dulles von der Persönlichkeit des SS-Generals beeindruckt: Der sei ein Gentleman und gehöre dem moderaten Flügel der SS an, teilte er dem OSS-Chef, William Donovan, mit. Man müsse die Gelegenheit beim Schopfe ergreifen, weil sich dadurch die Chance eröffne, den Krieg in Norditalien rasch zu beenden. Eine entsprechende Empfehlung sandte Donovan nach Washington, und Dulles erhielt grünes Licht, die Sondierungen fortzusetzen, die nunmehr unter dem Codenamen «Sunrise» liefen.[65]

Daraufhin begaben sich US-Generalmajor Lyman Lemnitzer, der stellvertretende Stabschef des alliierten Oberbefehlshabers in Italien, Harold Alexander, und der britische Generalmajor Terence Airey, Chef des Nachrichtendienstes im alliierten Hauptquartier, in die Schweiz. Am 19. März fand unter strengster Geheimhaltung das Treffen mit ihnen, Wolff und Dulles in Ascona am Lago Maggiore statt. Es war überhaupt das erste Mal im Krieg, dass sich alliierte und deutsche Militärs am Verhandlungstisch gegenübersaßen. Wolff habe keinen Versuch gemacht «zu feilschen», berichtete Dulles, sondern erklärt, dass er mit dem Unternehmen «stehe oder falle». Anhand einer Karte legte er seinen Gesprächspartnern dar, wie er sich die Details der Kriegsbeendigung unter seinem Kommando vorstellte.[66] So schien der Abschluss der Kapitulation an der Italienfront bereits nahe bevorzustehen, doch dann taten sich unerwartete Schwierigkeiten auf.

Am 11. März war Kesselring von Hitler aus Italien abberufen und zum Oberbefehlshaber West ernannt worden. Sein Nachfolger, Generaloberst Heinrich von Vietinghoff-Scheel, traf erst Ende März in Italien ein, und es war noch völlig offen, wie er sich zu den Kapitulationsplänen verhalten würde. Überdies hatte die SS-Führung in Berlin Wind bekommen von Wolffs Reisen in die Schweiz. Am 17. April befahl Himmler, der sich zu dieser Zeit im SS-Lazarett in Hohenlychen nördlich von Berlin aufhielt, Wolff zu sich und machte ihm im Beisein des Chefs des Reichssicherheitshauptamtes, Ernst Kaltenbrunner, Vorwürfe wegen seines Alleingangs. Offenbar gelang es Wolff nur mit Mühe, den Reichsführer SS davon zu überzeugen, dass seine Kontakte mit Dulles keineswegs dem Ziel einer Kapitulation der Heeresgruppe C dienten.[67]

Am 18. April musste Wolff sich auch vor Hitler verantworten. Der Diktator rügte die Eigenmächtigkeit des SS-Generals und wies wie immer jeden Gedanken an Kapitulation zurück. Allerdings erlaubte er Wolff, die Gespräche mit Dulles fortzusetzen, weil er darin ein Mittel sah, Zwietracht im Lager der Alliierten zu säen. «Noch zwei Monate», erklärte er, «dann wird der Bruch zwischen Angelsachsen und Russen kommen, und dann werde ich mich demjenigen anschließen, der als Erster an mich herantritt, welcher, ist mir gleich.»[68]

Tatsächlich führten die Geheimgespräche in der Schweiz nicht zu einem Bruch der alliierten Kriegskoalition, wohl aber zu einer schweren Vertrauenskrise zwischen der Sowjetunion und ihren westlichen Bündnispartnern. Stalin witterte ein amerikanisch-britisches Komplott mit den Deutschen und protestierte in einem geharnischten Telegramm an den amerikanischen Präsidenten Franklin D. Roosevelt vom 3. April dagegen, dass die Westmächte hinter seinem Rücken mit dem Kriegsgegner verhandelten: Faktisch hätten die Deutschen an der Westfront den Krieg eingestellt, während sie ihn gleichzeitig mit voller Kraft gegen die Sowjetunion fortsetzten. Roosevelt, der über die Vorwürfe sichtlich erzürnt war, versuchte zu beschwichtigen: Es hätten keine direkten Verhandlungen, sondern nur unverbindliche Gespräche stattgefunden, denen keinerlei politische Bedeutung beizumessen sei. Immerhin war man in Washington und London über die harte Reaktion Stalins so beunruhigt, dass man beschloss, die Sondierungen in der Schweiz abzubrechen. Nach dem plötzlichen Tod Roosevelts am 12. April kam Churchill mit dessen Nachfolger Harry S. Truman überein, im Hinblick auf mögliche Verwicklungen mit der Sowjetunion Dulles alle weiteren Kontakte mit den deutschen Unterhändlern zu untersagen.[69]

Inzwischen hatte Wolff den neuen Oberbefehlshaber Südwest, von Vietinghoff, für den Plan einer vorzeitigen Kapitulation der Heeresgruppe C gewinnen können. Am 23. April wurde der endgültige Beschluss gefasst; Wolff und Oberstleutnant Viktor von Schweinitz (als Bevollmächtigter Vietinghoffs) machten sich auf den Weg nach Luzern. Dulles weigerte sich zunächst, mit ihnen zusammenzutreffen, da ihm Washington eine weitere Fühlungnahme untersagt habe. Doch nachdem der Schweizer Vermittler Waibel ihm mitgeteilt hatte, dass die deutschen Abgesandten umfangreiche Vollmachten für eine Kapitulation der Italienarmee mitgebracht hatten, wandte sich Dulles an Feldmarschall Alexander und erreichte eine Aufhebung des am 20. April erlassenen Kontaktverbots. Am 27. April ging die Nachricht ein, dass die deutschen Unterhändler, von Schweinitz und SS-Sturmbannführer Eugen Wenner (als bevollmächtigter Vertreter Wolffs), im alliierten Hauptquartier in Caserta erwartet würden. Am nächsten Tag flogen beide nach Süditalien ab, und am 29. April setzten sie gemeinsam mit dem Stabschef Alexanders, General William Morgan, ihre Unterschrift unter die Kapitulationsurkunde. Der Unterzeichnung wohnten auch zwei sowjetische Generalstabsoffiziere bei.[70]

«Vor Beginn der Zeremonie waren die Tintenfässer und Federhalter auf dem Tisch sorgfältig geordnet worden», erinnerte sich Gero von Schultze-Gaevernitz. «Einige Reporter, die bereits ein Auge auf die Federhalter geworfen hatten, die Erinnerungsstücke von historischem Wert hätten werden können, waren sichtlich enttäuscht, als ein anderer Souvenirjäger, einer der jungen Offiziere des Protokolls dieser Zusammenkunft, den Deutschen seinen eigenen Federhalter zur Unterschrift reichte (...) Es war 14.17 Uhr, als General Morgan die Zeremonie beendete. Die Deutschen wurden aus dem Raum geleitet, die Scheinwerfer erloschen. Plötzlich war es dunkel und öde wie auf einer Bühne nach der Vorstellung.»[71]

Nach Artikel 1 der Kapitulationsurkunde erklärte sich der deutsche Oberbefehlshaber Südwest bereit, «alle seinem Befehl oder seiner Kontrolle unterliegenden Land-, See- und Luftstreitkräfte bedingungslos» auszuliefern und «sich sowie diese Streitkräfte dem Obersten Alliierten Befehlshaber Kriegsschauplatz Mittelmeer bedingungslos zur Verfügung» zu stellen. Artikel 2 verpflichtete den Oberbefehlshaber Südwest, am 2. Mai um 12.00 Uhr (westeuropäischer Zeit) «alle Feindseligkeiten auf dem Lande, zur See und in der Luft» einzustellen und die dafür notwendigen Schritte zu unternehmen.[72] Doch noch gab es auf deutscher Seite Widerstände gegen ein Inkrafttreten der Kapitulation. Der Gauleiter von Tirol, Franz Hofer, zog seine Zustimmung zurück und unterrichtete Kesselring in einem Telefongespräch über die von Wolff und Vietinghoff eingeleiteten Schritte. Der Generalfeldmarschall, den Hitler als eine seiner letzten Amtshandlungen zum Oberbefehlshaber aller deutschen Truppen im gesamten «Südraum» – und damit auch der Heeresgruppe C – ernannt hatte, zeigte sich entrüstet, enthob Vietinghoff und seinen Generalstabschef Hans Röttiger am 30. April ihrer Posten und ernannte General Friedrich Schulz und Generalleutnant Johann Wetzel zu ihren Nachfolgern. Auch diese mussten sich jedoch nach einigem Hin und Her der Einsicht beugen, dass jeder weitere Widerstand der Italienarmee aussichtslos sei. Durch die Nachricht vom Tod Hitlers am Abend des 1. Mai fühlten sie sich nicht mehr an ihren Treueid gebunden und mussten auch keine Repressalien mehr befürchten. In einem mehrstündigen Telefongespräch gelang es Wolff in der Nacht vom 1. auf den 2. Mai schließlich, auch Kesselring die Zustimmung zur Kapitulation der Heeresgruppe C abzuringen.[73]

In einem Fernschreiben an Großadmiral Dönitz und das OKW vom 2. Mai übernahm Kesselring die Verantwortung für die Waffenstreckung in Italien, die ohne sein Wissen und ohne seine Billigung erfolgt sei. Er sei sich bewusst, dass sie «schwerste Erschütterungen für die gesamte deutsche Front» mit sich bringen könne. Andererseits aber werde dadurch die Möglichkeit eröffnet, auf gleicher Basis zu Teilkapitulationen der im Westen stehenden Heeresgruppen zu gelangen, «während der Kampf gegen den Bolschewismus in keiner Weise geschmälert wird, vielmehr verstärkt werden kann».[74] Damit knüpfte Kesselring an das an, was Dönitz in seiner Rundfunkansprache und seinem Tagesbefehl an die Wehrmacht am Abend des 1. Mai verkündet hatte: möglichst rasche Einstellung der Kampfhandlungen im Westen bei gleichzeitiger Fortsetzung des «Kampfes gegen den Bolschewismus». Nach anfänglichen Bedenken hinsichtlich möglicher Rückwirkungen auf die Disziplin der Truppen an anderen Fronten billigte auch der Großadmiral das eigenmächtige Handeln Vietinghoffs, weil er einsah, dass es sich in sein Konzept zur Kriegsbeendigung einfügte.[75]

Am Vormittag des 2. Mai, um 10.30 Uhr, bat Dönitz Schwerin von Krosigk, dem er gerade das Amt des Außenministers angetragen hatte, und seinen ebenfalls frischernannten Kanzleichef Paul Wegener, Gauleiter Weser-Ems und Oberster Reichsverteidigungskommissar für Norddeutschland, zu einer grundsätzlichen Aussprache in die Plöner Baracke, seinen provisorischen Regierungssitz. Man begann mit einer Tour d'Horizon über die Situation auf den Kriegsschauplätzen. Zusammenhängende Fronten existierten nicht mehr. Die noch von der Wehrmacht verteidigten Räume schrumpften ständig zusammen. In Westpreußen befanden sich noch die Halbinsel Hela und ein schmaler Küstenstreifen an der Weichselmündung in deutscher Hand. In Kurland hielt eine Heeresgruppe immer noch stand; das Ende war abzusehen, weil sie nicht mehr mit Munition und Treibstoff versorgt werden konnte. «Wie ein dumpfes Grollen des endgültigen Einsturzes kündigt sich der Zusammenbruch an. Aber noch gehen die Arbeit und der Dienst weiter. Bunker werden gebaut, als ob nichts bevorstünde», hielt ein in Windau stationierter Soldat in seinem Tagebuch fest.[76] In Vorpommern und Mecklenburg befand sich die Heeresgruppe Weichsel in voller Auflösung. Die südlich davon stehenden Reste der 9. Armee unter General Busse und der 12. Armee unter General Wenck suchten sich der Umklammerung zu entziehen und über die Elbe nach Westen durchzuschlagen. In

Nordwestdeutschland waren Ostfriesland und Schleswig-Holstein noch nicht besetzt, doch britische Truppen hatten bereits bei Lauenburg einen Brückenkopf über die Elbe gebildet und waren im Begriff, nach Norden vorzustoßen.

In Oberitalien hatte die Heeresgruppe C kapituliert. Dadurch war die Position der nördlich anschließenden Heeresgruppe G unter General Schulz unhaltbar geworden. Der größte Teil der österreichischen Gebiete, der «Ostmark», wurde von der Heeresgruppe Süd unter General Rendulic verteidigt. Noch hielt auch die Stellung der von Generalfeldmarschall Schörner kommandierten Heeresgruppe Mitte im Protektorat Böhmen und Mähren, während sich die auf dem Balkan stationierte Heeresgruppe E unter Generaloberst Löhr in vollem Rückzug befand. Ein großer Teil der Niederlande sowie Dänemark und Norwegen waren noch von deutschen Truppen besetzt, ebenso einige Außenposten wie die Häfen an der Biskaya, Dünkirchen und die Kanalinseln.[77]

«Die militärische Lage ist hoffnungslos», stellte das von Dönitz' persönlichem Adjutanten Walter Lüdde-Neurath geführte Protokoll fest. Eine «bedingungslose Gesamtkapitulation» lehnte der Großadmiral aber nach wie vor ab, «weil damit schlagartig Millionen deutscher Soldaten und Zivilisten dem Russen ausgeliefert würden». Ziel müsse daher eine «Kapitulation nur vor dem Westen» sein. Da sie aber infolge der politischen Absprachen der Alliierten untereinander «auf offiziellem Wege durch die obersten Instanzen» nicht zu erreichen sei, müsse versucht werden, «sie durch Teilaktionen, etwa auf der Basis der Heeresgruppen», in die Wege zu leiten. Im Osten sollte der Kampf «mit allen Mitteln» fortgesetzt werden, um «möglichst viel deutsche Menschen vor der Vernichtung durch den Bolschewismus zu retten».[78] Dementsprechend ging an die Heeresgruppe Weichsel der Befehl, den Kampf weiterzuführen, so dass starke Kräfte der Heeresgruppe sich in den englischen und amerikanischen Machtbereich zurückziehen könnten. Der Oberbefehlshaber Nordwest, Generalfeldmarschall Busch, hingegen wurde angewiesen, «hinhaltend» zu kämpfen, um Zeit zu gewinnen für mögliche Verhandlungen mit den Engländern.[79]

In einer Rundfunkansprache vom selben Tag wandte sich Schwerin von Krosigk an die deutsche Öffentlichkeit. Darin war gleich zu Beginn von einem «eisernen Vorhang» die Rede, der mit dem Vormarsch der Roten Armee immer näher rücke und «hinter dem, den Augen der Welt entzogen, das Werk der Vernichtung der in die Gewalt der Bolschewisten gefallenen Menschen vor sich geht».[80] Damit griff der neue Außenminister eine Formulierung auf, die bereits Propagandaminister Goebbels in einem Leitartikel in der Wochenzeitung «Das Reich» vom Februar 1945 als Reaktion auf die Konferenz von Jalta verwendet hatte: Im Falle einer deutschen Kapitulation würde sich vor dem von der Sowjetunion besetzten Territorium «sofort ein eiserner Vorhang heruntersenken, hinter dem dann die Massenabschlachtung der Völker begänne».[81] Am 12. Mai 1945, nur wenige Tage nach der bedingungslosen Kapitulation der Wehrmacht, sollte auch Churchill in einem Telegramm an Präsident Truman das Schlagwort aufnehmen: «An iron curtain is drawn down upon their front. We do not know what is going on behind.»[82]

Keinen einzigen Gedanken verschwendete Schwerin von Krosigk auf die Verbrechen, die SS und Wehrmacht in den besetzten Gebieten Polens und der Sowjetunion, aber auch in Griechenland, auf dem Balkan, in Italien und anderen Ländern begangen hatten. Stattdessen wurden die Deutschen wortreich als die eigentlichen Leidtragenden des Krieges hingestellt: «Wir Deutschen haben von allen Völkern der Erde am stärksten erlebt, was der Krieg schon jetzt in seiner Vernichtung aller Kultur bedeutet hat. Unsere Städte sind zerstört, unsere Kulturdenkmäler in Dresden und Nürnberg, in Köln und Bayreuth und anderen weltbekannten Städten deutschen Geistesschaffens liegen in Trümmern, unsere Dome sind Opfer der Bomben geworden. Hunderttausende von Frauen und Kindern sind von der Kriegsfurie dahingerafft, während Millionen deutscher Männer und Jünglinge an den Fronten gefallen sind.» Wie schon Dönitz in seiner Ansprache vom 1. Mai bemühte auch Schwerin von Krosigk das Schreckgespenst eines «bolschewistischen Europas»: «Die Welt kann nur befriedet werden, wenn die bolschewistische Welle Europa nicht überschwemmt. Vier Jahre lang hat Deutschland in einem Heldenkampf ohnegleichen unter Aufbietung seiner letzten Kraft das Bollwerk Europa und damit zugleich der Welt gegen die rote Flut gebildet. Es hätte Europa vor dem Bolschewismus bewahren können, wenn es den Rücken frei gehabt hätte.»[83] Das war eine kaum verhüllte Einladung an die Westmächte, die Seite zu wechseln und sich mit dem besiegten Deutschland gegen die Sowjetunion zu wenden.

Am Nachmittag des 2. Mai wurde in Plön bekannt, dass Feldmarschall Bernard Law Montgomerys 21. Armee aus dem Brückenkopf bei Lauenburg zum Angriff angetreten und bereits bis Lübeck vorgedrungen war. Gleichzeitig waren amerikanische Verbände südlich davon über die Elbe gesetzt und hatten, ohne noch auf nennenswerten Widerstand zu stoßen, die Ostsee bei Wismar erreicht. «Damit ist das Tor, das als letztes den Abfluss deutscher Menschen aus dem Mecklenburger- und Pommern-Raum in den eigenen Machtbereich ermöglichte, verschlossen», hieß es im Protokoll der Lagebesprechung, die um 16.00 Uhr stattfand.[84] Daraus zogen Dönitz und seine Berater zwei Konsequenzen: Zum einen beschlossen sie, ihr Hauptquartier nach Flensburg zu verlegen, da englische Panzer Plön von Lübeck aus in einer knappen Stunde erreichen konnten. Zum anderen sollte der bereits am Vormittag erörterte Plan umgesetzt werden, mit Montgomery Verhandlungen über eine Teilkapitulation im nordwestlichen Raum aufzunehmen. Zum Unterhändler wurde Generaladmiral Hans-Georg von Friedeburg bestimmt, den Dönitz zu seinem Nachfolger als Oberbefehlshaber der Kriegsmarine ernannt hatte.

Gegen 21.00 Uhr traf Dönitz auf seinem Weg nach Norden mit Friedeburg an der Levensauer Hochbrücke über den Kaiser-Wilhelm-Kanal in der Nähe Kiels zusammen und gab ihm Instruktionen für seine Verhandlungen mit Montgomery: «Bestreben, möglichst viele deutsche Soldaten und europäische Menschen vor der Bolschewisierung und der Versklavung zu retten. Daher Rückführung der Heeresgruppe Weichsel in angelsächsischen Machtbereich. Bewahrung der im schleswig-holsteinischen Raum zusammengefassten Menschen vor der Vernichtung und dem Verhungern. Versorgung dieses Raumes mit Sanitätsmaterial. Bewahrung der großen Orte vor Zerstörung durch Bombardement. Darüber hinaus Bestreben, Regelung zu finden, um Mittel- und Nordeuropa vor weiterem Chaos zu bewahren.»[85]

In der Nacht zum 3. Mai trafen Dönitz, Schwerin von Krosigk und Lüdde-Neurath mit ihrer Mercedes-Panzerlimousine in Flensburg ein. Sie fanden Unterkunft in dem zum Wohnschiff umgebauten Passagierdampfer «Patria». Als neues Hauptquartier bezogen sie am nächsten Tag das Gebäude der Marineschule in Flensburg-Mürwik, das der Kapitän zur See, Wolfgang Lüth, in fieberhafter Eile mit dem Notdürftigsten hergerichtet hatte.[86] Es sollte der Sitz der Dönitz-Regierung bis zu ihrer Verhaftung am 23. Mai bleiben.

Fred Schneikert aus Wisconsin, Kommandeur einer an der bayerisch-österreichischen Grenze operierenden Panzerabwehreinheit der 44. US-Infanteriedivision, staunte nicht schlecht, als sich ihm am Vormittag des 2. Mai ein Deutscher auf einem Fahrrad näherte, der sich als Magnus Braun vorstellte und behauptete, oben in Oberjoch säßen die Erfinder der V2-Rakete und wünschten General Dwight D. Eisenhower zu sprechen. Man brachte den Mann zum Hauptquartier des Counter Intelligence Corps (CIC), der Spionageabwehr der US-Armee, nach Reutte in Tirol. Nach kurzem Verhör stellte Oberleutnant Charles Stewart Geleitbriefe aus und befahl dem Emissär, zurückzufahren und die zu holen, die sich angeblich auf dem Berg aufhielten.[87]

Im April 1945 war das Team der Raketenforscher aus der Heeresversuchsanstalt Peenemünde, an ihrer Spitze Walter Dornberger und Wernher von Braun, nach Oberammergau verlegt worden. Die letzten Kriegstage verbrachten sie recht komfortabel im Sporthotel «Ingeburg» in Oberjoch, und hier hörten sie am Abend des 1. Mai im Radio die Nachricht von Hitlers Tod. Dornberger und von Braun beschlossen daraufhin, sich den Amerikanern zu stellen, in der sicheren Annahme, dass ihr Know-how für die US-Armee von Interesse sein würde. Mit der Mission wurde Wernher von Brauns Bruder Magnus beauftragt, weil er am besten Englisch sprach. Nach seiner Rückkehr gegen 2.00 Uhr nachmittags packten sie ihre Sachen und fuhren die Bergstraße hinunter. Amerikanische Soldaten begleiteten sie zu einer Villa in Reutte, wo sie Oberleutnant Stewart in Empfang nahm und ihnen ein frugales Mahl servieren ließ. Am nächsten Morgen wurden sie der Presse vorgeführt. Angenehm überrascht durch die freundliche Behandlung, warf sich Wernher von Braun mit seinem großen Gipsverband – er hatte sich einige Wochen zuvor bei einem Autounfall Schulter und Arm gebrochen – für Erinnerungsfotos in Positur.

Er habe nicht erwartet, von den Amerikanern «wie ein Kriegsverbrecher behandelt zu werden», sagte von Braun 1950 in einem Interview in den USA. «Nein, es war alles logisch. Die V2 war etwas, was wir hatten und sie nicht. Natürlich wollten sie alles darüber wissen.»[88] Und dieses Wissen stellte ihnen der deutsche Raketenkonstrukteur bereitwillig zur Verfügung. Von Anfang an spielte von Braun perfekt die Rolle des unpolitischen Wissenschaftlers, der mit dem Nationalsozialismus und seinen Massenverbrechen nichts zu tun gehabt haben wollte. Dabei hatte er keineswegs eine so reine Weste, wie er dem Publikum und sich selbst glauben machte.

Der Raketenforscher Wernher von Braun (mit Gipsverband) und der Leiter der Heeresversuchsanstalt Peenemünde, Walter Dornberger (vorne links), stellen sich am 2. Mai 1945 den Amerikanern.

Wernher von Braun, 1912 in Wirsitz in der Provinz Posen geboren, war im deutschnationalen Milieu einer pommerschen Adelsfamilie aufgewachsen.[89] Sein Vater, der Rittergutsbesitzer Magnus Freiherr von Braun, war Landwirtschaftsminister im «Kabinett der Barone» des Reichskanzlers Franz von Papen – jenes Vorgängers Hitlers, der maßgeblich zur Zerstörung der Weimarer Republik beigetragen hatte. Schon in jungen Jahren interessierte sich Sohn Wernher für alles, was mit Raketentechnik zusammenhing. Noch bevor er 1930 ein Studium an der Technischen Hochschule in Berlin begann, trat er dem Verein für Raumschifffahrt bei und startete mit anderen jungen Tüftlern erste Versuche mit kleinen Raketen, die mit Benzin und flüssigem Sauerstoff betrieben wurden. 1932, mit gerade einmal 20 Jahren, wurde er Mitarbeiter am Raketenprogramm des Heereswaffenamtes. Die Experimente wurden zunächst auf dem Versuchsgelände Kummersdorf südlich von Berlin, seit 1936 in Peenemünde auf der Ostseeinsel Usedom durchgeführt.

Rasch stieg der begabte Techniker und Manager auf. Im Mai 1937 wurde er Technischer Direktor der Heeresversuchsanstalt Peenemünde (HVA). Noch im gleichen Jahr beantragte er die Aufnahme in die NSDAP. 1940 trat er auch der SS bei; drei Jahre später beförderte ihn Himmler zum

Sturmbannführer. Zu seinen wichtigsten Aufgaben gehörte die Entwicklung einer ballistischen Fernrakete. Im Oktober 1942 wurde die A4 – später bekannt unter dem Namen V2, der «Vergeltungswaffe» gegen die Alliierten – erstmals erfolgreich getestet. Bei einem Besuch von Brauns und seines direkten Vorgesetzten, des HVA-Leiters Walter Dornberger, im Führerhauptquartier in der «Wolfsschanze» im Juli 1943 zeigte sich Hitler begeistert von den Möglichkeiten der neuen «Wunderwaffe» und ernannte den 31-Jährigen zum Professor – ein Titel, mit dem sich von Braun auch in den Fünfzigerjahren noch gern anreden ließ.

In der Nacht vom 17. auf den 18. August 1943 bombardierte die britische Royal Air Force Peenemünde und richtete erhebliche Zerstörungen an. Daraufhin wurde die Serienproduktion in einen Stollen im Südharz, den Kohnstein bei Nordhausen, verlegt. Hier mussten Häftlinge des KZ Mittelbau-Dora unter mörderischen Bedingungen die V2-Raketen montieren. Von Braun besuchte mehrfach das «Mittelwerk», wie der Tarnname lautete, und er nahm auch an Besprechungen teil, in denen es um den Einsatz der Sklavenarbeiter ging. Wenn er nach 1945 angab, von deren grausamem Schicksal nichts mitbekommen zu haben, war das eine reine Schutzbehauptung.

Zwischen 16 000 und 20 000 Häftlinge sollen nach zurückhaltenden Schätzungen im Lagerkomplex Mittelbau-Dora ums Leben gekommen sein. Annähernd 6000 V2-Raketen wurden hier gefertigt, knapp über die Hälfte abgefeuert, die meisten auf London und die Hafenstadt Antwerpen. In England tötete die V2 fast 3000 Menschen, mindestens ebenso hoch war die Zahl der Opfer in Belgien.[90]

Doch für den hohen Preis, den das ehrgeizige Peenemünder Raketenprogramm gekostet hatte, interessierten sich die Amerikaner nicht. Ihnen ging es in erster Linie darum, sich das Wissen über eine militärisch bedeutsame Zukunftstechnologie zunutze zu machen. Und die Raketenfachleute waren nicht die einzigen Spezialisten, derer sie habhaft zu werden suchten. Bereits im Juli 1944, nach der alliierten Invasion in der Normandie, hatte das US-Oberkommando sogenannte Target-Forces aufgestellt, kleine, unabhängig voneinander operierende Einheiten, die den Auftrag erhielten, wichtige Objekte ausfindig zu machen, die daran beteiligten Wissenschaftler und Techniker in Gewahrsam zu nehmen und in die Vereinigten Staaten zu bringen. Nach dem Rheinübergang Ende März 1945 und der Besetzung eines großen Teils von West- und Mitteldeutschland konnte die Jagd beginnen. Das Unternehmen lief unter dem Decknamen «Overcast». Auch aus dem vorübergehend besetzten Sachsen und Thüringen, also Gebieten, die zur sowjetischen Besatzungszone zählen sollten, wurden zahlreiche Experten abtransportiert, damit sich die Russen nicht deren Fähigkeiten und Kenntnisse aneignen konnten. Insgesamt wurden im Rahmen von «Overcast» und des im März 1946 erweiterten Projekts «Paperclip» bis 1952 642 deutsche und österreichische Spezialisten in die USA «importiert».[91]

Wernher von Braun traf mit seinem Team bereits im September 1945 in Fort Bliss in Texas ein. «Mein Land hat zwei Weltkriege verloren. Diesmal möchte ich auf der Seite der Sieger stehen», verkündete er.[92] Der Seitenwechsel gelang ihm ohne Schwierigkeiten. In den Fünfzigerjahren wirkte er als technischer Direktor des amerikanischen Raketenzentrums in Huntsville in Alabama. 1960 stieg er als führender Experte bei der US-Raumfahrtbehörde NASA ein. Unter seiner Verantwortung wurde die riesige Saturn V-Rakete für das Apollo-Mondprogramm entwickelt. Mit der geglückten Mondlandung der ersten Amerikaner am 20. Juli 1969 befand sich von Braun auf dem Höhepunkt seines öffentlichen Ansehens. Sein Ruhm als genialer Raketenkonstrukteur und Vater der Raumfahrt sollte erst lange nach seinem Tod 1977 verblassen, als kritische Historiker in den Neunzigerjahren begannen, seine frühere Rolle im Nationalsozialismus genauer unter die Lupe zu nehmen.

«Schauderhafte Kälte, Schnee auf Feldern und Dächern, weiteres Schneien. Dies und der ständig fehlende Strom machen das Leben mehr als ungemütlich. Dennoch dominiert das Gefühl des Gerettetseins.» Das notierte Victor Klemperer am Morgen des 2. Mai 1945 in einer kleinen Dachstube in Unterbernbach, wo er mit seiner Frau Unterschlupf gefunden hatte.[93] Der 1881 geborene Professor für Romanistik an der Technischen Hochschule Dresden war wie alle seine jüdischen Kollegen nach dem Machtantritt der Nationalsozialisten von seinem Lehrstuhl vertrieben und Schritt für Schritt in die gesellschaftliche Isolierung gezwungen worden. Im Mai 1940 hatten seine Frau und er ihr Haus in Dresden-Dölzschen aufgeben und in eines der «Judenhäuser» ziehen müssen, wo sie mit ihren Leidensgenossen im täglichen Wechsel zwischen Hoffen und Bangen, in ständiger

Furcht vor Razzien und Deportationen die Kriegsjahre verbrachten. Dass Klemperer überlebte, verdankte er einem einzigen Umstand: Seit 1906 war er mit einer Nichtjüdin, der Pianistin Eva Schlemmer, verheiratet, gehörte also der Gruppe der sogenannten «Mischehen» an, die nicht deportiert wurden. Auch in der Situation äußerster Bedrängnis hielt seine Frau zu ihm, und sie war es auch, die das Risiko auf sich nahm, seine Tagebuchaufzeichnungen in regelmäßigen Abständen aus dem Haus zu schaffen zu einer befreundeten Ärztin nach Pirna, wo sie in einem Koffer aufbewahrt wurden und unentdeckt blieben. Erst 1995 wurden die Tagebücher veröffentlicht. So eindringlich wie kein zweites Dokument bezeugen sie das Schicksal der Juden in Deutschland zwischen 1933 und 1945 – von ihrer Entrechtung und gesellschaftlichen Ausgrenzung bis hin zu Deportation und Vernichtung.[94]

Am 13. und 14. Februar 1945 war das bislang verschonte Dresden durch alliierte Bombenangriffe schwer zerstört worden. Rund 25 000 Menschen fanden den Tod. Für die Klemperers bedeutete das Inferno die Rettung. Im allgemeinen Chaos entschlossen sie sich zur Flucht. Er trennte den gelben Stern von seinem Mantel ab, und es begann eine wahre Odyssee, die sie schließlich am 12. April ins bayerische Dorf Unterbernbach bei Aichach führte. Auf ihrem Weg dorthin erlebte das Ehepaar, wie sich die Menschen vom Nationalsozialismus und seinem «Führer», dem sie so lange gläubig angehangen hatten, abwandten. Der «Endsieg-Optimismus» sei «so gut wie ganz verstummt», und überall sei der «Stoßseufzer» zu vernehmen: «Wenn die Amerikaner nur schnell kommen!», registrierte Victor Klemperer bei einem Zwischenaufenthalt in München Anfang April. Auch in Pfaffenhofen grüßte man nicht mehr mit «Heil Hitler». «Alle Welt sagt, sagte schon in München, ‹Grüß Gott› und ‹Auf Wiedersehn›.»[95]

Ende April 1945, noch vor Eintreffen der Amerikaner, ließ der Bürgermeister von Unterbernbach und Ortsbauernführer Flamensbeck, bei dem Klemperers zunächst unterkamen und verpflegt wurden, das über dem Giebel des Amtshauses angebrachte Hakenkreuz entfernen. So geschah es auch andernorts im untergehenden «Dritten Reich». Überall verschwanden Hitler-Porträts aus Amtsstuben und Privatwohnungen, wurden Ausgaben von «Mein Kampf» aus den Bücherschränken entfernt und Uniformen, Parteiabzeichen und Hakenkreuzfahnen verbrannt. «Wieweit wird nun der Mantel nach dem Wind gedreht, wieweit darf man trauen?», fragte sich Victor Klemperer am 1. Mai. «Jetzt ist jeder hier immer Feind der Partei gewesen. Aber wenn sie es wirklich immer gewesen wären …» Und einige Tage später hielt er fest, es werde ihm «immer rätselhafter», wie sich Hitler habe durchsetzen können: «Hier tut man jetzt manchmal so, z. B. bei Flamensbeck, als sei die Hitlerei im wesentlichen eine preußisch-militaristische-unkatholische-unbayerische Sache gewesen.»[96] Dabei war doch München, wie sich Klemperer in Erinnerung rief, der Ort gewesen, von dem die nationalsozialistische Bewegung ihren Ausgang genommen und Hitler seine ersten Triumphe gefeiert hatte.

Am Nachmittag des 2. Mai wanderte Klemperer in das vier Kilometer von Unterbernbach entfernte Kühbach, um einige Besorgungen zu erledigen. Auf dem Kirchplatz begegnete er zum ersten Mal Amerikanern, die zu einer Reparaturkolonne gehörten: «Schwarze, genauer: braune Negersoldaten in undefinierbar grau-grün erdfarbenen Jacken und Hosen, alle den Stahlhelm auf den Kopf gestülpt, hantierten und wimmelten – Dorfkinder standen dicht dabei und dazwischen. Später sah ich auch einzelne blonde Soldaten, in dunklen Lederjacken, Revolver umgeschnallt, Gewehr (…) am Riemen über die Schulter gehängt.» Von einer jungen Deutschen erfuhr er, dass die Soldaten die Läden leergeräumt, sich sonst aber «durchaus anständig» verhalten hätten. «Die Schwarzen auch?», fragte Klemperer. «‹Dö san noch freundlicher als die andern›, da sei gar nichts zu fürchten.» Zwei ältere Damen, mit denen er ins Gespräch kam, bestätigten den Eindruck. «Was man von der Grausamkeit dieser Feinde gesagt habe, das seien alles nur ‹Sprüch› gewesen, das war nur ‹Hetz›.» Klemperer kommentierte: «Welche Volksaufklärung!»[97]

Ähnliche Erfahrungen bei der ersten Begegnung mit den Amerikanern werden von vielen anderen Zeitgenossen bezeugt.[98] Das von Goebbels' Propaganda ausgemalte Schreckensszenario, demzufolge es auch die «jüdische Plutokratie» des Westens auf die Vernichtung des deutschen Volkes abgesehen habe, hatte offensichtlich bei vielen Deutschen nicht verfangen. Und wer es dennoch für bare Münze genommen hatte, der wurde durch die Wirklichkeit rasch eines Besseren belehrt. Ursula von Kardorff, die den Einmarsch der Amerikaner Ende April 1945 im schwäbischen Dorf Jettingen erlebte, notierte: «Die amerikanischen Soldaten sind freundlich. Ab und zu lugen einige bei uns über den Zaun. Wir unterhalten uns gern mit ihnen (…) Sie bringen Schokolade mit, und wir sprechen – in sagenhaft schlechtem Englisch – so sachlich wie möglich über Politik.»[99]

3. Mai 1945

Am Morgen des 3. Mai 1945 herrschte im Hauptquartier von Dönitz in Flensburg-Mürwik große Aufregung. In der Nacht waren Meldungen eingetroffen, die besagten, dass die englischen Truppen ihren Vormarsch in Norddeutschland beschleunigt fortsetzten. Der Großadmiral befürchtete, dass sie schon bald in Flensburg eintreffen und ihn und seine Mitarbeiter kurzerhand festsetzen könnten. Um 4.00 Uhr erließ er deshalb die Weisung, den Kaiser-Wilhelm-Kanal als letzte Widerstandslinie «mit allen Mitteln so lange wie möglich zu verteidigen, um der Regierung Bewegungs- und Handlungsfreiheit zu sichern».[1] Im Laufe des Tages wurde jedoch Entwarnung gegeben. Die Alliierten hatten offenbar noch nicht vor, die Flensburger Enklave zu besetzen, solange sich die Regierung Dönitz bereit zeigte, mit ihnen über die Kapitulation der Wehrmacht zu verhandeln.

Nachdem Dönitz Generaladmiral von Friedeburg mit dem Auftrag ins Hauptquartier Montgomerys entsandt hatte, die Teilkapitulation für den gesamten norddeutschen Raum anzubieten, bestellte er die zivilen und militärischen Befehlshaber in den noch von deutschen Truppen besetzten Gebieten zu sich. Aus Prag flogen der Staatsminister für Böhmen und Mähren, Karl Hermann Frank, und Generalleutnant Oldwig von Natzmer, der Stabschef der Heeresgruppe Mitte, ein. Frank, ein sudetendeutscher Politiker aus Karlsbad, war nach der Besetzung der sogenannten «Rest-Tschechei» im März 1939 zum Staatssekretär des Reichsprotektors für Böhmen und Mähren, Konstantin Freiherr von Neurath, ernannt worden. Gleichzeitig übte er die Funktion eines Höheren SS- und Polizeiführers von Böhmen und Mähren aus. Er war unter anderem verantwortlich für die Orgien der Vergeltung, mit denen Gestapo und SS die tschechische Bevölkerung nach dem erfolgreichen Attentat auf Reinhard Heydrich, den Chef des Reichssicherheitshauptamtes und stellvertretenden Reichsprotektor, Ende Mai 1942 überzogen hatten. Zum Symbol des Terrors wurde das Dorf Lidice: Alle 196 männlichen Einwohner wurden erschossen, die Frauen ins KZ Ravensbrück deportiert und die meisten der 98 Kinder in Chelmno ermordet, das Dorf selbst dem Erdboden gleichgemacht.[2]

Aus Norwegen reisten Reichskommissar Josef Terboven und der Wehrmachtbefehlshaber in Norwegen, Franz Böhme, an. Als Bevollmächtigter Kommandierender General in Serbien 1941 war der aus Österreich stammende Böhme für zahlreiche Massaker an der Zivilbevölkerung, darunter Tausende männliche Juden sowie Sinti und Roma, verantwortlich.[3] Terboven, ein Nationalsozialist der ersten Stunde, vor dem Krieg Gauleiter von Essen und Oberpräsident der Rheinprovinz, war im April 1940 nach der Besetzung Norwegens zum Reichskommissar ernannt worden. Er übte bis Kriegsende die eigentliche Macht aus, während Ministerpräsident Vidkun Quisling nicht mehr war als eine Marionette in den Händen der deutschen Besatzer. Mit großer Energie betrieb Terboven die wirtschaftliche Ausbeutung des Landes, und er ging mit unnachsichtiger Härte gegen jeden Widerstand in der norwegischen Bevölkerung vor.[4]

Aus Kopenhagen kamen Werner Best und Generaloberst Georg Lindemann. Best, ein promovierter Jurist aus Hessen, hatte nach 1933 eine steile Karriere gemacht und war zum dritten Mann nach Himmler und Heydrich im SS-Sicherheits- und Terrorapparat aufgestiegen. Nach einem Zerwürfnis mit Heydrich war er 1940 beim Militärbefehlshaber in Frankreich tätig, bevor er im November 1942 das Amt eines Reichsbevollmächtigten in Dänemark antrat. Anders als Terboven in Norwegen verfolgte Best einen moderaten Kurs. Er bemühte sich, die Härten der Besatzung so gering wie möglich zu halten und Dänemark zu einer Art Modell für die angestrebte Neuordnung Europas unter nationalsozialistischer Dominanz zu machen. Als sich seit 1943 auch in der dänischen Bevölkerung Widerstand regte und die Zahl der Streiks und Sabotageaktionen zunahm, ging Best zu einem schärferen Vorgehen über, ohne dass er Hitlers Forderung nachgegeben hätte, jeden Angriff auf einen deutschen Soldaten mit brutalem «Gegenterror» zu beantworten. In den letzten Kriegsmonaten war der Reichsbevollmächtigte vor allem damit beschäftigt, Zehntausende Flüchtlinge aus Ostpreußen und Pommern, die ins Land strömten, in Behelfsunterkünften unterzubringen.[5]

Aus den Niederlanden traf Arthur Seyß-Inquart mit dem Schnellboot ein, weil die Landverbindung nach Norddeutschland bereits unterbrochen war. Der Sohn eines Gymnasialprofessors und gelernte Jurist hatte bereits beim «Anschluss» Österreichs im März 1938 eine treibende Rolle gespielt. Als Reichsstatthalter in der «Ostmark» und Stellvertreter des Generalgouverneurs Hans Frank im besetzten Polen seit Oktober 1939 war er an der Verschärfung der Judenverfolgung beteiligt gewesen, bevor ihn Hitler im Mai 1940 zum Reichskommissar in den besetzten niederländischen Gebieten berief. Hier erwies er sich als effizienter Schreibtischtäter, der jeden Widerstand mit drakonischen Maßnahmen unterdrückte, für die reibungslose Deportation der niederländischen Juden in die Vernichtungslager sorgte und Hunderttausende von Männern und Frauen als Zwangsarbeiter nach Deutschland schicken ließ. Dass Hitler ihn in seinem Testament mit dem Posten des Außenministers bedachte, zeigt, wie sehr sein skrupelloses Regiment den Intentionen des Diktators entsprochen hatte.[6]

Die Besprechungen am 3. Mai fanden jeweils getrennt nach den behandelten Gebieten statt, und an ihnen nahmen außer Dönitz Schwerin von Krosigk und Wegener sowie die Chefs des OKW, Keitel und Jodl, sporadisch auch Speer und Himmler teil. Den Auftakt machte um 9.30 Uhr die Beratung über die «böhmische Frage». Staatsminister Frank berichtete, dass das Reichsprotektorat am «Vorabend einer Revolution» stünde. Auf die Dauer sei es «weder militärisch noch politisch zu halten». Um die Lage zu beruhigen, sollte Prag zur «offenen Stadt» erklärt werden. Außerdem schlug Frank vor, Verbindung zu bürgerlich-tschechischen Kreisen aufzunehmen, die daran interessiert seien, dass ihre Heimat nicht durch die Russen, sondern durch die Amerikaner befreit werde. Mit ihnen gemeinsam sollte versucht werden, General Eisenhower die Kapitulation der Heeresgruppe Mitte anzubieten und ihn zur Besetzung des Landes aufzufordern. Weder Dönitz noch Schwerin von Krosigk glaubten an den Erfolg einer solchen Aktion, weil sie annahmen, dass sich die Alliierten hinsichtlich der Zukunft der Tschechoslowakei längst verständigt hätten. Immerhin beauftragten sie Frank, das Terrain zu sondieren und, wenn möglich, einen deutschen und einen tschechischen Vertreter zu Eisenhower zu entsenden.

Eine Kontroverse entspann sich über die Frage, ob die Regierung Dönitz ins Protektorat ausweichen solle, um einem möglichen Zugriff durch die Engländer zu entgehen. Keitel, Jodl und Himmler rieten zu, zumal Generalleutnant von Natzmer versicherte, dass die Heeresgruppe

Mitte sich noch zwei Wochen verteidigen könne. Dönitz lehnte jedoch ab, da er nicht vom Ausland aus regieren könne und überdies die politischen Verhältnisse in Böhmen zu unsicher seien.[7]

Um 11.00 Uhr begann die Besprechung über die Verhältnisse in den skandinavischen Ländern. Terboven bezeichnete die politische Situation in Norwegen als zur Zeit noch «günstig», da das «allgemeine Bestreben» dahin gehe, «bei dem erwarteten Zusammenbruch Deutschlands und dem baldigen Kriegsende heil herauszukommen». Zu demselben Urteil kam Best im Blick auf Dänemark. Auch hier sei «trotz starker Freiheitsbewegung» mit einem Aufstand nicht zu rechnen. Was die militärische Lage anging, zeigten sich die beiden Wehrmachtbefehlshaber Böhme und Lindemann optimistisch. Kampfkraft und Kampfwille der Truppen seien ungebrochen. «Also kommen Sie nach Nord-Schleswig, Herr Großadmiral, dann machen wir den Flaschenhals zu und schlagen dort die letzte anständige Schlacht des Krieges», soll Lindemann sogar ausgerufen haben. Doch gegen den Vorschlag, in einem letzten Gefecht einen «heroischen Untergang» zu suchen, wandte sich nicht nur Schwerin von Krosigk, sondern auch Best. In einem solchen Fall, argumentierte er, würde man eine große Aufstandsbewegung dänischer Widerstandskämpfer geradezu provozieren, der die vielen Flüchtlinge im Land schutzlos ausgeliefert sein würden. Für beide besetzten Gebiete formulierte Dönitz die Weisung: «Ruhe und Ordnung aufrechterhalten, da uns durch innere Unruhe nur Nachteile entstehen können. Stark und energisch auftreten, aber im Einzelfall zu Konzessionen bereit sein.»[8]

Am Nachmittag, um 15.30 Uhr, stand schließlich die «niederländische Frage» auf der Tagesordnung. Seyß-Inquart hatte bereits im April Verhandlungen mit Eisenhowers Generalstabschef, General Walter Bedell Smith, angeknüpft, um die katastrophale Versorgung der niederländischen Bevölkerung mit Lebensmitteln zu verbessern.[9] Nun berichtete er, dass die Verhandlungen «zufriedenstellend verlaufen» seien, «da alle Teile Interesse an einer geordneten Überleitung» hätten. Im Hinblick auf eine mögliche Teilkapitulation zeigte sich der Reichskommissar allerdings skeptisch, weil die gegenseitige Verpflichtung der Alliierten auf eine Gesamtkapitulation immer noch als verbindlich angesehen werde. Dennoch sollten die Sondierungen fortgesetzt werden. Dönitz gab Seyß-Inquart die Weisung mit auf den Weg, den «Kampfauftrag» bis zum Abschluss des Waffenstillstands zu erfüllen, von Zerstörungen und Überflutungen ganzer Landstriche durch Sprengung der Deiche aber abzusehen. «Eine honorige Überleitung räumt uns einen kleinen Kredit ein.»[10] Diesen Auftrag konnte Seyß-Inquart nicht mehr ausführen, weil sein Boot wegen des schlechten Wetters nicht auslaufen konnte. Beim Versuch, auf dem Landweg in die Niederlande zu gelangen, wurde er am 7. Mai von der britischen Militärpolizei in Hamburg festgenommen.[11]

Am Abend des 3. Mai spielte sich in der Marineschule Flensburg-Mürwik noch eine denkwürdige, allerdings folgenlose Episode ab. Überraschend kreuzte Himmler mit dem Chef des Auslands-Sicherheitsdienstes, SS-Brigadeführer Walter Schellenberg, auf und unterbreitete Dönitz den Vorschlag, der schwedischen Regierung die Kapitulation der deutschen Besatzungstruppen in Norwegen anzubieten. Statt in alliierte Gefangenschaft zu gehen, könnten diese sich dann nach Schweden absetzen, um dort interniert zu werden. Es stellte sich heraus, dass Schellenberg bereits Fäden zu schwedischen Politikern geknüpft hatte. Dönitz allerdings bezweifelte den Sinn einer solchen Aktion: «Wie konnten wir in unserer völlig ohnmächtigen Lage noch versuchen, den Alliierten ein ‹Schnippchen zu schlagen›, indem wir nicht ihnen, sondern einem neutralen Lande die Kapitulation Norwegens anboten!» Immerhin erklärte er sich auf Rat Schwerin von Krosigks damit einverstanden, dass Schellenberg seine Sondierungen in Schweden fortsetzte, ohne ihm jedoch eine Vollmacht zum Abschluss von Verhandlungen zu geben. Ein Ergebnis hatte Schellenbergs Mission nicht, da sie durch den Gang der Ereignisse rasch überholt wurde.[12]

Ebenfalls noch am 3. Mai strahlte der Flensburger Sender eine Rede Albert Speers aus, die dieser in wesentlichen Teilen bereits am 21. April, bei einem Besuch des Hamburger Gauleiters Karl Kaufmann, hatte aufzeichnen lassen – gewissermaßen als Rückversicherung für die Zeit nach Hitler. In seinen Erinnerungen hat Speer als Zweck seiner Ansprache angegeben, das deutsche Volk aus seiner Lethargie herauszureißen und es zu ermutigen, den Wiederaufbau mit aller Energie in die Hand zu nehmen. Doch in Wirklichkeit gingen seine Ausführungen weit über diese Absicht hinaus. Gleich zu Beginn schlug er Töne an, die in ihrer völkisch-nationalistischen Grundtendenz den Reden von Dönitz und Schwerin von Krosigks vom 1. und 2. Mai in nichts nachstanden: «Noch niemals wurde ein Kulturvolk so schwer getroffen, noch niemals sind die Verwüstung und Kriegsschäden so große gewesen wie in unserem Land, und noch niemals hat ein Volk die Härten des Krieges mit einer größeren Ausdauer, Zähigkeit und Gläubigkeit getragen.» Dies werde ihm «in einer späteren Zukunft die Bewunderung einer gerechten Geschichte» eintragen.

Auch Speer verlor kein einziges Wort des Bedauerns über die Verheerungen, die die Deutschen über die Völker Europas gebracht hatten – und an denen er erhebliche Verantwortung trug, weil er durch rücksichtslose Ausschöpfung aller Ressourcen die Rüstungsproduktion gesteigert und den Krieg verlängert hatte. Stattdessen appellierte Speer an die Alliierten, Nachsicht walten zu lassen und den deutschen Aufbauwillen nicht zu behindern: «Es liegt ausschließlich in der Hand des Gegners, wieweit er dem deutschen Volk die Ehre und Möglichkeiten eines zwar besiegten, aber heldenhaft kämpfenden Gegners zukommen lassen will, um auch selbst einmal in die Geschichte als großzügig und anständig einzugehen.» Zum Schluss rief Speer, ganz im Stil seines einst bewunderten «Führers», die «Vorsehung» an, die das deutsche Schicksal zum Besseren wenden könne.[13] Wer auf alliierter Seite diese Rede hörte, dem musste sich der Eindruck aufdrängen, dass auch unter der Regierung Dönitz der alte nationalsozialistische Ungeist fortlebte.

Am 3. Mai ging für die Hamburger der Krieg zu Ende. Während des ganzen Tages brachte der Rundfunk die Nachricht vom bevorstehenden friedlichen Einmarsch der englischen Truppen. Auf großen Plakaten wurde der Bevölkerung bekanntgegeben, dass ab 13.00 Uhr ein allgemeines Ausgehverbot verhängt werde, von dem nur Angehörige der Elektrizitäts-, Gas-, und Wasserwerke ausgenommen sein sollten.[14] Am Nachmittag herrschte in der Hansestadt eine gespenstische Ruhe. Der gesamte Verkehr war eingestellt, Läden und Geschäfte blieben geschlossen. An den Kreuzungen und Brücken waren Hamburger Schutzpolizisten postiert, ansonsten waren die Straßen menschenleer.

Noch bis Mitte April 1945 hatte nichts auf eine kampflose Übergabe der Stadt hingedeutet. Vielmehr war seit Herbst 1944 mit dem Aufbau eines äußeren und inneren Verteidigungsringes begonnen worden. Schützengräben wurden ausgehoben und Panzersperren aus Stein und Eisenträgern errichtet. Auf einer Versammlung von Parteifunktionären, Wirtschaftsführern und leitenden Verwaltungsbeamten im ungeheizten Festsaal des Hamburger Rathauses verkündete Gauleiter Karl Kaufmann am 19. Februar 1945, Hamburg sei auf Befehl Hitlers zur «Festung» erklärt worden und solle bis zuletzt verteidigt werden.[15]

Kaufmann war der mächtigste Mann in der Hansestadt. Der 1900 geborene Sohn eines Wäschereibesitzers in Krefeld zählte zur Garde der «alten Kämpfer» in der NSDAP. Im Mai 1929 hatte Hitler den erst 28jährigen Rheinländer zum Gauleiter im «roten» Hamburg berufen. 1933 wurde er auch Reichsstatthalter, und als solcher war er für die rigorose Durchsetzung der NS-Politik in der Hansestadt verantwortlich. Ihm gegenüber spielte der von den Nationalsozialisten eingesetzte Bürgermeister Carl Vincent Krogmann nur noch eine Nebenrolle als bürgerliches Aushängeschild. 1936 wurde Kaufmann auch offiziell als Chef der Landesregierung eingesetzt, und seit Kriegsbeginn übte er darüber hinaus die Funktion eines Reichsverteidigungskommissars aus.[16] Einerseits ließ der überzeugte Nationalsozialist in der Öffentlichkeit auch noch in den letzten Kriegsmonaten keinen Zweifel daran, dass er Hitlers Befehle getreulich auszuführen gedachte. Andererseits war er realistisch genug zu erkennen, dass eine Verteidigung Hamburgs als «Festung» zum endgültigen Untergang der Stadt führen musste. Bis zum Frühjahr 1945 hatte die Elbmetropole über 200 Luftangriffe erlebt, die verheerendsten vom 25. Juli bis 3. August 1943, als britische und amerikanische Bomber weite Teile Hamburgs in Schutt und Asche legten. 34 000 Menschen waren nach vorsichtiger Schätzung in dem «Feuersturm» ums Leben gekommen; Zehntausende hatten die Stadt fluchtartig verlassen.[17] Anfang 1945 lebten noch rund 1 Million Menschen in Hamburg, viele in Kellern und Notunterkünften. Die Stimmung hatte einen Tiefpunkt erreicht, allen Durchhalteappellen zum Trotz. Äußerungen wie: «Jetzt aber soll der Tommy kommen und Schluss machen, damit wir wieder ein vernünftiges und geordneten Leben führen können», waren überall zu hören, und zwar quer durch alle Schichten.[18]

Unter diesen Auspizien begann Kaufmann nach Mitteln und Wegen zu suchen, um den Hamburgern den militärisch sinnlosen «Endkampf» zu ersparen. Dabei spielte sicher auch der Gedanke mit, sich angesichts des nahen Endes der nationalsozialistischen Herrschaft als «Retter» Hamburgs zu profilieren und auf diese Weise seine Rolle in den vergangenen zwölf Jahren als weniger belastend erscheinen zu lassen. Zuerst versicherte er sich der Unterstützung des Generalmajors Alwin Wolz, der am 2. April, nicht zuletzt auf sein Drängen hin, zum Kampfkommandanten der Stadt ernannt wurde. Einen Tag später begab sich der Gauleiter zusammen mit Generalfeldmarschall Ernst Busch, dem Oberbefehlshaber der Heeresgruppe Nordwest, zu einem letzten Besuch Hitlers in die Berliner Reichskanzlei. Von der Unterredung, die im Beisein von Bormann, Keitel, Jodl, Dönitz und Himmler stattfand, existiert nur eine nachträgliche Aufzeichnung Kaufmanns. Glaubt man ihr, dann fand das Gespräch in einer außerordentlich frostigen Atmosphäre statt. Auf die Frage von Busch, ob die Heeresgruppe Nordwest mit weiteren Verteidigungskräften rechnen könne, habe Hitler schroff ablehnend reagiert. Alle noch verfügbaren Reserven müssten der neugebildeten Armee Wenck zur Verfügung gestellt werden, der bei der Entscheidungsschlacht um Berlin eine Schlüsselrolle zufalle. Kaufmann will anschließend bemerkt haben, dass er eine Verteidigung Hamburgs angesichts der allgemeinen Kriegslage nicht vertreten könne. Noch befänden sich 680 000 Frauen und Kinder in der Stadt. Sie zu evakuieren, sei aber nicht möglich, da die Provinz Schleswig-Holstein durch die Aufnahme von Flüchtlingen aus den Ostgebieten bereits über Gebühr in Anspruch genommen sei. Hitler habe, so schließt der Bericht, seine Einwände «auf das schärfste» zurückgewiesen und auf die bedingungslose Ausführung seines «Festungsbefehls» bestanden.[19] Ob Kaufmann dem Diktator tatsächlich so offen entgegengetreten ist, wie er später behauptete, darf man bezweifeln. Aber vermutlich hat ihm die Begegnung mit dem «Führer», der offensichtlich den Bezug zur Realität verloren hatte, die Augen geöffnet und ihn in seinem Entschluss bestärkt, Hamburg kampflos den Briten zu übergeben.

Am 20. April, Hitlers letztem Geburtstag, war Montgomerys 7. Panzerdivision unter Generalmajor Lewis O. Lyne bis an den südlichen Stadtrand Hamburgs vorgerückt. «Nun stehen wir vor der Endkatastrophe (…)», schrieb Mathilde Wolff-Mönckeberg, die Frau des Anglisten Emil Wolff, an ihre Kinder. «Von diesen letzten Tagen könnt Ihr Euch kaum eine Vorstellung machen! Immer das näherkommende Unheil vor sich, eine dauernde Spannung und Erregung, zum Radio laufen, um jede neue Nachricht aufzufangen unter tausend herumschwirrenden Gerüchten, Voralarme, Alarme in steter Abwechslung von morgens bis in die Nacht hinein (…)»[20]

Von ihren vorgeschobenen Stellungen aus beschoss die britische Artillerie Harburg. Einige Geschosse trafen auch die Phoenix-Werke, in denen seit

Ende 1944 ein Reservelazarett eingerichtet worden war. Daraufhin beschlossen der Direktor der Werke, Albert Schäfer, und der zuständige Arzt, Professor Hermann Burchard, sich zu den britischen Linien zu begeben und um Einstellung des Beschusses zu bitten. Kampfkommandant Wolz genehmigte die Aktion und gab den beiden als Dolmetscher einen Leutnant seines Stabes, Otto von Laun, einen Sohn des bekannten Völkerrechtlers Rudolf von Laun, mit auf den Weg. Am Abend des 29. April, nach einer stundenlangen Irrfahrt, wurden sie vom Nachrichtenoffizier der 7. Panzerdivision, Captain Thomas Martin Lindsay, empfangen. Der versprach, für eine Schonung des Harburger Lazaretts zu sorgen, verlangte aber eine Gegenleistung: Einer der drei Unterhändler sollte einen Brief des Divisionskommandeurs, Generalmajor Lyne, an den Hamburger Kampfkommandanten überbringen, in dem dieser «im Namen der Menschlichkeit» zur Übergabe Hamburgs aufgefordert und gebeten wurde, einen Offizier mit entsprechender Vollmacht zu entsenden.[21]

Am Mittag des 30. April erhielt Wolz die Kapitulationsaufforderung. Unmittelbar danach besprach er sich mit Gauleiter Kaufmann. Beide kamen überein, dass nun keine Zeit mehr verloren werden dürfe. In einem Fernschreiben an Dönitz ließ Kaufmann seine Absicht durchblicken, Hamburg kampflos den Briten zu übergeben, holte sich aber noch eine Abfuhr des Großadmirals: Es sei notwendig, «die Elbe-Stellung mit äußerster Zähigkeit gegen den Westen zu verteidigen», und die Stadt Hamburg könne den «besten Beitrag» in «diesem Schicksalskampf unseres Volkes leisten».[22] Doch Kaufmann und Wolz waren entschlossen, nun auf eigene Faust zu handeln. Am Abend des 1. Mai fuhren zwei Parlamentäre aus dem Stab von Wolz, Major Peter Andrae und Hauptmann Gerhard Link, zum Hauptquartier der 7. britischen Panzerdivision und übergaben Generalmajor Lyne ein Schreiben des Kampfkommandanten, in dem dieser sich bereit erklärte, «das Problem einer etwaigen Übergabe der Stadt Hamburg und der sich daraus ergebenden weitreichenden Konsequenzen zu besprechen».[23] Lyne räumte eine Frist von 24 Stunden ein, innerhalb derer die bedingungslose Kapitulation angenommen werden musste. Noch in der Nacht zum 2. Mai kehrten die Parlamentäre zurück und unterrichteten Wolz über das Verhandlungsergebnis. Der Kampfkommandant befahl daraufhin, die noch in Hamburgs Süden stehenden Einheiten des Heeres und der Waffen-SS abzuziehen.

Noch war die Hamburger Bevölkerung über das Schicksal der Stadt gänzlich im Ungewissen. Doch in den Mittagsstunden des 2. Mai wurde im Schaukasten der «Hamburger Zeitung» am Gänsemarkt eine Sonderausgabe mit einem Aufruf Kaufmanns an die Hamburger ausgehängt, in dem dieser die bevorstehende Kapitulation ankündigte: «Wem soldatische Ehre gebietet, weiterzukämpfen, hat hierzu Gelegenheit außerhalb der Stadt. Mir aber gebietet Herz und Gewissen, in klarer Erkenntnis der Verhältnisse und im Bewusstsein meiner Verantwortung für unser Hamburg, seine Frauen und Kinder vor sinn- und verantwortungsloser Vernichtung zu bewahren. Ich weiß, was ich hiermit auf mich nehme. Das Urteil über meinen Entschluss überlasse ich getrost der Geschichte und Euch.»[24] Eigentlich hatte der Aufruf erst am folgenden Tag, unmittelbar vor dem Einmarsch der britischen Truppen, erscheinen sollen. Wer die vorzeitige Veröffentlichung veranlasst hatte, ist nie geklärt worden. Die Nachricht verbreitete sich im Nu in der Hansestadt. «Am Gänsemarkt (...) ist es zu ausgesprochenen Tumulten der Freude gekommen. Die Menschen haben sich gegenseitig umarmt, viele sind in Tränen ausgebrochen», notierte ein Hamburger.[25]

Großadmiral Dönitz legte zunächst Protest gegen die Eigenmächtigkeit Kaufmanns ein. Doch nachdem Montgomerys Truppen die Elbe-Stellung durchbrochen und nach Lübeck vorgestoßen waren, ließ er sich am Nachmittag des 2. Mai davon überzeugen, dass eine Verteidigung Hamburgs keinen Sinn machte, und gab seine Zustimmung zur kampflosen Übergabe. Entsprechende Befehle des OKW-Chefs Keitel und des Oberbefehlshabers der Heeresgruppe Nordwest, Busch, gingen noch im Laufe des Abends heraus.[26]

Ebenfalls in den Abendstunden wandte sich Karl Kaufmann über den Rundfunk an die Bevölkerung und teilte mit, Hamburg sei zur «offenen Stadt» erklärt: «Wenn morgen der Feind Hamburg besetzt, ist dies die schwerste Stunde meines Lebens. Für diese Stunde fordere ich von Euch Würde und Disziplin.» Staatssekretär Georg Ahrens, Stellvertreter Kaufmanns als Leiter der Hamburger Verwaltung, den die Hamburger wegen seiner beruhigenden Stimme in den Bombennächten «Onkel Baldrian» nannten, blieb es vorbehalten, die Sendung mit den Worten zu beenden: «Sie hörten die schicksalsschwere Ansprache unseres Gauleiters an seine Hamburger.»[27]

Kaufmann habe «in großer Erschütterung, aufrichtig ergriffen, einfach und anständig» gesprochen, «so, wie er eigentlich immer seinen Hamburgern gegenüber war», schrieb Mathilde Wolff-Mönckeberg.[28] Kaufmanns Kalkül, sich als ein verantwortungsvoller Politiker zu präsentieren, der immer nur das Beste für «seine» Stadt gewollt habe, schien aufzugehen. In der Nachkriegszeit sollte die «Legende vom guten Gauleiter», der sich von einem Gefolgsmann Hitlers zum Rebellen gegen dessen Vernichtungswut gewandelt habe, kräftig ins Kraut schießen und einer weiteren Legende den Boden bereiten: dass Hamburg in den Jahren der Diktatur eine «Insel relativer Vernunft» inmitten der braunen Barbarei gewesen sei.[29]

Kurz nach 21.00 Uhr, am Abend des 2. Mai, war Kampfkommandant Wolz, begleitet von Major Andrae, Hauptmann Link und dem ehemaligen Bürgermeister Wilhelm Burchard-Motz, in Richtung Front aufgebrochen. Brigadegeneral John M. K. Spurling, der Kommandeur der 131. Britischen Infanteriebrigade, geleitete die Emissäre zum Gefechtsstand von Generalmajor Lyne. Wolz bejahte die Frage, ob er ermächtigt sei, die bedingungslose Kapitulation anzubieten, und verpflichtete sich, für den 3. Mai ein Ausgehverbot zu erlassen und an den Straßen nach Hamburg und an den Elbbrücken die Minen und Sprengladungen zu entfernen. Die Unterzeichnung der Kapitulationsurkunde fand allerdings erst gegen Mittag des 3. Mai im Hauptquartier der 2. Britischen Armee in Häcklingen bei Lüneburg statt. Dorthin hatte Wolz die aus Flensburg kommende Verhandlungsdelegation des OKW unter Generaladmiral von Friedeburg begleiten müssen. Erst danach konnte er die Rückkehr nach Hamburg antreten, gerade noch rechtzeitig, bevor die Briten die Stadt besetzten.[30]

Der Einmarsch begann kurz nach 16.00 Uhr. In drei Marschsäulen passierten Soldaten der 7. britischen Panzerdivision die Elbbrücken und trafen kurz vor 18.00 Uhr auf dem Rathausmarkt ein. Um 18.25 Uhr empfingen Wolz und Burchardt-Motz Brigadegeneral Spurling und die Mitglieder seines Stabes vor dem Rathausportal und übergaben ihnen die Stadt. Anschließend geleiteten sie die britischen Offiziere in den Kaisersaal, wo sie von Gauleiter Kaufmann und Bürgermeister Krogmann begrüßt wurden.[31]

Erst am Tag danach bemerkten die meisten Hamburger die Anwesenheit der neuen Herren. «Englische Soldaten wimmeln plötzlich hervor und krabbeln wie die Ameisen durch alle Straßen», beobachtete Mathilde Wolff-Mönckeberg im Villenstadtteil Winterhude, der weitgehend unzerstört geblieben war, «und bald folgen Massen von Autos und Panzern und Tanks und Motorrädern, und im Nu haben sie sich installiert, große Holz-

Vor dem Hamburger Rathaus, 3. Mai 1945: Kampfkommandant Alwin Wolz übergibt die Stadt an den britischen Brigadegeneral John M. K. Spurling (mit weißem Koppel).

schilder überall angebracht: Army post-office, Tailor, Leave centre etc. Es gibt viele Neugierige, die den ganzen Tag auf dem Balkon stehen und schauen, was da unten alles vorgeht. Wir beschäftigen uns damit, alles wieder aus dem Keller raufzuholen, was sich da in fast 6 Jahren angesammelt hat.»[32]

Bereits am Abend des 4. Mai, um 19.00 Uhr, nahm Radio Hamburg als erster Sender in Deutschland im unzerstörten Funkhaus an der Rothenbaumchaussee seinen Sendebetrieb wieder auf – mit der zweisprachig verlesenen Ansage: «Here is Radio Hamburg, a Station of the Military Government» – «Hier ist Radio Hamburg, ein Sender der alliierten Militärregierung.»[33]

An demselben 4. Mai kroch die Familie Giordano aus ihrem Kellerverließ in Hamburg-Alsterdorf, wo sie sich fast drei Monate lang versteckt gehalten hatte. Denn noch Anfang Februar 1945 war die jüdische Mutter Lilly, die in sogenannter «Mischehe» mit einem Musiker italienischer Herkunft lebte, aufgefordert worden, sich in der früheren Talmud-Tora-Schule im Grindelhof einzufinden, von wo aus sie deportiert werden sollte. In seinen «Erinnerungen eines Davongekommenen» hat einer ihrer Söhne, der 1923 geborene Ralph Giordano, den Moment der Befreiung beschrieben: «Als ich an meiner Mutter vorbeikam, sah ich, was ich in der Finsternis des Verstecks so nicht wahrgenommen hatte – ihr Haar war grau geworden, die schwarze Pracht bis auf wenige Strähnen dahin. Aber erst als ich Egon (den Bruder) unter freiem Himmel erblickte, weinte ich – ein Teil seines braunen Haupthaars hatte sich silbern verfärbt.»[34]

An dem Tag, als die Giordanos das Licht der Freiheit erblickten, verhafteten die Briten Gauleiter Kaufmann. Bis Oktober 1948 blieb er interniert, wurde danach aus gesundheitlichen Gründen entlassen. Hitlers Mann in Hamburg, der politische Gegner gnadenlos verfolgt hatte und für die Deportation Tausender Hamburger Juden die Verantwortung trug, musste sich nie vor Gericht verantworten. Ende der Fünfzigerjahre trat er als Seniorchef in ein Versicherungsunternehmen ein und wurde Teilhaber einer Chemiefabrik. Bis zu seinem Tod im Dezember 1969 lebte er als wohlhabender und von vielen geachteter Bürger in der Hansestadt.[35]

Zur selben Zeit, als Generalmajor Wolz in Häcklingen bei Lüneburg mit seiner Unterschrift die Kapitulation Hamburgs besiegelte, kam es in der Lübecker Bucht zu einer der größten Schiffskatastrophen des Zweiten Weltkriegs, bei der Tausende von KZ-Häftlingen buchstäblich in letzter Minute noch ihr Leben verloren. Die Tragödie hat einen Namen: «Cap Arcona». Das Flaggschiff der Hamburg-Südamerikanischen Dampfschifffahrtsgesellschaft, das 1927 auf der Hamburger Werft von Blohm & Voss vom Stapel gegangen war, hatte vor dem Krieg auf Luxusreisen zwischen Hamburg und Rio de Janeiro verkehrt und war 1940 als Wohnschiff der Kriegsmarine nach Gotenhafen (Gdynia) verlegt worden. Im Frühjahr 1945 wurde der Schnelldampfer mit vielen anderen Schiffen eingesetzt, um Flüchtlinge aus den deutschen Ostprovinzen und verwundete Soldaten nach Schleswig-Holstein und Dänemark zu transportieren. Bei ihrer letzten Fahrt holte sich die «Cap Arcona» einen Maschinenschaden. Seit dem 14. April lag sie manövrierunfähig in der Lübecker Bucht vor Neustadt vor Anker.[36]

Mitte April 1945 befahl Reichsführer SS Heinrich Himmler den Kommandanten der noch nicht befreiten Konzentrationslager, dass kein Häftling lebend in die Hände des Feindes fallen dürfe, die Lager also rechtzeitig geräumt werden sollten.[37] In Hamburg-Neuengamme, wo seit 1940 auf dem Gelände einer ehemaligen Ziegelei ein großes Konzentrationslager mit einem weitverzweigten Netz von Außenlagern errichtet worden war, begann die Räumung des Hauptlagers am 20. April. Verantwortlich waren Gauleiter Karl Kaufmann und der Höhere SS- und Polizeiführer Nordsee, Georg Henning Graf von Bassewitz-Behr. Auch sie hatten ein Interesse daran, dass die heranrückenden britischen Truppen nicht Zeugen der Verbrechen wurden, die sich unmittelbar vor den Toren Hamburgs abgespielt hatten. Da keine Ausweichplätze zur Aufnahme der Neuengamme-Häftlinge zur Verfügung standen, schlug Kaufmann vor, sie auf Schiffe unterzubringen. In seiner Eigenschaft als Reichskommissar für die Seeschifffahrt ließ er drei Schiffe requirieren, die in der Lübecker Bucht lagen: neben der «Cap Arcona» die Frachtschiffe «Thielbek» und «Athen».[38]

Vom 21. bis zum 26. April wurden über 9000 Häftlinge in Güterzügen, auf Lastwagen, teilweise auch in Fußmärschen nach Lübeck gebracht. Unter dem Kommando von SS-Sturmbannführer Christoph Gehrig, der im KZ Neuengamme als Verwaltungsleiter tätig gewesen war, wurden sie auf die Schiffe verladen. Welche Absichten die SS verfolgte, ist nicht klar. Wollte sie sich der Häftlinge entledigen, indem sie die Schiffe selbst versenkte beziehungsweise darauf spekulierte, dass sie von britischen Flugzeugen versenkt würden?[39] Oder wollte Himmler sie als Faustpfand für Verhandlungen über einen Separatfrieden mit den Westmächten einsetzen? Oder war man womöglich in der SS-Führung im Chaos dieser Tage noch zu keinem Entschluss gekommen, was mit den «schwimmenden Konzentrationslagern» geschehen solle?

Der Kapitän der «Cap Arcona», Heinrich Bertram, weigerte sich zunächst, die Häftlinge an Bord zu nehmen. Als ihm SS-Sturmbannführer Gehrig drohte, ihn auf der Stelle erschießen zu lassen, gab er nach.[40] Am 28. April befanden sich bereits 6500 Häftlinge auf der «Cap Arcona». Die Zustände waren unbeschreiblich. «Es gab kaum etwas zu essen und zu trinken», erinnerte sich einer der Überlebenden, Rudi Goguel. «Überall lagen die entkräfteten Gefangenen herum. Auf dem Deck begannen sich die Leichen zu stapeln, denn täglich wurden fünfzig bis dreißig Tote gezählt. Gegen Ende stieg die Todeskurve steil an. In einer besonders schlimmen Lage waren die Kranken: Sie hatte man unten im Schiffsbauch untergebracht, und es bestand wenig Möglichkeit, ihnen noch wirkliche Hilfe zuteil werden zu lassen, da es keine Medikamente und Verbandsstoffe gab. Niemand leerte mehr die schweren Kotkübel, so dass sich ein fürchterlicher Gestank über dem Schiff ausbreitete.»[41] Da die «Cap Arcona» hoffnungslos überfüllt war, befahl die SS, 2000 Häftlinge auf die «Athen» zu bringen. Auf der «Thielbek», die am 2. Mai in die Lübecker Bucht geschleppt wurde und in der Nähe der «Cap Arcona» vor Anker ging, waren 2800 Häftlinge eingepfercht.

Der alliierten Luftaufklärung war die Konzentration von Schiffen in der Kieler und Lübecker Bucht nicht entgangen. Die britische Militärführung befürchtete, dass sich die Regierung Dönitz mitsamt den ihr noch verbliebenen Truppen nach Norwegen absetzen und dort den Kampf fortsetzen könnte. So entschloss sie sich, die letzten Reste der deutschen Flotte zu vernichten. Informationen des Schweizer Roten Kreuzes, dass sich auf den Schiffen Tausende von KZ-Insassen befanden, wurden nicht rechtzeitig weitergegeben.[42]

Gegen 14.30 Uhr am 3. Mai griffen britische Jagdbomber die «Cap Arcona» und die «Thielbek» an. Beide Schiffe erhielten mehrere Volltreffer und fingen rasch Feuer. An Bord spielten sich entsetzliche Szenen ab. Der Schauspieler und Kommunist Erwin Geschonneck, der seit 1933 in verschiedenen Konzentrationslagern, zuletzt in Neuengamme eingesperrt gewesen war – in der DDR sollte er an Brechts Berliner Ensemble und in zahlreichen Filmrollen brillieren –, erlebte den Moment des Angriffs auf der «Cap Arcona»: «Ein Krachen und gleich darauf ein Splittern. Mittschiffs sind mehrere Bomben gefallen. Ich stürze auf den Gang hinaus, die Schiffsgänge sind voller Rauch, Verwundete schreien, die verstörten Gefangenen rennen zu den Treppen, Panik. An den Aufgängen drängen sich, aus allen Richtungen kommend, vor Angst halb wahnsinnige Menschen zusammen, wollen zum Oberdeck. Einige werden zu Boden gerissen und von Nachkommenden zertreten. Der Bananenbunker ist voller Russen. Sie können nicht mehr nach oben. Auch das Krankenrevier mit 600 Kranken, das sich unten befindet, ist abgeschnitten.»[43]

Die «Thielbek» sank innerhalb weniger Minuten, die «Cap Arcona» brannte langsam aus und legte sich auf die Seite. Für die Häftlinge gab es nur geringe Überlebenschancen. Die wenigen noch unbeschädigten Rettungsboote reklamierten die an Bord befindlichen SS-Männer, Marinesoldaten und Besatzungsmitglieder für sich. Auch Rettungsringe gab es nur für die Besatzung. Rund 6600 Häftlinge verbrannten, oder sie kamen beim Versuch, schwimmend das Ufer zu erreichen, um. Entweder ertranken sie in der noch kalten Ostsee, oder sie wurden erschossen. Nur rund 450 Menschen konnten sich aus dem Inferno retten – unter ihnen Erwin Geschonneck, der nur überlebte, weil er zum Wrack der «Cap Arcona» zurückgeschwommen war und dort mit einigen anderen Häftlingen ausharrte, bis die Küste in der Hand der Engländer war und Motorboote sie nach Neustadt brachten.[44] Noch Wochen später wurden an die Strände der Lübecker Bucht Leichen angeschwemmt.

«Überhaupt fangen wir langsam an, den Schändungsbetrieb humoristisch zu nehmen, galgenhumoristisch.» Als eine Berlinerin, Anfang dreißig, am 3. Mai diese Beobachtung ihrem Tagebuch anvertraute, hatte der «Schändungsbetrieb» – die massenhafte Vergewaltigung von Frauen nach dem Einmarsch der Roten Armee – ihren ersten Höhepunkt überschritten. Und für die Verfasserin, die selbst mehrfach vergewaltigt worden war, war das Unaussprechliche sagbar geworden: «Was heißt Schändung? Als ich das Wort zum ersten Mal aussprach (…), lief es mir eisig den Rücken herunter. Jetzt kann ich es schon denken, schon hinschreiben mit kalter Hand, ich spreche es vor mich hin, um mich an die Laute zu gewöhnen. Es klingt wie das Letzte und Äußerste, ist es aber nicht.»[45]

Mit dem Tagebuch «Eine Frau in Berlin» hat es eine besondere Bewandtnis. Vom 20. April bis 22. Juni 1945 schrieb die Verfasserin in den Verschnaufpausen zwischen Bombenangriffen, Vergewaltigungen und der mühsamen Beschaffung von Lebensmitteln auf, was sie erlebte. Im Juli 1945 begann sie, die in drei Heften festgehaltenen handschriftlichen Notate abzutippen. So entstanden 121 engzeilige Manuskriptseiten, die sie einige Zeit später einem Freund, dem Schriftsteller Kurt W. Marek – bekanntgeworden durch seinen unter dem Pseudonym C. W. Ceram veröffentlichten Archäologie-Bestseller «Götter, Gräber und Gelehrte» von 1949 – zu lesen gab. Marek überredete sie, einer Publikation zuzustimmen. Allerdings bestand die Autorin aus nachvollziehbaren Gründen darauf, dass sie anonym blieb. 1954 erschien «A Woman in Berlin» zuerst in den Vereinigten Staaten, 1959 folgte eine deutsche Ausgabe in einem Genfer

Kleinverlag. Während das Buch in den USA und Großbritannien zu einem großen Erfolg wurde, fiel es beim deutschen Publikum durch. Offenbar war die Zeit noch nicht reif, um sich mit dem Thema öffentlich auseinanderzusetzen. Es blieb lange Jahre ein Tabu, an das man nicht rühren wollte.[46]

Das änderte sich im Frühjahr 2003, als der Eichborn Verlag in der von Hans Magnus Enzensberger herausgegebenen Reihe «Die Andere Bibliothek» eine Neuauflage herausbrachte. «Eine Frau in Berlin» wurde zu einem der größten Bucherfolge der Saison und von der Kritik einhellig als das eindrücklichste Zeugnis für die Gewalt gepriesen, die deutschen Frauen bei der Eroberung durch Russen zugefügt worden war. Der Stoff wurde vom Regisseur Max Färberböck 2008 verfilmt mit Nina Hoss in der Hauptrolle.

Die anhaltenden Spekulationen über die Identität der Autorin beendete der Redakteur der «Süddeutschen Zeitung», Jens Bisky, im September 2003, zwei Jahre nach ihrem Tod in der Schweiz. Bei der «Anonyma» handelte es sich um die 1911 in Krefeld geborene Marta Hillers. Nach dem Besuch des Realgymnasiums von 1925 bis 1930 hatte sie mehrere Auslandsreisen, unter anderem in die Sowjetunion, unternommen. Dabei hatte sie ein wenig Russisch gelernt, was ihr in den Monaten der Besetzung Berlins zugutekommen sollte. Seit Sommer 1934 arbeitete sie als freie Journalistin für den «Berliner Lokalanzeiger» und für andere Zeitungen und Zeitschriften. Vom April 1941 bis in die letzten Kriegsmonate war sie für «Hilf-mit!» tätig – die Schülerzeitschrift des NS-Lehrerbundes –, betreute unter anderem «Erzählwettbewerbe» und schrieb Artikel für die Zeitschrift «Der Deutsche Erzieher». Sie war offenbar keine hundertfünfzigprozentige Nationalsozialistin, aber doch eine «Kleinpropagandistin» des NS-Staates, die mithalf, die deutsche Jugend für den Krieg zu begeistern.[47] In ihrem Tagebuch hat sie diese Rolle eher verschleiert, wenn sie sich fragte: «War ich selber dafür? Dagegen? Ich war jedenfalls mittendrin und habe die Luft eingeatmet, die uns umgab und die uns färbte, auch wenn wir es nicht wollten.»[48]

Mit der Enthüllung der Identität der «Anonyma» tauchten plötzlich auch Zweifel auf, ob es sich bei dem Buch tatsächlich, wie vom Verlag behauptet, um ein authentisches Zeitdokument handelt. Hatte die Autorin bei der Abschrift der Originalnotate stärker in den Text eingegriffen, als bislang angenommen worden war? Und hatten sie oder Kurt Marek, der ein Nachwort zur Erstausgabe beigesteuert hatte, den Text vor der Drucklegung noch einmal bearbeitet? Diese Fragen wurden seinerzeit heftig diskutiert, konnten aber nicht geklärt werden, weil die Witwe Mareks, die Nachlassverwalterin, die Einsicht in die Unterlagen verweigerte.[49]

Schließlich beauftragte der Eichborn-Verlag den Schriftsteller Walter Kempowski mit der Prüfung. Als fleißiger Sammler und Herausgeber von Tagebüchern schien er für die Aufgabe geeignet. Sein Gutachten vom Januar 2004 bestätigte, dass sowohl das Original-Tagebuch als auch die von Marta Hillers im Sommer 1945 angefertigte Reinschrift authentisch sind. Doch der entscheidenden Frage war Kempowski nicht nachgegangen: Welche Schritte der Bearbeitung der Ursprungstext durchlaufen hatte und inwieweit der Charakter des Tagebuchs dadurch verändert worden war.[50]

Was Kempowski versäumte, hat die Historikerin Yuliya von Saal in einem Aufsatz in den «Vierteljahrsheften für Zeitgeschichte» 2019 nachgeholt. Sie konnte sich auf den privaten Nachlass von Marta Hillers stützen, den der Sohn des Ehepaars Marek 2016 an das Münchner Institut für Zeitgeschichte abgegeben hat. Das Ergebnis: Marta Hillers hat ihre handschriftlichen Notizen sehr sorgfältig in das Typoskript übertragen. Die Abweichungen sind minimal und betreffen in der Regel nur kleine stilistische Korrekturen. Ganz anders verhält es sich mit der Umgestaltung des Typoskripts zur fast doppelt so umfangreichen Buchfassung, die die Autorin in den Fünfzigerjahren vornahm. Dabei hat sie selbst das Originaltagebuch stark literarisch bearbeitet und ergänzt: Personen wurden konsequent anonymisiert, Gedanken, Beobachtungen und Gefühle nachträglich ausformuliert, Erlebnisse umgedeutet, Szenen mit fiktiven Elementen dramaturgisch aufgeladen. Unter anderem wurden alle Passagen eliminiert, die auf eine gewisse Nähe zum Nationalsozialismus schließen lassen konnten. Es handelt sich also nicht um ein authentisches Zeitdokument, sondern um einen literarisierten Erlebnisbericht in Tagebuchform.[51] Dennoch bleibt «Eine Frau in Berlin» ein wichtiges Zeugnis. Denn im Kern – in der Schilderung der Vergewaltigungen – entspricht die Druckfassung den handschriftlichen Aufzeichnungen.[52]

Mit dem Auftauchen der Rotarmisten am 27. April 1945 beginnt für die Autorin die Erfahrung, Freiwild zu sein. Bemerkenswert lakonisch und unsentimental schildert sie, was ihr widerfährt: «Erstarrung. Nicht Ekel, bloß Kälte. Das Rückgrat gefriert, eisige Schwindel kreisen um den Hinterkopf. Ich fühle mich gleiten und fallen, tief, durch die Kissen und die Dielen hindurch. In den Boden versinken – so ist das also.»[53] Nachdem sie mehrfach missbraucht worden ist, fasst sie einen Beschluss: «Hier muss ein Wolf her, der mir die Wölfe vom Leib hält. Offizier, so hoch es geht. Kommandant, General, was ich kriegen kann. Wozu hab ich meinen Grips und mein bisschen Kenntnis der Fremdsprache?»[54] Marta Hillers legt sich einen Major zu, der sie nicht nur vor den anderen beschützt, sondern sie auch mit Lebensmitteln versorgt. Die Grenzen zwischen Vergewaltigung und Prostitution verschwimmen: «Es lässt sich keinesfalls behaupten, dass der Major mich vergewaltigt. Ich glaube, dass ein einziges kaltes Wort von mir genügt, und er geht und kommt nicht mehr. Also bin ich ihm freiwillig zu Diensten.»[55]

Der Blick der Autorin auf die Besatzer ist nicht frei von Stereotypen. Dennoch vermeidet sie es, «die Russen» kollektiv zu verurteilen. Aus der Masse der plündernden und vergewaltigenden Soldaten treten einzelne Männer mit Namen und Geschichten hervor – Petka, Anatol, Andrej. «Ich spreche doch mit ihnen von Mensch zu Mensch, unterscheide die Übelsten von den Erträglichen, gliedere den Schwarm, mache mir ein Bild von ihnen.»[56]

Von den deutschen Männern ist kaum Hilfe zu erwarten. Die meisten verhalten sich feige und verkriechen sich hinter den Frauen. «Eine Art von Kollektiv-Enttäuschung bereitet sich unter der Oberfläche bei den Frauen vor. Die männerbeherrschte, den starken Mann verherrlichende Naziwelt wankt – und mit ihr der Mythos ‹Mann›.»[57] Eine Frau in der Schlange vor der Wasserpumpe erzählt, was ein Nachbar ihr zugerufen hat, als russische Soldaten an ihr zerrten. «‹Nu gehen Sie doch schon mit, Sie gefährden uns ja alle!› Kleine Fußnote zum Untergang des Abendlandes.»[58] Als sie ihrem Freund, der Ende Juni 1945 von der Front zurückkehrt, ihre Aufzeichnungen zu lesen gibt, reagiert er mit Unverständnis und macht sich schweigend davon. Damit nimmt er vorweg, was auch zum Klima der Fünfzigerjahre gehören wird – das Beschweigen der Ohnmachts- und Gewalterfahrungen, denen Frauen ausgesetzt gewesen waren.

Ihre Aufzeichnungen dienten Marta Hillers als Medium der Selbstvergewisserung. Sie halfen ihr, sich mit den Erschütterungen der eigenen Identität auseinanderzusetzen. Zugleich aber verstand sie es – und das macht den besonderen Rang ihres Tagebuchs aus –, ihr individuelles Leid als Kollektivschicksal darzustellen. In den letzten Kriegs- und ersten Nachkriegstagen wurden Zehntausende Berliner Frauen zum Opfer sexueller Übergriffe. In seinem Buch «Die Russen in Berlin 1945» schätzte der Journalist Erich Kuby, dass 80 Prozent aller Vergewaltigungen im Gebiet von Groß-Berlin zwischen dem 24. April und 3. Mai stattgefunden hatten.[59] Obwohl Stalin und auch Marschall Schukow die Truppen ermahnt hatten, Disziplin zu wahren und sich auf die militärischen Aufgaben zu konzentrieren, ging die Einnahme von Berlin mit einer Explosion ungezügelter sexueller Gewalt einher.[60] Noch während die Kämpfe andauerten, drangen Rotarmisten in Keller und Wohnungen ein und vergewaltigten Frauen, in zahlreichen Fällen mehrfach hintereinander, häufig vor den Augen von Ehemännern, Kindern und Nachbarn, wobei weder über Siebzigjährige noch ganz junge Mädchen verschont wurden. «In hemmungsloser Gier hat sich das Heer unserer Sieger auf die Berliner Frauen gestürzt (...)», notierte Ruth Andreas-Friedrich am 6. Mai. «‹Sie schänden unsere Töchter, sie vergewaltigen unsere Frauen›, sagen die Männer. Es gibt kein anderes Gespräch in der Stadt.»[61]

Die Gründe für das Verhalten der Sowjetsoldaten sind vielfältig. Die außerordentlich hohen Verluste, die sie beim Kampf um Berlin erlitten, hatten dem Wunsch nach Rache und Vergeltung noch einmal mächtigen Auftrieb gegeben. Hass und Wut wurden auch durch den Anblick des Wohlstands genährt, den viele Deutsche trotz des Krieges genießen konnten. «Warum mussten diese Menschen, die ein so gutes Leben hatten, uns überfallen?», fragte sich mancher Sowjetsoldat. Ein russischer Offizier, der Ende April 1945 in der Wohnung eines Eisenbahners in Jahnsfelde bei Berlin untergebracht wurde, wunderte sich: «Die Vorratskammern sind angefüllt mit selbstgeräuchertem Schinken, Obstkonserven, Erdbeermarmelade. Je tiefer wir nach Deutschland hineinkommen, desto mehr verdrießt uns die Fülle, der wir allenthalben begegnen (...) Am liebsten würde ich meine Faust mitten in all diese ordentlichen Reihen von Dosen und Gläsern hineinschmettern.»[62]

Nicht selten geschahen die Gewalttaten auch unter dem Einfluss von Alkohol. «Die Rotarmisten waren berauscht vom Sieg, waren berauscht vom Erlebnis der westlichen Zivilisation – und sie waren im buchstäblichen Sinn berauscht (...)», befand Erich Kuby. «Zwischen Trunkenheit und Gewalttat bestand in der Regel ein Kausalzusammenhang. In diesem

Zustand der Enthemmung taten die Sowjetsoldaten, worauf sie (nach urlaubs- und frauenlosen Jahren) gierig waren, aber sie taten es weder zu Ehren der Sowjetunion noch zu Unehren Deutschlands. Sie taten es in der allersimpelsten Weise.»[63]

Angestachelt wurde das Verlangen, die Besiegten zu demütigen, indem man sich ihrer Frauen bemächtigte, schließlich auch durch die penetrante Überheblichkeit, mit der nicht wenige Deutsche selbst noch im Augenblick der Niederlage den Besatzern entgegentraten. Die antisowjetische Propaganda, die über ein Jahrzehnt das rassistische Zerrbild vom primitiven «asiatischen Untermenschen» gezeichnet hatte, wirkte hier nach.

Allerdings waren die sowjetischen Soldaten keineswegs kollektiv über die Berliner Frauen hergefallen. Neben Berichten über Gewaltexzesse finden sich auch immer wieder Beispiele von Großzügigkeit und Hilfsbereitschaft. Der Hitler-Junge Lothar Loewe erhielt nach seiner Gefangennahme von einem älteren russischen Soldaten dessen Kochgeschirr, gefüllt mit Rinderbrühe, und einen Löffel: «Dies war meine erste Begegnung mit Russen. Ich habe diese Begegnung, diese menschliche Geste, mein Leben lang nicht vergessen.»[64] Besonders gegenüber Kindern zeigten sich Rotarmisten häufig von ihrer besten Seite. «Durch die (...) Propaganda erwarteten wir nun das Schlimmste und waren angenehm überrascht, als ein russischer Kommissar auf unserem Hof erschien und uns bat, vernünftig zu sein, damit nichts zu geschehen brauchte», erinnerte sich eine Frau vom Prenzlauer Berg wenige Monate später. «Die Kinder wurden auf den Arm genommen und bekamen Zucker und Schokolade (...) Auch in der darauffolgenden Zeit bekamen unsere Kinder viele Lebensmittel und Süßigkeiten von den Russen.»[65]

Andererseits wäre auch die Vorstellung falsch, die Berlinerinnen hätten sich allesamt willen- und kampflos ihrem Schicksal ergeben. Sie erdachten eine ganze Reihe von Listen und Strategien, um einer Vergewaltigung zu entgehen oder eine Wiederholung zu vermeiden. So versteckten sie sich tagelang auf Dachböden, zogen sich schmuddelige Kleider an, schwärzten ihre Gesichter mit Ruß, täuschten ansteckende Krankheiten vor oder wählten sich, wie Marta Hillers, einen russischen Beschützer. Mit Schnoddrigkeit und Zynismus versuchten die Frauen, mit den schreckensvollen Erlebnissen fertig zu werden. In den Unterhaltungen bei Besuchen von Bekannten oder beim Schlangestehen vor Geschäften wurde über das Thema mit einer nie gekannten Offenheit gesprochen.[66] Häufig stand die Frage: «Wie oft?» am Beginn eines Gesprächs. Margret Boveri, die selbst nicht vergewaltigt wurde, aber von ihren Freundinnen erzählt bekam, was sie durchgemacht hatten, bemerkte am 6. Mai: «Es ist sehr komisch, worüber ‹man› jetzt spricht. Sogar die Elsbeth, die trotz ihres Mannes und ihrer beiden erwachsenen Söhne im Grund noch eine Unschuld war, hat einen Teil ihrer Zurückhaltung vorübergehend abgelegt. Und es gibt natürlich viel zu lachen.»[67]

Zwar ereigneten sich sexuelle Übergriffe besonders häufig im Großraum von Berlin, doch blieben viele Städte und Ortschaften in der sowjetischen Besatzungszone nicht verschont. Wie viele Frauen den Gewaltverbrechen zum Opfer fielen, lässt sich nicht mehr klären. Schätzungen gehen von einer Zahl von bis zu zwei Millionen aus.[68] Auch als die sowjetischen Behörden stärkere Anstrengungen unternahmen, um die Soldaten unter Kontrolle zu bringen und die Täter zu bestrafen, hörten die Vergewaltigungen nicht auf. Schließlich suchte die Militäradministration das Problem dadurch zu lösen, dass sie die Truppen seit 1947 kasernierte und so zunehmend von der deutschen Bevölkerung fernhielt.[69] Für die KPD- und spätere SED-Führung blieben die Massenvergewaltigungen am Ende des Krieges eine Hypothek. Die Tage der Angst vor den Russen hatten sich tief ins kollektive Bewusstsein eingebrannt und erschwerten alle Bemühungen der Kommunisten, um Unterstützung für ihren Kurs zu werben. «Immer noch, nach drei Jahren», so schrieb Bertolt Brecht im Oktober 1948 in sein «Arbeitsjournal», «zittert unter den Arbeitern, höre ich allgemein, die Panik, verursacht durch die Plünderungen und Vergewaltigungen nach, die der Eroberung von Berlin folgten. In den Arbeitervierteln hatte man die Befreier mit verzweifelter Freude erwartet, die Arme waren ausgestreckt, aber die Begegnung wurde zum Überfall, der die Siebzigjährigen und die Zwölfjährigen nicht schonte und in voller Öffentlichkeit vor sich ging (...).»[70] Hinzu kam, dass die KPD/SED-Funktionäre das Thema öffentlich nicht anschneiden konnten, ohne die Besatzungsmacht vor den Kopf zu stoßen. Es blieb während der gesamten Geschichte der DDR ein Tabu, an das nicht gerührt werden durfte.[71]

Vergewaltigungen blieben nicht auf das von der Roten Armee besetzte Gebiet beschränkt. Auch Soldaten der alliierten Armeen haben sich beim Einmarsch Gewaltverbrechen gegen Frauen zuschulden kommen lassen, und das in weitaus größerer Zahl, als lange angenommen wurde.[72] Durch besondere Brutalität zeichneten sich Truppen aus Französisch-Marokko aus; in der Anfangszeit der Besatzung vergewaltigten sie besonders im Raum Stuttgart zahlreiche Frauen.[73] Doch auch amerikanische und britische Soldaten verhielten sich keineswegs immer so korrekt und diszipliniert, wie es in manchen Darstellungen bis heute kolportiert wird. Dennoch unterscheidet sich das Ausmaß der ausgeübten Gewalt in den westlichen Gebieten ganz erheblich von dem in der sowjetischen Zone. Das hängt unter anderem damit zusammen, dass die USA und Großbritannien nicht unter dem Besatzungsterror der Deutschen hatten leiden müssen und auch weitaus weniger Kriegstote zu beklagen hatten als die Sowjetunion. Ein weiterer Umstand kommt hinzu: Amerikanische und britische Soldaten hatten es oft gar nicht nötig, Gewalt anzuwenden. Für Dollars, Zigaretten und Schokolade waren offenbar nicht wenige deutsche Frauen bereit, sich ihnen freiwillig hinzugeben.[74] Trotz des zunächst geltenden Fraternisierungsverbots bahnten sich zwischen den GIs und den «Fräuleins» rasch feste sexuelle Beziehungen an, die in vielen Fällen zur späteren Eheschließung führten.

Am Vormittag des 3. Mai traf die Delegation des Oberkommandos der Wehrmacht – Generaladmiral Hans-Georg von Friedeburg, General Eberhard Kinzel, Konteradmiral Gerhard Wagner und Major Jochen Friedel – im Hauptquartier von General Miles C. Dempsey in Häcklingen bei Lüneburg ein. Von dort wurden die Deutschen weitergeleitet zum nahegelegenen Timeloberg, wo Feldmarschall Montgomery ein kleines Zeltdorf hatte aufbauen lassen mit seinem Wohnwagen als Mittelpunkt. In seinen Erinnerungen hat der Oberbefehlshaber der britischen Bodentruppen die Empfangsszene beschrieben: «Sie wurden bis vor meinen Wohnwagen geführt, so dass sie gerade unter der englischen Flagge standen, die stolz im Winde flatterte. Ich ließ sie zunächst ein paar Minuten warten, dann trat ich aus meinem Wohnwagen und ging auf sie zu. Sie legten, unter der Flagge stehend, alle die Hand an die Mütze. Es war ein denkwürdiger Augenblick. Die Deutschen kamen, um sich zu ergeben – der Krieg war zu Ende.»[75] Montgomery verschwieg, dass vor seinem Erscheinen mit einem Stock genau der Platz markiert worden war, wo sich die deutschen Unterhändler aufstellen mussten – eine Geste, die von ihnen als «entehrend» empfunden wurde.[76]

Zunächst verlas von Friedeburg einen Brief des OKW-Chefs Keitel, in dem dieser die Kapitulation der deutschen Streitkräfte im nordwestdeutschen Raum einschließlich der Heeresgruppe Weichsel anbot. Montgomery wies das Angebot zurück mit der Bemerkung, dass er keine Kapitulation von Truppen annehmen könne, die noch gegen die Rote Armee kämpften. Die Heeresgruppe Weichsel müsse sich dem sowjetischen Oberkommando ergeben. Er sei jedoch gewillt, fuhr er etwas versöhnlicher fort, einzelne deutsche Soldaten der Ostfront, die sich mit erhobenen Händen den britischen Linien näherten, nicht abzuweisen. Als von Friedeburg einwarf, kein deutscher Soldat werde sich freiwillig in russische Kriegsgefangenschaft begeben, weil er befürchten müsse, zur Zwangsarbeit nach Sibirien verschickt zu werden, entgegnete Montgomery kühl, «all das hätten die Deutschen bedenken sollen, ehe sie den Krieg anfingen, und besonders, ehe sie im Juni 1941 die Russen überfielen».[77]

Ebenso lehnte es Montgomery ab, über das Schicksal der Flüchtlinge im Raum Mecklenburg zu verhandeln, weil das Gebiet östlich der Front zwischen Wismar und Dömitz nicht mehr in seinen Zuständigkeitsbereich falle und alle diesbezüglichen Fragen mit den sowjetischen Instanzen besprochen werden müssten. Die Verhandlungen schienen an einem toten Punkt angelangt zu sein, doch dann entschloss sich Montgomery, die Deutschen mit einem Gegenvorschlag zu konfrontieren: «Sind Sie bereit», fragte er, «mir alle deutschen Truppen auf meiner West- und Nordflanke zu übergeben, einschließlich aller Truppen in Holland, Friesland mit den friesischen Inseln und Helgoland, sowie in Schleswig-Holstein und Dänemark?» Um seiner Forderung Nachdruck zu verleihen, erläuterte er anhand einer Karte die Lage an der gesamten Westfront, die den Deutschen die Aussichtslosigkeit jeden weiteren Widerstands drastisch vor Augen führte. Die OKW-Parlamentäre erbaten Bedenkzeit. Montgomery ordnete an, ihnen in einem der Zelte eine Mahlzeit zu servieren. «Von Friedeburg liefen während des Essens die Tränen über das Gesicht, und von den anderen sagte kaum einer ein Wort», berichtete ein britischer Offizier.[78]

Nach dem Essen stellte Montgomery ein Ultimatum: Alle deutschen Truppen in den bezeichneten Gebieten müssten die Waffen niederlegen und sich bedingungslos ergeben. Das Kriegsgerät der Streitkräfte dürfe nicht vernichtet werden, sondern müsse den Engländern unversehrt übergeben werden. Sollten die Deutschen sich weigern, seiner Forderung nachzukommen, würden die Kämpfe fortgesetzt. Von Friedeburg erklärte, er habe keine so weitreichende Vollmacht und müsse erst in Flensburg Rücksprache nehmen. Noch am Abend machten er und Major Friedel sich auf den Weg; Konteradmiral Wagner und General Kinzel blieben zurück. Montgomery hatte eine Frist bis zum Nachmittag des folgenden Tages gesetzt.[79]

4. Mai 1945

Am Vormittag des 4. Mai 1945, um 9.00 Uhr, begann in der Marineschule Flensburg-Mürwik die entscheidende Besprechung. Generaladmiral von Friedeburg, der noch in der Nacht zurückgekehrt war, gab einen ausführlichen Bericht über seine Verhandlungen mit Montgomery. Anwesend waren Dönitz, Schwerin von Krosigk, Keitel, Jodl sowie dessen Adjutant, Oberstleutnant Hermann Brudermüller. Grundsätzlich sprachen sich die Teilnehmer für eine Einbeziehung der Niederlande und Dänemarks in die Kapitulation aus. Die deutschen Truppen dort würden sich ohnehin nicht mehr lange halten können, und «eine sture Verteidigung» würde, vermerkte das Protokoll, nur einen «weiteren Prestigeverlust bringen sowie eine starke politische Belastung».[1] Einzig Generaloberst Jodl widersprach: Er wollte den «Trumpf Holland» noch nicht aus der Hand geben.[2] Dönitz wiederum erhob Bedenken gegen eine Auslieferung der deutschen Flotte, weil dadurch die Fortsetzung der Transporte von Flüchtlingen und Truppen über die Ostsee unmöglich gemacht würde. Von Friedeburg zerstreute die Bedenken mit dem Hinweis, Montgomery habe ihm versichert, dass die Rücktransporte weiterlaufen könnten.[3]

Eine längere Diskussion entzündete sich über die Forderung nach unversehrter Auslieferung allen Kriegsgeräts. Keitel und Jodl hielten diese Forderung mit der «Ehre der deutschen Waffen» für unvereinbar und schlugen vor, die Vernichtung sofort in die Wege zu leiten. Schwerin von Krosigk aber protestierte: Das würde gegen den Geist der Kapitulationsvereinbarung verstoßen und Montgomery das Recht geben, die ganze Vereinbarung zu annullieren und Repressalien zu ergreifen. Dönitz schloss sich dieser Argumentation an und befahl dem OKW, die militärischen Befehlshaber anzuweisen, alle Waffen unzerstört dem Gegner zu übergeben. Der Befehl wurde im Allgemeinen befolgt. Eine Ausnahme machte lediglich ein Teil der U-Boote in den Nord- und Ostseehäfen, die sich in der Nacht vom 4. auf den 5. Mai selbst versenkten.[4]

Über das Ergebnis der Besprechung vom 4. Mai hielt das Protokoll fest: «Der Großadmiral genehmigt die Unterzeichnung der Bedingungen in der Annahme ehrenhafter Behandlung der Kriegsgefangenen und eines würdigen Modus der Übergabe.» Gleichzeitig erhielt von Friedeburg den Auftrag, sich nach Abschluss des Abkommens mit Montgomery in das Hauptquartier von General Eisenhower nach Reims zu begeben «mit dem Ziel einer weiteren Teilkapitulation nach Westen».[5]

Unterdessen hatte Montgomery die Zeremonie der Unterzeichnung vorbereitet. Er war sich sicher, dass die Deutschen seine Forderungen annehmen würden, und hatte auf dem Timeloberg ein großes Armeezelt aufstellen lassen. «Die Einrichtung des Zeltes war ganz schlicht: eine Tischplatte auf Böcken mit einer wollenen Kommissdecke, darauf ein Tintenfass und ein gewöhnlicher Federhalter, wie man sie in jeder Kantine für zwei Pence kaufen konnte.»[6] Um 17.00 Uhr gab Montgomery eine Pressekonferenz und lud die Journalisten ein, der feierlichen Unterzeichnung beizuwohnen.

Gegen 18.00 Uhr, noch während die Pressekonferenz im Gange war, trafen die beiden deutschen Unterhändler aus Flensburg ein. Montgomery bat von Friedeburg in seinen Wohnwagen und vergewisserte sich, dass der Generaladmiral zur bedingungslosen Annahme der gestellten Bedingungen bevollmächtigt war. Unter den neugierigen Blicken von Soldaten, Kriegsberichterstattern und Fotografen wurden die vier deutschen Offiziere zum Zelt geleitet. Als Montgomery eintrat, erhoben sie sich. «Die Deutschen waren verständlicherweise nervös, und einer von ihnen nahm eine Zigarette heraus, um sich zu beruhigen. Aber als ich ihn ansah, steckte er die Zigarette wieder weg», erinnerte sich der britische Feldmarschall.

Ohne lange Vorrede verlas Montgomery die sieben Punkte umfassende Kapitulationsurkunde und forderte die vier Mitglieder der deutschen Delegation auf, das Dokument zu unterschreiben. Zuletzt setzte er selbst seine Unterschrift darunter. Um 18.30 Uhr war die Zeremonie beendet. Am 5. Mai, um 8.00 Uhr, sollten die Waffen in Holland, in Nordwestdeutschland (einschließlich der friesischen Inseln), in Schleswig-Holstein und in Dänemark schweigen.[7] Der Wehrmachtbericht meldete: «Die Waffenruhe wurde nach fast sechsjährigen, ehrenvollen Kämpfen auf Befehl des Großadmirals Dönitz vereinbart, da der Krieg gegen die Westmächte seinen Sinn verloren hat und nur zum Verlust kostbaren deutschen Blutes (…) führt. Der Widerstand gegen die Sowjets aber wird fortgesetzt, um möglichst viele deutsche Menschen vor dem bolschewistischen Terror zu bewahren.»[8]

Am Abend des 4. Mai gab die BBC die deutsche Kapitulation in Nordwesteuropa bekannt. In den Niederlanden und in Dänemark kam es zu spontanen Freudenkundgebungen. In Kopenhagen traten die Angehörigen der in der Illegalität aufgestellten Widerstandsarmee mit blau-weiß-roten Armbinden an die Öffentlichkeit. Am Morgen des 5. Mai bat der Reichsbevollmächtigte Werner Best den dänischen Außenminister um Schutz. Er konnte zunächst unter Bewachung in seinem Wohnhaus bleiben; am 21. Mai wurde er verhaftet und in das Kopenhagener Festungsgefängnis eingeliefert. Im September 1948 verurteilte ihn das Kopenhagener Stadtgericht zum Tode. Im Revisionsverfahren wurde er zu fünf Jahren Gefängnis verurteilt, von denen vier als verbüßt galten. Der Protest gegen dieses Urteil war in Dänemark so stark, dass der dänische Justizminister sich gezwungen sah, das Verfahren zur erneuten Revision an das höchste dänische Gericht zu verweisen. Das verurteilte Best im März 1950 zu zwölf Jahren Haft. Bereits eineinhalb Jahre später, im August 1951, wurde er aus der Haft entlassen und in die Bundesrepublik abgeschoben.[9]

Der Kapitulation im «Nordraum» schlossen sich weitere Teilkapitulationen an. Durch die Übergabe der Italienarmee am 2. Mai war die Stellung der benachbarten Heeresgruppen G und E (Südost) unhaltbar geworden. Generalfeldmarschall Kesselring hatte daher noch am selben Tag gebeten, auch für diese beiden Heeresgruppen eine Übergabe vereinbaren zu dürfen, erhielt aber von Großadmiral Dönitz nur die Vollmacht, einen Waffenstillstand für die Heeresgruppe G abzuschließen, deren Armeen zwischen Böhmerwald und Inn der 6. US-Armee unter General Jacob L. Devers gegenüberstanden. Zum Unterhändler bestimmte Kesselring den Oberbefehlshaber der 1. Armee, General der Infanterie Hermann Foertsch. Die Verhandlungen mit den Amerikanern fanden am 4. Mai in Salzburg statt. Am 5. Mai setzte Foertsch in Haar bei München seine Unterschrift unter die Kapitulation der Heeresgruppe G; die Waffenruhe trat am 6. Mai, um 14.00 Uhr, in Kraft.[10]

Nicht nur ganze Heeresgruppen, sondern auch einzelne Armeen oder Divisionen versuchten, sich hinter die amerikanischen und britischen Linien zu retten, um nicht in russische Kriegsgefangenschaft zu geraten.

Das galt zum Beispiel für die 12. Armee unter General Wenck und die Reste der 9. Armee unter General Busse, die dicht gedrängt am östlichen Elbufer festsaßen und gegen die andrängenden Russen weiterkämpften. Am 3. Mai überquerte ein Emissär Wencks, der General der Panzertruppen Maximilian Reichsfreiherr von Edelsheim, mit dem Schwimmwagen die Elbe, um der am Westufer liegenden 102. Infanteriedivision der 9. US-Armee die Kapitulation anzubieten. Die Amerikaner lehnten zwar im Hinblick auf ihre Verpflichtungen gegenüber der Sowjetunion eine förmliche Kapitulation ab, sagten aber bei den Übergabeverhandlungen im Rathaus in Stendal am Vormittag des 4. Mai zu, dass einzelne Soldaten der 12. und 9. Armee, die am Westufer mit erhobenen Händen oder unter weißer Flagge erschienen, als Kriegsgefangene akzeptiert würden.

Am Elbufer bei Tangermünde spielten sich Schreckensszenen ab. «Die durcheinander gewürfelten Haufen warteten in gemeinsamer und fast abergläubischer Furcht vor den näherkommenden Sowjets», berichtet der Chronist der 102. amerikanischen Infanteriedivision. «Sie drängten zum Fluss, bettelten um die Erlaubnis zum Übersetzen und stürzten sich oft auf jeden Gegenstand, der schwamm, ins Wasser (…) Sie überquerten den Fluss auf Treibholz, auf hastig zusammengestückten Flößen, auf Gummireifen, in Waschzubern, auf Brettern.» Ein AP-Korrespondent, der sich bei der 102. Infanteriedivision aufhielt, beobachtete: «SS-Panzerleute – einst Deutschlands Elite – paddeln auf behelfsmäßigen Flößen über den Fluss. Manchmal schwimmen sie auch und lassen ihre ordensbedeckten Waffenröcke zurück. Der Schwarm der Soldaten, der sich an den Ostufern zu Zehntausenden zusammenklumpt, ist schlimmer als eine geschlagene Armee. Hier ist eine von Angst gejagte Horde, die vor den Russen eine Angst empfindet, wie sie nur ein schlechtes Gewissen einflößen kann.»[11]

Am Morgen des 4. Mai, nach der Einnahme von Bad Reichenhall, rückten Truppen der 3. US-Infanteriedivision und der 101. US-Luftlandedivision rasch auf Berchtesgaden vor, in ihrem Schlepptau eine französische Panzerdivision unter General Jacques-Philippe Leclerc. Der NSDAP-Kreisleiter, Bernhard Stredele, hatte tags zuvor seine Zuständigkeiten auf Landrat Karl Theodor Jacob übertragen und sich aus dem Staube gemacht. Mit einer weißen Fahne fuhr Jacob den Amerikanern entgegen, um die kampflose Kapitulation Berchtesgadens anzubieten. Wenige Stunden später folgte die offizielle Übergabe der Stadt durch Bürgermeister Karl Sandrock.[12]

Das eigentliche Ziel der US-Truppen war jedoch nicht der idyllische Gebirgsort, sondern Hitlers Domizil auf dem einige hundert Meter höher gelegenen Obersalzberg. Am Nachmittag des 4. Mai erreichte eine Vorhut der 3. US-Infanteriedivision den Berghof. Fast gleichzeitig trafen Soldaten der französischen Panzerdivision dort ein – unter ihnen der Schauspieler Jean Gabin, der Geliebte des deutschen Hollywood-Stars Marlene Dietrich. Der SS-Kommandant am Obersalzberg, Bernhard Frank, hatte ebenfalls rechtzeitig die Flucht ergriffen, nicht ohne zuvor seinen Männern den Befehl gegeben zu haben, das, was von Hitlers Residenz nach einem Luftangriff zehn Tage zuvor übriggeblieben war, anzuzünden.[13]

Hitler hatte das «Haus Wachenfeld», das er seit Herbst 1928 gemietet hatte, bald nach seiner Ernennung zum Reichskanzler gekauft und 1935/36 zum repräsentativen Berghof ausbauen lassen. Nützliche Dienste hatte ihm dabei Martin Bormann, seinerzeit Stabsleiter beim «Stellvertreter des Führers», Rudolf Heß, geleistet. Noch während der Bauarbeiten hatte er begonnen, die Grundstücke rings um Hitlers Anwesen aufzukaufen. Wer seinen Besitz nicht freiwillig abgeben wollte, wurde massiv unter Druck gesetzt. Anstelle der alten Bauernhöfe ließ Bormann neue Gebäude errichten: einen Kasernenkomplex, in dem die SS-Wachkompanie untergebracht war, einen Gutshof als landwirtschaftlichen Musterbetrieb, ein Gewächshaus, das dem Vegetarier Hitler im Sommer und Winter frisches Obst und Gemüse lieferte, ein kleines Teehaus am Mooslahnerkopf und schließlich das kostspieligste Projekt von allen: ein zweites großes Teehaus auf dem Gipfel des Kehlstein, etwa 800 Meter oberhalb des Berghofs.

In den ersten Jahren des «Dritten Reiches» hatten Hitler-Anhänger noch ungehindert zum Obersalzberg pilgern und ihr Idol aus der Nähe betrachten dürfen. Nach 1936 aber wurde der Obersalzberg zum «Führersperrgebiet» erklärt; betreten durfte man es nur noch mit Sonderausweis.[14]

Der Berghof war für Hitler immer beides gewesen: ein Refugium, in dem er sein Privatleben ungestört von neugierigen Blicken führen konnte, und zweite Regierungszentrale neben der Reichskanzlei in Berlin. Hier empfing er ausländische Staatsgäste, heckte er seine monströsen Pläne aus und traf er schwerwiegende Entscheidungen, wie etwa im Juli 1940 den Entschluss zum Überfall auf die Sowjetunion. Und hier versammelte er eine Clique von Mitarbeitern und Vertrauten um sich – eine verschworene Gemeinschaft, die ihm als eine Art Ersatzfamilie diente. Für die Aufnahme in diesen Kreis entscheidend war nicht der Rang, den jemand in der NS-Hierarchie einnahm, sondern allein die Sympathie, die Hitler ihm oder ihr entgegenbrachte. Und die hing nicht zuletzt davon ab, ob es derjenige oder diejenige verstand, sich mit seiner Geliebten Eva Braun gut zu stellen und sie in der Rolle der «Hausherrin» zu akzeptieren, die sie auf dem Berghof spielte. Das erklärt etwa die Vorzugsstellung, die Hitlers Architekt und späterer Rüstungsminister Albert Speer und dessen Frau Margarete genossen.

Im Krieg veränderte sich die Funktion des Berghofs insofern, als er nun auch Führerhauptquartier wurde, wenn sich der Oberbefehlshaber der Wehrmacht für kürzere oder längere Zeit dort aufhielt. Mit zunehmender Dauer des Krieges rechnete Hitler damit, dass auch der Obersalzberg ins Visier der alliierten Bomber geraten könnte. So wurde unter Hochdruck mit dem Bau von Luftschutzvorrichtungen begonnen. Bis Weihnachten 1943 war der erste Bauabschnitt, ein 130 Meter langer Stollen unter dem Berghof, fertiggestellt – mit eigenen Wohn- und Schlafräumen für Hitler und Eva Braun, Aufenthaltsräumen für das Personal, einer Küche, wohlgefüllten Vorratskammern und Depots, in denen Kunstschätze, Akten und Bücher gelagert wurden. Bis kurz vor Kriegsende fiel allerdings auf dem Obersalzberg keine einzige Bombe.

Doch am 25. April 1945 griff die Royal Air Force mit 359 Lancaster-Bombern an. Dass sie sich erst jetzt dazu entschloss, hatte auch etwas zu tun mit Gerüchten, Hitler wolle sich mit seinen Paladinen und immer noch starken Kräften von Wehrmacht und SS in die Gebirgswelt zurückziehen, um hier den Alliierten ein letztes Gefecht zu liefern. Obwohl an den Gerüchten um eine gigantische «Alpenfestung» nichts dran war, ließ man sich im alliierten Hauptquartier doch davon beeindrucken. Mit dem Großangriff auf den Obersalzberg glaubte man, Hitler den Rückzugsraum abschneiden und die Zentrale der geplanten Endkampf-Festung ausschalten zu können.[15]

Die britischen Bomber hatten ganze Arbeit geleistet. «Der Berghof war schwer getroffen», erinnerte sich Hitlers Sekretärin Christa Schroeder, die erst wenige Tage zuvor mit einer der letzten Maschinen Berlin hatte verlassen können. «Die Mauern standen zwar noch, nur eine Seite war geborsten, das Blechdach hing zerfetzt herab. Türen und Fenster gab es nicht mehr. Im Haus war der Boden dick mit Schutt bedeckt, und der größte Teil der Möbel war demoliert. Alle Nebengebäude waren zerstört, die Wege verschüttet und die Bäume abrasiert. Nichts Grünes war mehr sichtbar, das Bild glich dem Gelände einer Kraterlandschaft.»[16] Die Häuser Görings und Bormanns, die SS-Kaserne und das Gewächshaus waren komplett zerstört. Nur wenige Gebäude, darunter das Kehlsteinhaus, hatten den Angriff unversehrt überstanden.[17]

Einen Tag danach traf Hitlers langjähriger persönlicher Adjutant Julius Schaub auf dem Berghof ein. Er hatte den Auftrag, alle privaten Dokumente des Diktators zu vernichten. In der Nacht vom 25. auf den 26. April war er vom Flugplatz Gatow nach München geflogen und hatte in Hitlers Privatwohnung am Prinzregentenplatz den Safe ausgeräumt. Mit zwei Koffern beladen, fuhr er zum Obersalzberg, leerte auch hier den Stahlschrank in Hitlers Arbeitszimmer, der unbeschädigt geblieben war, und verbrannte die gesamten Unterlagen auf der Terrasse des Berghofs. «Diese Vernichtungsarbeit Schaubs unter dem verhangenen Himmel war ein trostloser Anblick», bemerkte Christa Schroeder, die in einem unbeobachteten Augenblick noch einige Stücke vor den Flammen retten konnte, darunter ein Bündel Architekturzeichnungen Hitlers.[18]

Nach dem Bombenangriff vom 25. April löste sich die Verwaltung des «Führersperrgebiets» auf. Tausende von Zwangsarbeitern, die zu den umfangreichen Bauarbeiten herangezogen worden waren, wurden entlassen und suchten sich in ihre Heimatländer durchzuschlagen. Ein großer Teil des Dienstpersonals, aber auch der SS machte sich davon. Das früher streng abgeriegelte Gebiet war nun für jedermann zugänglich, und Plünderer witterten ihre Chance. «Am Berg ging es drunter und drüber», berichtet Josef Geiß, der bei der Verwaltung der Baufirmen am Obersalzberg dienstverpflichtet gewesen war. «Die Bevölkerung strömte herbei, nicht selten mit Gespannen, um die Depots zu räumen. Ungeheure Berge von Lebensmitteln, Warenlager von Stoffen, Kleidern, Schuhen, Geschirr, Waschmitteln und so weiter lagen vor erstaunten Augen und fanden neue Besitzer. Kunstgegenstände wurden verbrannt oder verschleppt. Im Vorratskeller Bormanns watete man knöcheltief in Butter, Zucker, Mehl und anderen Dingen.»[19] Unter den Plünderern befanden sich auch ortsansässige Lieferanten und Handwerker, die wussten, dass offene Rechnungen nicht mehr beglichen werden würden, und sich auf diese Weise schadlos hielten.

Als am 1. Mai die Nachricht von Hitlers Tod auf dem Berghof die Runde machte, brach die Ordnung vollends zusammen. Christa Schroeder fiel auf, dass einstmals devote Bedienstete plötzlich ein verändertes Benehmen an den Tag legten, als seien sie nun die neuen Herren. Kaum einer oder eine ließ die Gelegenheit aus, brauchbare Dinge zusammenzuraffen und damit das Weite zu suchen. Zurückgebliebene Kriminalbeamten versuchten, alle Spuren zu beseitigen, die auf die Existenz Eva Brauns hinweisen konnten. Das Porzellan, das ihr Monogramm trug, wurde zertrümmert, ihre Kleider auf der Terrasse verbrannt.[20]

Eine der ersten, die am Nachmittag des 4. Mai mit den GIs zum Obersalzberg hinauffuhr, war die amerikanische Reporterin Lee Miller. Die damals 38jährige, die bei dem berühmten Fotografen Man Ray in die Schule gegangen war, begleitete die Alliierten von der Invasion in der Normandie im Juni 1944 bis zum Ende des «Dritten Reiches». Ihre Fotos von der Befreiung der Konzentrationslager Buchenwald und Dachau gingen um die Welt. Am 1. Mai, gerade als der Tod des Diktators bekanntgegeben wurde, hielt sie sich in Hitlers Privatwohnung in München auf, und hier machte ihr Kollege, der «Time Life»-Fotograf David E. Scherman jene bekannte Aufnahme, auf der Lee Miller nackt in Hitlers Badewanne posiert, ein Porträt des «Führers» an ihrer Seite – eine makabre Inszenierung, die sich wohl nur aus einem Überschwang des Triumphgefühls erklären lässt.[21]

Auf dem Obersalzberg fotografierte Lee Miller die Überreste des Berghofs, und sie hielt ihre Eindrücke in einer Reportage für die Zeitschrift «Vogue» fest: «Obwohl das Gebiet schwer bombardiert worden war, Häuser wie die Schalen hartgekochter Eier zerdrückt wurden und der Talhang von Kratern übersät war, stand Hitlers Haus immer noch, das Dach leicht schief, während das Feuer, das die SS als letzten Salut gelegt hatte, aus den Fenstern schlug. Ich kroch über die von Bomben aufgeworfenen Hügel und die Ruinen von Görings Haus nebenan und sah den leeren Fahnenmast, an dem das letzte Nazibanner über der Redoute gehangen hatte. Die abziehende SS hatte das Hakenkreuz aus der Mitte gerissen, das rote Tuch aber zurückgelassen.»[22]

Am nächsten Morgen kehrte Lee Miller noch einmal zum Obersalzberg zurück und inspizierte den unterirdischen Stollengang, wo sich inzwischen auch amerikanische und französische Soldaten auf die Jagd nach Erinnerungsstücken gemacht hatten. «Kisten voll Tafelsilber und Wäsche mit Adler und Hakenkreuz über den Initialen A. H. fielen in die Hände von

Die amerikanische Reporterin Lee Miller posiert am 1. Mai 1945 in Hitlers Badewanne in dessen Münchner Privatwohnung am Prinzregentenplatz. Aufgenommen hat das Foto ihr Begleiter, der Fotograf David E. Scherman.

Souvenirjägern. Die Bücher wurden weggeworfen, wenn sie kein Exlibris, keine Widmung oder keinen persönlich aussehenden Einband hatten. Es war wie eine sehr wilde Party, bei der die Champagnerkorken über den Fahnenmast zischten, während das Haus über uns zusammenfiel.» Und hellsichtig das bis heute anhaltende Geschäft mit Hitler-Devotionalien vorwegnehmend, fügte sie hinzu: «Nicht ein Stück ist übriggeblieben für ein Museum über den großen Kriegsverbrecher, und verstreut über die ganze Welt wird in Zukunft Leuten ein Serviettenring oder eine Gurkengabel angeboten, die angeblich von Hitler benutzt worden waren.»[23]

Am 8. Mai machte auch Klaus Mann einen Abstecher auf den Obersalzberg.[24] Thomas Manns ältester Sohn hatte sich im Dezember 1942 der US-Armee zur Verfügung gestellt und war, nachdem er endlich die Einbürgerungsurkunde erhalten hatte, Anfang Januar 1944 mit einem Truppentransport in Casablanca angekommen. Er wurde einer Einheit der Psychological Warfare Branch zugeteilt und unterstützte die alliierten Streitkräfte auf ihrem Vormarsch in Italien, indem er unter anderem Flugblätter verfasste, die deutsche Soldaten aufforderten, sich freiwillig zu ergeben. Im Februar 1945 wurde er in die Redaktion der Armee-Zeitung «The Stars and Stripes» nach Rom versetzt. Für das Blatt schrieb er Anfang Mai einen Nachruf auf Hitler, der zum Scharfsinnigsten gehört, was jemals über den Menschheitsverbrecher veröffentlicht worden ist.[25] Über seinen Besuch auf dem Obersalzberg berichtete er seinem Vater: «Zwei

Tage lang war der ‹Berghof› von unseren Soldaten – GIs und Poilus – systematisch geplündert worden; es muss eine Raub- und Siegesorgie großartig-wüsten Stils gewesen sein (…) Wir fanden den berühmten Landsitz von militärischer Polizei bewacht – recht überflüssiger Weise. Nach den Bomben, die hier schon früher grässlich aufgeräumt, hatten die Plünderer gewissenhaft gewütet. Geborstene Mauern und verkohlte Balken, tiefe Trichter voll Schutt und Asche, zerbrochenes Mobiliar, Scherben und Dreck, ein Trümmerhaufen. Sonst ist nichts mehr da.»[26]

Bis Frühjahr 1949 durften Deutsche das ehemalige «Führersperrgebiet» offiziell nicht betreten. Nach Aufhebung des Verbots entwickelten sich die Ruinen auf dem Obersalzberg zu einer touristischen Attraktion ersten Ranges. Im Sommer 1951 zählte man bereits 136 560 Besucher. «Viele wollen halt einen Teil aus des Führers Feuer mit nach Haus nehmen», zitierte der Journalist Jürgen Neven du Mont den Kommentar eines Fremdenführers zum täglich kleiner werdenden Kamin in der Großen Halle des Berghofs. Der Bericht des Journalisten erschien in der «Münchner Illustrierten» unter der Schlagzeile «Propagandazelle Obersalzberg» und schlug hohe Wellen. Am 1. November 1951 entsprach die amerikanische Besatzungsmacht dem Wunsch der Bayerischen Staatsregierung und gab die Grundstücke auf dem Obersalzberg zur Nutzung frei, allerdings unter der Bedingung, dass eine Reihe der dort befindlichen Gebäude, unter anderem auch die Überreste der Häuser von Hitler, Göring und Bormann vollständig abgetragen würden. Am 30. April 1952, sieben Jahre nach Hitlers Selbstmord, wurde die Ruine des Berghofs gesprengt.[27]

«Als der Krieg zu Ende ging», so hat Altbundeskanzler Konrad Adenauer seiner Sekretärin Anneliese Poppinga bei der Arbeit an seinen Memoiren 1965 erzählt, «da war es mein Traum, wieder Oberbürgermeister von Köln zu werden.»[28] Dieser Traum wurde am 4. Mai 1945 wahr: Der amerikanische Militärgouverneur von Köln, John K. Patterson, setzte den damals bereits 69jährigen Rheinländer wieder in das Amt ein, das er von 1917 bis zum Machtantritt Hitlers höchst erfolgreich ausgeübt hatte. Im März 1933 hatten die Nationalsozialisten den populären Oberbürgermeister und prominenten Zentrumspolitiker, der ihnen als Verkörperung des verhassten «Systems von Weimar» galt, abgesetzt und ein förmliches Dienststrafverfahren gegen ihn eingeleitet. Auch wenn dieses zugunsten Adenauers ausging, war er seitdem kaltgestellt und unterlag der dauernden Beobachtung durch die Gestapo. Der Pensionär zog sich in sein Haus in Rhöndorf zurück und suchte dort die Kriegsjahre möglichst unbehelligt zu überstehen. Am 23. August 1944 wurde er jedoch verhaftet, und zwar nicht, weil ihm eine Beteiligung am Staatsstreichunternehmen vom 20. Juli nachgewiesen werden konnte, sondern im Zuge der von Himmler im Anschluss an das Hitler-Attentat angeordneten «Aktion Gitter», bei der zahlreiche ehemalige Politiker der Weimarer Parteien festgenommen wurden. Adenauer wurde ins Konzentrationslager auf dem Kölner Messegelände gebracht, nach einer abenteuerlichen Flucht wieder aufgegriffen und ins Gestapogefängnis Brauweiler eingeliefert. Glückliche Umstände verhalfen ihm Ende November 1944 zur Entlassung. Die letzten Kämpfe am Mittelrhein nach dem Übergang der Amerikaner über die unzerstörte Brücke von Remagen am 7. März 1945 erlebte Adenauer mit seiner Frau Gussie und fünf entflohenen französischen Kriegsgefangenen im Luftschutzbunker seines Rhöndorfer Anwesens.[29]

Bereits am 16. März 1945 suchten ihn dort zwei US-Besatzungsoffiziere auf und baten ihn im Auftrag von Gouverneur Patterson, wieder das Amt des Oberbürgermeisters von Köln zu übernehmen. Auf den «weißen Listen», auf denen die Amerikaner diejenigen Deutschen verzeichnet hatten, die sich zwischen 1933 und 1945 nicht kompromittiert hatten und für leitende Verwaltungsfunktionen in Frage kamen, stand der Name Konrad Adenauers mit an vorderster Stelle. Doch der Angesprochene zögerte: Seine drei Söhne, gab er zu bedenken, seien noch bei der Wehrmacht und müssten Repressalien befürchten, falls der Vater wieder in seine frühere Funktion zurückkehre. Außerdem schreckte das Beispiel des Aachener Oberbürgermeisters Franz Oppenhoff, der einige Tage später von einem Kommando der Werwolf-Bewegung, einer Art Guerillaorganisation fanatischer junger Nationalsozialisten, ermordet wurde. Deshalb schlug Adenauer vor, zunächst nur als «Berater» im Hintergrund zu bleiben, was Patterson auch akzeptierte.[30]

Seine erste Fahrt nach Köln blieb Adenauer in lebhafter Erinnerung: «Die Brücken über den Rhein waren zerstört, Schutt lag in den Straßen meterhoch. Überall erhoben sich riesige Geröllhalden von den zerbombten und zusammengeschossenen Gebäuden. Köln sah mit seinen zerstörten Kirchen (…), mit seinem geschändeten Dom, mit den aus dem Rhein

Luftaufnahme des zerstörten Köln mit Blick auf den Dom. Das Foto entstand unmittelbar nach dem Einmarsch der Amerikaner Anfang März 1945.

ragenden Trümmern der einst so schönen Brücken und dem unendlichen Meer von zerstörten Häusern gespenstisch aus.»[31]

Adenauer bezweifelte, ob die Stadt, die nur noch 32 000 Einwohner zählte (statt 760 000 vor dem Krieg), jemals wiederaufgebaut werden könne. Dennoch erklärte er sich, als Patterson ihn am 3. Mai zum entscheidenden Gespräch bat, dazu bereit, nun definitiv das Amt des Oberbürgermeisters zu übernehmen, allerdings mit dem Vorbehalt, es jederzeit wieder aufgeben zu dürfen. Einen Tag später nahm er offiziell die Geschäfte auf.

Von Anfang an kümmerte er sich jedoch nicht nur um die Administration seiner Vaterstadt, sondern machte sich darüber hinaus Gedanken über die zukünftige Gestaltung Deutschlands. In realistischer Einschätzung der Lage ging er davon aus, dass die Sowjetunion die Verhältnisse in ihrer Besatzungszone nach eigenem Gutdünken regeln werde und die Spaltung Deutschlands vorerst hingenommen werden müsse. «Ich sehe die Entwicklung Deutschlands mit steigender Sorge. Russland lässt einen eisernen Vorhang herunter», schrieb er Anfang Juli 1945.[32] Daraus zog Adenauer die Konsequenz, dass sich die drei westlichen Besatzungszonen zusammenschließen und eine enge wirtschaftliche und politische Verflechtung mit Westeuropa, besonders mit Frankreich, anstreben müssten. Hier wurden bereits die Konturen einer außenpolitischen Konzeption sichtbar, die er als Bundeskanzler zielstrebig umsetzen sollte.

Auch wenn sich Adenauer gelegentlich gegenüber Vertrauten über die Inkompetenz der amerikanischen Militärverwaltung beschwerte, entwickelte sich bald eine vertrauensvolle Zusammenarbeit. Das änderte sich, als am 21. Juni 1945 die Amerikaner aus Köln abzogen und die Briten das Kommando übernahmen. Seit Anfang August regierte Labour in Großbritannien, und die mit der Partei sympathisierenden britischen Besatzungsoffiziere begegneten dem rheinischen Katholiken und ehemaligen Zentrumspolitiker, der eher im Ruf eines Konservativen stand, mit Misstrauen.[33] Ende September 1945 sollte es zu einem ersten Konflikt kommen, als die britische Militärverwaltung von Adenauer verlangte, die Bäume der Grünanlagen, die er vor 1933 rund um Köln hatte anlegen lassen, zu fällen, um die Bevölkerung mit Brennmaterial zu versorgen. Der Oberbürgermeister weigerte sich und verlangte stattdessen von den Briten, die beschlagnahmten Kohlevorräte freizugeben.

Am 6. Oktober zitierte der Militärbefehlshaber der Nordrhein-Provinz, Brigadegeneral John Barraclough, Adenauer zu sich und teilte ihm in brüsker Form seine Absetzung mit: Zwar sei er sich der Schwierigkeiten bewusst, mit denen der Oberbürgermeister zu kämpfen habe, doch habe er es bei der Instandsetzung der Gebäude und der Trümmerbeseitigung an der nötigen Energie fehlen lassen und somit seine «Pflicht gegenüber der Bevölkerung Kölns nicht erfüllt».[34] Adenauers Groll über den Hinauswurf wirkte noch lange nach. Doch erwies sich der Eklat für seine weitere Karriere als Glücksfall. Denn nachdem das über ihn verhängte Verbot der politischen Betätigung aufgehoben worden war, konnte er sich auf die Arbeit in der neugegründeten Christlich-Demokratischen Union konzentrieren. Von Rhöndorf aus wurden die Fäden gesponnen. Parteifreunde machten sich auf den Weg zum «rheinischen Obersalzberg», wie einer von ihnen spöttisch anmerkte.[35] Bereits im Frühjahr 1946 wurde er Vorsitzender der CDU in der britischen Zone – das Sprungbrett auf die große politische Bühne. Anfang September 1948 wurde er Präsident des Parlamentarischen Rates, der das Grundgesetz des entstehenden westdeutschen Teilstaates ausarbeiten sollte. Schließlich, am 15. September 1949, war er am Ziel: Mit 73 Jahren wurde er mit einer Mehrheit von einer Stimme – seiner eigenen – zum ersten Bundeskanzler der Bundesrepublik Deutschland gewählt.

Auch zwei Tage nach der Kapitulation Berlins waren die Spuren der vorangegangenen Kämpfe noch überall zu besichtigen. «Die Straßen sind mit Wracks von ausgebrannten Autos, Panzern, Motorrädern, Geschützen und dergleichen übersät (…)», bemerkte der dänische Journalist Jacob Kronika am 4. Mai 1945. «Bis jetzt hat man selbstverständlich noch keine Zeit gefunden, alle Leichen und Kadaver zu beerdigen. Man ist aber damit in vollem Gange. Um die russischen Gefallenen kümmern sich die Russen selber. Die Deutschen müssen ihre eigenen Toten begraben.»[36] Die ersten Tagesbefehle der sowjetischen Besatzungsmacht wurden plakatiert: Von 22.00 Uhr abends bis 8.00 Uhr morgens herrschte für Zivilpersonen Ausgangssperre. Radioapparate, Fotoapparate und Waffen waren abzuliefern. Außerdem erging an die Berliner die Aufforderung, sich an Aufräumungsarbeiten zu beteiligen. Im Bezirk Tiergarten zogen am frühen Morgen des 4. Mai über tausend Menschen zur Ost-West-Achse zwischen Brandenburger Tor und Siegessäule und begannen mit dem Beiseiteräumen der Trümmer und dem Ausfüllen der Trichter, die durch Granat- und Bombeneinschläge entstanden waren. Hier, wo Hitler an seinem 50. Geburtstag am 20. April 1939 eine große Militärschau hatte veranstalten lassen, sollte eine Siegesparade der Roten Armee stattfinden.[37]

Die Hauptsorge der großstädtischen Bevölkerung galt der Beschaffung von Lebensmitteln. Überall waren Menschen auf der Jagd nach etwas Essbarem. Die meisten Geschäfte waren noch geschlossen, oder sie waren ausgeplündert worden. Immer noch gab es auch keinen Strom, kein Gas und kein Wasser. Vor den wenigen Wasserpumpen bildeten sich täglich lange Schlagen. «Alle stehen geduldig, rücken nur Schrittchen für Schrittchen vorwärts. Der Augenblick, in dem man den Schlauch erreicht und das klare Wasser sich sprudelnd in die Eimer ergießt – man wird immer ein bisschen getauft dabei –, dieser Augenblick ist jedesmal herrlich.»[38] Der lange Weg zurück mit den gefüllten Eimern durch Geröll und

Schutt war für Frauen wie die Journalistin Margret Boveri eine arge Plackerei: «Es ist auch alles sehr zeitraubend, – etwa 4–6 Eimer Wasser täglich von weit her anschleppen, und dann noch die vielen Treppen hinauf.»[39]

Um die spärlichen Essensrationen zubereiten zu können, musste Brennmaterial herbeigeschafft werden. Die Ruinen wurden nach Holz abgesucht; zersplitterte Türen und Fensterrahmen wurden geborgen und mühsam zerkleinert. «Wir arbeiten wie Kulis. Feuer machen, Holz sammeln, Holz hacken, Schutt fegen. Und aufräumen, unentwegt aufräumen», beschrieb Ruth Andreas-Friedrich die ungewohnte Aktivität.[40]

Zahllose Wohnungen waren zerstört oder schwer beschädigt. Viele Berliner hausten in provisorischen Unterkünften, auf engstem Raum in Kellern, Bunkern oder Laubenkolonien. Viele aber besaßen überhaupt keine Bleibe mehr. «Unzählige kampieren unter freiem Himmel in dem mit havariertem Kriegsmaterial übersäten Tiergarten», beobachtete Jacob Kronika.[41]

Auch wer noch ein Dach über dem Kopf besaß, war vor Übergriffen keineswegs sicher. Ein privater Schutzraum existierte faktisch nicht mehr. Mit dem Eindringen von Rotarmisten musste jederzeit gerechnet werden. «Ab und zu erscheint Russenbesuch», klagte Ruth Andreas-Friedrich am 4. Mai. «Sie gehen von Zimmer zu Zimmer, schauen sich um und stecken ein, was ihnen gefällt. Sie sehen durch uns hindurch, als wären wir nicht vorhanden. ‹Uhri›, ‹Uhri›, sagen sie manchmal. ‹Schnaps› und ‹Veloziped›.» Vor allem Fahrräder waren heiß begehrt. «Unsere Räder verschwinden. Hinter dem Friedhof ist eine Asphaltstraße. Dort lernen die Sieger Radfahren. Wie Kinder. Ausdauernd und beflissen, unbekümmert darum, was dabei in die Brüche geht.»[42]

Doch nicht nur russische Soldaten stahlen und raubten. Im Chaos der Zusammenbruchsgesellschaft, in dem die Gesetze von Recht und Ordnung außer Kraft gesetzt waren, kannten auch viele Deutsche keine Skrupel, sich am Eigentum anderer zu vergreifen. «Die Eigentumsbegriffe sind völlig zerrüttet», stellte Marta Hillers fest. «Jeder bestiehlt jeden, weil jeder bestohlen wurde und jeder alles brauchen kann.»[43] Ähnliche Beobachtungen werden auch aus vielen anderen Großstädten bezeugt. So berichtete der liberale Bremer Politiker Theodor Spitta, der nach 1945 wieder in sein Amt als Senator eingesetzt wurde: «Erstaunlich, wie die Leute, die ihre zerstörten Wohnungen wiederherstellen wollen, alle Hemmungen fallen lassen und von anderen Häusern alles nehmen, was sie brauchen können: Dachpfannen, Türen, Fenster, Holz usw.»[44]

Öffentliche Verkehrsmittel waren noch nicht wieder in Betrieb. Es fuhren keine Straßenbahnen, keine Busse, keine U-Bahnen, keine Züge. Alle Strecken mussten zu Fuß zurückgelegt werden. So waren die Menschen in Berlin und anderen zerstörten Städten ständig unterwegs, bahnten sie sich Trampelpfade durch die Trümmer. «Wir haben keine andere Möglichkeit, uns vorwärts zu bewegen, als die Beine», schilderte der norwegische Korrespondent in Berlin, Theo Findahl, einen Ausflug von Dahlem zum Tiergarten.[45]

Am 4. Mai beschloss der Schauspieler Gustaf Gründgens, der im «Dritten Reich» dank der Protektion Hermann Görings zum Generalintendanten der Preußischen Staatstheater aufgestiegen war, der Schauspielerin Marianne Hoppe, mit der er seit 1936 verheiratet war, einen Besuch abzustatten. Mit einer Freundin, der Musikerin Karla Höcker, machte er sich auf den Weg von Charlottenburg in Richtung Grunewald. «Ein merkwürdiger Weg, grausig und schön», bemerkte seine Begleiterin. «Grausig sind die wüsten Spuren des Kampfes, die Trümmer um Messehallen und Eisenbahnbrücke, – die Toten. Schön ist der Wind, und dass wir überhaupt gehen können, das Leichte, Flüchtige dieser Bewegung. Gründgens übrigens in steifem Hut, Überzieher und weißen Wildlederhandschuhen, ganz Bonvivant. Als ich erstaunt frage, ob er wirklich so gehen wolle, sagt er nur: ‹Alles andere wäre unwürdig!›.»[46]

Fast als ebenso bedrückend wie den Kampf ums tägliche Brot, die Unsicherheit der Existenz und die eingeschränkte Bewegungsfreiheit empfanden manche Zeitgenossen den Mangel an zuverlässigen Informationen. Es gab noch keine Zeitungen, kein Telefon, keine Post, für viele auch kein Radio. «Wie oft und in wie vielen Bildern hat man sich das Ende des Nationalsozialismus ausgemalt, und nun sitzt man da, abgeschnitten von jeder Möglichkeit, aus der Welt etwas zu erfahren, kein Radio, keine Zeitung – nichts (…) Wenn ich doch die heutigen Nachrichten mit eigenen Ohren hören könnte», schrieb Erik Reger am 2. Mai. Der Schriftsteller, der sich mit seinem Roman über die rheinischen Industriebarone «Union der festen Hand» von 1931 einen Namen gemacht hatte, war im August 1943 mit seiner Frau nach Mahlow, einer 2500-Seelen-Gemeinde fünfzehn Kilometer südlich von Berlin, gezogen. Auf die Tage Anfang des Monats Mai 1945 zurückblickend, stellte der spätere Mitbegründer und Chefredakteur des Berliner «Tagesspiegels» fest, er werde sich wohl «nie mehr davon erholen», dass er «in all diesen Wochen das Wesentliche der Weltgeschichte nicht miterlebt» habe.[47] Ganz ähnlich empfand es Margret Boveri: «Wissen tun wir immer noch nichts (…) Dazu ist man also in Berlin geblieben, um am Zentrum der Ereignisse alles mitzuerleben», machte sie am 6. Mai ihrer Enttäuschung Luft.[48]

Viele Deutsche waren aber auch zu sehr durch die Bewältigung der drängenden Alltagsprobleme in Anspruch genommen, als dass sie sich um das, was sich außerhalb ihres engen Horizonts ereignete, besonders kümmern konnten oder wollten. Fritz Klein, einer der bedeutendsten Historiker der DDR, erlebte das Kriegsende als Kriegsgefangener im Munsterlager in der Lüneburger Heide. Er habe, so erinnerte er sich, auf die «großen Ereignisse» weniger geachtet als auf «die Möglichkeit, eine gute Portion Essen oder einen Schlafplatz zu ergattern, der einen vor einem eventuellen Regen schützte». «So hat sich mir die Stunde nicht eingeprägt, in der ich vom Selbstmord Hitlers oder von der deutschen Kapitulation erfuhr.»[49]

Da Authentisches nicht oder nur bruchstückhaft zu erfahren war, blühten die Gerüchte. «Das Gerücht. Wir nähren uns davon», bemerkte Marta Hillers.[50] Besonders die Schlangen vor den Pumpen wurden zum Umschlagplatz von Nachrichten, in denen sich Wahres, Halbwahres und Falsches eigentümlich mischten. Nachdem er stundenlang nach Wasser angestanden hatte, berichtete ein Bekannter von Ruth Andreas-Friedrich, was er gehört hatte: «‹Nachrichten gibt es!› strahlt er, als wir unsere acht Wassereimer im ‹Pendelverkehr› nach Hause bugsieren. Daheim packt er aus mit seinen Sensationen: dass Hitler tot in der Reichskanzlei läge und Goebbels sich mit Frau und Kindern vergiftet hätte. Dass Himmler noch in Breslau kämpfe und Epp in München einen Staatsstreich gemacht haben solle.»[51]

Es sollte noch bis zum 15. Mai 1945 dauern, ehe in Berlin die erste Zeitung, die von der sowjetischen Besatzungsmacht lizensierte «Tägliche Rundschau», mit einer Botschaft Stalins auf der Titelseite, erschien. Zwei Tage später konnte Karla Höcker zum ersten Mal wieder Leitungswasser in ihrer Wohnung nutzen – «es hat etwas völlig Märchenhaftes!» Am 8. Juni gab es wieder Strom: «Wir sind wie die Kinder, knipsen dauernd an und aus, freuen uns auf den Abend. Man tappt nicht mehr im Dunkeln herum, kann sich bei Gesprächen sehen!» Und langsam kam auch der Verkehr wieder in Gang. «Scharen von Fußgängern vor den wenigen Haltestellen (…) Oft muss man stundenlang warten. Aber in manchen Stadtteilen sieht es schon besser aus als in Charlottenburg.» [52]

An dem Tag, als Konrad Adenauer wieder in sein Amt als Oberbürgermeister von Köln eingesetzt wurde, befand sich ein junger Offizier, der es ebenfalls einmal zum Bundeskanzler bringen sollte, in einem britischen Kriegsgefangenenlager in Belgien: Helmut Schmidt. In den ersten Maitagen notierte er in seinen Taschenkalender: «Viele entdecken, dass sie nie Nazis gewesen sind: einige tun das aus Opportunität – andere empfinden bei dieser Feststellung jedoch ihre eigene Mitschuld an der Katastrophe des Deutschen Volkes.»[53] Und wie empfand es Helmut Schmidt selbst?

Nach dem Abitur an der Lichtwarkschule 1937 hatte der im Dezember 1918 geborene Sohn eines Hamburger Lehrers sich freiwillig zum Wehrdienst gemeldet. Im November 1937 trat er seinen Dienst bei einer Flugabwehr-(Flak-)Batterie in Bremen Vegesack an: «Gott sei Dank, jetzt sind wir endlich im einzig anständigen Verein», hat er sich später seiner zweijährigen Rekrutenzeit erinnert.[54] Die positive Identifikation Schmidts mit der Wehrmacht, die sich angeblich vom ideologischen Einfluss des Nationalsozialismus freigehalten habe, sollte bis Kriegsende und darüber hinaus anhalten.

Den Beginn des Zweiten Weltkriegs habe er «wie ein Naturereignis hingenommen». Während er einerseits den Nationalsozialismus abgelehnt und «ein schlimmes Ende des Krieges» erwartet habe, habe er andererseits nicht an seiner Pflicht gezweifelt, «als Soldat für Deutschland einzustehen», hat er rückblickend bekannt.[55] Wieweit seine Ablehnung des Nationalsozialismus ging und ob er tatsächlich schon so früh von der Niederlage Hitler-Deutschlands überzeugt war, ist freilich schwer auszumachen. Seine Vorgesetzten bescheinigten ihm im Laufe des Krieges zwar wiederholt eine gewisse Überheblichkeit im Auftreten, ansonsten aber eine «einwandfreie nationalsozialistische Haltung».[56]

Nach seiner Beförderung zum Leutnant der Reserve wurde Schmidt im Herbst 1940 in die Lehrinspektion IV des Generals der Flakwaffen in der Berliner Knesebeckstraße versetzt und von dort zeitweise als Ausbilder an die Flakartillerieschule II in Stolpmünde entsandt. Doch es drängte ihn an die Front: «Mich aber schämte, anders als die Mehrheit aller Soldaten auf den Straßen Berlins auf meiner Uniform keinerlei Tapferkeitsorden tragen zu können, weil ich ja an keinem Feldzug teilgenommen hatte. So kam es, dass ich mich, unzufrieden mit dem ruhmlosen Papierkrieg in Berlin, darum bewarb, zur kämpfenden Truppe versetzt zu werden.»[57]

Ende August 1941 war es soweit: Mit einer Ju 52 flog Schmidt zur Heeresgruppe Nord an die Ostfront. Als Zugführer befehligte er eine leichte Luftwaffen-Flakabteilung, die im Verband der 1. Panzerdivision kämpfte und mithalf, Leningrad einzuschließen. Nach dem Willen Hitlers sollte die Stadt an der Newa nicht eingenommen, sondern ausgehungert werden. Bis Januar 1944, als die Rote Armee den Blockadering endlich aufbrechen konnte, waren nahezu eine Million Menschen der zynisch ins Werk gesetzten Vernichtung zum Opfer gefallen.[58]

Schmidts Einheit war auch an der Offensive auf Moskau beteiligt, die Anfang Oktober begann und zwei Monate später vor den Toren der sowjetischen Hauptstadt zum Erliegen kam. Eine Offensive der Roten Armee zwang die deutschen Truppen zum Rückzug. Das Unternehmen «Barbarossa», der auf wenige Monate angelegte Feldzug gegen die Sowjetunion, war gescheitert – der entscheidende Wendepunkt des Zweiten Weltkriegs. In der Kriegsgefangenschaft notierte Schmidt, seine Erlebnisse an der Ostfront zusammenfassend, für das Ende des Kriegsjahres 1941: «Erstmaliger Knacks im persönlichen Vertrauen zum Führer.»[59] Das kann aber wohl nichts anderes heißen, als dass er, wie die große Mehrheit der Deutschen, Hitler in den Jahren zuvor Vertrauen entgegengebracht, ihn zumindest von seiner Kritik am Nationalsozialismus ausgenommen hatte.

Im Januar 1942 war Schmidts Fronteinsatz beendet. Am 1. April zum Oberleutnant befördert, kehrte der 23jährige in seine alte Dienststelle in der Berliner Knesebeckstraße zurück, wo er wiederum Bedienungs- und Schussvorschriften für die leichte Flak auszuarbeiten hatte. Von Bernau aus, wohin seine Dienststelle nach einem Bombenangriff auf Berlin im Juli 1943 ausgelagert worden war, wurde Schmidt Anfang September 1944 dazu abkommandiert, einer Verhandlung im Prozess gegen die Verschwörer vom 20. Juli vor dem Volksgerichtshof beizuwohnen. Für den jungen Offizier wurde das widerliche Schauspiel zu einem Schlüsselerlebnis: Erst damals, so sagte er 2010 in einem Gespräch mit dem Historiker Fritz Stern, habe er begriffen, dass die Nazis Verbrecher waren, und er fügte hinzu: «So spät.»[60]

Einige Wochen danach wurde Schmidt wegen «Wehrkraftzersetzung» angezeigt – er hatte eine despektierliche Bemerkung über Hermann Göring fallengelassen. Sein verständnisvoller Vorgesetzter, Generalleutnant Heino von Rantzau, sorgte dafür, dass er an die Westfront versetzt wurde und die Ermittlungen im Sande verliefen. Als Schmidt im Januar 1945 zu seinem zweiten Fronteinsatz in der Eifel eintraf und das Kommando über eine Flak-Batterie übernahm, war die Ardennenoffensive, Hitlers letzter Versuch, das Blatt noch einmal zu wenden, bereits gescheitert, und die deutschen Truppen befanden sich auf dem Rückzug. Ende März 1945 wurde die Batterie von den Amerikanern vollkommen zerschlagen; in kleinen Gruppen versuchten die Reste, die amerikanischen Linien zu umgehen und sich in ihre Heimat durchzuschlagen. Ganze drei Wochen marschierte Schmidt mit zwei Kameraden 500 Kilometer Richtung Norden, bis er am 24. April in einem Wald bei Soltau von britischen Soldaten im Schlaf überrascht und gefangen genommen wurde.[61]

Zunächst verdächtigte man den Gefangenen, zu den Wachmannschaften des nahegelegenen Konzentrationslagers Bergen-Belsen gehört zu haben, das die Briten erst wenige Tage zuvor befreit hatten. Nachdem der Verdacht ausgeräumt war, wurde Schmidt in das Lager Jabbeke bei Brügge transportiert, das ausschließlich gefangene deutsche Offiziere aufnahm. In seinen Notizen aus den ersten Tagen und Wochen der Gefangenschaft versuchte er, sich über seine Situation Klarheit zu verschaffen. Wie viele Angehörige seiner Generation sah er das, was er für seine «soldatische Pflicht» gehalten hatte, von Hitler und seinen Spießgesellen missbraucht.[62] Dass er einer Organisation wie der Wehrmacht gedient hatte, die schwerste Kriegsverbrechen begangen hatte und ohne deren Beteiligung der Mord an den Juden in den von den Deutschen besetzten Gebieten Osteuropas nicht möglich gewesen wäre – gegen diese Einsicht sollte er sich viele Jahrzehnte lang sperren. So erklärt sich auch die heftige Abwehr, mit der er noch in den Neunzigerjahren auf die Wehrmachtausstellung des Hamburger Instituts für Sozialforschung reagierte.[63]

Die Gefangenschaft war für Schmidt keine nutzlos verbrachte Zeit. Vor allem die jüngeren Offiziere im Lager waren in dem Gefühl, vieles nachholen zu müssen, von einem großen Bildungshunger erfüllt. Sie organisierten einen «regelrechten Vorlesungsbetrieb». Schmidt absolvierte unter anderem einen Buchhaltungskurs, und er konnte seine Englischkenntnisse auffrischen: «Ich gehöre mit zu den besten Englischsprechern, abgesehen von den Leuten, die lange drüben waren», vermerkte er nicht ohne Stolz.[64] Vor allem die Begegnung mit dem 52jährigen Oberstleutnant Hans Bohnenkamp wurde für Schmidt zu einer Zäsur in seiner intellektuellen und politischen Biographie. Dem ehemaligen Pädagogik-Professor habe er «die ersten positiven Grundvorstellungen von Demokratie, vom Rechtsstaat und vom Sozialismus» zu verdanken, erinnerte er sich viele Jahre später. Daher sei es für ihn «fast zwangsläufig» gewesen, «Sozialdemokrat zu werden».[65]

Zu Beginn seiner Gefangenschaft hatte Schmidt nicht damit gerechnet, so bald freizukommen – «Ich (...) stelle mich innerlich auf fünf Jahre ein.»[66] Doch dann wurde er schon am 23. August 1945 als einer der ersten entlassen. Eine Woche später kehrte er in seine Heimatstadt zurück. Ende des Jahres begann er ein Studium der Volkswirtschaft an der wiedereröffneten Hamburger Universität, und im März 1946 trat er der SPD bei. Der Start in seine steile Nachkriegskarriere konnte beginnen.

Wie seine Mitgefangenen hatte Schmidt in britischer Gefangenschaft hungern müssen, so dass er völlig abgemagert nach Hause kam. Im Vergleich mit den Zuständen, die in amerikanischen Kriegsgefangenenlagern herrschten, hatte er es noch relativ gut getroffen. Bei der Eroberung des Rheinlandes und der Zerschlagung des Ruhrkessels im Frühjahr 1945 war die Zahl der Wehrmachtsoldaten, die in die Hände der angloamerikanischen Truppen fielen, sprunghaft in die Höhe geschnellt. Nach der Kapitulation vom 8. Mai kamen noch einmal Hunderttausende hinzu, so dass ihre Gesamtzahl allein in US-Gewahrsam bis Mitte 1945 auf 3,4 Millionen anstieg. Auf diese Massen war die US-Armee nicht vorbereitet. So sah sie sich gezwungen, die Kriegsgefangenen nicht mehr, wie ursprünglich geplant, in Lager in Westeuropa, vorwiegend in Nordfrankreich, zu transportieren, um sie dort zu versorgen, sondern sie am Ort in «Prisoner of War Temporary Enclosures» provisorisch unterzubringen. Längs des Rheins, auf einer Strecke von über 300 Kilometern wurden zwischen April und Juni 1945 zwanzig Lager eingerichtet, die es unter dem Namen «Rheinwiesenlager» zu trauriger Berühmtheit bringen sollten.[67]

Die deutschen Landser, die freiwillig in amerikanische Gefangenschaft gegangen waren, hatten damit gerechnet, von der Siegermacht gemäß der Genfer Konvention für Kriegsgefangene behandelt zu werden. Doch darin sollten sie sich getäuscht sehen. Bei den Lagern im Rheintal handelte es sich in der Regel um mit Stacheldraht umzäunte offene Ackerflächen am Rande eines Dorfes oder einer Kleinstadt. Angrenzende Gehöfte oder Fabriken wurden für die Verwaltung, als Küchen und Krankenreviere genutzt. Jedes Lager war in zehn bis zwanzig Camps oder «Cages» (Käfige) unterteilt, in denen jeweils fünf- bis zehntausend Gefangene eingepfercht wurden. Nur für wenige – Frauen, Generäle, Schwerkranke – gab es feste Unterkünfte; die große Masse musste sich mit Zeltplanen behelfen, sich Erdlöcher graben oder gar auf freiem Feld kampieren. Das Frühjahr 1945 war insgesamt warm und sonnig; nur Ende April/Anfang Mai setzte heftiger Regen ein und verwandelte die Lager in Schlammwüsten. «So schlurften abertausend Füße schlaff und schlapp durch den aufgeweichten Acker, und der zähe Lehm matschte und quatschte.»[68]

In den ersten Tagen der Gefangenschaft gab es kaum etwas zu essen, und auch als sich im Laufe des Monats Mai die Versorgung allmählich besserte, reichten die ausgeteilten Rationen nicht aus, um wenigstens den gröbsten Hunger zu stillen. «Hunger ist ein teuflisches Mittel, um den Menschen auf die Stufe des Tieres zu bringen. Ging es einst um Kreuze und Medaillen, so geht es jetzt nur noch um Brotrinde», beschrieb ein Insasse des berüchtigten Lagers in Bad Kreuznach die Situation.[69] Unter diesen Bedingungen lösten sich die einstigen Bande von Kameradschaft und Solidarität auf; jeder war sich selbst der nächste. Diebstähle waren an der Tagesordnung, und wenn mitleidige Frauen aus der Umgebung Lebensmittel über den Zaun warfen, kam es zu widerwärtigen Prügelszenen.

Die Verantwortung für die Rheinwiesenlager lag in den Händen einer einzigen amerikanischen Division, der 106. Infanteriedivision. Da sie aufgrund der geringen personellen Ressourcen gar nicht in der Lage war, die Aufsicht effektiv auszuüben, übertrug sie die interne Verwaltung der Lager auf deutsche Gefangene. Die Gruppe, die auch die Lagerpolizei stellte, genoss einige Privilegien, vor allem wurde sie besser versorgt und zog so den Hass der anderen auf sich.

Von Anfang an spotteten die hygienischen Verhältnisse jeder Beschreibung. Die Wasserversorgung war unzureichend, und zunächst gab es keine oder nur sehr primitive Latrinen. Die meisten Gefangenen waren bereits in geschwächtem und demoralisiertem Zustand eingeliefert worden. Un-

Deutsche Kriegsgefangene auf den Rheinwiesen in Sinzig bei Remagen, April 1945.

terernährung, mangelnde Hygiene und unzulängliche medizinische Betreuung führten zu einer rapiden Ausbreitung von Krankheiten. Überdies sorgten die permanente Erfahrung der Entwürdigung und die Ungewissheit über die mutmaßliche Dauer der Gefangenschaft dafür, dass selbst die psychisch stabilen Gefangenen vom Lagerkoller erfasst wurden. «Sechs Wochen Schlamm, Regen, Kälte; sechs Wochen Demütigungen und Entbehrungen; sechs Wochen als namen- und wesenloses Atom in einem willen- und funktionslosen Klumpen, der nur durch die Enge der durch Stacheldraht gezogenen Gevierte zusammengehalten wird, sie haben ihre Wirkung getan», bemerkte einer der Betroffenen, und er setzte hinzu: «Die physische und psychische Zermürbung nimmt täglich zu.»[70]

Bereits zwei Wochen nach Kriegsende begannen die Amerikaner, die als politisch unverdächtig geltenden Gefangenen zu entlassen. Ende Juni 1945 wurden die ersten Lager aufgelöst. Allerdings wurden die Entlassungen danach unterbrochen, weil die französische Regierung die Herausgabe eines großen Kontingents deutscher Kriegsgefangener verlangt hatte. Sie sollten als Zwangsarbeiter für den Wiederaufbau des Landes eingesetzt werden. Für die Amerikaner bot sich damit ein Weg, sich der Last der Rheinwiesenlager zu entledigen. Bis zum 10. Juli wurden die noch bestehenden Lager an die Franzosen übergeben. Bereits zuvor hatten die Briten die Lager in ihrer Zone übernommen. Bis Ende September wurden auch die letzten Lager in französischer und britischer Hand aufgelöst. Lediglich das Lager Bad Kreuznach wurde noch bis 1948 als Durchgangslager für die aus Frankreich heimkehrenden Kriegsgefangenen genutzt.

Wie viele der insgesamt eine Million Kriegsgefangenen in den Rheinwiesenlagern ums Leben kamen, ist bis heute umstritten. In einem sensationsheischenden Buch «Der geplante Tod» aus dem Jahr 1989 hat der kanadische Publizist James Bacque die These vertreten, dass die Amerikaner Hunderttausende vorsätzlich hätten sterben lassen.[71] Doch diese Behauptung ist von professionellen Historikern als weit übertrieben zurückgewiesen worden. Von einem Massensterben, gar von einem bewusst geplanten, kann keine Rede sein. Seriöse Schätzungen schwanken zwischen 8000 und 40 000 Toten in US-Gewahrsam.[72] Verglichen mit den Sterberaten in sowjetischen Lagern ist dies ein eher niedriger Wert. Und schon gar nicht lässt sich das Schicksal der deutschen Kriegsgefangenen in den Rheinwiesenlagern mit dem der sowjetischen Kriegsgefangenen in deutschem Gewahrsam vergleichen. Bis Kriegsende starben von den 5,7 Millionen Rotarmisten, die in die Hände der Wehrmacht gefallen waren, über 3 Millionen; die meisten hatte man absichtlich verhungern lassen. Zu Recht spricht der Historiker Ulrich Herbert von dem «neben dem Judenmord größten und schrecklichsten Verbrechen der Deutschen während des Zweiten Weltkriegs».[73] Eine solche genozidale Politik lag aber keineswegs in den Absichten der amerikanischen Besatzungsmacht, auch wenn ihre Behandlung der Kriegsgefangenen zeitweise nicht mit dem Kriegsvölkerrecht im Einklang stand.

Leutnant Walter Stein von der 7. US-Armee staunte nicht schlecht, als er am Nachmittag des 4. Mai 1945 in Begleitung von zwei US-Soldaten und einem deutschen Polizeiwachtmeister das «Haus Bergfrieden» in Neuhaus am Schliersee betrat und dort Generalgouverneur Hans Frank in gemütlicher Kaffeerunde vorfand. Ohne Widerstand ließ sich der gefürchtete «Schlächter von Polen» festnehmen. «Mein Marsch mit Hitler war nach fast einem Vierteljahrhundert zu Ende gegangen», schrieb er in seinen in der Nürnberger Haft zu Papier gebrachten Memoiren.[74]

Begonnen hatte der Marsch in der Tat bereits 1919, als der damals 19jährige Jurastudent in München der völkischen Thule-Gesellschaft beigetreten war und sich im Freikorps «Epp» an der Niederschlagung der Münchner Räterepublik beteiligt hatte. Als Mitglied der Deutschen Arbeiterpartei (DAP), aus der die NSDAP hervorging, hatte er im Januar 1920 erstmals Hitler in einer Versammlung erlebt und war von dessen Redegewalt fasziniert: «Er sprach sich alles von der Seele und uns allen aus der Seele.»[75] Als Teilnehmer des Hitler-Ludendorff-Putsches vom 9. November 1923 gehörte Frank zum exklusiven Kreis der «alten Kämpfer». Mit Hitler, den er vor 1933 in zahlreichen Prozessen als persönlicher Rechtsberater vertrat, verband Frank ein enges Vertrauensverhältnis. Nach der «Machtergreifung» wurde er Justizminister in Bayern sowie Reichskommissar für die Gleichschaltung der Justiz in den Ländern. Von 1934 bis zum Ende des «Dritten Reiches» amtierte er außerdem als Reichsminister ohne Geschäftsbereich.

Im Oktober 1939 belohnte Hitler den Kronjuristen der Partei mit dem Posten eines Generalgouverneurs in den nicht an das Reich angegliederten westpolnischen Gebieten. Von seinem Dienstsitz auf dem Wawel in Krakau, dem alten Schloss der polnischen Könige, errichtete Frank ein Schreckensregiment, das alle bisher bekannten Formen deutscher Besatzungsherrschaft in den Schatten stellte. «Frank benimmt sich wie ein größenwahnsinniger Pascha», notierte Ulrich von Hassell, der ehemalige deutsche Botschafter in Rom, Ende Dezember 1939.[76]

Vom ersten Tag an erließ der Generalgouverneur, der Hitler unmittelbar unterstellt war, eine Fülle von Verordnungen, die allesamt dem einen Zweck dienten: die Ressourcen des Landes rücksichtslos auszubeuten, die Polen auf die Stufe eines Helotenvolks herabzudrücken und ihnen jede Möglichkeit zum Widerstand zu nehmen. «Mein Verhältnis zu den Polen ist dabei das Verhältnis zwischen Ameise und Blattlaus», verkündete er im Januar 1940.[77] Dem hemmungslosen Terror sahen sich vor allem die 1,7 Millionen Juden ausgesetzt, die unter die deutsche Herrschaft gefallen waren. Nachdem Hitler in einer Versammlung der Reichs- und Gauleiter am 12. Dezember 1941 grünes Licht für die Ermordung der europäischen Juden gegeben hatte, erklärte Frank vier Tage später vor den Mitarbeitern der Regierung des Generalgouvernements: «Mit den Juden – das will ich Ihnen ganz offen sagen – muss Schluss gemacht werden (…) Meine Herren, ich muss Sie bitten, sich gegen alle Mitleidsregungen zu wappnen. Wir müssen die Juden vernichten, wo immer wir sie treffen und wo es irgend möglich ist.»[78] Die drei Vernichtungslager der «Aktion Reinhardt» – Belzec, Sobibor, Treblinka – lagen auf dem Gebiet des Generalgouvernements. Hier wurden 1942 mehr Menschen ermordet als in Auschwitz-Birkenau, das gemeinhin als Chiffre für den Völkermord gilt.[79]

Hemmungslos raffte Hans Frank Kunstschätze und andere Besitztümer zusammen. Was Prunksucht und schamlose Selbstbereicherung angingen, konnten er und seine Frau Brigitte es durchaus mit dem korrupten Reichsmarschall Hermann Göring aufnehmen.[80] Als die Rote Armee im August 1944 bereits Zweidrittel des Generalgouvernements erobert hatte, ließ er das Beutegut wegschaffen. Er selbst verließ den Wawel am 17. Januar 1945, einen Tag, bevor die sowjetischen Truppen Krakau einnahmen. Über Breslau ging die Flucht nach Seichau in Oberschlesien, zum Schloss des Grafen Manfred von Richthofen, und von dort aus am 23. Januar weiter nach Oberbayern. Obwohl sein Herrschaftsgebiet nicht mehr existierte, richtete Frank in Neuhaus am Schliersee eine «Außenstelle des Generalgouvernements Polen» ein. Hier, in «Haus Bergfrieden», versammelte er auch zahlreiche der geraubten Gemälde, darunter Werke von Leonardo da Vinci, Rembrandt und Rubens.[81] Als die amerikanischen Soldaten ihn am 4. Mai aufspürten, beschlagnahmten sie die Kunstgegenstände. Bei seiner Einlieferung ins Gefängnis wurde er von Angehörigen der US-Rainbow-Division misshandelt. Die GIs hatten noch die grauenvollen Bilder vom befreiten Dachau vor Augen und ließen ihr Entsetzen und ihre Wut an dem Gefangenen aus. Frank unternahm mehrere Selbstmordversuche und wurde am 20. Mai nach Bad Mondorf im Großherzogtum Luxemburg gebracht, wo er mit anderen prominenten Vertretern des NS-Regimes interniert blieb, bis er Ende August 1945 in das Gefängnis des Nürnberger Justizpalastes überstellt wurde.[82]

«2 Uhr nachmittags – Alarm – die Amerikaner!», notierte der ehemalige österreichische Bundeskanzler Kurt Schuschnigg am 4. Mai 1945. «Eine amerikanische Frontkompanie übernimmt das Hotel und uns in ihre Obhut. Wir sind befreit!»[83] Schuschnigg zählte mit seiner Frau und der kleinen Tochter zu einer Gruppe von 137 «Sonderhäftlingen» aus siebzehn Nationen, die auf Befehl Himmlers in den ersten Aprilwochen aus verschiedenen Konzentrationslagern nach Dachau verbracht worden waren. Welche Absicht der Reichsführer SS verfolgte, ist nicht ganz klar. Offenbar glaubte er, die prominenten Geiseln als Faustpfand benutzen zu können, um seinen Bemühungen um eine Separatverständigung mit den Westmächten Nachdruck zu verleihen.[84] Unter den ausländischen Gefangenen befanden sich bekannte Persönlichkeiten wie der ehemalige französische Ministerpräsident Léon Blum; Captain Peter Churchill (ein angeblicher Neffe Winston Churchills); ein Mitglied des britischen Secret Service, Sigismund Payne Best, den SS-Männer nach dem Attentat im Bürgerbräukeller am 8. November 1939 als vermeintlichen Urheber festgenommen hatten; der italienische General Sante Garibaldi mit seinen Stabsoffizieren; der ehemalige niederländische Kriegsminister Jannes Johannes Cornelis van Dijk; der griechische Feldmarschall Alexandros Papagos mit den Spitzen seines Generalstabs; der ehemalige ungarische Ministerpräsident Miklós Kállay; der Sohn des ungarischen Reichsverwesers, Miklós Horthy Jr.

Zu den prominenten deutschen Häftlingen gehörten unter anderen der Industrielle Fritz Thyssen und seine Frau, die Deutschland 1933 verlassen hatten und nach der deutschen Besetzung Frankreichs verhaftet worden waren; der ehemalige Reichswirtschaftsminister und Reichsbankpräsident Hjalmar Schacht sowie der frühere Generalstabschef des Heeres Franz Halder, die beide im Zusammenhang mit dem Attentat vom 20. Juli 1944 festgenommen worden waren; der katholische Zentrumspolitiker und Staatssekretär unter Reichskanzler Heinrich Brüning, Hermann Pünder (er sollte im Oktober 1945 die Nachfolge Adenauers als Kölner Oberbürgermeister antreten); Pastor Martin Niemöller, seit 1938 «persönlicher Gefangener» Hitlers in Sachsenhausen und später in Dachau. Hinzu kamen noch 36 sogenannte «Sippenhäftlinge», von denen die meisten nach dem 20. Juli verhaftet worden waren, unter ihnen Verwandte von Claus Schenk Graf von Stauffenberg und Carl Friedrich Goerdeler.[85]

In der Nacht zum 27. April mussten sich die «Sonderhäftlinge» fertigmachen zum Abtransport. Gegen 2.00 Uhr morgens setzten sich fünf Omnibusse Richtung Süden in Bewegung. Keiner der Häftlinge wusste, wohin die Reise ging und welches Schicksal ihnen bevorstand. «Weiterhin schwebte über allem immer noch die bange Frage: Befreiung oder – in letzter Minute – ‹Liquidierung›?», hat Hermann Pünder in seinen Erinnerungen den Zwiespalt der Gefühle beschrieben.[86] Unter den Häftlingen hatte sich herumgesprochen, dass am 9. April Admiral Wilhelm Canaris, General Hans Oster und Pfarrer Dietrich Bonhoeffer in Flossenbürg hingerichtet worden waren, und dass an eben diesem 9. April der in Dachau festgehaltene Hitler-Attentäter Georg Elser dasselbe Schicksal erlitten hatte.

Begleitet wurde der Transport von einem 50 Mann starken SS-Kommando unter Obersturmführer Edgar Stiller. Die erste Station war das Sonderlager Innsbruck.[87] Bereits zwei Tage später ging es den Brenner hinauf. Je weiter sich der Konvoi von seinem Ausgangspunkt entfernte, desto nervöser wurden die SS-Leute und desto selbstbewusster traten ihnen die Häftlinge entgegen. «Furcht und Respekt vor der SS zerschmolzen wie Schnee in der Sonne (…)», erinnerte sich die Kabarettistin Isa Vermehren, die mitsamt ihrer Familie in «Sippenhaft» genommen worden war, nachdem ihr Bruder, der Agent der Abwehr in Istanbul, Erich Vermehren, 1944 zu den Briten übergelaufen war. «Die SS hingegen verlor in diesen Stunden ganz sichtbar den Boden unter den Füßen. In dem Augenblick, wo mit dem Spiegel der Angst, die man vor ihnen hatte, ihnen auch das Bewusstsein der Macht entzogen war, büßten sie spürbar an Sicherheit und Haltung ein. Sie hielten sich den ganzen Tag über im Hintergrund, machten ein gönnerhaftes Gesicht, wenn man ihnen begegnete, und taten so, als wäre alles das, was sich hier abspielte, mit einbegriffen in ihren Plan, dessen Durchführung davon keineswegs berührt, sondern geradezu gefördert würde.»[88] Offensichtlich wussten die SS-Männer nicht, was sie mit den prominenten Häftlingen anfangen sollten. Einen klaren Befehl scheint es nicht gegeben zu haben. «Mehrfach sah man sie, Depeschen und Listen prüfend und austauschend, flüsternd zusammenstehen», beobachtete Hermann Pünder.[89]

Am 29. April erreichte der Konvoi die Ortschaft Niederdorf im Südtiroler Pustertal. Während sich der größte Teil der SS-Leute entfernte, angeblich um für Quartiere zu sorgen, in Wirklichkeit aber, um sich die Bäuche vollzuschlagen, harrten die Häftlinge in den Bussen aus. Nach quälenden Stunden des Wartens entschieden sie, sich auf eigene Faust auf den Weg ins Dorf zu machen – und sie wurden von den wenigen zurückgebliebenen Bewachern nicht daran gehindert. Offensichtlich gaben diese ihr Spiel verloren.[90] In dem allgemeinen Durcheinander ergriff Oberst Bogislaw von Bonin die Initiative. Der ehemalige Chef der Operationsabteilung im Oberkommando des Heeres (OKH) war im Januar 1945 mit zweien seiner Mitarbeiter wegen Nichtbeachtung eines «Führerbefehls» auf Weisung Hitlers verhaftet und ins KZ Dachau eingeliefert worden. Im Dorf gelang es ihm in einem unbeobachteten Moment, eine telefonische Verbindung zum Chef des Generalstabs der Heeresgruppe C in Bozen, General Hans Röttiger, herzustellen. Dieser versprach, umgehend eine Kompanie von Soldaten unter der Leitung von Hauptmann Wichard von Alvensleben in Marsch zu setzen. Am Nachmittag des 30. April gab Oberst von Bonin im Saal eines Gasthofs in Anwesenheit des Transportführers Stiller bekannt, dass die Häftlinge fortan dem Schutz der Wehrmacht unterstellt seien.[91] Am 1. Mai wurde die Gruppe in das 1500 Meter hochgelegene Sporthotel «Pragser Wildsee» gebracht. Der SS-Bewacherstab hatte sich zuvor aus dem Staub gemacht.

Am 4. Mai, dem Tag ihrer endgültigen Befreiung, bot sich den «Sonderhäftlingen» ein gänzlich verändertes Bild: «Eine unzählige Menge kleiner und großer Militärwagen war auf dem Hof zusammengefahren, alle grün gestrichen und alle mit dem Stern der alliierten Streitkräfte versehen. Im Eingang des Hotels und in der Halle wimmelte es von Soldaten – eine amerikanische Voraustruppe von der fünften Armee (…).» Das erste, was Isa Vermehren auffiel, war das lässige Auftreten der GIs. «Die Soldaten standen herum oder lagen auf den Stühlen, die Beine vor sich auf den Tisch oder weit von sich gestreckt, alle hatten sie die Hände tief in den Taschen vergraben, der eine oder andere hielt die Zigarette im Mund, und bei vielen war die einzige Bewegung das langsame Auf und Ab des Kaugummi kauenden Unterkiefers.»[92]

Die Freude der Häftlinge über die Rettung aus der Gewalt der SS währte nicht lange. Denn schon zwei Tage später teilte ihnen ein amerikanischer General mit, er habe Befehl, sie nach Süditalien zu bringen. In einem Konvoi von 40 Jeeps ging die Fahrt über die verschneiten Alpenpässe nach Verona. Hier warteten bereits fünf Maschinen, um die Gruppe nach Neapel zu fliegen. Von dort brachte man sie nach Capri, wo die deutschen Mitglieder der internationalen Häftlingsgemeinschaft im Hotel «Paradiso» untergebracht und ausführlich befragt wurden. Es sollten noch einmal vier Wochen vergehen, bis Isa Vermehren in Frankfurt am Main wieder heimatlichen Boden betrat. «Diese vierzehn Frankfurter Tage enthielten den schwersten und den mühsamsten Teil unserer Heimkehr. Der dichte Vorhang, so schien es, den die vergangenen zwölf Jahre vor dieses Land gespannt hatten, war endlich gefallen, und es lag offen zutage, was sich Entsetzliches dahinter abgespielt hatte.» [93]

5. Mai 1945

Am 5. Mai rief Dönitz seine engsten Mitarbeiter, Außenminister Schwerin von Krosigk und Hitlers ehemaligen Rüstungsminister Speer, zu sich. Wichtigster Tagesordnungspunkt war: «Besprechung über Regierungsbildung und Kabinett».[1] Ursprünglich war sich der Großadmiral unschlüssig gewesen, ob die formelle Bildung einer Regierung angesichts ihrer geringen Wirkungsmöglichkeiten überhaupt noch zweckmäßig sei. Doch Schwerin von Krosigk hatte ihn von der Notwendigkeit überzeugen können. Nur durch Besetzung der vakanten Ressorts könne man die drängenden Tagesprobleme in Angriff nehmen, und das hieß vor allem, das Flüchtlingselend lindern, die Versorgung der Bevölkerung mit Lebensmitteln sicherstellen und Verkehrs- und Wirtschaftsbetriebe wieder in Gang setzen. So beschloss man, eine «Geschäftsführende Reichsregierung» ins Leben zu rufen, deren Leitung Schwerin von Krosigk übernehmen sollte. Den Titel eines Reichskanzlers, den Dönitz ihm verleihen wollte, lehnte er allerdings ab. Stattdessen nannte er sich «Leitender Minister». Um den provisorischen Charakter der neuen Regierung zu unterstreichen, wurden die Minister nicht offiziell in ihr Amt berufen, sondern lediglich mit der «Führung der Geschäfte» beauftragt.[2]

Bei der Auswahl der Minister sollte allein die fachliche Qualifikation entscheidend sein. Tatsächlich aber begnügte sich Schwerin von Krosigk im Wesentlichen damit, auf die Ende April 1945 in den «Nordraum» ausgewichenen Minister und Staatssekretäre zurückzugreifen, darunter auch einige politisch schwer Belastete. Er selbst übernahm neben dem Posten des Reichsaußenministers auch wieder den des Reichsfinanzministers, den er seit 1932 ununterbrochen innegehabt hatte. Zwei Staatssekretäre standen ihm zur Seite: Friedrich Wilhelm Kritzinger, der bereits unter dem Chef der Reichskanzlei, Hans Heinrich Lammers, als Staatssekretär gedient hatte, und Gustav Adolf Steengracht von Moyland, der Ende März

1943 die Nachfolge Ernst von Weizsäckers als Staatssekretär im Auswärtigen Amt angetreten hatte. Letzterer verdankte seine Karriere Joachim von Ribbentrop, der ihn 1936 mit an die Londoner Botschaft genommen und nach seiner Ernennung zum Reichsaußenminister 1938 als Legationssekretär ins Auswärtige Amt geholt hatte.[3]

Mit der Wahrnehmung der Geschäfte des Reichsinnen- und Reichskulturministers wurde Wilhelm Stuckart beauftragt. Als Staatssekretär im Reichsinnenministerium unter Wilhelm Frick war der promovierte Jurist maßgeblich an der Formulierung der Nürnberger Gesetze von 1935 und den sich daran anschließenden Verordnungen beteiligt gewesen. Er hatte das «Gesetz zur Wiedervereinigung Österreichs mit dem Deutschen Reich» und den Erlass zur Errichtung des Reichsprotektorats Böhmen und Mähren entworfen. Am 20. Januar 1942 war er unter den Teilnehmern der Wannsee-Konferenz zu finden, auf der der Chef des Reichssicherheitshauptamtes, Reinhard Heydrich, die Vertreter der höchsten Reichsbehörden auf das Programm einer «Endlösung der Judenfrage» festlegte. Auch Heinrich Himmler, Fricks Nachfolger als Reichsinnenminister seit August 1943, hatte der gewissenlose Administrator als rechte Hand gedient, und war mit dem Rang eines SS-Obergrupppenführers belohnt worden.[4]

Eine ähnlich skrupellose Karriere hatte Herbert Backe hinter sich, den Schwerin von Krosigk mit der Führung der Geschäfte des Reichsministers für Ernährung, Landwirtschaft und Forsten betraute. Der Diplom-Landwirt war im Oktober 1933 zum Staatssekretär für Ernährung und Landwirtschaft unter Walter Darré ernannt worden. In dieser Funktion war er einer der Hauptverantwortlichen für den «Hungerplan» vom Frühjahr 1941, der den Tod von 30 Millionen Zivilisten in den besetzten Gebieten der Sowjetunion kühl einkalkulierte. «Du weißt, dass es in Deutschland kaum einen zweiten neben mir gibt, der stets so im Sinne des Führers gehandelt hat», schrieb er damals an seine Frau.[5] Nach der Beurlaubung Darrés im Mai 1942 wurde Backe zunächst kommissarischer Nachfolger, im April 1944 übernahm er auch offiziell die Leitung des Ministeriums. Noch in seinem Testament bestätigte ihn Hitler in diesem Amt.[6]

Backe als Staatssekretär in der Dönitz-Regierung zur Seite stand Hans-Joachim Riecke – auch er ein Diplom-Landwirt, der früh in die NSDAP eingetreten war. Als Chef der Hauptgruppe Ernährung und Landwirtschaft in Görings Wirtschaftsstab Ost war er ebenfalls beteiligt gewesen an den mörderischen Planungen zur wirtschaftlichen Ausbeutung der besetzten sowjetischen Gebiete. Nach Ablösung Darrés wurde er Staatssekretär im Reichsministerium für Ernährung und Landwirtschaft unter Backe. Dass dieser ihn in dieser Funktion in Flensburg übernahm, zeigt, wie gut die alten Seilschaften funktionierten.[7]

Auch der bereits 75jährige Julius Heinrich Dorpmüller, den Schwerin von Krosigk als Reichsverkehrsminister bestätigte und zusätzlich mit dem Amt des Reichspostministers bedachte, war keineswegs der unpolitische Fachmann, als der er nach 1945 häufig gewürdigt wurde. Hitler hatte den Generaldirektor der Reichsbahn, der sich in einem Aufruf an die Eisenbahner im März 1933 vorbehaltlos zur «nationalen Regierung» bekannt hatte, im Februar 1938 als Reichsverkehrsminister ins Kabinett geholt. In die NSDAP trat er allerdings erst drei Jahre später ein. Mit großer Energie hatte er sich im Krieg der Aufgabe gewidmet, die erhöhten Ansprüche der Wehrmacht an die Reichsbahn zu erfüllen. Und er trug Mitverantwortung für die Transporte der Juden aus ganz Europa in die Vernichtungslager im Osten. Das galt noch mehr für seinen Staatssekretär Albert Ganzenmüller. Für seine Unterstützung beim Judenmord bedankte sich SS-Obergruppenführer Karl Wolff in einem Schreiben vom 13. August 1942: «Mit besonderer Freude habe ich von Ihrer Mitteilung Kenntnis genommen, dass nun schon seit 14 Tagen täglich ein Zug mit je 5000 Angehörigen des auserwählten Volkes nach Treblinka fährt, und wir doch auf diese Weise in die Lage versetzt sind, diese Bevölkerungsbewegung in einem beschleunigten Tempo durchzuführen.»[8]

Unbelastet war auch Franz Seldte nicht, der die Geschäfte des Reichsarbeitsministers weiterführte und darüber hinaus auch das neue Amt des Sozialministers übernahm. Der Kriegsfreiwillige von 1914, der in der Somme-Schlacht 1916 einen Arm verloren hatte, hatte im Dezember 1918 den «Stahlhelm. Bund der Frontsoldaten» gegründet, den er als Vorsitzender in eine scharfe Frontstellung zur Weimarer Republik führte. Gemeinsam mit dem Vorsitzenden der Deutschnationalen Volkspartei (DNVP), dem Medienmogul Alfred Hugenberg, und dem NSDAP-Vorsitzenden Adolf Hitler beteiligte er sich 1929 an der Kampagne gegen den Young-Plan und im Oktober 1931 an der Sammlung der antidemokratischen Rechten in der «Harzburger Front». Im Intrigenspiel um die Ernennung Hitlers zum Reichskanzler im Januar 1933 fiel Seldte neben Franz von Papen und Hugenberg eine wichtige Rolle zu. Zum Dank durfte er in die «Regierung der nationalen Konzentration» als Reichsarbeitsminister eintreten. Er blieb in diesem Amt bis Kriegsende. Sein Ministerium war, wie jüngere Untersuchungen gezeigt haben, weitaus stärker in das NS-Regime und seine Verbrechen, unter anderem bei der Rekrutierung der Zwangsarbeiter im besetzten Europa, eingebunden, als bislang angenommen.[9]

Dass auch Albert Speer der «Geschäftsführenden Reichsregierung» angehören würde, verstand sich gewissermaßen von selbst. Hitlers einstiger Favorit war bereits am 30. April zum Hauptquartier von Dönitz gestoßen und hatte, darauf bedacht, die Weichen für eine Nachkriegskarriere zu stellen, sich seitdem in ständiger Nähe des Großadmirals aufgehalten. Er wurde nun mit der Führung der Geschäfte des Reichswirtschafts- und Produktionsministers beauftragt. Seine herausgehobene Position wurde allein dadurch unterstrichen, dass er schon nach wenigen Tagen das gemeinsame Quartier, das Passagierschiff «Patria», verließ und in das einige Kilometer entfernte Wasserschloss Glücksburg umzog, das ihm der Herzog von Mecklenburg zur Verfügung gestellt hatte. Hier richtete er sich bequem ein – mit seinen Adjutanten Manfred von Poser und Karl Cliever sowie seinen Sekretärinnen Annemarie Kempf und Edith Maguira. Jeden Morgen ließ sich Speer zur Kabinettssitzung nach Flensburg chauffieren.[10]

Die eigentliche Leitung des Wirtschaftsressorts übernahm Otto Ohlendorf. Was den Mitgliedern der Dönitz-Regierung kaum unbekannt gewesen sein dürfte, war, dass der SS-Gruppenführer vom Beginn des Unternehmens «Barbarossa» im Juni 1941 bis Juni 1942 die Einsatzgruppe D in der südlichen Sowjetunion geleitet hatte, die für die Ermordung von mindestens 90 000 Menschen verantwortlich war. Er zählte also zu einem der schwerstbelasteten Kriegsverbrecher.[11] Neben seiner Funktion als Amtschef im Reichssicherheitshauptamt, der für die geheimen Stimmungsberichte des SD «Meldungen aus dem Reich» zuständig war, war Ohlendorf seit 1943 auch Ministerialdirektor und stellvertretender Staatssekretär im Reichswirtschaftsministerium unter Walther Funk. Hier war er unter anderem mit Planungen für die Wirtschaft nach dem Krieg beschäftigt, was ihn in Speers Augen offensichtlich für seine neue Aufgabe in Flensburg qualifizierte.

Ohlendorf beließ es aber nicht dabei, seine Erfahrungen als Wirtschaftsexperte zur Verfügung zu stellen, sondern bot Dönitz auch die Teile seines Amtes, die mit ihm in den «Nordraum» ausgewichen waren, als Grundstock für einen neuen deutschen Nachrichtendienst an. Das einige Tage später errichtete «Nachrichtenbüro» sollte, wie es in einem Erlass hieß, sowohl für die Beschaffung und Auswertung aller politischen, wirtschaftlichen und militärischen Nachrichten aus dem In- und Ausland als auch für die Herausgabe und Verbreitung der Verlautbarungen und Anordnungen der Regierung sorgen. Im Unterschied zu den personell nur schwach besetzten Ressorts war das «Nachrichtenbüro» großzügig ausgestattet: Es umfasste 59 Beamte und Offiziere, dazu noch rund 170 Unteroffiziere, Mannschaften und Angestellte. Das hieß: Das Personal der «Geschäftsführenden Reichsregierung» bestand überwiegend aus SD-Leuten des Reichssicherheitshauptamts.[12]

Von einem Neuanfang konnte also überhaupt keine Rede sein. Vielmehr zeigte sich eine nahezu ungebrochene Kontinuität der nationalsozialistischen Machtelite. Dass die Alliierten unter diesen Bedingungen die «Geschäftsführende Reichsregierung» in Flensburg als ernsthaften Verhandlungspartner akzeptieren könnten, war von vornherein ausgeschlossen.

Am Morgen des 5. Mai 1945 eröffnete der Sprecher des Tschechischen Rundfunks das Programm mit einem merkwürdigen Gemisch aus tschechischer und deutscher Sprache: «Je sechs hodin» («Es ist sechs Uhr»). In den folgenden Stunden sagte er die Zeit nur noch auf Tschechisch an. Damit ignorierte er bewusst die Weisung des deutschen Intendanten, dass auch künftig alle Sendungen zweisprachig auszustrahlen seien. So begann der Prager Aufstand, der der deutschen Herrschaft im Protektorat Böhmen und Mähren ein Ende setzen sollte.[13]

Seit Sommer 1944, als sich die militärische Niederlage Hitler-Deutschlands abzuzeichnen begann, hatte sich in der tschechischen Bevölkerung wachsender Widerstand geregt. Anschläge von Partisanen auf Eisenbahnstrecken und andere wichtige Objekte häuften sich. Staatsminister Karl Hermann Frank, der zugleich Höherer SS- und Polizeiminister im Protektorat war, reagierte darauf mit einer Verschärfung der Repression. Durch exemplarische Bestrafungen und massive Drohungen sollten die Tschechen von einem Aufstand abgeschreckt werden. «Jeder Versuch, im Inneren Unruhen hervorzurufen (...), wird im Keime erstickt», ließ er in einem Aufruf vom 8. April 1945 verbreiten. «Im Protektorat herrscht Ruhe und Ordnung, die Führung ist intakt, hat eiserne Nerven und den festen Willen, nichts, aber auch gar nichts verloren- oder aufzugeben.»[14]

Nichtsdestotrotz nahm die Unruhe Ende April 1945 in fast ganz Böhmen und Mähren zu. Die Einkesselung Berlins durch die Rote Armee und der rasche Vormarsch der alliierten Truppen im Westen waren ein untrügliches Zeichen dafür, dass das Kriegsende unmittelbar bevorstand. Am Abend des 30. April wandte sich Staatsminister Frank im Prager Rundfunk an die «tschechischen Mitbürger»: Durch Feindsender und Flugblätter werde das tschechische Volk «mit allen Mitteln der Verführungskunst» dazu angestachelt, «dem kämpfenden Reich in den Rücken zu fallen». Eine Befolgung dieser Parolen würde zu Chaos und Bürgerkrieg führen. Wiederum warnte Frank davor, auf die Schwäche der Besatzer zu spekulieren: «Die deutschen Waffen sind scharf geladen und werden Unruhestifter vernichtend treffen.»[15] Allerdings machte sich Frank über die explosive Situation keine Illusionen. Bei seinem Abstecher nach Flensburg am 3. Mai gab er selbst zu Protokoll, dass das Protektorat «am Vorabend der Revolution» stünde und «weder militärisch noch politisch zu halten» sei.[16] In der Nacht vom 4. auf den 5. Mai kehrte der Staatsminister nach Prag zurück. Seine Prognose sollte sich schneller bewahrheiten, als von ihm selbst erwartet worden war.

Von der Morgensendung des Rundfunks am 5. Mai elektrisiert, strömten die Prager Bürger auf die Straßen. Die deutschen Aufschriften auf Tafeln und Schildern wurden entfernt und auf öffentlichen Gebäuden tschechoslowakische Fahnen gehisst. In den Ämtern übernahmen tschechische Angestellte die Regie und nahmen die deutschen Vorgesetzten fest. Gleichzeitig begannen Gruppen von Demonstranten, deutsche Soldaten und Zivilisten zu entwaffnen. Um das Rundfunkgebäude entbrannten in den Mittagsstunden heftige Kämpfe. Um 12.33 Uhr trat der Sprecher erneut ans Mikrofon und sandte einen Hilferuf aus: «Alle in den tschechischen Rundfunk! Es werden hier Tschechen erschossen! Kommt so schnell wie möglich! Kommt uns zur Hilfe!»[17] Das war das Signal zur bewaffneten Erhebung. Kurz nach 18.00 Uhr befand sich der Prager Rundfunk in der Hand der Aufständischen, und der Tschechische Nationalrat – eine Organisation verschiedener Widerstandsgruppen, die sich Ende Februar 1945 zusammengeschlossen hatten – wandte sich in einer

Eine der vielen Barrikaden, die während des Prager Aufstands in der Nacht vom 5. auf den 6. Mai 1945 errichtet wurden.

Proklamation an die Öffentlichkeit: Mit dem heutigen Tag übernehme der Nationalrat als «Repräsentant der Revolutionsbewegung des tschechischen Volkes» die Regierung der Tschechoslowakischen Republik; das Protektorat habe aufgehört zu existieren.[18] Um 23.00 Uhr wurden die Prager aufgerufen, überall in der Stadt Barrikaden zu bauen, um den erwarteten Gegenangriff deutscher Truppen abzuwehren. Der Aufruf fand eine überwältigende Resonanz. Als der Morgen des 6. Mai dämmerte, waren in den von den Aufständischen kontrollierten Stadtteilen rund 1600 Barrikaden errichtet worden.[19]

Die in Prag stationierten Einheiten von SS und Wehrmacht waren vom Ausbruch des Aufstands überrascht worden. Sie beschränkten sich zunachst darauf, ihre Stellungen zu halten. Der Befehlshaber der Waffen-SS in Böhmen und Mähren, SS-Gruppenführer Carl Friedrich Graf von Pückler-Burghauss, ließ allerdings von Anfang an keinen Zweifel daran, dass er die Rebellion mit aller Gewalt unterdrücken wollte. Noch am Abend des 5. Mai sandte er einen Funkspruch an das Hauptquartier des Oberbefehlshabers der Heeresgruppe Mitte, Generalfeldmarschall Ferdinand Schörner, in dem er die Bombardierung des historischen Stadtkerns von Prag forderte: «Viele Brandbomben. Das ganze Nest muss brennen.»[20]

Am Morgen des 6. Mai begannen Kampftruppen der Waffen-SS – darunter auch das Panzergrenadier-Regiment 4, das für das Massaker im französischen Dorf Oradour-sur-Glane im Juni 1944 verantwortlich war – sich auf die Außenbezirke Prags zuzubewegen. Während ihres Vormarsches verübten sie zahlreiche Gräueltaten, indem sie zum Beispiel Zivilisten als menschliche Schutzschilde vor sich hertrieben. Gleichzeitig warfen deutsche Flugzeuge Flugblätter ab, in denen die Prager vor die Wahl gestellt wurden «zwischen Kampf, Zerstörung und sinnlosem Blutvergießen einerseits und Ruhe, Ordnung und Aufrechterhaltung des Wohlergehens bis zur Errichtung einer neuen Ordnung andererseits».[21]

In Flensburg traf die Nachricht vom Aufstand in Prag erst am Vormittag des 6. Mai um 10.00 Uhr ein. Umgehend erteilte Dönitz der Heeresgruppe Mitte den Befehl, «sich möglichst schnell unter Rettung möglichst zahlreicher deutscher Soldaten möglichst weit nach Westen abzusetzen».[22] Noch am Tag zuvor hatte Generalfeldmarschall Schörner seine Soldaten ermahnt, «in diesen schwersten Tagen unseres Reiches die Nerven nicht (zu) verlieren und nicht feige (zu) werden»: «Unsere Disziplin und unsere Waffen in der Hand sind für uns der Unterpfand, anständig und tapfer aus diesem Krieg zu gehen.»[23] Nun beeilte er sich, dem schon einmal erteilten Rückzugsbefehl nachzukommen. Dazu mussten aber die über Prag führenden Verkehrsverbindungen freigekämpft werden – ein Grund, warum Schörner die auf die tschechische Hauptstadt vorrückenden SS-Verbände zur Eile antrieb. Heftige Kämpfe entbrannten auf den Zugangsstraßen zur inneren Stadt. Die Lage der Aufständischen wurde kritisch. Ihre Hoffnungen richteten sich auf die 3. US-Armee General Pattons, die am 6. Mai die westböhmische Stadt Pilsen erobert hatte, also nur noch knapp hundert Kilometer von Prag entfernt war. Was sie nicht wussten, war, dass die Amerikaner mit der sowjetischen Führung eine Demarkationslinie vereinbart hatten, die etwa 70 Kilometer vor der tschechischen Hauptstadt verlief, und der Oberkommandierende der alliierten Streitkräfte, General Eisenhower, gewillt war, sich strikt daran zu halten.[24]

Hilfe bekamen die Aufständischen jedoch von einer Seite, von der sie sie nicht erwartet hatten. Im November 1944 hatten die Deutschen eine Truppe aus sowjetischen Freiwilligen aufgestellt, nach ihrem Kommandeur, Generalleutnant Andrej Wlassow auch Wlassow-Armee genannt, die die Wehrmacht im Kampf gegen die Sowjetunion unterstützen sollte. Mitte April 1945 war die 1. Wlassow-Division, insgesamt 20 000 Mann, unter General Sergei Kusmitsch Bunjatschenko in das Protektorat verlegt worden. Am 6. Mai entschloss sie sich, die Seite zu wechseln und zugunsten der Aufständischen in die Kämpfe einzugreifen. «Wir, russische Soldaten, die wir den Kampf für die Freiheit unseres nationalen Russlands führen, gegen die weitere Knechtschaft des Bolschewismus, können bei diesem Kampf der tschechischen Nation nicht abseitsstehen», hieß es in einem Flugblatt.[25] Dabei verfolgte General Bunjatschenko durchaus eigennützige Motive. Er glaubte, durch eine Unterstützung des Aufstands für sich und seine Soldaten die Chancen zu verbessern, einer Gefangenschaft durch die Rote Armee zu entgehen. Offenbar war auch er zunächst nicht darüber im Bilde, dass die Amerikaner ihren Vormarsch in Westböhmen abstoppen und die Befreiung Prags sowjetischen Truppen überlassen würden. In drei Kolonnen, mit Panzern und Geschützen, rückte Bunjatschenkows Division am Mittag des 6. Mai in die Stadt ein. Es gelang ihr, den Angriff der Waffen-SS zum Stehen zu bringen und sie aus einigen Stadtteilen wieder zu verdrängen.

Im tschechischen Nationalrat war das Eingreifen der Wlassow-Leute nicht unumstritten. Die kommunistischen Mitglieder des Rates sahen in ihnen Verräter der Sowjetunion und Stalins. Nur notgedrungen stimmten sie schließlich zu, ihre Hilfe anzunehmen, setzten allerdings durch, dass am Morgen des 7. Mai im Prager Rundfunk eine Erklärung veröffentlicht wurde, dass «die Aktionen General Wlassows gegen die deutschen Streitkräfte» als «die eigenen Angelegenheiten seiner Einheiten» zu betrachten seien und der Tschechische Nationalrat «mit ihnen keine politischen Absprachen getätigt» habe.[26] General Bunjatschenko war verärgert, und als am Abend die Nachricht kam, dass die Amerikaner ihren Vormarsch nach Prag eingestellt hatten, gab er seiner Division den Befehl zum Abzug nach Westen. In Prag zurück blieben nur einige hundert seiner Männer, die den Kampf an der Seite der Tschechen fortsetzten.

Noch am Morgen des 8. Mai dauerten die Kämpfe in Prag an. Gegen 11.00 Uhr nahmen der Bevollmächtigte der Wehrmacht beim Staatsminister für Böhmen und Mähren, General Rudolf Toussaint, und Vertreter des Tschechischen Nationalrats die Verhandlungen über einen Waffenstillstand auf. Nach zähem Ringen einigte man sich um 16.00 Uhr auf ein Abkommen, das die Bedingungen des freien Abzugs aller deutschen Streitkräfte, einschließlich der Waffen-SS und der Polizei, aus Prag und Umgebung regelte. Ferner wurde bestimmt, dass deutsche Frauen und Kinder, «soweit sie mit den Einheiten nicht aus Prag abziehen», unter den Schutz des Internationalen Roten Kreuzes gestellt werden sollten.[27] In der Nacht vom 8. auf den 9. Mai verließ Staatsminister Frank mit seiner Familie seinen Amtssitz, das Palais Czernin, und begab sich in amerikanische Gefangenschaft. Anfang August 1945 wurde er nach Prag überstellt und im Mai 1946, nach einem Prozess, im Hof des Gefängnisses Pankrác in Prag gehängt.[28]

Am Vormittag des 9. Mai rückte die Rote Armee in die befreite Stadt ein. «In den Straßen große Begeisterung. Es wird Hoch, Gloria gerufen. Hunderte von Händen heben sich und winken (...) Ein Sturm des Jubels hebt sich bei der Ankunft jedes riesigen Panzers», hielt ein Prager Bürger den Augenblick in seinem Tagebuch fest.[29] Wie ganz anders war die Reaktion gewesen, als am 15. März 1939 die Wehrmacht in die tschechische Hauptstadt einmarschiert war.

Die Masse der Heeresgruppe Mitte geriet nach Inkrafttreten der bedingungslosen Gesamtkapitulation um Mitternacht des 8. Mai in sowjetische Gefangenschaft. Der letzte Oberbefehlshaber des Heeres, Generalfeldmarschall Schörner, der seiner Truppe bis zuletzt eiserne Disziplin verordnet hatte, setzte sich mit einem Fieseler Storch Richtung österreichische Alpen ab. Einige Tage später stellte er sich den Amerikanern. Die lieferten ihn an die Sowjetunion aus. Im Februar 1952 wurde er vom Obersten Militärgericht in Moskau zu 25 Jahren Haft verurteilt, aber im Dezember 1954 bereits entlassen.[30]

Schlechter erging es General Bunjatschenko. Auch er wurde von den Amerikanern an die Russen ausgeliefert und nach Moskau gebracht. Zusammen mit General Wlassow und sieben weiteren Kommandeuren der «Russischen Befreiungsarmee» wurde er hier Anfang August 1946 hingerichtet. Die 200 verwundeten Angehörigen der Wlassow-Armee, die in Prag in die Hände der Roten Armee gefallen waren, wurden auf der Stelle liquidiert.[31]

Für die Deutschen, die in Prag verblieben, begann ein Alptraum. Der Hass, der sich in sechs Jahren deutscher Besatzung angestaut hatte, entlud sich in einem Ausbruch blutiger Rache, von dem Schuldige wie Unschuldige in gleichem Maße betroffen wurden. Der 1922 geborene Peter Demetz, der in Prag aufgewachsen war und später in den USA einer der bedeutendsten Germanisten wurde, erinnerte sich an die Tage des Schreckens: «Eine alte Frau wurde aus dem Fenster gestürzt, ein Musiker, Mitglied eines deutschen Orchesters auf Tournee, wurde auf der Straße erschlagen, weil er nicht Tschechisch konnte, andere, die nicht alle der Gestapo angehört hatten, wurden aufgehängt, mit Benzin übergossen und angezündet wie lebende Fackeln; wütender Mob durchstreifte Krankenhäuser, um dort leichte Opfer zu finden (…) An Dutzenden von Stellen in Prag – Kinos, Schulen, Sportstadien, Garagen – wurden Deutsche zusammengezogen und von dort aus in Zwischenlager in der näheren Umgebung; bis Juni wurden an die 30 000 aus der Stadt ausgewiesen. Die ‹Revolutionsgarden› (RG: von manchen skeptischen Mitbürgern auch ‹Räubergarden› genannt) machten keinen Unterschied zwischen ‹Reichsdeutschen›, die mit den Besatzern gekommen waren, und Pragerdeutschen, die seit Generationen in der Stadt gelebt hatten.»[32]

Was in Prag begann, setzte sich zwischen Mai und Juli 1945 im ehemaligen Protektoratsgebiet und im Sudetenland fort. Überall machten tschechische Soldaten, Revolutionsgardisten und auch Zivilisten Jagd auf Deutsche, waren Gewalt, Mord und Plünderungen an der Tagesordnung. Das leidenschaftliche Racheverlangen wurde durch politische Repräsentanten des Landes noch zusätzlich angeheizt. So erklärte der aus dem englischen Exil zurückgekehrte Staatspräsident Edvard Beneš drei Tage nach dem Einmarsch der sowjetischen Truppen in Prag: «Das deutsche Volk hat in diesem Krieg aufgehört, menschlich zu sein, menschlich erträglich zu sein, und erscheint uns nur noch als ein einziges großes menschliches Ungeheuer (…) Wir haben uns gesagt, dass wir das deutsche Problem in der Republik liquidieren müssen.»[33] Obwohl keineswegs alle Sudetendeutschen Anhänger der Nationalsozialisten gewesen waren, wurden sie nun pauschal für die Verbrechen der Besatzungsherrschaft in Haftung genommen. Die von Beneš in den folgenden Wochen erlassenen Dekrete dienten nur dem einen Ziel, sich eines möglichst großen Teils der deutschen Bevölkerung zu entledigen. Es sollten Fakten geschaffen werden, noch bevor die Potsdamer Konferenz der Siegermächte zusammentrat. So begann eine Phase der «wilden Vertreibungen», die freilich weniger spontan waren, als die Bezeichnung nahelegen könnte. Denn in der Regel handelten die Akteure auf Befehl oder zumindest im stillschweigenden Einverständnis der tschechischen Staatsorgane.[34]

Einen traurigen Höhepunkt markierte der «Brünner Todesmarsch» vom 30. Mai: Unter dem Beifall vieler schaulustiger Tschechen und dem Läuten der Kirchenglocken wurden rund 26 000 Deutsche, vor allem Frauen, Kinder und alte Männer, am Fronleichnamstag gezwungen, die Stadt zu verlassen. Während des Marsches zur österreichischen Grenze starben Hunderte an Erschöpfung.[35] Von der ersten Austreibungswelle aus der Tschechoslowakei von Mai bis Juli 1945 waren rund 800 000 Sudetendeutsche betroffen. Bereits am 3. Juli konnte der Rat des mährischen Landesausschusses feststellen, dass Südmähren zu einem großen Teil «von den Deutschen gesäubert» sei. Und am 10. Juli berichtete der sozialdemokratische Vize-Premierminister Zdeněk Fierlinger auf einer Sitzung seiner Partei in Prag, dass «Städte wie Leitmeritz, Aussig, ganz zu schweigen von Brünn, Iglau und Znaim (…) wieder tschechisch» seien.[36] Die Vertreibung der Deutschen aus Ost- und Mitteleuropa sollte sich noch über Jahre hinziehen, doch niemals wieder sollte es zu so schlimmen Gewaltexzessen kommen wie unmittelbar nach dem Ende der deutschen Besatzungsherrschaft.

Am 5. Mai 1945 wandte sich der Alliierte Oberbefehlshaber für Europa, Dwight D. Eisenhower, in einer über Rundfunk in vielen Sprachen verbreiteten Botschaft an die in Deutschland befindlichen Ausländer, die Displaced Persons: «Verlassen Sie nicht den Bezirk, in dem Sie sich befinden. Warten Sie auf Anordnungen. Bilden Sie kleine Gruppen Ihrer eigenen Nationalität und wählen Sie Sprecher, die für Sie mit den alliierten Dienststellen verhandeln.»[37]

Displaced Persons – unter dieser Bezeichnung hatte das Alliierte Oberkommando in Europa (SHAEF = Supreme Headquarters Allied Expeditionary Force) in einem Memorandum vom November 1944 erstmals alle «Zivilpersonen» zusammengefasst, «die sich aus Kriegsfolgegründen außerhalb ihres Staates befinden, die zwar zurückkehren oder eine neue Heimat finden wollen, dieses aber ohne Hilfestellung nicht zu leisten vermögen».[38] Unter diese Definition fielen sowohl Zivilarbeiter und Kriegsgefangene aus aller Herren Länder als auch die aus den Konzentrationslagern befreiten ausländischen Häftlinge. Insgesamt handelte es sich bei Kriegsende um rund elf Millionen Menschen, von denen allein 6,3 Millionen auf die drei westlichen Besatzungszonen entfielen.[39]

Die größte Gruppe stellten die sogenannten «Fremdarbeiter», junge Männer und Frauen vor allem aus Polen und der Sowjetunion, die im Krieg ins «Großdeutsche Reich» verschleppt worden waren. Bis September 1944 war die Zahl der ausländischen Arbeitskräfte auf 7,6 Millionen angewachsen, darunter 5,7 Millionen Zivilarbeiter und knapp zwei Millionen Kriegsgefangene. Jeder vierte in Industrie und Landwirtschaft Beschäftigte stammte aus dem Ausland. Nur der massenhafte Einsatz von Zwangsarbeitern hatte es der nationalsozialistischen Führung ermöglicht, den Krieg nach der Katastrophe von Stalingrad noch mehr als zwei Jahre weiterzuführen.[40]

Der riesige Kosmos der Zwangsarbeit war zu einem festen Bestandteil des deutschen Alltagslebens in den letzten Kriegsjahren geworden. Jede größere Stadt war mit einem Netz von Lagern und Unterkünften überzogen, und jeder Einwohner konnte «Fremdarbeiter» sehen, wie sie zu ihrer Arbeitsstelle getrieben oder bei der Beseitigung von Bombenschäden eingesetzt wurden. Am schlechtesten behandelt wurden Polen und «Ostarbeiter», die aus der Sowjetunion deportierten Arbeitskräfte. Für sie galten Sondererlasse, die sie einer umfassenden Diskriminierung und sozialen Kontrolle unterwarfen. Dazu zählten unter anderem das Tragen von besonderen Kennzeichen – das «P» beziehungsweise das «Ost»-Abzeichen –, das Eingesperrtsein in geschlossene, durch Stacheldraht umzäunte Barackenlager sowie die Todesstrafe für intime Beziehungen zu deutschen Frauen.[41]

Je näher das Kriegsende rückte, desto stärkere Unruhe machte sich unter den «Fremdarbeitern» bemerkbar, desto mehr waren sie einer verschärften Repression ausgesetzt. Allein die schiere Präsenz von Millionen Arbeitssklaven aus den ehemals besetzten Gebieten Europas, die allen Grund hatten, sich für das ihnen angetane Leid zu rächen, nährte diffuse Bedrohungsängste unter der deutschen Bevölkerung. Darauf reagierten die NS-Verfolgungsbehörden mit einer Häufung von Gewaltexzessen. So fielen in den letzten Kriegstagen in allen größeren Städten des Ruhrgebiets Hunderte Ausländer, überwiegend «Ostarbeiter», den Mordkommandos der Gestapo zum Opfer.[42]

Nach dem Einmarsch der alliierten Truppen kam es, wie nicht anders zu erwarten, zu zahlreichen Vergeltungsaktionen. «Am stärksten ist das Verlangen nach Rache an ihren deutschen Gebietern bei den sowjetischen Verschleppten gewesen», fassten amerikanische Stellen zusammen.[43] In der Regel gingen die ehemaligen Zwangsarbeiter nicht wahllos vor, sondern suchten sich gezielt die Vorgesetzten – Meister, Lagerleiter, im Ruhrgebiet auch Steiger –, die ihnen besonders übel mitgespielt hatten. Zu den Ausschreitungen gegen einzelne verhasste Personen kamen Plünderungen und Diebstähle. «Die (ausländischen) Arbeiter, die in den letzten Jahren von den Deutschen ausgehungert und geschlagen worden waren, ließen sich unmittelbar nach ihrer Befreiung zu beträchtlichen Plünderungen hinreißen», berichtete die amerikanische Journalistin Marguerite Higgins Anfang April 1945 aus Frankfurt am Main.[44] Nicht wenige DPs taten sich zu Banden zusammen und durchstreiften die Gegenden rund um die Lager auf der Suche nach Kompensation für die Jahre der Entbehrungen. So hieß es in einem Bericht der 9. US-Armee: «DPs bewegen sich von einem Bauernhof zum anderen, Gruppen von wenigen Personen bis zu einer Stärke von 30–40, und fordern die Herausgabe von Produkten, Kleidung, manchmal sogar Schmuck und anderem persönlichen Eigentum.»[45] Nach der Befreiung des Kriegsgefangenenlagers Sandborstel Ende April 1945 begannen für die Bewohner des benachbarten Bremervörde unruhige Tage: «Welch ein Anblick in der Stadt!», schilderte ein Zeitgenosse die Situation am 3. Mai. «Die Straßen fast verstopft von Panzern und Soldaten. Dazwischen Ausländer, die plündernd und raubend von einem der zerstörten Häuser zum anderen ziehen.»[46]

Die DP-Kriminalität besonders in den ersten Maitagen 1945 spielte in der Wahrnehmung der deutschen Öffentlichkeit eine große Rolle. Sie prägte das Bild der DPs als asoziale, zügellose «Horden», das nahtlos an die Diskriminierung der Zwangsarbeiter unter der nationalsozialistischen Herrschaft anknüpfte. Für viele Deutsche waren die Berichte über die Ausschreitungen der DPs offenbar gar nicht so unwillkommen, konnten sie dadurch doch das schlechte Gewissen über die brutale Behandlung vor allem der «Ostarbeiter» und sowjetischen Kriegsgefangenen beruhigen. Dabei war, aufs Ganze gesehen, die Kriminalitätsrate bei den DPs nicht signifikant höher als die der Deutschen, die nach dem Krieg steil anstieg. Wo immer aber Straftaten begangen wurden, verdächtigte man zuerst die DPs.[47]

Mitte April 1945 hatten sich die Alliierten das Ziel gesetzt, die DPs nach ihrer Befreiung zu versorgen und danach so schnell wie möglich in ihre Herkunftsländer zu «repatriieren». Noch während ihres Einmarsches hatten sich im allgemeinen Chaos des untergehenden «Dritten Reiches» bereits Zwangsarbeiter, die im Westen beschäftigt gewesen waren, auf eigene Faust auf den Weg in die Heimat gemacht. «Man kann die Vagabundierenden sehen, wie sie die Straßen allein entlangziehen, manchmal kleine Banden bis zu einem Dutzend, alle ihre Habseligkeiten auf einem Handwagen: einige in Lumpen, andere in den schäbigen Uniformen von einem Dutzend Armeen», berichtete der «London News Chronicle» Anfang April.[48] In Berlin beobachtete der norwegische Korrespondent Theo Findahl am 3. Mai: «In langen Prozessionen verlassen die ausländischen Arbeiter Berlin, zu Fuß mit den Resten ihrer irdischen Güter auf Handkarren, von denen kleine dänische, französische, holländische, belgische Flaggen munter im Winde wehen. Gen Westen! Gen Westen!»[49]

Eisenhowers Radio-Botschaft vom 5. Mai diente dem Zweck, die wilden Wanderungen heimwärts einzudämmen. Die große Masse der DPs wurde in sogenannten «Assembly Centers» untergebracht. Häufig handelte es sich dabei um ehemalige Kasernen, Kriegsgefangenen- und Zwangsarbeitslager. Hier und dort wurden auch Wohnungen und Häuser von Deutschen beschlagnahmt, was bei den vormaligen Eigentümern jedes Mal für Empörung sorgte. Dass in der Kleinstadt Haren im Emsland im Mai 1945 alle Bewohner ihre Häuser räumen mussten, in die dann ehemalige polnische Zwangsarbeiter und Kriegsgefangene einzogen, blieb allerdings eine Ausnahme.[50] Da die Militärverwaltung in den drei westlichen Besatzungszonen mit der Unterbringung und Versorgung überfordert war, betraute sie die «United Nations Relief and Rehabilitation Administration» (UNRRA), eine internationale Hilfsorganisation, mit der Betreuung der Lager.

Der Zustand, in dem die Alliierten die DPs vorfanden, war recht unterschiedlich. Die Zwangsarbeiter und -arbeiterinnen, die in der Landwirtschaft eingesetzt worden waren, befanden sich in der Regel in einer besseren Verfassung als ihre in den Rüstungsbetrieben beschäftigten Leidensgenossen, und diese wiederum waren immer noch unvergleichlich besser dran als die befreiten KZ-Insassen. Überraschend schnell gelang es den Alliierten, die Verpflegung der vielen Millionen DPs sicherzustellen und ihre gesundheitliche Situation nachhaltig zu verbessern.[51] Auch bei ihrer Repatriierung konnten die Militärbehörden beachtliche Erfolge vorweisen. Zwischen Mai und September wurden täglich 33 000 Menschen aus den drei Westzonen in ihre Heimatländer zurückgeführt. Die Zahl der DPs hatte sich um rund fünf Millionen reduziert, so dass im Herbst nur noch 1,2 Millionen übrigblieben.[52] Die geringsten Probleme bereiteten die DPs aus Westeuropa, die so rasch wie möglich nach Hause wollten. Dagegen sperrten sich vor allem ehemalige Zwangsarbeiter aus Polen gegen eine Rückkehr, sei es, dass sie das neue kommunistische Regime ablehnten, sei es, dass ihr Heimatort in Ostpolen lag, das von der Sowjetunion annektiert worden war.[53]

Schwierigkeiten ergaben sich auch bei der Rückführung der sowjetischen DPs. Auf der Konferenz von Jalta im Februar 1945 hatten die Westalliierten mit der Sowjetunion vereinbart, dass alle sowjetischen Staatsangehörigen in gesonderten Lagern gesammelt und in die UdSSR repatriiert werden sollten, und zwar, wie es in einer ausführenden Bestimmung vom April 1945 hieß, «ohne Rücksicht auf ihre individuellen Wünsche».[54] Bis zum 1. Oktober 1945 wurden 4,1 Millionen Sowjetbürger zurückgeschickt; 1,85 Millionen kamen aus dem Operationsbereich der Roten Armee, 2,25 Millionen wurden von westalliierter Seite an die sowjetischen Behörden übergeben – nicht selten jedoch gegen ihren Willen und unter Anwendung von Zwang. Denn ein nicht geringer Teil der sowjetischen DPs stand in Verdacht, mit den Nationalsozialisten kollaboriert zu haben. Das galt vor allem für ehemalige «Hilfswillige» und Angehörige der Wlassow-Armee, die auf Seiten der Deutschen gegen die Sowjetunion gekämpft hatten. Aber auch Rotarmisten wurden allein aufgrund der Tatsache, dass sie sich hatten gefangen nehmen lassen, als «Verräter» verdächtigt. Und ebenso großes Misstrauen schlug den sowjetischen Zwangsarbeitern entgegen, die in den Rüstungsbetrieben der nationalsozialistischen Kriegswirtschaft hatten schuften müssen.

Es sprach sich rasch herum, dass sie nach ihrer Rückkehr mit Repressalien rechnen mussten. So wuchs der Widerstand gegen die Zwangsrepatriierungen. In einem Mannheimer Lager etwa wehrten sich Anfang September 1945 600 aus der Ukraine stammende DPs gegen den Rücktransport in die Sowjetunion. Nachdem ihnen amerikanische Offiziere eine Verschiebung um vier Tage zugestanden hatten, vermerkten die Beobachter der UNRRA: «Alle Betroffenen waren überglücklich über diese kurze Gnadenfrist und äußerten ihre Dankbarkeit und Freude auf unübersehbare Weise, indem sie den Offizieren und dem UNRRA-Team die

Sowjetische Zwangsarbeiterinnen begrüßen ihre Befreier nach der Eroberung Berlins Anfang Mai 1945.

Stiefel küssten, beteten und überhaupt ihre Gefühle auf äußerst emphatische Art zum Ausdruck brachten.»[55]

In Dachau, wo zwei Baracken des ehemaligen Konzentrationslagers für die Unterbringung sowjetischer DPs genutzt wurden, spielten sich im Januar 1946 dramatische Szenen ab. Vergeblich mühten sich US-Soldaten, die Insassen zu überreden, in einen bereitstehenden Zug zu steigen. Als sie schließlich die Baracken stürmten und dabei auch Tränengas einsetzten, hatten eine ganze Reihe der DPs versucht, sich das Leben zu nehmen. Ein amerikanischer Soldat berichtete für die Armeezeitung «The Stars and Stripes»: «Es waren nicht Menschen in den Baracken, als wir hineinkamen, es waren Tiere. Die GIs schnitten die meisten rasch los, die sich an den Deckenbalken erhängt hatten. Die, die noch bei Bewusstsein waren, schrien uns auf Russisch an, deuteten dabei erst auf die Schusswaffen der Soldaten, dann auf sich selbst, und baten uns flehentlich, sie zu erschießen.»[56]

Für einen Teil der sowjetischen Rückkehrer war der Leidensweg noch nicht beendet. Sie wurden zunächst in «Filtrierlagern» festgehalten und einer intensiven Überprüfung unterzogen. Wer der Kollaboration für schuldig befunden wurde, kam in ein Arbeitsbataillon oder ein Straflager. Auch diejenigen, die einer Bestrafung entgingen, waren immer wieder Diskriminierungen ausgesetzt. Ihr unfreiwilliger Aufenthalt in Nazi-Deutschland galt als fortwährendes Stigma und stempelte sie zu Bürgern zweiter Klasse. Erst seit Beginn der Neunzigerjahre, mit dem Ende der Sowjetunion, wurde der Umgang mit den «Ostarbeitern» zum öffentlichen Thema. Wesentlichen Anteil daran hatte die Moskauer Menschenrechtsorganisation «Memorial». In zahlreichen Interviews erhielten die ehemaligen Zwangsarbeiterinnen und Zwangsarbeiter erstmals die Möglichkeit, sich zu dem, was bisher als Makel gegolten hatte, zu bekennen.[57] Es dauerte allerdings noch einmal Jahre, bis die rot-grüne Bundesregierung unter Gerhard Schröder die deutsche Industrie, die sich jahrzehntelang hartherzig gezeigt hatte, dazu bewegen konnte, sich an einer Stiftung zur individuellen Entschädigung der Zwangsarbeiter zu beteiligen.[58]

Eine besondere Herausforderung stellte die relativ kleine Gruppe der jüdischen DPs dar. Nur 50 000 bis 75 000 hatten auf dem Gebiet der späteren westlichen Besatzungszonen die Konzentrationslager überlebt; viele waren bei ihrer Befreiung völlig entkräftet und schwer traumatisiert, hatten ihre Angehörigen verloren und keine Heimat, in die sie zurückkehren konnten. Sie waren noch mehr als andere auf Hilfe und Fürsorge angewiesen. Doch der alliierten Militärverwaltung fehlte zunächst das Verständnis für die besondere Situation der ehemaligen jüdischen KZ-Häftlinge. Sie wurden nicht als eigene Gruppe anerkannt, sondern mussten mit nichtjüdischen DPs in überfüllten Lagern leben, die Assoziationen an ihre Leidenszeit in den Konzentrationslagern weckten. Earl G. Harrison, der im Sommer 1945 im Auftrag des amerikanischen Außenministeriums die DP-Lager in der US-Zone inspizierte, kam in seinem Abschlussbericht an Präsident Harry S. Truman vom 24. August zu einem vernichtenden Urteil: «Wir scheinen die Juden wie die Nazis zu behandeln, mit der Ausnahme, dass wir sie nicht vernichten. Sie sind in großer Zahl in Konzentrationslagern untergebracht und werden anstelle der SS-Truppen von unseren Militärs bewacht. Man muss sich die Frage stellen, ob die Deutschen, wenn sie dies beobachten, nicht vermuten, dass wir die NS-Politik fortsetzen oder sie jedenfalls gutheißen.»[59]

Vor allem dieser Bericht sorgte für ein rasches Umdenken. Umgehend wurden rein jüdische Lager eingerichtet, die unter jüdische Selbstverwaltung gestellt wurden; die tägliche Kalorienzuteilung wurde deutlich erhöht, und die jüdischen DPs erhielten auch bevorzugt Wohnungen zugewiesen. «Sie werden mir beipflichten», schrieb Truman am 31. August 1945 an General Eisenhower, «dass wir eine besondere Verantwortung gegenüber diesen Opfern von Verfolgung und Tyrannei, die nun in unserer Zone leben, haben (…) Wir haben keine bessere Gelegenheit, dies zu demonstrieren, als durch die Art und Weise, in der wir die in Deutschland verbleibenden Überlebenden behandeln.»[60]

Unter den Deutschen verstärkte die besondere Aufmerksamkeit, die den jüdischen DPs als Opfergruppe zuteil wurde, die ohnehin vorhandene Ablehnung. Die damals 14jährige Ruth Klüger, die die Konzentrationslager Theresienstadt, Auschwitz-Birkenau und Christianstadt, ein Außenlager von Groß-Rosen, überlebt hatte und im bayerischen Straubing untergekommen war, erinnerte sich Jahrzehnte später, als eine inzwischen in den USA lebende bekannte Literaturwissenschaftlerin und Schriftstellerin: «In der deutschen Bevölkerung war der Judenhass unterschwellig geworden, brodelte aber weiter, wie ein Ragout in einem Kochtopf guter Qualität eine Weile weiterbrodelt und warm bleibt, nachdem die Herdflamme längst abgedreht wurde. Wie hätte es anders sein können? Die Überlebenden erinnerten durch ihr bloßes Dasein an das Vergangene und Begangene.»[61]

Im Laufe des Jahres 1946 änderte sich die Situation der jüdischen DPs insofern grundlegend, als ihre Zahl infolge des kontinuierlichen Zustroms von Juden aus Osteuropa stark anstieg – eine Folge der antisemitischen Ausschreitungen, die bald nach Kriegsende eingesetzt hatten und im Pogrom im polnischen Kielce im Juli 1946 ihren Höhepunkt fanden. Bis November 1946 suchten 111 139 Juden aus Polen und anderen osteuropäischen Ländern Zuflucht in der amerikanischen Besatzungszone. Ihnen wurde der DP-Status zuerkannt, obwohl sie der ursprünglichen Definition nicht entsprachen. «Damit war es» – so die Historikerinnen Angelika Königseder und Juliane Wetzel – «zu der paradoxen Situation gekommen, dass der Verursacher der jüdischen Tragödie, nämlich das nationalsozialistische Deutschland, nur kurze Zeit nach Kriegsende zum größten und sichersten Zufluchtsort für jüdische Flüchtlinge wurde, die hier in den DP-Lagern auf ihre Ausreise warteten.»[62]

Für die große Mehrheit der osteuropäischen jüdischen Überlebenden waren die DP-Lager in Deutschland nur eine vorübergehende Bleibe; sie wollten nach Palästina emigrieren und erhofften sich dabei die Unterstützung der USA. Doch der Traum von der Auswanderung sollte für die meisten nicht so bald in Erfüllung gehen. Denn die britische Regierung befürchtete, dass eine verstärkte jüdische Einwanderung die Probleme mit der arabischen Bevölkerung in ihrem Mandatsgebiet nur vergrößern würde, und verfolgte daher eine restriktive Politik. Nach der Unabhängigkeitserklärung Israels im Mai 1948, die in den DP-Lagern begeistert begrüßt wurde, hatte die Zeit des Wartens jedoch ein Ende. Lebten im Januar 1949 in der amerikanischen Besatzungszone noch über 64 000 Juden in 48 Lagern, waren es im November nur noch 15 000 in neun Lagern. Nach und nach wurden die jüdischen DP-Lager geschlossen, als letztes im Februar 1957 das Lager Föhrenwald in Oberbayern.[63]

Gegen Mittag des 5. Mai 1945 erreichten die ersten amerikanischen Panzerspähwagen unter dem Kommando von Sergeant Albert J. Kosiek das Konzentrationslager Mauthausen in Oberösterreich. Die SS hatte wenige Tage zuvor das Lager verlassen und die Bewachung der Wiener Feuerschutzpolizei und Angehörigen des Volkssturms übertragen, die sich widerstandslos entwaffnen ließen. Als die US-Patrouille am Appellplatz einfuhr, brach unter den Häftlingen Jubel aus. «Es herrschte unbeschreibliche Begeisterung», berichtete der Häftling mit der Nummer 127371, Simon Wiesenthal. «Die Leute rannten zu den Panzern. Auch ich rannte. Aber ich war zu schwach, dass ich keine Kraft für den Rückweg mehr hatte. Ich kroch auf allen vieren zurück.»[64]

Mauthausen war die letzte Station auf einem Leidensweg, der Simon Wiesenthal durch verschiedene Lager geführt hatte. Geboren worden war er 1908 in der ostgalizischen Stadt Butschatsch, die damals noch zum Habsburger Reich gehörte, nach 1919 aber an Polen fiel. Der Vater, Vertreter einer Zuckereiraffinerie, war im Ersten Weltkrieg gefallen. Nach dem Abitur studierte Wiesenhal Architektur in Prag; von dort wechselte er nach Lemberg (Lwiw), wo er sein Studium mit dem Ingenieurdiplom abschloss. Als die deutschen Truppen Ende Juni 1941 in Lemberg einmarschierten, lebten dort noch zwischen 160 000 und 170 000 Juden. Am

Ende des Krieges hatten nur 3400 überlebt – unter ihnen, wie durch ein Wunder, auch Simon Wiesenthal. Er war bereits wenige Tage nach dem deutschen Einmarsch verhaftet und als Arbeitssklave in ein Ausbesserungswerk der Ostbahn geschickt worden. Im September 1943 gelang ihm die Flucht aus dem Zwangsarbeitslager Janowska. Er konnte sich versteckt halten, bis er im Juni 1944 erneut verhaftet und mit einem der letzten Züge, die Lemberg verließen, nach Westen transportiert wurde.[65]

Über die Konzentrationslager Plaszow, Groß-Rosen und Buchenwald gelangte Wiesenthal Mitte Februar 1945 nach Mauthausen. Wie in Dachau waren auch hier die Unterkünfte infolge der Evakuierungstransporte aus den Lagern im Osten hoffnungslos überfüllt. Die Versorgungslage verschlechterte sich von Woche zu Woche; die Sterblichkeit war extrem hoch.[66] Auch Wiesenthals Leben hing in den zweieinhalb Monaten, die er im Krankenbau wegen eines erfrorenen Fußes zubringen musste, an einem seidenen Faden. «Morgen für Morgen baute sich einer der Aufseher in der Tür der Baracke auf und verlangte brüllend darüber Auskunft, wie viele Häftlinge in der Nacht ‹krepiert› seien», so schildert der Wiesenthal-Biograph, der israelische Historiker und Journalist Tom Segev, den dramatischen Wettlauf zwischen Tod und Befreiung. «In der Regel betraten die Aufseher die Baracken selbst schon nicht mehr, aus Angst vor Seuchen und wegen des bestialischen Gestanks, der dort herrschte. Einmal am Tag bekamen die Häftlinge des ‹Russenlagers› eine Schale, in der eine trübe Flüssigkeit schwappte, die als ‹Suppe› bezeichnet wurde.»[67] Auch in den Tagen nach der Befreiung starben noch Tausende an den Folgen der Haft.

Simon Wiesenthal erholte sich erstaunlich rasch. Sein Weg zurück ins Leben führte ihn nach Linz – jener Stadt an der Donau, in der Hitler seine Jugendjahre verbracht hatte. Nur wenige Wochen nach seiner Befreiung begann Wiesenthal mit einer Tätigkeit, die er zu seiner Lebensaufgabe machen sollte: nämlich diejenigen zu finden und vor Gericht zu stellen, die für die ungeheuerlichen Verbrechen des Nationalsozialismus verantwortlich waren. Ende Mai 1945 überreichte er dem «U. S. Camp Commander» in Mauthausen eine achtseitige Liste, auf der die Namen von annähernd 150 NS-Verbrechern aufgeführt wurden. In der Folgezeit befragte er für die US-Militärverwaltung jüdische Überlebende. Die Informationen über Täter und Tatorte, die er von ihnen erhielt, wurden zum Grundstock für das «Dokumentationszentrum», das er 1947 in Linz gründete und später in Wien fortführte. Durch Zufall erfuhr Wiesenthal, dass auch seine Frau Cyla, die er 1936 geheiratet hatte, unter falschem Pass als Zwangsarbeiterin in Solingen überlebt hatte. Als die beiden Ende 1945 wieder zusammenkamen und eine Liste aller Verwandten zusammenstellten, die im Holocaust umgebracht worden waren, zählten sie 89 Namen.[68]

Bei seiner Jagd nach NS-Verbrechern konnte Wiesenthal einige spektakuläre Erfolge verbuchen. Bereits 1953 informierte er die israelischen Behörden, dass sich Adolf Eichmann, einer der Hauptorganisatoren des Judenmords, unter falschem Namen in Argentinien aufhalte – sieben Jahre, bevor Eichmann in Buenos Aires von Agenten des Geheimdienstes Mossad verhaftet und nach Israel geschafft wurde, wo er in Jerusalem vor Gericht gestellt und Anfang Juni 1962 hingerichtet wurde. Durch seine Beteiligung an dem Coup war Wiesenthal zu einer Berühmtheit geworden. Zu den bekannten Tätern, die er im Jahr 1963 aufspürte, gehörte der österreichische SS-Oberscharführer Karl Josef Silberbauer, der im August 1944 Anne Frank und ihre Familie in Amsterdam verhaftet hatte. Nach dem Krieg war er nach Wien zurückgekehrt und in den Fünfzigerjahren wieder in den Polizeidienst aufgenommen worden. Ein gegen ihn eingeleitetes Verfahren wurde 1964 eingestellt – eine der vielen Enttäuschungen, die Wiesenthal erleben musste. 1967 gelang es ihm, den Kommandanten des Vernichtungslagers Treblinka, Franz Stangl, ausfindig zu machen, der sich nach São Paulo in Brasilien abgesetzt hatte. Stangl wurde an die Bundesrepublik ausgeliefert und in einem Prozess vor dem Landgericht Düsseldorf im Dezember 1970 zu lebenslanger Haft verurteilt. Bereits ein halbes Jahr danach starb er im Gefängnis.[69]

Simon Wiesenthals Tätigkeit war nicht unumstritten. Von jenen, die schon früh einen Schlussstrich unter die braune Vergangenheit ziehen wollten, wurde er als «Nazi-Jäger» verunglimpft. Gewiss, er arbeitete gelegentlich mit fragwürdigen Methoden, und er neigte dazu, von seiner Person zu viel Aufhebens zu machen. Doch das schmälert nicht sein großes Verdienst. Ohne seinen Mut und seine Beharrlichkeit wären noch mehr NS-Verbrecher nach 1945 ohne die verdiente Strafe davongekommen. «Sein ganzes Leben lang behielt er die Toten in Erinnerung und kämpfte gegen die Leugnung ihres Todes an – so wie er selbst gegen den Tod gekämpft und das Leben geheiligt hatte», resümiert sein Biograph Tom Segev.[70]

6. Mai 1945

Am Morgen des 6. Mai 1945 traf General Eberhard Kinzel in Flensburg-Mürwik ein, um über den Stand der Verhandlungen mit General Eisenhower zu berichten. Kinzel gehörte zur kleinen Delegation des Generaladmirals Hans-Georg von Friedeburg, die am 4. Mai den Auftrag erhalten hatte, sich nach Abschluss der Verhandlungen mit Montgomery in das alliierte Hauptquartier nach Reims zu begeben, um hier eine Teilkapitulation gegenüber den amerikanischen Streitkräften zu vereinbaren.[1] Noch am selben Tag hatte Eisenhower vom bevorstehenden Besuch der deutschen Delegation Kenntnis erlangt. Für ihn stand von vornherein fest, dass er sich auf Verhandlungen über eine weitere Teilkapitulation nicht einlassen durfte. Bereits die Geheimgespräche über die Kapitulation der deutschen Heeresgruppe C in Italien im März/April 1945 hatten, wie geschildert, zu einer Krise in der Anti-Hitler-Koalition geführt und das Misstrauen Stalins in die Absichten der Westalliierten geweckt.[2] «Sobald irgendwie der Eindruck entstanden wäre, dass die Alliierten eine Kapitulation der deutschen Regierung entgegennehmen wollten, die sich nur auf die im Westen stehenden Streitkräfte bezog, so hätte das meiner Meinung nach zu schweren Missverständnissen führen können», hat Eisenhower in seinen Erinnerungen ausgeführt. «Wir wären dann nämlich in eine schiefe Lage geraten, und die Russen hätten uns mit Fug und Recht unloyales Verhalten vorwerfen können.»[3]

Daher beeilte sich Eisenhower, der sowjetischen Führung in einem Telegramm das Kommen der deutschen Parlamentäre mitzuteilen und ihr zu versprechen, dass er nur einer Gesamtkapitulation zustimmen werde, eine Teilkapitulation der Wehrmacht im Westen aber gar nicht in Frage kommen könne. Zugleich bat er darum, einen Offizier der Roten Armee in sein Hauptquartier zu entsenden, der die Sowjetunion bei den Kapitulationsverhandlungen vertreten sollte. Das sowjetische Oberkommando benannte daraufhin General Iwan Alexejewitsch Susloparow, den Chef der sowjetischen Militärmission in Frankreich.[4]

Mit der Führung der Verhandlungen betraute Eisenhower seinen Stabschef, General Walter Bedell Smith, und den Leiter der militärischen Abwehr, den britischen General Kenneth W. D. Strong. Er selbst wollte mit den deutschen Unterhändlern möglichst nicht in Berührung kommen. Seit er am 12. April in der Nähe von Gotha zum ersten Mal ein befreites Konzentrationslager, Ohrdruf, ein Außenlager Buchenwalds, besichtigt hatte, hatten sich seine Antipathien gegen die Deutschen noch verstärkt: «Ich bin niemals imstande gewesen, die Gefühle zu schildern, die mich überkamen, als ich zum ersten Mal ein so unbestreitbares Zeugnis für die Unmenschlichkeit der Nazis und dafür vor Augen hatte, dass sie sich über die primitivsten Gebote der Menschlichkeit in skrupelloser Weise hinwegsetzten (...) Nichts hat mich je so erschüttert wie dieser Anblick.»[5]

Als Generaladmiral von Friedeburg am Nachmittag des 5. Mai in Eisenhowers Hauptquartier im Gebäude einer Schule in Reims (das heutige Lycée Polyvalent Franklin Roosevelt) eintraf, bekam er die veränderte Atmosphäre zu spüren. Bedell Smith hatte eine Karte vorbereitet, auf der die Positionen der amerikanischen und deutschen Truppen vermerkt waren. Zusätzlich hatte er noch mit großen roten Pfeilen zwei angeblich geplante Operationen der US-Armeen eingezeichnet, um den Deutschen die ganze Hoffnungslosigkeit der militärischen Lage vor Augen zu führen. Ohne Umschweife konfrontierte er von Friedeburg mit der Forderung nach sofortiger bedingungsloser Kapitulation, und zwar auf allen Kriegsschauplätzen. Die deutschen Truppen sollten in ihren gegenwärtigen Stellungen verbleiben und die Waffen niederlegen. Schiffe, Flugzeuge und anderes Kriegsgerät seien unzerstört zu übergeben. Das OKW müsse die Garantie für die Einhaltung der Bestimmungen übernehmen, andernfalls würde man Strafmaßnahmen ergreifen. Von Friedeburg erklärte, dass er für eine Annahme der Gesamtkapitulation an allen Fronten keine Vollmacht besitze. Er müsse sich daher mit Dönitz in Verbindung setzen und neue Direktiven erbitten.[6]

Die Botschaft des Generaladmirals, die General Kinzel am 6. Mai, um 9.00 Uhr, überbrachte, löste in Flensburg Empörung aus. Die Bedingungen Eisenhowers seien «unannehmbar», waren sich Dönitz, Schwerin von Krosigk, Keitel, Jodl und der Leiter des Zivilkabinetts, Gauleiter Wegener, einig, weil man doch «die Armeen im Osten nicht den Russen ausliefern» könne. Und sie seien auch «undurchführbar, weil kein Soldat der Ostfront sich an den Befehl, die Waffen niederzulegen und stehenzubleiben, halten» werde. Andererseits waren sich der Großadmiral und seine Berater darüber im Klaren, dass, wie es im Protokoll hieß, «die hoffnungslose militärische Lage, die Gefahr weiterer Verluste im Westen durch Bombenangriffe und Kriegshandlungen und die Gewissheit des unvermeidlichen militärischen Zusammenbruchs in kurzer Zeit auch der noch intakten Armeen zu einer Lösung» zwinge. So entschloss man sich, noch einmal den Versuch zu unternehmen, «Eisenhower rückhaltlos offen klarzumachen, weshalb eine Gesamtkapitulation unmöglich ist, eine Kapitulation nur nach Westen aber sofort angenommen werden würde».[7]

Mit dieser Aufgabe wurde Generaloberst Jodl betraut, der ein entschiedener Gegner einer Gesamtkapitulation war. In Absprache mit Schwerin von Krosigk gab ihm Dönitz folgende Weisung mit auf den Weg: «Versuchen Sie nochmals die Gründe zu erklären, warum wir eine Teilkapitulation den amerikanischen Streitkräften gegenüber anstreben. Scheitern Sie hierbei bei Eisenhower, wie es Friedeburg erging, so erbitten Sie für eine Gesamtkapitulation folgendes Verfahren: In ihr werden zwei Termine festgelegt. Zu dem ersten Zeitpunkt hören die Kampfhandlungen auf, aber die deutschen Truppen dürfen sich noch bewegen. Im zweiten ist auch dieses Bewegungsrecht beendet. Versuchen Sie zu erreichen, dass die Zeitspanne zwischen beiden Terminen möglichst groß ist.»[8] Mit dieser ungewöhnlichen Form einer stufenweisen Kapitulation hoffte Dönitz Zeit zu gewinnen, damit sich noch möglichst viele Soldaten und Flüchtlinge nach Westen, hinter die amerikanischen Linien, retten konnten. Gemäß dieser Weisung erhielt Jodl Vollmacht, die Gesamtkapitulation an allen Fronten zu unterschreiben, allerdings sollte er zuvor auf telegrafischem Wege die ausdrückliche Zustimmung des Großadmirals einholen.

Am Nachmittag des 6. Mai flog Jodl nach Reims und traf dort um 17.30 Uhr ein. Auch ihm gelang es nicht, die Amerikaner umzustimmen. Gleich zu Beginn stellte Bedell Smith noch einmal klar: Eine einseitige Einstellung der Kampfhandlungen im Westen sei «ganz unmöglich», es komme nur «eine gemeinsame Kapitulation gegenüber allen Verbündeten» in Betracht. Jodl schlug daraufhin vor, dass die Unterzeichnung der Gesamtkapitulation nicht durch ihn selbst, sondern durch die Oberbefehlshaber der drei Wehrmachtteile – Heer, Luftwaffe, Marine – vorgenommen werden sollte. Diese könnten allerdings erst am 8. Mai in Reims eintreffen, und man benötige überdies eine Frist von 48 Stunden, um alle Truppenteile zu informieren, so dass eine allgemeine Waffenruhe erst am 10. Mai eintreten könne.

Für die Amerikaner war klar, dass die deutschen Unterhändler versuchten, auf Zeit zu spielen. Eisenhower lehnte den Vorschlag Jodls rundweg ab und verlangte in ultimativer Form, dass die Unterzeichnung ohne weitere Verzögerung stattfinden müsse. Jodl wurde eine Bedenkzeit von einer halben Stunde eingeräumt. Lehne er ab, so drohte Eisenhower, werde der Bombenkrieg wiederaufgenommen und die amerikanischen Linien «für alle aus dem Osten kommenden Deutschen dicht gemacht».[9] Immerhin fanden sich die Amerikaner zu dem Zugeständnis bereit, den Deutschen eine Frist von zwei Tagen zwischen der Unterzeichnung und dem Inkrafttreten der Kapitulation zu gewähren.

Um 21.45 Uhr, am Abend des 6. Mai, sandte Jodl einen Funkspruch an Keitel: «General Eisenhower besteht darauf, dass wir noch heute unterschreiben; andernfalls werden die alliierten Fronten auch gegenüber denjenigen Personen geschlossen werden, die sich einzeln zu ergeben versuchen, und alle Verhandlungen werden abgebrochen. Ich sehe keinen anderen Ausweg als Chaos oder Unterzeichnung. Erbitte sofortige drahtlose Bestätigung, ob ich die Vollmacht habe, die Kapitulation zu unterzeichnen. Die Kapitulation kann dann wirksam werden. Feindseligkeiten werden dann am 9. Mai 1945, 00.00 Uhr deutscher Sommerzeit, aufhören.»[10] Der Funkspruch sollte erst nach Mitternacht in Flensburg eintreffen.

Am Nachmittag des 6. Mai entschloss sich Dönitz zu einem längst überfälligen Schritt: Er entließ Heinrich Himmler aus allen seinen Ämtern. Der Reichsführer SS, Innenminister und Befehlshaber des Ersatzheeres, der bei Hitler wegen seiner Kontakte zu den Westmächten in Ungnade gefallen und in dessen Testament nicht mehr berücksichtigt worden war, hatte anfangs gehofft, in der Regierung Dönitz die Rolle eines «zweiten Mannes» spielen zu können. Der Großadmiral hatte ihn zunächst hingehalten. Eine vollständige Trennung schien ihm nicht opportun, solange Himmler noch über Machtmittel in Polizei und SS gebot.[11] Als Dönitz sein Hauptquartier in der Nacht vom 2. auf den 3. Mai nach Flensburg verlegte, folgte ihm Himmler nach, und mit ihm zog es auch eine ganze Reihe hochrangiger Lager-SS-Führer in den Norden, unter ihnen der ehemalige Kommandant von Auschwitz, Rudolf Höß. In seinen 1946/47 vor seiner Hinrichtung in polnischer Untersuchungshaft geschriebenen Erinnerungen hat Höß berichtet, der Reichsführer SS sei bei ihrer letzten Begegnung am 3./4. Mai «strahlend und bester Laune» gewesen.[12] Tatsächlich scheint Himmler angenommen zu haben, er werde auch künftig mit seiner SS als «Ordnungsfaktor» im Kampf gegen den Bolschewismus unentbehrlich sein.[13] In den Kabinettssitzungen tauchte er immer wieder unvermutet auf und präsentierte sich sehr selbstbewusst. Auch wenn Dönitz ihn nicht für einen Posten in seiner «Geschäftsführenden Reichsregierung» vorsah, stimmte er doch am 4. Mai einer Formulierung zu, die den ungeklärten Status Himmlers folgendermaßen präzisierte: «Unter Beibehaltung der Führung der Waffen-SS hat der Reichsführer SS Heinrich Himmler als Chef der Deutschen Polizei die Gewähr für die Aufrechterhaltung der Ruhe und Ordnung übernommen.»[14]

Wahrscheinlich hat Dönitz schnell bemerkt, dass er Himmler hier zu weit entgegengekommen war, denn bereits am nächsten Tag schlug er eine unverbindlichere Sprachregelung vor: «Der Reichsführer SS Heinrich Himmler hat sich dem Großadmiral zur Verfügung gestellt.» Mit dieser Fassung war Himmler nicht einverstanden, und auch ein Kompromissvorschlag Schwerin von Krosigks – «Der Reichsführer SS Heinrich Himmler hat sich dem Großadmiral zur Mitarbeit für die Aufrechterhaltung von Ruhe und Ordnung zur Verfügung gestellt» – fand nicht seine Zustimmung.[15]

Doch Himmlers Machtposition verfiel von Tag zu Tag, und nach Inkrafttreten der Teilkapitulation im Norden und der Bildung der «Geschäftsführenden Reichsregierung» glaubte Dönitz keine Rücksichten mehr nehmen zu müssen. Um 17.00 Uhr am Nachmittag des 6. Mai bestellte er Himmler zu sich und eröffnete ihm, dass er auf seine Dienste als Innenminister, Chef des Ersatzheeres und der Polizei verzichte und «sämtliche Bindungen zwischen ihm und der jetzigen Regierung als gelöst» betrachte.[16]

Keitel übernahm es im Auftrag von Dönitz, den Reichsführer SS aufzufordern, von künftigen Besuchen im Hauptquartier des Großadmirals abzusehen.[17] «Er fühle sich gegen Entdeckung absolut sicher und werde die für ihn schnell arbeitende Entwicklung im Verborgenen abwarten», erklärte Himmler, bevor er entschwand.[18]

Am 11. Mai verließ er den Raum Flensburg, ausgestattet mit einem gefälschten Soldbuch, das ihn als Feldwebel «Heinrich Hitzinger» auswies. Begleitet wurde er von Angehörigen seines Stabes, unter ihnen sein Adjutant, SS-Obersturmbannführer Werner Grothmann, und Sturmbannführer Heinz Macher. Bei Friedrichskoog setzte die Gruppe wenige Tage später mit einem Fischerboot über die Elbe. Offenbar wollte Himmler im Harz untertauchen, um sich von dort aus später zu den Alpen durchzuschlagen. Doch am 21. Mai wurden er, Grothmann und Macher in der Nähe von Bremervörde von einem Kontrollposten festgenommen und in ein Interrogation Camp der britischen Streitkräfte bei Lüneburg eingeliefert. Hier gab Himmler gegenüber dem diensthabenden Captain seine Identität zu. Die Vernehmungsoffiziere wollten zunächst nicht glauben, dass ihnen mit dem unscheinbaren Mann in abgerissener Zivilkleidung einer der meistgesuchten Verbrecher aus der Führungsriege des «Dritten Reiches» ins Netz gegangen war. Man brachte ihn zum Hauptquartier der 2. Britischen Armee in Lüneburg. Bei einer gründlichen medizinischen Untersuchung am 23. Mai entdeckte der Arzt im Mund des Gefangenen die blaue Spitze eines Objekts; doch bevor er den Fremdkörper entfernen konnte, zerbiss Himmler die Zyankalikapsel und entzog sich so – wie Hitler, Goebbels, Bormann – der Verantwortung für seine Verbrechen.[19]

Am 6. Mai 1945 marschierten Soldaten des 2. Regiments der 5. Infanteriedivision der US-Armee in Wallern (tschechisch: Volary), eine Stadt in Südböhmen, ein. In einem Fabrikschuppen entdeckten sie 118 jüdische Frauen, die sich in einem schrecklichen Zustand befanden. Der Sanitätsoffizier, Major Aaron S. Cahan, der beauftragt wurde, die Frauen in ein Lazarett zu überführen, berichtete vier Tage später: «Mein erster Eindruck von diesen Menschen war äußerste Erschütterung; ich hätte nie geglaubt, dass ein Mensch so erniedrigt werden könne, dass er dermaßen unterernährt und abgemagert leben und unter solchen Umständen existieren könne (...) Ich glaubte, wir hätten eine Gruppe alter Menschen vor uns liegen, und ich hätte zu dieser Zeit geurteilt, dass ihr Alter sich zwischen 50 und 60 Jahren bewege. Ich war daher überrascht und erschüttert, als ich eines von diesen Mädchen fragte, wie alt sie sei, und sie mir antwortete: siebzehn, während sie mir wie mindestens fünfzig erschienen war.»[20]

Die jüdischen Frauen waren Überlebende eines Todesmarsches, der drei Wochen zuvor aus dem Lager Helmbrechts aufgebrochen war. Helmbrechts, ein Außenlager des KZ Flossenbürg, etwa fünfzehn Kilometer südwestlich der oberfränkischen Stadt Hof gelegen, war im Sommer 1944 eingerichtet worden. Dort interniert waren im Februar 1945 rund 600 weibliche Häftlinge vor allem aus Polen und der Sowjetunion, die in Zwölfstundenschichten für die Rüstungsfirma Neumeyer arbeiten mussten. Am 6. März 1945 trafen 621 jüdische Frauen im Lager Helmbrechts ein. Sie hatten bereits zwei grausame Evakuierungsmärsche aus Außenlagern des KZ Groß-Rosen hinter sich und waren bei ihrer Ankunft äußerst geschwächt. Viele litten an Ruhr und Erfrierungen. Sie wurden, streng abgesondert, in zwei Baracken eingepfercht. Ihre Lage war ungleich schlechter als die der Nichtjüdinnen. Sie erhielten keine medizinische Versorgung, und die Verpflegung bestand in der Regel aus einem halben Liter mit Wasser verdünnter Suppe. Zur Arbeit wurden sie nicht mehr herangezogen, und die Aufseherinnen unterließen nichts, um ihnen auch noch den letzten Rest menschlicher Würde zu nehmen. In den fünf Wochen, die sie in Helmbrechts verbrachten, starben 44 von ihnen.[21]

Am 13. April, als die amerikanische Vorhut nur noch 50 Kilometer entfernt war, entschied der Lagerkommandant, SS-Unterscharführer Alois Franz Dörr, Helmbrechts zu räumen. 1171 weibliche Häftlinge, unter ihnen 580 Jüdinnen, mussten in den Nachmittagsstunden den Marsch antreten. Nur die nichtjüdischen Insassinnen erhielten zuvor ein wenig Verpflegung, Kleidung und Decken. Begleitet wurden die drei Kolonnen von bewaffneten SS-Männern und Aufseherinnen, die mit hölzernen Schlagknüppeln ausgerüstet waren. Viele gerade der jüdischen Frauen waren so geschwächt, dass sie sich kaum auf den Beinen halten konnten und von den Mitmarschierenden gestützt werden mussten. Bereits in den ersten Tagen erschossen die Wachmänner alle, die das Marschtempo nicht einhalten konnten. Erbarmungslos prügelten die Aufseherinnen auf die Übrigen ein, um sie anzutreiben.

Über das Ziel des Marsches bestand offensichtlich keine Klarheit. Die Route führte zunächst in südöstlicher Richtung, über Schwarzenbach an der Saale und Neuhausen. Hier erschien am Nachmittag des zweiten Marschtages ein Kurier der SS-Reichsführung, der Dörr den Befehl Himmlers übermittelte, dass künftig «keine Erschießungen mehr vorgenommen werden dürften, weil Verhandlungen mit den Amerikanern eingeleitet worden seien, die nicht gestört werden dürften».[22] An der Situation änderte das wenig. Jeder Wachmann konnte auch fortan mit den Häftlingen verfahren, wie er es für richtig hielt, ohne Sanktionen befürchten zu müssen.

In Neuhausen erfuhr Dörr, dass die amerikanischen Truppen nur noch 15 Kilometer entfernt waren. Er ordnete die Vernichtung der Lagerakten und den Weitermarsch noch in der Nacht an. Im Durcheinander des überstürzten Aufbruchs gelang es 50 Frauen aus der Gruppe der nichtjüdischen Häftlinge zu entkommen; auch einige Aufseherinnen ergriffen die Gelegenheit, um sich aus dem Staub zu machen. Am 17. April erreichte der Zug das Frauenlager Zwodau (Svateva). Für die Nichtjüdinnen endete hier der Marsch. Die Jüdinnen mussten unter dem Kommando von Dörr weiterziehen.[23] Die Route führte nun in südlicher Richtung, durch das 1938 annektierte Sudetenland. «Sich das Elend dieser Frauen vorzustellen, wie sie sich oft barfuß über frostkalte Straßen schleppten, ist kaum möglich», schreibt Daniel Goldhagen in seinem Buch «Hitlers willige Vollstrecker», das 1996 eine hitzige Debatte über den Anteil der «gewöhnlichen Deutschen» am Holocaust auslöste. «Jeder qualvolle Schritt verhieß nur den nächsten, jeder Tag war so schmerzerfüllt wie der vorangegangene. Für die Frauen war weder ein Ziel noch ein Ende des Marsches in Sicht. Jeder Schritt forderte von ihnen, alle Kraft zusammenzunehmen, denn sie waren bestenfalls apathisch in ihrem abgezehrten und kranken Zustand. Jeden Morgen erwachten sie mit nagendem Hunger, mit geschwollenen und vereiterten Füßen, mit steifen Gliedern und offenen Wunden, die nicht mehr heilen wollten. Sie wussten, dass ein ganzer Tagesmarsch vor ihnen lag und dass ihre Peiniger ihnen kaum Gelegenheit zum Ausruhen geben würden. Wenn es schließlich Abend würde, bekämen sie vielleicht einige Bissen Nahrung und würden dann in einen fiebrigen, schmerzerfüllten Halbschlaf fallen, nur um am nächsten Tag diesen Kreislauf des Schreckens zu wiederholen. So sah ein ‹normaler› Tag aus.»[24]

Tagelang bekamen die Marschierenden nichts zu essen; oft mussten sie auf freiem Feld übernachten. Viele starben in den Nächten an Erschöpfung. Diejenigen, die zu krank oder zu schwach waren, um weiterzumarschieren, wurden auf Pferdefuhrwerke geladen. So schleppte sich der Zug durch die bergige Region des Böhmerwaldes, bis er in den Nachmittagsstunden des 3. Mai die Ortschaft Wallern (Volary) erreichte. Dort entschied Dörr, die Frauen, die nicht mehr gehfähig waren, zurückzulassen und mit den Übrigen sich nach Prachatitz (Prachatice), einer Stadt an der Grenze zum Protektorat Böhmen und Mähren, aufzumachen. Hier wurden die Überlebenden des Todesmarsches endlich freigelassen. Dörr und seine Mittäter tauchten unter. Der Kommandoführer wurde im März 1969 vom Schwurgericht in Hof zu lebenslanger Freiheitsstrafe verurteilt, aber bereits 1979 begnadigt.[25]

Von den 625 weiblichen jüdischen Häftlingen, die das Lager Zwochau am 19. April verlassen hatten, waren mindestens 278 gestorben; 129 hatten während des Marschierens den Tod gefunden oder waren in einem der nächtlichen Lager der Kälte und dem Hunger erlegen. Weitere 49 waren durch die Aufseher ermordet worden, entweder weil sie nicht mehr weiterkonnten oder versucht hatten zu fliehen. Bei vielen anderen sind die Umstände ihres Todes nicht bekannt.[26]

Der Todesmarsch von Helmbrechts war nur einer von vielen im blutigen Finale der nationalsozialistischen Herrschaft, und zu ihren Opfern zählten nicht nur Jüdinnen und Juden, sondern darüber hinaus Zwangsarbeiter, Kriegsgefangene und politische Häftlinge verschiedenster Nationalitäten – Russen, Polen, Tschechen, Franzosen, Belgier, Ungarn, Deutsche.[27] In den letzten Wochen des «Dritten Reiches» war es ein alltägliches Bild: Tausende von KZ-Häftlingen schleppten sich, häufig wandelnden Skeletten gleichend, über Landstraßen und durch Dörfer. Von den über 714 000 Insassen der Konzentrationslager Anfang 1945 kamen, so wird geschätzt, auf den Todesmärschen mindestens 250 000, also mehr als ein Drittel, ums Leben.[28]

Begriffen werden kann das grauenvolle Geschehen nur vor dem Hintergrund der chaotischen Bedingungen, die im untergehenden NS-Regime herrschten. So hatte bereits die Räumung der großen Lager im Osten – Auschwitz, Groß-Rosen, Stutthof – vor der heranrückenden Roten Armee im Januar 1945 alle Merkmale hastiger Improvisation aufgewiesen. Die Häftlinge mussten ihren Marsch in Eiseskälte, ohne ausreichende Verpflegung und schützende Kleidung antreten. Viele starben bereits in den ersten Tagen. Flüchtlingstrecks und zurückflutende Wehrmachteinheiten verstopften die Straßen, und inmitten des allgemeinen Durcheinanders wuchs die Bereitschaft der Wachmannschaften, sich der

Häftlinge zu entledigen. In der Nacht vom 31. Januar auf den 1. Februar kam es am Ostseestrand des Städtchens Palmnicken zu einem furchtbaren Massaker: Rund 3000 Häftlinge, überwiegend jüdische Frauen aus dem KZ Stutthof und seinen Außenlagern, wurden von SS-Männern mit Maschinenpistolen ermordet; ihre Leichen wurden noch Tage später an die umliegenden Strände gespült.[29]

Die Konzentrationslager im «Altreich» wiederum waren auf die Aufnahme Zehntausender völlig entkräfteter Häftlinge nicht im Geringsten vorbereitet. Diese wurden unter Bedingungen untergebracht, die zumeist noch verheerender waren als in den Lagern, aus denen sie kamen. Sie befanden sich also im April 1945, als die Räumungen in Buchenwald, Sachsenhausen, Flossenbürg, Neuengamme, Ravensbrück und anderen Lagern begannen, in einer wesentlich schlechteren körperlichen Verfassung als die übrigen Insassen. Entsprechend geringer waren ihre Überlebenschancen auf den Todesmärschen.

Im administrativen Wirrwarr der letzten Kriegstage gab es weder klare Befehle, wie die Häftlinge unterwegs zu behandeln seien, noch wohin man sie eigentlich verbringen sollte. Die Folge war, dass viele Marschkolonnen in dem immer schmaler werdenden Korridor des noch nicht besetzten Territoriums ziellos hin und her getrieben wurden, und dass es weitgehend in das Ermessen der Wachmannschaften gestellt war, ob sie die Unglücklichen, die nicht mehr weiterkonnten, erschossen oder auch nicht. Die Entscheidung über Leben und Tod hing somit nicht zuletzt von der Zusammensetzung des Begleitpersonals und der besonderen Situation in jenen Orten ab, durch die die Häftlinge geführt wurden und in denen sie unmittelbar vor dem Eintreffen der amerikanischen, britischen oder russischen Truppen strandeten.

Die Todesmärsche spielten sich vor den Augen der Bevölkerung ab. Viele Bewohner auch ländlicher Gebiete wurden zu Zeugen des Massenmords vor der Haustür, mussten mit ansehen, wie die ausgemergelten Gestalten von den Wachmannschaften geprügelt und erschossen wurden. Die Reaktionen fielen unterschiedlich aus: Mitleidige Bürger, zumeist Frauen, ließen sich anrühren und versuchten, Wasser oder etwas Essbares bereitzustellen oder den Häftlingen zu reichen. Andere, besonders mutige, halfen jenen, denen es gelungen war, in einem unbeobachteten Moment zu fliehen. Doch verbreiteter als Unterstützung waren Passivität und Abwehr. Viele ließ der Anblick der Elendszüge gleichgültig, oder sie

Häftlinge aus dem KZ Dachau ziehen am 28. April auf ihrem Todesmarsch nach Bad Tölz durch Starnberg. Das Foto wurde heimlich aufgenommen.

empfanden Angst – nicht nur vor den SS-Leuten, die brutal gegen alle vorgingen, die helfen wollten, sondern auch vor den Häftlingen, die in ihrem heruntergekommenen Zustand ein lebendiger Beweis dafür zu sein schienen, dass es sich um «Asoziale», «Volksschädlinge» oder gar um gefährliche Kriminelle handeln müsse.[30]

Nicht selten beteiligten sich gewöhnliche Deutsche am Morden. Ein besonders erschütternder Fall ereignete sich Anfang April 1945 in Celle. Hier war es Hunderten von Häftlingen aus einem Nebenlager von Neuengamme gelungen, während eines Bombenangriffs auf den Bahnhof der Stadt aus dem Zug zu flüchten und sich in einem nahegelegenen Wald zu verstecken. In der folgenden Nacht machten sich die Aufseher des Begleitkommandos, SA-Männer, Soldaten aus einer Kaserne, örtliche Polizisten, Volkssturmmänner und auch Gruppen von Zivilisten, unter ihnen vierzehn- bis sechzehnjährige Hitlerjungen, auf Jagd nach den Entflohenen. Mindestens 170 Häftlinge wurden getötet.[31]

Auch in Gardelegen, einer Kleinstadt in der Altmark, geschah gegen Kriegsende Entsetzliches. Hier waren am 13. April 1100 Überlebende eines Todesmarsches aus zwei Nebenlagern von Mittelbau-Dora eingetroffen. Sie wurden in eine abgelegene Feldscheune eingesperrt; das Gebäude wurde danach in Brand gesteckt. Wer den Flammen zu entkommen suchte, wurde mit Maschinengewehren niedergemäht. Hauptverantwortlich für das Massaker war nicht das SS-Kommando – einige Männer hatten sich bereits davongemacht –, sondern der fanatische NSDAP-Kreisleiter Gerhard Thiele. Er fürchtete, dass die Amerikaner bereits in den nächsten Stunden in die Stadt einrücken und die dann befreiten Häftlinge Rache nehmen könnten. Gezielt in die Welt gesetzte Gerüchte über Gräueltaten umherstreunender Häftlinge machten die Runde und steigerten die allgemeine Panik. In dieser Atmosphäre hatte Thiele keine Mühe, aus der Zivilbevölkerung Helfer zu rekrutieren, darunter vor allem Mitglieder des Volkssturms, die ihm bei dem mörderischen Unternehmen zur Hand gingen. Als die amerikanischen Truppen nach ihrem Einmarsch am 15. April den Ort des Verbrechens inspizierten, fanden sie rund 1000 verkohlte Leichen.[32]

Die Massaker von Celle und Gardelegen zeigen: Der Mord an den KZ-Häftlingen in der Phase der Todesmärsche war nicht «von oben» angeordnet und zentral gesteuert, vielmehr entwickelte er sich in einem unkoordinierten, dynamischen Prozess «von unten», wobei sich SS-Aufseher, örtliche Parteifunktionäre, Angehörige von Polizei, Volkssturm und Hitlerjugend, aber auch ganz gewöhnliche Zivilisten zu kriminellen Gemeinschaften zusammenfanden – ein schlagender Beleg dafür, in welchem Ausmaß der Virus entfesselter Gewalt von Teilen der deutschen Gesellschaft Besitz ergriffen hatte.

«6. Mai, vormittags. Es herrscht eine erholsame Stille», notierte der vierzehnjährige Breslauer Schüler und Angehörige des Volkssturms, Horst Gleiss, in sein Tagebuch. «Bleiche Menschen kriechen aus den dunklen Kellerlöchern hervor und füllen ihre Lungen mit Maienluft. Die einhellige Meinung ist: Jetzt muss Schluss gemacht werden mit dem mörderischen Krieg. Wenn wir in Breslau weitermachten, überlebt niemand von uns.»[33] Tatsächlich schwiegen in Schlesiens Hauptstadt seit dem Vormittag die Waffen. Zwei deutsche Offiziere und ein Dolmetscher begaben sich durch das Niemandsland zu den russischen Stellungen, um das Kapitulationsangebot zu überbringen. Gegen 18.00 Uhr, am Abend des 6. Mai, unterzeichnete General Hermann Niehoff, der letzte Festungskommandant, in der «Villa Colonia» am südlichen Stadtrand die Kapitulationsurkunde. Anschließend lud ihn General Wladimir A. Gluzdowskij zu einem Essen. «Kerzen beleuchteten Berge von kalten Platten, Fischgerichten, Fleischpasteten, Sakuskas und natürlich dazwischen überall Wodkaflaschen. Der Sieger will seinen Sieg feiern. Artig werde ich dazu gebeten», erinnerte sich Niehoff.[34]

Im Herbst 1944 hatte Hitler Breslau zur «Festung» erklärt, was hieß, dass die Stadt nicht kapitulieren durfte, sondern mit allen Mitteln zu verteidigen war.[35] Eine unmittelbare Bedrohung schien damals noch nicht gegeben. Die Rote Armee stand 300 Kilometer entfernt mitten in Polen, und dank seiner geographischen Lage war Breslau bislang von britischen und amerikanischen Bombern verschont geblieben. Doch am 12. Januar 1945 setzte an der gesamten Ostfront die lange befürchtete sowjetische Winteroffensive ein. Schon nach wenigen Tagen war klar, dass der Roten Armee ein großer Durchbruch gelungen war. Ihr unerwartet rascher Vormarsch löste eine gewaltige Fluchtbewegung aus. Zu Hunderttausenden suchten sich die Menschen aus den deutschen Ostprovinzen bei eisigen Temperaturen mit Fuhrwerken oder zu Fuß nach Westen oder zu den Häfen der Ostsee durchzuschlagen. Auch in Breslau trafen täglich Flüchtlingstrecks ein.

Am 19. Januar gab Karl Hanke, der Gauleiter und Reichsverteidigungskommissar von Niederschlesien, den Befehl zur Evakuierung – zu spät, um noch eine einigermaßen geordnete Räumung der fast eine Million Menschen zählenden Stadt zu ermöglichen. Denn nun waren die Straßen durch Flüchtlinge und zurückflutende Truppen verstopft, und die Züge der Reichsbahn reichten bei weitem nicht aus, um den Ansturm zu bewältigen. «Eine förmliche Panik und Kopflosigkeit ergriff die Massen», hielt Pfarrer Paul Peikert in seinem Tagebuch fest. «Die Bahnhöfe sind tagelang so überfüllt, dass ein Durchkommen durch die Massen kaum möglich ist. Alles drängt sich auf die Züge, die nur in beschränktem Maße die Fliehenden aufnehmen können, der größte Teil muss zurückbleiben und (es) ein anderes Mal versuchen.»[36]

Am 20. Januar ordnete Hanke per Lautsprecher an, dass Frauen und Kinder die Stadt zu Fuß verlassen sollten: «Kleines Handgepäck ist mitzuführen. Frauen mit Kleinkindern sorgen für Spirituskocher; Kochstellen und Milchausgabestellen richtet die NSV (NS-Volkswohlfahrt) ein.»[37] Bei Temperaturen bis minus 20 Grad verließen Hunderttausende die Stadt und schlossen sich den Flüchtlingstrecks an. Mit einem Rucksack, der das Notwendigste enthielt, einem Paar fester Stiefel an den Füßen und einer Tasche, vollgefüllt mit Nahrung für die nächsten Tage, machte sich auch Elisabeth Erbrich auf den Weg: «Wie eine Karawane zogen die Flüchtlinge zu Fuß, auf kleinen Wägelchen und Kinderwagen ihre letzte Habe, sowie Autos und Pferdegespanne (…) im leuchtendweißen Schnee. Hunderttausende waren unterwegs, darunter auch Trecks aus den Dörfern links der Oder, die schon tagelang unterwegs waren. Sie hatten infolge der großen Kälte und des unaufhaltsamen Marsches viele Tote in den Wagen, die sie an den Wegrändern niederlegen mussten, weil die steinhart gefrorene Erde die Toten nicht aufnehmen konnte.»[38]

Gauleiter Hanke ließ von Anfang an keinen Zweifel daran, dass er die «Festung» Breslau «bis zum Äußersten» zu verteidigen gedachte, wie er in einem Aufruf vom 22. Januar verkündete.[39] Seinen Freund, den Rüstungsminister Albert Speer, der ihn am selben Tag besuchte, führte er durch das alte Oberpräsidium, das einst vom Architekten Carl Gotthard Langhans erbaut und erst kürzlich renoviert worden war. «Nie werden die Russen das hier bekommen, lieber brenne ich es nieder!», habe Hanke ausgerufen, berichtet Speer in seinen Erinnerungen.[40]

Nach einem Telefonat mit sämtlichen Gauleitern der Ostgebiete notierte Goebbels am 24. Januar: «Den besten Eindruck von ihnen macht Hanke. Er äußert sich fest und sicher. Er schildert mir die Improvisationen, die er zur Verteidigung Breslaus getroffen hat. Es wirkt auf mich sehr sympathisch, dass er mir erklärt, dass das, was er in der Berliner Schule und bei mir gelernt habe, ihm nun in seiner in kritischster Situation fälligen Arbeit sehr zustatten komme. Er zeigt eine außerordentliche Standhaftigkeit (…) Jedenfalls ist Hanke fest entschlossen, Breslau mit allen nur möglichen Mitteln zu verteidigen.»[41]

Auch in den folgenden Tagen war Goebbels immer wieder voll des Lobes über seinen ehemaligen Staatssekretär im Reichsministerium für Volksaufklärung und Propaganda. Als Hanke am 28. Januar den stellvertretenden Bürgermeister Breslaus, Wolfgang Spielhagen, wegen angeblicher Fluchtvorbereitungen von einem Volkssturmkommando erschießen und die Hinrichtung durch Plakate bekanntmachen ließ, fand dies den uneingeschränkten Beifall des Propagandaministers, und auch Hitler billigte die Mordtat: «In einer bedrohten Festung», erklärte er, «kann man nicht nach Paragraphen vorgehen, sondern muss das tun, was zweckmäßig und notwendig erscheint.»[42]

Am 15. Februar schloss sich der Belagerungsring um die Stadt, in der sich noch rund 200 000 Zivilisten, unter ihnen Zehntausende von Zwangsarbeitern, Kriegsgefangenen und KZ-Häftlingen befanden. Die Besatzung der «Festung», die zunächst von General Hans von Ahlfen, ab dem 5. März von General Niehoff kommandiert wurde, zählte 45 000 Mann, zusammengewürfelte Formationen aus Waffen-SS, Reservisten der Wehrmacht, Volkssturm- und Hitlerjugend-Trupps. Ihnen gegenüber stand die 6. Armee General Gluzdowskijs mit 130 000 kampferprobten Soldaten.[43] Sie griff von Süden her an, überrannte die Vororte und kämpfte sich am 24. Februar bis zum Hindenburgplatz, nur vier Kilometer vom Stadtkern entfernt, durch. Doch dann kam der Vormarsch zum Erliegen. Die deutschen Truppen leisteten zähen Widerstand, und es entwickelte sich ein erbitterter Häuserkampf, der in seiner Brutalität an die Schlacht von Stalingrad erinnerte.[44]

Große Teile der Stadt versanken in Trümmern. Noch verheerender als das sowjetische Artilleriefeuer wirkten sich die Maßnahmen der Verteidiger aus. Sie setzten Gebäude in Brand und sprengten Ruinen, um freies Schussfeld zu haben. Ohne Rücksicht wurden in Kirchen und anderen historischen Gebäuden Befehlsstände, Geschützbatterien und Munitionsdepots eingerichtet, die sie zum Ziel sowjetischer Tiefflieger machten.

Zum Sinnbild für das Zerstörungswerk wurde der Bau einer Start- und Landebahn mitten im Stadtzentrum, die für den Fall, dass der Flughafen Gandau in die Hände der sowjetischen Truppen fiel, die Versorgung aus der Luft sicherstellen sollte. Auf einer Länge von 1,3 Kilometern und einer Breite von 300 Metern wurden die Gebäude im Universitätsviertel, darunter das Staatsarchiv und zwei Kirchen, abgerissen und das Gelände planiert. Schätzungsweise 3000 Menschen – viele Zwangsarbeiter, aber auch Breslauer Zivilisten, unter ihnen Frauen und Kinder – fielen dem Beschuss durch sowjetische Artillerie und Tiefflieger zum Opfer. «Wir schlafen wie die Hasen: mit offenen Augen. Und warten auf den Tod», bemerkte ein Arbeiter am 21. März. «Bordflieger beschießen das Rollfeld. Wieder eine Menge Toter (…) Immer wenn in der Nähe Bomben krepieren, schreien die Frauen fürchterlich auf.»[45]

Am 3. März wandte sich Hanke über den Großdeutschen Rundfunk an die deutsche Bevölkerung. Er rief sie auf, sich dem Beispiel Breslaus anzuschließen und in die Front derer einzureihen, «die für den Sieg schaffen und arbeiten». Am Ende versprach er: «Wir aber in der Festung Breslau geloben, unerschütterlich im Glauben an das Reich und den Führer zu stehen, nicht zu wanken, wenn auch noch schwere Tage kommen, und zu kämpfen, solange ein Funken Kraft in uns ist.»[46] Die Rede sei «von ergreifender Eindringlichkeit» gewesen und zeige «eine Würde und eine Höhe der politischen Moral, die Bewunderung verdient», befand Goebbels. «Wenn alle unsere Gauleiter im Osten so wären und so arbeiteten wie Hanke, dann stände es besser um unsere Sache, als es wirklich um sie steht. Hanke ist unter unseren Ostgauleitern die überragende Figur.» Auch Hitler hatte die Rede gehört und zollte, wie Goebbels zufrieden notierte, der Tätigkeit Hankes «höchstes Lob».[47]

Am 7. März ordneten Hanke und Niehoff für alle männlichen und weiblichen Einwohner Breslaus eine Arbeitspflicht an, einschließlich für Jungen ab dem 10. Lebensjahr, für Mädchen ab dem 12. Lebensjahr. Wer der Aufforderung nicht nachkam und sich bis zum 11. März nicht in den Besitz einer Arbeitskarte gebracht hatte, sollte dem Standgericht zur Aburteilung übergeben werden. «So wie der Soldat, der seinen Posten verlässt, als Fahnenflüchtiger mit dem Tode bestraft wird, muss die gleiche Strafe auch den treffen, der sich seiner Arbeitspflicht in der Festung entzieht.»[48] Hunderte von Soldaten, Zivilisten, Zwangsarbeitern wurden wegen «Drückebergerei», «Plündern» oder «Sabotage» im Schnellverfahren von den Standgerichten abgeurteilt. Die Liste der Hingerichteten wurde in der einzigen noch erscheinenden Tageszeitung, der «Frontzeitung der Festung Breslau», zwecks Abschreckung veröffentlicht.[49]

Ende März drohte der sowjetische Befehlshaber erstmals damit, Breslau massiv zu bombardieren, sollte die «Festung» nicht endlich aufgeben. Doch General Niehoff lehnte eine Kapitulation ab. Und Hanke versicherte seinem ehemaligen Chef Goebbels in einem Telefongespräch, Breslau «noch auf unabsehbare Zeit halten» zu können.[50] An den beiden Ostertagen, am 1. und 2. April, warf die sowjetische Luftwaffe daraufhin Tausende von Bomben ab; die ganze Altstadt stand in Flammen. «Da bot sich uns von der Kaiserbrücke der unbeschreiblich traurige Anblick der brennenden Stadt Breslau, ein unvergessliches, grauenerregendes Schauspiel (…)», schrieb Pfarrer Peikert. «Da schlugen die Flammen aus den Helmen der Domkirche; das ganze Dach des Domes war eine einzige Feuerflamme, da brannten die Michaeliskirche, die Sandkirche, die St. Vinzenzkirche, die St. Adalbertkirche, die St. Mauritiuskirche, die Kirche St. Bernhardin, die Christopherkirche und alle Straßenzüge zwischen diesen Kirchen (…) Ein unheimlich schauriges Bild war dieses brennende Breslau am Ostermontagabend und in der Nacht, der Untergang dieser schönen Stadt in ihrem schönsten Teil.»[51]

Bis Mitte April nahm die Rote Armee den Flughafen Gandau ein und stieß zum westlichen Rand der Altstadt vor. Und während in Teilen der Zivilbevölkerung Verzweiflung und Wut über die sinnlose Fortsetzung des Kampfes wuchsen, dachten weder Hanke noch Niehoff ans Aufgeben. In seinem Tagesbefehl zum Geburtstag Hitlers am 20. April beschwor der Festungskommandant den Führermythos: «Unsere auf ihn gegründete Zuversicht wird um so stärker sein, je länger wir uns behaupten. Denn Adolf Hitler ist mit den Tapferen, seine Stärke wird unsere Widerstandskraft sein.»[52] Albert Speer beglückwünschte Hanke zu seinen «Leistungen als Verteidiger von Breslau»: «Dein Beispiel (…) wird später genau so unschätzbar hohen Wert für das Volk haben, wie nicht viele Helden der deutschen Geschichte.»[53] Das sahen Goebbels und Hitler genauso. Der Diktator verlieh Hanke eine hohe Auszeichnung, den Deutschen Orden in Gold, und ernannte ihn in seinem Testament vom 29. April zum Nachfolger Himmlers als Reichsführer SS und Chef der Deutschen Polizei.[54]

Selbst als die Nachricht von Hitlers Tod und der Kapitulation Berlins bekannt wurde, dauerten die Kämpfe in Breslau an. Noch am 4. Mai verkündete die «Frontzeitung der Festung Breslau»: «Jede Artilleriesalve und jede Bombe, die der Iwan auf uns niedergehen lässt, sollte auch dem Einfältigsten klar vor Augen führen, dass gegen einen so mörderischen Feind wie den Bolschewismus einzig und allein die Parole gilt: Kämpfen und zusammenhalten!»[55]

Am Mittag desselben Tages sprach eine Abordnung von Vertretern beider Konfessionen bei General Niehoff vor, um ihn zu drängen, endlich den Kampf einzustellen. Pfarrer Ernst Hornig berichtete, dass die Verluste der Zivilbevölkerung in erschreckender Weise zugenommen hätten. Täglich stürben immer noch hunderte Menschen, viele seien aus Verzweiflung angesichts der ausweglosen Lage in den Selbstmord getrieben worden. Das Vertrauen zur Partei und zur militärischen Führung sei auf einem Nullpunkt angelangt. «Können Sie es», fragte er den Festungskommandanten, «unter diesen Umständen vor Gott verantworten, die Verteidigung der Stadt fortzusetzen?» Mit der Bemerkung: «Ihre Sorgen sind meine Sorgen», speiste Niehoff die Kirchenvertreter ab.[56] Insgeheim hatte er aber bereits beschlossen, Verhandlungen über eine Kapitulation einzuleiten. Am Nachmittag des 5. Mai rief er seine Offiziere in seinen Befehlsstand im Keller der Universitätsbibliothek zu einem «letzten Appell» zusammen und erklärte: «Hitler ist tot, Berlin ist gefallen, die Verbündeten haben sich im Herzen Deutschlands die Hand gereicht. Damit sind die Voraussetzungen für eine Fortführung des Kampfes um Breslau nicht mehr gegeben. Jedes weitere Opfer ist ein Verbrechen. Ich habe mich entschlossen, den Kampf einzustellen und dem Gegner die Übergabe der Stadt und der Besatzung unter ehrenvollen Bedingungen anzubieten. Die letzte Patrone ist verschossen – wir haben unsere Pflicht getan: wie das Gesetz es befahl.»[57]

Gauleiter Hanke, der jeden, der zu fliehen versucht hatte, standrechtlich hatte erschießen lassen, dachte gar nicht daran, nun selbst den «Heldentod» zu sterben. In der Nacht zum 6. Mai ließ er sich mit einem Fieseler Storch ausfliegen – von jener Rollbahn, die er unter entsetzlich hohen Opfern hatte errichten lassen. Über sein weiteres Schicksal gibt es unterschiedliche Versionen. Wahrscheinlich wurde er bei seiner Flucht durchs Sudetenland von tschechischen Milizionären gestellt und erschlagen.[58] General Niehoff wurde von einem sowjetischen Militärgericht wegen Kriegsverbrechen zum Tode verurteilt, dann aber zu 25 Jahren Gefängnis begnadigt. 1955 kehrte er in die Bundesrepublik zurück. Gemeinsam mit seinem Vorgänger Hans von Ahlfen veröffentlichte er das Buch «So kämpfte Breslau», in dem das sinnlose Kämpfen und Sterben in der Oderstadt glorifiziert wurde.[59] Mindestens 6000 deutsche und 8000 sowjetische Soldaten hatten

Als eine der letzten deutschen Städte kapituliert Breslau erst am 6. Mai 1945. Blick vom Rathaus auf die zerstörte Innenstadt.

ihr Leben gelassen. Wesentlich höher lag die Zahl der zivilen Opfer; die Schätzungen schwanken zwischen 10 000 und 80 000 Toten.[60]

Bereits zwei Tage nach der Kapitulation Breslaus traf ein Voraustrupp polnischer Verwaltungsbeamter ein, der den Anspruch auf die Hauptstadt Niederschlesiens dokumentieren sollte. Gemäß den Beschlüssen der Potsdamer Konferenz, die die «Westverschiebung» Polens als Kompensation für die von der Sowjetunion besetzten östlichen Provinzen guthießen, fiel Wrocław – wie Breslau nun hieß – unter die Verwaltung des polnischen Staates. In den Jahren zwischen 1945 und 1947 veränderte sich die ethnische Zusammensetzung grundlegend. Die Deutschen wurden systematisch vertrieben, an ihre Stelle rückten polnische «Repatrianten» aus den von den Russen annektierten Ostprovinzen nach. Waren Ende Dezember 1945 nur 33 297 Polen gemeldet, aber mehr als fünfmal soviel Deutsche, so hatte sich das Verhältnis bereits neun Monate später umgekehrt: Neben 152 898 Polen lebten nur noch 28 274 Deutsche. Im März 1947 zählte Wrocław 214 310 Einwohner: 196 814 Polen und 17 496 Deutsche.[61]

Wie zuvor in Prag traf nun auch die zurückgebliebenen Deutschen die volle Wucht des Hasses, der sich in den Jahren der deutschen Besatzungsherrschaft in Polen angestaut hatte. Häufig wurden sie von ankommenden Polen gezwungen, ihre Häuser oder Wohnungen zu verlassen; sie mussten weiße Armbinden mit dem Buchstaben «N» für «Niemiec» tragen, waren schutzlos den Übergriffen von Banden ausgesetzt, und sie mussten den Abtransport in den Westen in verriegelten Güterwaggons antreten.[62] Der Schriftsteller Hugo Hartung, der 1940 als Chefdramaturg an die Städtischen Bühnen nach Breslau gekommen war und während der Belagerung im Volkssturm gedient hatte, beschrieb in den ersten Julitagen 1945 in seinem Tagebuch den dramatischen Umbruch: «Ein anderer Menschenzug schiebt sich dem unseren entgegen, mit Karren und Kinderwagen, müde trottend, elend, endlos lang: Polen aus dem Gouvernement Lemberg. Sie sind in dieser Stadt noch nicht heimisch, in der wir nicht mehr heimisch sind. Wie Marionetten eines unbegreiflichen Schicksals bewegen sich die stummen Züge aneinander vorbei.»[63]

Während in Prag oder Breslau noch gekämpft wurde, regte sich andernorts bereits neues politisches Leben. Am 6. Mai 1945 kamen im Sitzungssaal des Polizeipräsidiums in Hannover 130 Sozialdemokraten zusammen, um den Ortsverein der SPD wieder zu gründen. Die Initiative war von dem damals 49jährigen Kurt Schumacher ausgegangen. Am 13. Oktober 1895 im westpreußischen Culm als Sohn eines Kaufmanns geboren, hatte er das dortige Gymnasium besucht und sich nach Kriegsbeginn als Freiwilliger gemeldet. Nach einer schweren Verwundung, bei der er seinen rechten Arm verloren hatte, war er aus dem Heeresdienst entlassen worden. Er widmete sich fortan dem Studium der Rechtswissenschaft und Nationalökonomie, das er mit einer Promotion über das Thema «Der Kampf um den Staatsgedanken in der deutschen Sozialdemokratie» abschloss. Im Januar 1918, also noch vor Ende des Kaiserreichs, trat er in die SPD ein. Seine politische Karriere begann er 1920 als Redakteur des Parteiorgans «Schwäbische Tagwacht» in Stuttgart. 1924 wurde er Abgeordneter des Württembergischen Landtags, 1930 Abgeordneter des Reichstags. Den besonderen Hass der NSDAP-Fraktion zog er sich zu, als er in einer vielbeachteten Rede am 23. Februar 1932 die ganze nationalsozialistische

Agitation einen «dauernden Appell an den inneren Schweinehund im Menschen» nannte. «Wenn wir irgend etwas beim Nationalsozialismus anerkennen», hielt er Goebbels entgegen, «dann ist es die Tatsache, dass ihm zum ersten Mal in der deutschen Politik die restlose Mobilisierung der menschlichen Dummheit gelungen ist.»

Diese Worte vergaßen die Nationalsozialisten nicht. Im Juli 1933 wurde Schumacher verhaftet; es folgte eine fast zehnjährige Leidenszeit durch verschiedene Konzentrationslager, bis er im Frühjahr 1943 als schwerkranker Mann aus Dachau entlassen wurde. Die beiden letzten Kriegsjahre verbrachte er unter Gestapo-Aufsicht bei seiner Schwester in Hannover. Nach dem 20. Juli 1944, als das Regime mit der Aktion «Gitter» gegen ehemalige Mandatsträger und Funktionäre der demokratischen Weimarer Parteien vorging, wurde er noch einmal für einen Monat inhaftiert, davon die meiste Zeit im KZ Neuengamme.[64]

Am 10. April 1945 rückten amerikanische Truppen in die weitgehend zerstörte Stadt ein. Bereits neun Tage später fassten Schumacher und eine Reihe seiner Gesinnungsgenossen den Beschluss, die Sozialdemokratische Partei wiederaufzubauen. Auf der Gründungsversammlung des Ortsvereins am 6. Mai wurde Schumacher zum Vorsitzenden gewählt. Von der KZ-Haft schwer gezeichnet, hielt er unter dem Motto «Wir verzweifeln nicht!» eine programmatische Rede, in der er die Erfahrungen in den zwölf Jahren der nationalsozialistischen Herrschaft bilanzierte und seine Vorstellungen vom demokratischen Neuanfang skizzierte. Diese Rede ist zu Recht als «das erste Nachkriegsdokument der deutschen Sozialdemokratie» bezeichnet worden.[65] Daher soll hier näher darauf eingegangen werden.

Schumacher leitete seine Ausführungen mit der Feststellung ein, dass der Marxismus kein starres Dogma sei, sondern «eine Methode, mit der wir die Gegebenheiten zu untersuchen haben», und er zitierte in diesem Zusammenhang das Wort Ferdinand Lassalles: «Aussprechen, was ist.» Zunächst analysierte er die unheilvolle Entwicklung der deutschen Geschichte, die zum Nationalsozialismus geführt hatte. Verantwortlich dafür machte er, noch ganz dem marxistischen Geschichtsbild verhaftet, das «Bündnis der Schwer- und Rüstungsindustrie und überhaupt des gesamten Finanzkapitals mit den Kräften des preußisch-deutschen Militarismus». Daraus sei der besonders aggressive Charakter des «deutschen Imperialismus» erwachsen, der die «Gewaltanbetung» zum Prinzip erhoben und die Katastrophe des Ersten Weltkriegs heraufbeschworen habe. Mit der Leugnung der Niederlage von 1918 hätten die reaktionären Kräfte die Saat gelegt für einen neuen Krieg. Ganz auf dieser Linie lag Schumachers Interpretation der Nationalsozialisten als «Knechte des Großkapitals», deren Herrschaft eine vollkommene «moralische Zersetzung und Deklassierung» der Bevölkerung mit sich bringen musste. An dieser Stelle erinnerte Schumacher an seine Reichstagsrede vom Februar 1932. Die frühen Warnungen vor den Folgen einer Machtübernahme Hitlers seien jedoch ungehört verhallt.

Nachdrücklich distanzierte sich Schumacher von dem Vorwurf, die Deutschen seien kollektiv schuldig geworden. «Besonders wir demokratischen Sozialisten, die wir die eigentlichen Gegenspieler des Nazitums gewesen sind und dafür unter Opfern gekämpft haben, bedanken uns dafür, mit den anderen in einen Topf geworfen zu werden.» Nur Verachtung hatte er für die «Vielzuvielen» übrig, die sich als «stupide Nachläufer der Hitlerei und bloße Macht- und Erfolgsanbeter» erwiesen hätten. Ihrer nachträglichen Behauptung, von den Verbrechen des Regimes «nichts gewusst» zu haben, könne man keinen Glauben schenken: «Es mag sein, dass sie nicht alles gewusst haben, aber sie haben genug gewusst. Von den Konzentrationslagern jedenfalls wussten sie so viel, um eine heillose Angst zu haben, und diese Angst war eine der Hauptstützen des Systems. Sie haben auch gern genommen, was ihre Söhne, Väter und Ehemänner im Krieg aus den besetzten Gebieten herangeschleppt haben. Vor allem haben sie mit eigenen Augen gesehen, wie bestialisch gemein man die Juden gepeinigt, beraubt und verjagt hat. Sie haben aber nicht nur geschwiegen, sondern ihnen wäre es sogar lieber gewesen, wenn Deutschland mit einem Sieg im zweiten Weltkrieg ihnen ihre Ruhe und noch so einen kleinen Profit daran garantiert hätte.» Die «Mitschuld großer Volksteile an der Bluthherrschaft der Nazis» könne nicht getilgt, sondern nur gemindert werden, und zwar «durch die ehrliche Einsicht, dass nie mehr ein unkontrolliertes und unkontrollierbares Regime in Deutschland herrschen darf».

Entschieden plädierte Schumacher dafür, die «Hintermänner», die den Nazis zur Macht verholfen hatten – darunter der «neben Hitler unheilvollste Deutsche, der Herr von Papen» –, zur Rechenschaft zu ziehen. Ihre Bestrafung sei wichtiger als «die Verfolgung vieler oft zufällig, oft auch zwangsmäßig gebundener Parteimitglieder». Was den Umgang mit den ehemaligen «PGs» anging, so vertrat Schumacher gleichwohl eine klare Position: Die SPD dürfe «keinen Unterschlupf für politisch heimatlos gewordene Nazis bieten».

Einen eigenen Abschnitt seiner Rede widmete Schumacher dem künftigen Verhältnis zu den Kommunisten. Der Wunsch, dass nach den heftigen Auseinandersetzungen vor 1933 beide Parteien zur gemeinsamen Arbeit zusammenfinden sollten, sei verständlich. Dennoch lehnte er den Gedanken einer «einheitlichen Arbeiterpartei» ab. Sein Hauptargument war, dass «die Kommunisten fest an eine einzige der großen Siegermächte und damit an Russland als Staat und an seine außenpolitischen Ziele gebunden» seien: «Wir können nicht und wollen nicht das autokratisch gehandhabte Instrument irgendeines fremden imperialen Interesses sein.» Gleichzeitig aber warb Schumacher für den Gedanken, die Gruppen, die sich vor 1933 von der SPD abgespalten hatten, wieder in den Schoß der Mutterpartei zurückzuführen. Der Sozialdemokratie falle die Aufgabe zu, «als Magnet auf alle Splitter zu wirken»: «Die Zukunft hat nur für eine Partei demokratischer Sozialisten im System der Parteien Platz.»

Aus der Tatsache, dass die Sozialdemokratie «die einzige Partei in Deutschland» gewesen sei, die unverrückbar an der «als richtig erwiesenen Linie von Demokratie und Frieden» festgehalten habe, leitete Schumacher den Anspruch auf eine führende Rolle der SPD in der Nachkriegszeit ab, und er schloss mit großem Pathos: «Für unsere Ziele, für die unteilbare Dreiheit von Friede, Freiheit und Sozialismus, erstreben wir die Zusammenarbeit mit den vorwärtsdrängenden Kräften in der ganzen Welt (...) Wir verzagen vor dieser Aufgabe nicht, und wenn wir in diesem Geiste unserem Volke helfen können, dann nützen wir der ganzen Menschheit!»[66]

In der Kleinstadt Visselhövede am Westrand der Lüneburger Heide, in die sie Ende Februar 1945 mit ihrem kleinen Sohn vor den Bombenangriffen auf Berlin geflüchtet war, las die damals 25jährige Annemarie Renger im «Hannoverschen Kurier» Ausschnitte aus der Schumacher-Rede – und war elektrisiert. «Darauf hatte auch ich gewartet: dass die Menschen in unserem Land aus ihrer Lethargie und Hoffnungslosigkeit gerissen und beginnen würden, selbst die Dinge anzupacken (...) Dort, wo dieser Kurt Schumacher in Hannover die Sozialdemokratische Partei Deutschlands wieder gegründet hatte, die Partei, in der ich großgeworden war, da wollte ich mitarbeiten!»[67]

Nachdem sie sich mit ihrem Vater, einem ehemaligen Funktionär der Arbeitersportbewegung beraten hatte, schrieb sie an Schumacher, ob er für sie eine Verwendung habe. Die Einladung nach Hannover erfolgte prompt. «Der Mann, der mir gegenüberstand, war groß und hager», schilderte sie in ihren Erinnerungen ihre erste Begegnung mit Schumacher. «Tiefe Furchen zeichneten sein Gesicht, das von blaugrauen, durchdringenden Augen beherrscht wurde. So hatte ich ihn mir nicht vorgestellt. Er stand ja erst kurz vor seinem 50. Geburtstag, sah aber viel älter aus (...) Ohne Umschweife fragte er mich, ob ich Stenografie beherrsche und perfekt Schreibmaschine schreiben könne; er sei anspruchsvoll. Selbstbewusst antwortete ich, ich sei sehr gut – in meinem Stenografenverein hätte ich auch schon Preise gewonnen.»[68] Am 15. Oktober 1945 trat Annemarie Renger ihre Stelle als Privatsekretärin Schumachers an – auch für sie das Sprungbrett für eine Karriere als eine der profiliertesten SPD-Politikerinnen und Präsidentin beziehungsweise Vizepräsidentin des Deutschen Bundestages von 1972 bis 1990.

Mit seiner Grundsatzrede vom 6. Mai hatte Schumacher sich an die Spitze des Ortsvereins in Hannover gestellt und zugleich einen Führungsanspruch in der britischen und amerikanischen Zone angemeldet. Früher als andere hatte er die Chance ergriffen, ohne die Erlaubnis der Militärregierungen zur Bildung von Parteien abzuwarten, Hannover zum Ausgangspunkt für die Wiedergründung der SPD zu machen. Innerhalb weniger Monate gelang es ihm, das «Büro Dr. Schumacher» in der Jacobstraße 10 im traditionell «roten» Stadtteil Linden als «neue Machtzentrale und Denkfabrik» zu etablieren.[69]

Ende Juli 1945 konnte Schumacher dem alten Parteifreund und ehemaligen preußischen Innenminister Carl Severing in Bielefeld berichten: «Wir haben trotz aller Hemmnisse eine verhältnismäßig recht große Partei aufgebaut und sind mit den Genossen in Braunschweig, Hamburg, Württemberg, Baden, Hessen und Hessen-Nassau in diesem Sinne sachlich und personell bereits einig.»[70] Am 20. August sagten 14 von 19 wiedergegründeten Bezirksorganisationen in der britischen und amerikanischen Zone Schumacher ihre Unterstützung zu und beauftragten ihn, eine gemeinsame Konferenz vorzubereiten.[71]

Am 28. August 1945 lud Schumacher zur ersten Parteikonferenz nach Hannover für Anfang Oktober ein. Mit der Einladung verschickte er «Politische Richtlinien», die den Funktionären als Orientierungshilfe und

Diskussionsgrundlage dienen sollten. Darin wurde gleich zu Beginn der untrennbare Zusammenhang von Demokratie und Sozialismus postuliert: «Der Sozialismus ist in sich demokratisch, ist als Kampf um die geistige, politische und ökonomische Befreiung der arbeitenden Massen ein Kampf um das Recht und die Freiheit gegen Vergewaltigung und Knechtschaft.» Zugleich betonte Schumacher das Recht der Deutschen auf «nationale Selbstbehauptung (…) in einem eigenen Staat». Daher sei die SPD «die schärfste und unnachsichtigste Feindin aller Separationsbestrebungen». Hier lag bereits der Keim für den Konflikt mit seinem künftigen Hauptkonkurrenten, dem späteren Bundeskanzler Konrad Adenauer, der zielstrebig die Westbindung der Bundesrepublik betreiben und dafür die Spaltung Deutschlands in Kauf nehmen sollte. Noch einmal machte Schumacher deutlich, dass er zwar «keine antikommunistische und noch weniger eine antirussische Spitze unserer Politik» wünsche, einen Zusammenschluss mit den Kommunisten zu einer «Einheitspartei» aber strikt ablehnen müsse, da die KPD «unlösbar» an Russland und dessen außenpolitische Ziele gebunden sei.[72]

Zur Konferenz in Wennigsen bei Hannover vom 5. und 6. Oktober reisten auch drei Vertreter des Londoner Exilvorstands der SPD – Erich Ollenhauer, Fritz Heine und Erwin Schoettle – mit einem britischen Militärflugzeug an. Das Bild der Zerstörungen, das sich ihnen bot, erschütterte sie: «Schon auf dem Flug von der Küste nach Deutschland hatten wir allerorten die Spuren des fürchterlichen Krieges gesehen», hielt Erwin Schoettle fest. «Als wir über Osnabrück flogen, enthüllte sich uns der Schrecken, der über das Land hinweggegangen war. Ein Trümmerfeld, leere Fensterhöhlen, die in der Sonne des späten Nachmittags unheimlich und finster heraufblickten, kündigten an, was wir in Hannover aus unmittelbarer Nähe erleben sollten: die zerstörte deutsche Stadt als der Normalfall am Ende des Zweiten Weltkrieges.»[73] Mit den Londoner Emigranten erzielte Schumacher rasch Einigung in allen wichtigen Fragen. Ollenhauer ließ sich von der charismatischen Persönlichkeit Schumachers gefangen nehmen und ordnete sich dessen Führungsanspruch bereitwillig unter. «Die Partei geht mit einer wirklichen elementaren Kraft wieder an die Arbeit», berichtete er bei seiner Rückkehr nach London.[74]

Anders verhielt es sich mit den Vertretern aus der sowjetischen Besatzungszone. Dort hatte im Juni 1945 eine Gruppe ehemaliger Berliner

Sozialdemokraten unter Führung von Otto Grotewohl, Max Fechner und Erich Gniffke einen «Zentralausschuss» der SPD gegründet, der für die organisatorische Einheit der Arbeiterklasse eintrat und einen Zusammenschluss mit der KPD grundsätzlich befürwortete. Das aber widersprach den Absichten Schumachers, und ein Großteil seiner Aktivitäten während der Konferenz galt dem Bemühen, den Führungsanspruch der Berliner zurückzuweisen und der propagierten Einheit von KPD und SPD eine Absage zu erteilen: «Wir können nicht die Verfügung über die Sozialdemokratische Partei und ihre Anhängerschaft von den besonderen Bedingungen und Voraussetzungen einer einzelnen Besatzungszone abhängig machen.»[75] Demgemäß wurde mit Grotewohl vereinbart, dass, solange die «Reichseinheit» nicht wieder hergestellt sei, der «Zentralausschuss» in Berlin nur für die Führung der SPD in der sowjetischen Besatzungszone zuständig sein sollte, während Schumacher als «der politische Beauftragte» in den drei westlichen Besatzungszonen fungieren sollte. «Praktisch liegen die Dinge so, dass die politischen Gefahren, die sich aus den Ansprüchen der Berliner Genossen hätten ergeben können, abgewehrt worden sind», fasste Schumacher in einem Brief an Carl Severing das wichtigste Ergebnis der Konferenz zusammen.[76]

So war die weitere Entwicklung vorgezeichnet. Während die KPD in der sowjetischen Besatzungszone den Druck auf Grotewohl und den «Zentralausschuss» erhöhte, sich mit ihr zusammenzuschließen, wuchs unter den Berliner Sozialdemokraten der Widerstand. Am 31. März 1946 stimmten über 82 Prozent in den drei Westsektoren der Stadt gegen die drohende Zwangsvereinigung. Vierzehn Tage später trat im Admiralspalast im Ostsektor der «Vereinigungsparteitag» zusammen, auf dem sich die Sozialistische Einheitspartei Deutschlands (SED) konstituierte.

Wiederum wenige Wochen später, am 9. Mai 1946, kamen die Delegierten aus den drei westlichen Besatzungszonen zum Parteitag nach Hannover und wählten nahezu einstimmig Kurt Schumacher zum ersten Vorsitzenden der SPD. Sein Aufstieg zum unumstrittenen Parteiführer war damit abgeschlossen. Selbstbewusst verkündete er am Ende: «Die Sozialdemokratische Partei wird der entscheidende Faktor Deutschlands oder aus Deutschland wird ein Nichts und Europa wird ein Herd der Unruhe und Fäulnis.»[77]

Am 6. Mai 1945 rückten Einheiten der 1. Polnischen Panzerdivision unter Oberst Franciszek Skibiński in die friesische Stadt Jever ein. Die Division war 1942 in Schottland aufgestellt worden – als Teil der Streitkräfte der polnischen Exilregierung in London. Sie war an der alliierten Invasion in der Normandie beteiligt gewesen und hatte sich gemeinsam mit Briten und Kanadiern über Nordfrankreich und Belgien bis ins Weser-Ems-Gebiet vorgekämpft. Während die britischen Streitkräfte rasch zur Elbe vorstießen, wandten sich die polnischen Truppen nach Norden, um Jever und Wilhelmshaven in Besitz zu nehmen. «In den vorüberziehenden Dörfern und Stadtteilen – weiße Fahnen. Längs der Straßen jubelnde Massen von befreiten Kriegsgefangenen und Zwangsarbeitern. Erschrockene Gesichter der deutschen Zivilisten (...)», berichtete Skibiński. «Auf dem Hotel in Jever, in dem das Hauptquartier unserer Brigade sein sollte, wehte schon eine riesige polnische Fahne.» Vor dem Eingang wurde der Oberst vom Landrat, dem Bürgermeister und dem Hotelbesitzer empfangen. «Wenn irgendwem in der Stadt zumute sein sollte, einen Stock auf einen polnischen Soldaten oder ein Stein auf ein polnisches Quartier zu werfen, so werdet ihr Drei gehängt und die Stadt wird in Rauch aufgehen», soll Skibiński den Honoratioren gedroht haben.[78]

Drei Tage zuvor, am Spätnachmittag des 3. Mai, hatte sich in Jever Ungewöhnliches zugetragen: Über 2000 Menschen hatten sich auf dem größten Platz, dem Alten Markt, versammelt, um lautstark dagegen zu protestieren, dass die Stadt noch in letzter Stunde vor den herannahenden alliierten Truppen verteidigt werden sollte. Der Amtshauptmann Hermann Ott, der die Menge beschwichtigen wollte, wurde vom Podium heruntergezerrt. Nicht besser erging es dem Chef der NSDAP im Kreis Friesland, Hans Flügel, der kurze Zeit später eintraf. Seine Durchhalteparolen gingen im Tumult unter. Rufe erschollen: «Aufhängen! An die Laterne mit dem Goldfasan!» Zwei Männer schnappten sich den Kreisleiter und nahmen ihm die Pistole ab. Auf dem Schlossturm hissten mutige Bürger eine weiße Fahne. Sie wurden von einer Kompanie Marinesoldaten, die am Abend eingriff, verhaftet und am 4. Mai nach Wilhelmshaven geschafft. Dass sie mit dem Leben davonkamen, war wohl vor allem dem Umstand zu verdanken, dass nur wenig später die Teilkapitulation in Nordwestdeutschland bekannt wurde.

Viele Einwohner Jevers wussten, was die Deutschen in Polen angerichtet hatten, und befürchteten das Schlimmste. Doch zu ihrer Überraschung kam es ganz anders. «Ursprünglich hatten wir ja Angst vor den Polen, aber sie haben sich tadellos benommen», erinnerte sich ein Zeitzeuge.[79] Bereits am 20. und 21. Mai verließen die polnischen Truppen Jever und Wilhelmshaven. Britische und kanadische Einheiten rückten nach.

7. Mai 1945

Am 7. Mai 1945, fünfzehn Minuten nach Mitternacht, ging in Flensburg der Funkspruch Generaloberst Jodls aus dem Hauptquartier Eisenhowers ein, in dem er um Vollmacht für die Unterzeichnung der bedingungslosen Kapitulation bat. Großadmiral Dönitz rief sofort seine nächsten Mitarbeiter zusammen, um die Lage zu beraten. Man war sich einig, dass Eisenhowers Forderung «eine absolute Erpressung» darstelle. Besonders seine Drohung, «im Falle der Ablehnung alle noch ostwärts seiner Linien befindlichen Deutschen den Russen auszuliefern», erregte die Gemüter. Andererseits war sich die Runde darüber im Klaren, dass Jodl, der sich noch am Vortag gegen eine Gesamtkapitulation ausgesprochen hatte, weitere «schwerwiegende Gründe» haben musste, wenn er nun keinen anderen Ausweg mehr sah. Immerhin war mit der Festlegung des Datums auf den 9. Mai, 00.01 Uhr, eine Frist von 48 Stunden gewonnen worden, die zur «Rettung eines Großteils der Osttruppen» genutzt werden sollte. So schickte Dönitz gegen 1.00 Uhr nachts ein Telegramm an Jodl, das ihn ermächtigte, die bedingungslose Kapitulation zu erklären.[1]

Mittlerweile hatte man in Reims die Vorbereitungen für die Unterzeichnungszeremonie getroffen. Im Kartenraum im ersten Stock des Gebäudes waren Kameras und Mikrofone aufgebaut worden, um den historischen Moment festzuhalten. Um 2.41 Uhr setzte Jodl im Beisein von Generaladmiral von Friedeburg und Major Wilhelm Oxenius seine Unterschrift unter die Kapitulationsurkunde. Für die alliierten Expeditionsstreitkräfte unterschrieben General Walter Bedell Smith, für das sowjetische Oberkommando General Iwan Susloparow und als Zeuge der Generalmajor der französischen Armee François Sevez. Die Deutschen hätten militärisch-korrekt mit «einem versteinerten Gesichtsausdruck» dagesessen, beobachtete Eisenhowers Stabschef. Er könne sich aber nicht erinnern, auf den Gesichtszügen irgendeines um den Tisch versammelten alliierten Offiziers ein Zeichen von Hochstimmung über die Beendigung der langen Jahre des Kampfes bemerkt zu haben. Es sei eher «ein Augenblick feierlicher Dankbarkeit» gewesen.[2] In einer kurzen Erklärung appellierte Jodl an den Großmut der Siegermächte. Die Wehrmacht und das deutsche Volk hätten sich ihnen mit seiner Unterschrift «auf Gnade und Ungnade» ausgeliefert: «Beide haben in diesem Krieg mehr geleistet und mehr erduldet als vielleicht je ein Volk auf der Erde. Ich kann in dieser Stunde nur die Bitte aussprechen, dass die Sieger mit ihnen gnädig verfahren werden.»[3] Danach wurden der Generaloberst und seine zwei Begleiter zu Eisenhower geführt, der es bislang vermieden hatte, mit den Emissären der Dönitz-Regierung zusammenzutreffen. Der Oberkommandierende der alliierten Expeditionsstreitkräfte richtete an die Deutschen die Frage, ob sie alle Punkte des Dokuments verstanden hätten und ob sie bereit seien, sie nach bestem Wissen und Gewissen auszuführen. Die Deutschen bejahten, salutierten und verließen den Raum.[4]

Artikel 1 des Dokuments erklärte die «bedingungslose Kapitulation aller Streitkräfte zu Lande, zu Wasser und in der Luft», und zwar sowohl gegenüber dem Obersten Befehlshaber der Alliierten als auch gegenüber dem Oberkommando der Sowjettruppen. In Artikel 2 verpflichtete sich das deutsche Oberkommando, den unter seiner Kontrolle stehenden Streitkräften sofort Befehle zu erteilen, die Kampfhandlungen am 8. Mai um 23.01 Uhr mitteleuropäischer Zeit (beziehungsweise am 9. Mai 00.01 Uhr deutscher Sommerzeit) einzustellen und in ihren Stellungen zu verbleiben.[5] Erst um 10.55 Uhr erhielt die Dönitz-Regierung den genauen Wortlaut der Kapitulationsbedingungen. Über Funk und Telefon wurden sie an die Einheiten der Wehrmacht weitergegeben. Außerdem flogen Kuriere im Auftrag des Großadmirals zu den Befehlshabern der Heeresgruppen, um ihnen die Unausweichlichkeit der Entscheidung für die Gesamtkapitulation zu erläutern und sie zur loyalen Durchführung anzuhalten.[6]

Um 12.45 Uhr gab Schwerin von Krosigk, der leitende Minister in der «Geschäftsführenden Reichsregierung», im Rundfunk die bedingungslose Kapitulation aller Truppen bekannt. Er sprach von einem «tragischen Augenblick» der deutschen Geschichte: «Nach einem fast sechsjährigen heldenmütigen Kampf von unvergleichbarer Härte ist die Kraft Deutschlands der überwältigenden Macht unserer Gegner erlegen. Die Fortsetzung des Krieges hätte nur sinnloses Blutvergießen und unnütze Zerstörung be-

In der Nacht des 7. Mai 1945 unterzeichnet Generaloberst Alfred Jodl im alliierten Hauptquartier in Reims die bedingungslose Kapitulation. (Von links nach rechts: Major Wilhelm Oxenius, Jodl, Generaladmiral Hans-Georg von Friedeburg).

deutet. Eine Regierung, die Verantwortungsgefühl vor der Zukunft unseres Volkes besitzt, musste aus dem Zusammenbruch aller physischen und materiellen Kräfte die Folgerung ziehen und den Gegner um Einstellung der Feindseligkeiten ersuchen.» Niemand dürfe sich darüber täuschen, dass die kommenden Zeiten hart werden würden und allen Deutschen große Opfer abverlangten. Doch dürfe man nicht verzweifeln und in Resignation verfallen. In diesem Zusammenhang beschwor Schwerin von Krosigk den «Gedanken der Volksgemeinschaft», der im Krieg «in der Frontkameradschaft draußen, in der gegenseitigen Hilfsbereitschaft in allen Nöten daheim» seinen «schönsten Ausdruck gefunden» habe.

Knüpfte Schwerin von Krosigk hier einerseits an ein propagandistisches Leitbild des Nationalsozialismus an, so zog er andererseits erstmals einen deutlichen Trennungsstrich zur vorangegangenen Gewaltherrschaft: «Wir müssen das Recht zur Grundlage unseres Volkslebens machen (...) Wir müssen das Recht auch als die Grundlage der Beziehungen zwischen den Völkern aus innerer Überzeugung anerkennen und achten. Die Achtung vor geschlossenen Verträgen soll uns heilig sein wie das Gefühl der Zusammengehörigkeit unseres Volkes zur europäischen Völkerfamilie, als deren Glied wir alle menschlichen, moralischen und materiellen Kräfte aufbieten wollen, um die furchtbaren Wunden zu heilen, die der Krieg geschlagen hat.»[7]

Um 16.00 Uhr kehrte Jodl zurück und erstattete Bericht über die Verhandlungen in Reims. Einmal mehr beklagte er die «unnachgiebige, sehr schroffe Haltung Eisenhowers». Nicht nur habe dieser damit gedroht, die amerikanischen Linien hermetisch gegen flüchtende Wehrmachteinheiten zu sperren und sie damit der Roten Armee auszuliefern, sondern auch angekündigt, Städte im noch unbesetzten Schleswig zu bombardieren, und zwar mit der Begründung, dass die Teilkapitulation gegenüber Montgomery drei Tage zuvor für die amerikanischen Luftstreitkräfte keine Gültigkeit habe. Nach eingehender Aussprache kam man in Flensburg zu dem Ergebnis, dass es keine Alternative zur bedingungslosen Gesamtkapitulation gegeben habe: «Es ging nicht anders.»[8]

Am Vormittag des 7. Mai 1945 erhielt der britische Oberleutnant Arnold Horwell, seit kurzem stellvertretender Camp-Kommandant von Bergen-Belsen, unerwarteten Besuch. Eine Frau in der Uniform der GIs, mit Helm und Kampfstiefeln, betrat sein Büro und stellte sich ihm als «Captain Dietrich» vor: Sie habe gehört, dass ihre Schwester Liesel sich in Bergen-Belsen befinde, und bitte darum, sie sehen zu dürfen. Nach der ersten Überraschung erkannte Horwell, wer da vor ihm stand: die berühmte Hollywood-Diva Marlene Dietrich.[9]

Das Konzentrationslager Bergen-Belsen war erst drei Wochen zuvor von britischen Truppen befreit worden. Nirgendwo sonst waren in den letzten Monaten des Krieges so viele Häftlinge an Krankheiten und Entbehrungen gestorben wie hier. Allein im Monat März 1945 verloren von den durchschnittlich 45 000 Gefangenen 18 168 Menschen ihr Leben, unter ihnen die Schwestern Anne und Margot Frank, die Ende Oktober 1944 mit einem der Transporte aus Auschwitz eingeliefert worden waren. Als der SS-Kommandant Josef Kramer das Lager am 15. April 1945 übergab, bot sich den Briten ein grauenerregendes Bild: Mehr als 13 000 Leichen lagen über das gesamte Gelände verstreut; Tausende starben noch nach der Befreiung.[10]

Nach der Befreiung des Konzentrationslagers Bergen-Belsen am 15. April 1945: Unter Bewachung britischer Soldaten müssen ehemalige Wachleute und deutsche Zivilisten die Leichen bergen.

Marlene Dietrich gehörte als Truppenbetreuerin zum Tross des US-Generals Omar Nelson Bradley in München. Erst am Vortag war sie darüber informiert worden, dass sich bei den britischen Besatzungskräften in Bergen-Belsen eine Frau mit Namen Elisabeth Will gemeldet hatte, die behauptete, ihre Schwester zu sein. Gut sechs Jahre hatte sie von Liesel nichts mehr gehört, und sie vermutete, dass die Nationalsozialisten sie als Strafe für die Aktivitäten ihrer Schwester im Dienst der US-Armee in das Konzentrationslager gesteckt hatten. Mit dem Flugzeug Bradleys flog sie am Morgen des 7. Mai zum Fliegerhorst Fassberg in der Lüneburger Heide und legte die 30 Kilometer nach Bergen-Belsen mit dem Jeep zurück. Doch wie groß war ihre Verwirrung, als Horwell Elisabeth Will herbeirufen ließ und sich herausstellte, dass sie keineswegs zu den Opfern gehörte, sondern dass sie gemeinsam mit ihrem Mann Georg Will im Krieg ein Truppenkino betrieben hatte, in dem Wehrmachtsoldaten, aber auch SS-Männer, die im Lager Dienst taten, Amüsement und Zerstreuung gefunden hatten.

Diese Entdeckung war für Marlene Dietrich ein Schock. Nicht zu Unrecht befürchtete sie, dass die peinliche Verwandtschaft einen Schatten auf ihr untadeliges Engagement im Kampf gegen Hitler-Deutschland werfen könnte. So versprach sie ihrer Schwester zwar, sie künftig materiell zu unterstützen, verlangte aber eine Gegenleistung: Elisabeth Will musste versprechen, sich möglichst unauffällig zu verhalten, keine Interviews zu geben, kurzum: sich als Schwester Marlene Dietrichs verleugnen.[11]

Marlene (eigentlich Marie Magdalene) Dietrich, im Dezember 1901 in Berlin-Schöneberg geboren, war mit ihrer um zwei Jahre älteren Schwester Elisabeth in einem gutbürgerlichen Elternhaus aufgewachsen. Ihr Vater, Louis Erich Otto Dietrich, war von Beruf Polizeileutnant, die Mutter Josephine Tochter eines Juweliers, der ein nobles Uhren- und Juweliergeschäft Unter den Linden betrieb. Ungleicher hätten die beiden Schwestern von Anfang an nicht sein können: Elisabeth klein und ein wenig mollig, dazu schüchtern und zurückhaltend; Marlene charmant und lebenslustig, früh umschwärmt von den Jungen. Nach dem Tod des Vaters 1908 heiratete die Mutter den preußischen Offizier Eduard von Losch, der im Juni 1916 an den Folgen einer Kriegsverletzung starb. Die Witwe erzog ihre Töchter streng: Fleiß, Ehre und Disziplin, die angeblichen «preußischen Tugenden», wurden großgeschrieben. Während sich die Ältere beugte – einen «entsetzlichen Tugendmoppel» nannte sie Marlene in ihrem Tagebuch –, probte die Jüngere früh den Aufstand.

Nach dem Besuch der Victoria-Luisen-Schule in Wilmersdorf (die Marlene 1918 ohne Abitur verließ) trennten sich die Wege der Schwestern: Elisabeth ließ sich zur Lehrerin ausbilden; Marlene begann, nachdem der Traum, sich als Konzertviolinistin ausbilden zu lassen, geplatzt war, durch den Berliner Kulturbetrieb zu tingeln. Sie sammelte erste Bühnenerfahrungen und erhielt Nebenrollen in Stummfilmen. Bei Dreharbeiten zum Film «Tragödie der Liebe» lernte sie den Aufnahmeleiter Rudolf Sieber kennen, den sie im Mai 1923 heiratete. Im Dezember 1924 kam ihr einziges Kind, Tochter Maria, zur Welt.[12]

1929 engagierte Hollywood-Regisseur Josef von Sternberg die noch wenig bekannte Nachwuchsschauspielerin für die Rolle der Lola Lola in «Der Blaue Engel», eine Verfilmung von Heinrich Manns Roman «Professor Unrat». Die Rolle des kecken Animiermädchens war wie für sie geschaffen. Sie stach damit den berühmten Hauptdarsteller Emil Jannings aus und begründete ihren eigenen Aufstieg zum Weltstar. Unmittelbar nach der Premiere im Berliner Filmpalast «Gloria» reiste sie Josef von Sternberg in die USA nach. Bei Paramount erhielt sie einen gutdotierten Siebenjahresvertrag. In ihrem ersten Hollywood-Film «Morocco» (1930) spielte sie an der Seite Gary Coopers. In rascher Folge drehte Sternberg weitere Filme mit ihr, darunter «Shanghai Express» (1932), «Blonde Venus» (1932), «The Scarlet Empress» (1934), «The Devil is a Woman» (1935). Die Verwandlung der Berliner Göre in eine Hollywood-Diva war geglückt.[13]

Ganz und gar nicht glamourös war unterdessen das Leben ihrer Schwester Elisabeth verlaufen. Im Jahr 1926 hatte sie den Theatermanager Georg Will geheiratet. Ihm zuliebe gab sie ihren Beruf als Lehrerin auf und widmete sich seit der Geburt ihres Sohnes Hans-Georg im Juni 1928 nur noch der Familie. Nach 1933 erhielt ihr Mann, obwohl inzwischen NSDAP-Mitglied, faktisch Berufsverbot, weil er mit dem jüdischen Komponisten Friedrich Hollaender das Theater «Tingel-Tangel» geleitet hatte. Im August 1936 schrieb Georg Will an Hans Hinkel, den Geschäftsführer der Reichskulturkammer, und bat darum, ihm behilflich zu sein, «bald wieder einen Erwerb, gleich ob in Presse oder Theater, zu finden». Er unterstrich diese Bitte mit dem Hinweis, er habe sich schon immer voll und ganz der «nationalen Sache» verbunden gefühlt, so etwa, als er 1919 als Mitglied des Freikorps «Oberland» an der «Befreiung» Münchens und Oberschlesiens teilgenommen habe.[14]

Zu diesem Zeitpunkt hatte Goebbels die Hoffnung noch nicht aufgegeben, Marlene Dietrich für Deutschland zurückzugewinnen. Im April 1936 sah er «Desire», Marlenes zweiten Film mit Gary Cooper als Partner, und bemerkte in seinem Tagebuch, die beiden seien «ganz große Schauspieler (...) Vor allem die Dietrich, die wir leider nicht mehr in Deutschland haben.»[15] Den ersten amerikanischen Farbfilm «The Garden of Allah» mit Marlene Dietrich und Charles Boyer in den Hauptrollen, den er im Februar 1937 anschaute, fand er zwar «dumm und quatschig», aber er blieb dabei: «die Dietrich spielt wunderbar».[16]

In seine Bemühungen, den Hollywood-Star «heim ins Reich» zu holen, spannte Goebbels auch ihren Schwager ein. Und obwohl alle Lockrufe aus Berlin vergeblich blieben – im März 1937 beantragte Marlene Dietrich die amerikanische Staatsbürgerschaft –, wurde Georg Will für seine Dienste belohnt: Das Propagandaministerium betraute den arbeitslosen Varieté-Direktor mit der Leitung von drei Lichtspielhäusern auf Truppenübungsplätzen – in Wildflecken in der Rhön, in Oerbke bei Fallingbostel und in Bergen-Belsen. In Wildflecken und Oerbke setzte er Geschäftsführer ein; in dem mit fast 2000 Plätzen großen Truppenkino Bergen-Belsen übernahm er persönlich die Leitung. Noch vor Beginn des Zweiten Weltkriegs kam seine Frau mit dem Sohn nach. Sie bezogen eine geräumige Wohnung im Obergeschoss des Kinos. Für die Zeit des Krieges sind keinerlei schriftliche Aufzeichnungen Elisabeth Wills überliefert. Das Grauen in dem nur zwei Kilometer entfernten Konzentrationslager kann ihr nicht verborgen geblieben sein.[17]

Im Juni 1939 hatte Marlene Dietrich die amerikanische Staatsbürgerschaft erhalten. Wenige Wochen später begannen die Dreharbeiten zu dem Western «Destry Rides Again», in dem sie, anknüpfend an ihre Rolle Ende der Zwanzigerjahre, die Saloonsängerin Frenchy spielte. Ihr Lied «The Boys in the Back Room» wurde fast so populär wie «Ich bin von Kopf bis Fuß auf Liebe eingestellt» in «Der Blaue Engel». Noch schien der Krieg in Europa weit weg, doch mit dem japanischen Überfall auf Pearl Harbor im Dezember 1941 wurden auch die Vereinigten Staaten in den Konflikt hineingezogen. Marlene Dietrich reiste durchs Land und machte Werbung für Kriegsanleihen. Mit anderen Stars bekochte sie Soldaten in der «Hollywood Canteen» und besuchte Verwundete in den Lazaretten. Schließlich entschloss sie sich, aktiv am Kampf gegen Hitler-Deutschland teilzunehmen. «Ich fühlte mich mitverantwortlich für den Krieg, den Hitler verursacht hatte. Ich wollte mithelfen, diesen Krieg so bald wie möglich zu beenden», hat sie in ihren 1979 veröffentlichten Memoiren bekannt.[18]

Bei der USO (United Service Organizations) stellte sie den Antrag, bei der Truppenbetreuung in Übersee eingesetzt zu werden. Im April 1944 war es soweit. In Uniform und im Rang eines Captains flog sie nach Algier. Hier gab sie ihr erstes Konzert vor den GIs. Bald zählte zu ihrem Standardrepertoire auch ein Lied, das sich bei den deutschen wie den alliierten Soldaten gleichermaßen großer Beliebtheit erfreute: «Lili Marleen». Von Nordafrika ging es weiter nach Italien, wo sie mit ihrer Truppe dem alliierten Vormarsch hinterherreiste. Anfang Juni 1944, wenige Tage vor der alliierten Landung in der Normandie, zog sie mit den amerikanischen Soldaten in Rom ein. In einem Interview mit der «New York Herald Tribune» im August 1944 berichtete sie, die Römer hätten ihren Augen

Die Hollywood-Diva Marlene Dietrich mit US-Soldaten in Deutschland, Frühjahr 1945.

nicht getraut, als sie sie im Jeep erblickten: «They must have thought Americans are wonderful. We bring them freedom, bread – even movie stars.»[19]

Nach einem kurzen Aufenthalt in New York brach Marlene Dietrich im September 1944 zu ihrer zweiten USO-Tour auf. Von Paris aus schloss sie sich den vorrückenden Truppen General George S. Pattons an. Während der Ardennenoffensive im Dezember 1944 – Hitlers letzten Versuch, das Blatt noch einmal zu wenden – wurde sie mit einer US-Einheit eingekesselt und entging nur knapp einer Gefangennahme.

Ihre erste Begegnung mit den Deutschen nach dem Überschreiten der deutsch-belgischen Grenze verlief ganz anders, als sie befürchtet hatte. «Wir kamen nach Deutschland, und zu unserer großen Überraschung gab es keine Drohung, nichts, wovor man sich zu fürchten hätte», erinnerte sie sich. «Die Leute auf den Straßen wollten mich am liebsten umarmen, sie baten mich um Gefälligkeiten von den Amerikanern, sie hätten nicht netter sein können.»[20] Mitte April folgte sie den amerikanischen Truppen auf ihrem Weg durch Süddeutschland Richtung Böhmen. In Pilsen feierten amerikanische und sowjetische Soldaten gemeinsam den Sieg, und Marlene Dietrich sang zum ersten Mal auch vor Rotarmisten. Wenige Tage später, Anfang Mai, erhielt sie in München die Nachricht über die Frau in Bergen-Belsen, die behauptete, ihre Schwester zu sein.[21]

«Dank dafür, dass Du Dir den Weg gemacht hast, zu kommen», schrieb Elisabeth Will ihrer Schwester zwei Wochen nach ihrer Wiederbegegnung in Bergen-Belsen, und sie fügte hinzu: «Ich bin auch überzeugt, dass Du Mutti finden wirst.»[22] Tatsächlich hatte Josephine von Losch in Berlin überlebt, und im September 1945 flog Marlene Dietrich mit einer Militärmaschine zum Flughafen Tempelhof, wo ihre Mutter sie empfing. In der Stadt, die sie vor fünfzehn Jahren verlassen hatte, fand sie sich kaum noch zurecht: «Die Kaiser-Wilhelm-Gedächtniskirche ist zerstört, Bahnhof Zoo, Tauentzienstraße, Joachimsthaler – alles in Schutt und Asche (…)», schrieb sie ihrem Mann Rudolf Sieber, mit dem sie trotz zahlreicher Affären immer noch verheiratet war. Das Haus, in dem ihre Mutter gelebt hatte, war ausgebrannt. «Der Balkon hängt herunter, und Mutti hat tagelang in den Trümmern gesucht und oben drauf (…) lag die Bronze-Maske von meinem Gesicht unversehrt! Da hat sie dann lange gesessen und geweint.»[23] Zweimal am Tag trat Marlene Dietrich vor GIs auf. Im Oktober 1945 reiste sie nach Paris zurück. Anfang November 1945 starb Josephine von Losch mit nur 63 Jahren.

Im November 1945 legte Marlene Dietrich noch einmal einen Zwischenstopp in Bergen-Belsen ein, sichtlich darum bemüht, diesen zweiten Besuch geheim zu halten. Georg Will hatte, wie viele Mitläufer des Regimes, nach Kriegsende rasch die Seiten gewechselt und sich den Besatzern angedient. Er durfte das Kino weiterbetreiben, das nunmehr britischen Soldaten Unterhaltung bot. 1950 allerdings lief die Pacht aus, und er eröffnete in Hannover die «Metropol-Lichtspiele». Seine Frau ließ er in Bergen-Belsen zurück. Sie führte dort ein zurückgezogenes Leben, musste allerdings keine materielle Not leiden. Denn Marlene überließ ihr einen Großteil der Einnahmen aus den deutschen Plattenverkäufen und beschenkte sie immer wieder großzügig. Dafür hielt sich Elisabeth an die Abmachung: Als Schwester der berühmten Diva durfte sie in der Öffentlichkeit nicht in Erscheinung treten.[24]

Nach dem Krieg drehte Marlene Dietrich noch einige Filme, darunter 1948 «A Foreign Affair», in dem sie unter der Regie von Billy Wilder eine verführerische Nachtklubsängerin mit zweifelhafter Vergangenheit spielte. 1953 startete sie in eine zweite Karriere als Sängerin, zunächst im Sahara Hotel in Las Vegas und im Café de Paris in London. Bald tourte sie durch die ganze Welt. Während einer Europa-Tournee 1960 machte sie auch in Deutschland Station. Hier wurde sie keineswegs überall freundlich begrüßt. In den Augen vieler Deutscher galt die couragierte Nazi-Gegnerin als «Vaterlandsverräterin». In den USA hatte sie schon 1947 die «Medal of Freedom» erhalten, eine der höchsten Auszeichnungen für Zivilisten.[25]

Gelegentlich lud Marlene ihre Schwester ein, an einem ihrer Gastspiele teilzunehmen, und traf sich danach heimlich mit ihr. Am 7. Mai 1973, 28 Jahre nach dem ersten Besuch ihrer Schwester in Bergen-Belsen, starb Elisabeth Will an den Folgen eines Zimmerbrandes.[26]

Marlene Dietrich sollte ihre Schwester um fast zwei Jahrzehnte überleben. 1961 hatte sie ihren letzten großen Film «Judgement at Nuremberg» gedreht. Neben Spencer Tracy als Richter Dan Haywood spielte sie die Witwe eines Wehrmachtgenerals, der von den Amerikanern als Kriegsverbrecher gehängt worden war, und die, wie die meisten Deutschen nach 1945, beteuerte, von den Massenverbrechen der Nationalsozialisten nichts gewusst zu haben. Nach einem Sturz auf der Bühne in Sydney im September 1975, bei dem sie sich einen Oberschenkelhalsbruch zuzog, beendete sie auch ihre Auftritte als Sängerin. Sie zog sich gänzlich aus der Öffentlichkeit zurück und lebte bis zu ihrem Tod am 6. Mai 1992 in ihrer Pariser Wohnung in der Avenue Montaigne unweit der Champs-Élysées. Dort interviewte sie der Schauspieler und Regisseur Maximilian Schell im Herbst 1982. Auf seine Frage, ob sie Geschwister gehabt habe, antwortete sie nur: «Nein.»[27]

An demselben Tag, an dem der Reichskommissar für die besetzten niederländischen Gebiete, Arthur Seyß-Inquart, in Hamburg verhaftet wurde, versammelten sich am Dam, dem Hauptplatz von Amsterdam im Zentrum der Stadt, Tausende Menschen. Es herrschte Feierstimmung an diesem 7. Mai, denn um die Mittagsstunden sollten endlich die lang ersehnten Befreier, Truppen der 1. Kanadischen Armee, einziehen. Die Menge wartete geduldig, Stunde um Stunde verging. Plötzlich, gegen 15.00 Uhr, peitschten Schüsse über den Platz. Deutsche Marinesoldaten hatten sich im ersten Stock eines Gebäudes verschanzt und schossen gezielt in die Menge. In Panik versuchten die Menschen zu fliehen, oder sie warfen sich auf den Boden. «Es war ein letztes Drama, bis die Amsterdamer sich endlich frei und vor den verhassten ehemaligen Besatzern sicher fühlen konnten», schreibt die Historikerin und Journalistin Barbara Beuys in ihrer großen Darstellung der Geschichte Amsterdams unter der deutschen Besatzung. «22 Amsterdamer bezahlten den festlichen Tag am Dam mit ihrem Leben. 60 wurden verwundet. Schockiert, entsetzt gingen die Menschen aus der Innenstadt nach Hause.»[28]

Begonnen hatte das Drama am Morgen des 10. Mai 1940, als Soldaten der deutschen Wehrmacht die niederländische Grenze überschritten. Hollands Regierung hatte die Bevölkerung in der falschen Sicherheit gewiegt, dass Hitler die Neutralität des Landes respektieren würde. Umso größer war die Bestürzung, sich nun neben Großbritannien, Frankreich und Belgien ebenfalls im Krieg mit dem aggressiven Nachbarn im Osten zu befinden. Am 13. Mai flüchteten Königin Wilhelmina und die Minister nach London; am 15. Mai kapitulierten die Niederlande. Noch am selben Tag rückten deutsche Truppen in Amsterdam ein. Am 26. Mai kam Reichskommissar Seyß-Inquart in Den Haag an und übernahm die oberste Regierungsgewalt im Land. Zunächst schien er eine «Politik der weichen Hand» zu verfolgen. Erleichtert schrieb der Amsterdamer Geschichtslehrer Hendrik Jan Smeding am 5. Juni in sein Tagebuch: «Wir erwachen ein bisschen aus einem bösen Traum: noch keine Juden-Verfolgungen; keine Razzien; keine Säuberungen an den Universitäten.»[29]

In Amsterdam lebten zu Beginn des Krieges knapp 80 000 der insgesamt 140 000 niederländischen Juden, unter ihnen fast 7000 deutsch-jüdische Emigranten. Zu ihnen zählte auch die vierköpfige Familie Frank – Otto Frank, seine Frau Edith und die beiden Töchter Margot und Anne –, die 1933 von Frankfurt am Main nach Amsterdam gekommen war und hier eine Wohnung im Süden, am Merwedeplein 37, bezogen hatte. Auch für sie, wie für alle Amsterdamer, schien sich das Leben unter deutscher Besatzung zunächst kaum geändert zu haben. Erst allmählich wurden die Schrauben der Repression angezogen. Kundgebungen für das Haus Oranien wurden nicht mehr geduldet, eine Filmzensur eingeführt, alle Parteien außer der Nationalsozialistischen Bewegung (NSB) unter Anton Adriaan Mussert verboten. Im Oktober 1940 mussten alle rund 25 000 Amsterdamer Bediensteten – vom Pförtner bis zum

Professor – eine «Ariererklärung» abgeben. Es folgten Entlassungen jüdischer Beamter und Angestellter.

Im Januar 1941 ordnete Seyß-Inquart eine Meldepflicht für alle Personen an, «die ganz oder teilweise jüdischen Blutes sind». Damit war ein weiterer Schritt getan, um die jüdische Bevölkerung statistisch zu erfassen und gesellschaftlich zu isolieren. In Cafés, Restaurants und Hotels hingen bald Schilder mit der Aufschrift «Juden unerwünscht». Gleichzeitig begannen Schlägertrupps der niederländischen Nationalsozialisten, Juden auf Amsterdams Straßen zu terrorisieren. Stießen sie auf Gegenwehr, nahm dies der Höhere SS- und Polizeiführer Hanns Albin Rauter zum Vorwand, um die Gewaltschraube weiter anzuziehen. Am 22. und 23. Februar 1941 wurden bei einer Razzia in Amsterdam über 400 jüdische Männer verhaftet und in das Konzentrationslager Buchenwald deportiert. Aus Solidarität mit den Verfolgten legten Amsterdamer am 25. Februar den öffentlichen Verkehr lahm und protestierten zu Zehntausenden gegen das harte Vorgehen der Besatzer. Die Rache folgte auf dem Fuß: Vier kommunistische Arbeiter und fünfzehn Mitglieder einer kleinen illegalen Gruppe wurden in den Dünen bei Scheveningen erschossen. Am 12. März 1941 verkündete Seyß-Inquart im Concertgebouw, Amsterdams berühmtem Konzerthaus: «Wir werden die Juden schlagen, wo wir sie treffen, und wer mit ihnen geht, hat die Folgen zu tragen.»[30]

Schritt für Schritt wurden nun die antijüdischen Maßnahmen verschärft. Juden wurde der Besuch von Lokalen, Kinos, Theatern und Schwimmbädern verboten, sie mussten ihre Radios abliefern, jüdische Ärzte und Rechtsanwälte durften keine «arischen» Patienten und Kunden mehr haben, jüdische Kinder keine öffentlichen Schulen mehr besuchen. Für die zwölfjährige Anne Frank und ihre ältere Schwester Margot bedeutete das, dass sie seit Oktober 1941 täglich einen beschwerlichen Weg zum neu gegründeten Jüdischen Lyzeum zurücklegen mussten. Seit dem 3. Mai 1942, acht Monate nach Einführung der Kennzeichnungspflicht in Deutschland, mussten alle Juden ab dem sechsten Lebensjahr in den Niederlanden einen gelben sechszackigen Stern mit der Aufschrift «Jood» tragen. Die Zeitung «Het Parool», die seit Mai im Untergrund erschien, verurteilte die Schandtat: Sie sei nicht nur «eine Beleidigung der Juden, sondern auch ein Schlag ins Gesicht des gesamten niederländischen Volkes».[31]

Am 12. Juni 1942 feierte Anne Frank am Merwedeplein 37 ihren 13. Geburtstag. Ihr Vater schenkte ihr ein Tagebuch mit kariertem Stoffeinband und Schnappverschluss. «Ich werde, hoffe ich, Dir alles anvertrauen können, wie ich es noch bei niemandem gekonnt habe, und ich hoffe, Du wirst mir eine große Stütze sein», lautete der erste Eintrag.[32] Acht Tage später bemerkte sie selbstkritisch, «dass sich später keiner, weder ich noch ein anderer, für die Herzensergüsse eines dreizehnjährigen Schulmädchens interessieren wird».[33] Wie sehr irrte sie sich darin! Ihr Tagebuch, das sie bis zum 1. August 1944, bis kurz vor ihrer Verhaftung, führen konnte, sollte eines der herausragendsten, bewegendsten Zeugnisse des jüdischen Schicksals zur Zeit der nationalsozialistischen Herrschaft über Europa werden – und die Verfasserin selbst weltberühmt machen.

Mitte April 1942 hatte Adolf Eichmann bei einem Aufenthalt in Amsterdam dem Leiter der Zentralstelle für jüdische Auswanderung (ZjA), Ferdinand aus der Fünten, eröffnet, dass im Sommer die Deportation der Juden in die Vernichtungslager «im Osten» beginnen sollte. Bei der Vorbereitung der Aktion konnte die ZjA auf die Statistiken zurückgreifen, die die Stadtverwaltung im Januar 1941 erstellt hatte. Am 5. Juli 1942 wurden die ersten Aufrufe zum «Arbeitseinsatz» in Deutschland verschickt. Am selben Tag erhielt auch Margot Frank die Aufforderung, sich bei der Zentralstelle zu melden. Für Otto Frank gab dies den letzten Anstoß, um mit seiner Familie in einem schon länger vorbereiteten Versteck im Hinterhaus seines ehemaligen Bürogebäudes in der Prinsengracht 263 unterzutauchen. Dazu stießen in den nächsten Tagen das Ehepaar Hermann und Auguste van Pels mit ihrem Sohn Peter, später auch noch der Zahnarzt Fritz Pfeffer. «Es ist so viel geschehen, als hätte sich plötzlich die Welt umgedreht», notierte Anne Frank am 8. Juli, nachdem der gefahrvolle Umzug bewerkstelligt worden war.[34]

In der Nacht vom 14. auf den 15. Juli verließ der erste Deportationszug den Hauptbahnhof. Nach kurzem Zwischenstopp im Durchgangslager Westerbork ging der Transport weiter ins Vernichtungslager Auschwitz-Birkenau. Bis Ende 1942 hatten bereits 40 000 Amsterdamer Juden die Reise «nach Osten» antreten müssen. Was sie dort erwartete, darüber machten sich die acht Untergetauchten in der Prinsengracht keine Illusionen. «Nichts als traurige und deprimierende Nachrichten (…)», hielt Anne Frank am 9. Oktober 1942 fest. «Unsere jüdischen Bekannten werden gleich gruppenweise festgenommen. Die Gestapo geht nicht im geringsten zart mit diesen Menschen um. Sie werden in Viehwagen nach Westerbork gebracht.» Über die schrecklichen Zustände dort berichtete

Miep Gies, eine frühere Angestellte des Vaters, die das lebensgefährliche Risiko auf sich genommen hatte, die Versteckten im Hinterhaus mit Lebensmitteln zu versorgen. «Die Menschen bekommen fast nichts zu essen, geschweige denn zu trinken (...) Wenn es in Holland schon so schlimm ist, wie muss es dann erst in Polen sein? Wir nehmen an, dass die meisten Menschen ermordet werden. Der englische Sender spricht von Vergasungen, vielleicht ist das noch die schnellste Methode zu sterben.»[35]

Bei ihren Razzien wurden Polizei und SS unterstützt von der «Kolonne Henneicke» – 54 niederländische Kollaborateure unter dem Kommando von Willem Christiaan Henneicke –, die sich zur Aufgabe machte, Juden in ihren Wohnungen oder im Untergrund aufzuspüren. Allein in den Monaten März und April 1943 schleppte sie fast 6000 Opfer an, und es gab für jeden Verhafteten aus der Kasse der ZjA eine Kopfprämie von 7,50 Gulden. Anfang Oktober 1943 erklärten die Besatzer Amsterdam offiziell für «judenfrei». Zwar ging die Jagd auf untergetauchte Juden weiter, doch die Zeit der großen organisierten Razzien war vorbei.[36]

In ihrem Versteck harrten die Franks und ihre Leidensgenossen aus, immer in der Angst, entdeckt zu werden. Am 6. Juni 1944 schöpften sie Hoffnung, als endlich die Nachricht von der Invasion der Alliierten in der Normandie eintraf. «Das Hinterhaus ist in Aufruhr», notierte Anne Frank. «Sollte denn nun wirklich die lang ersehnte Befreiung nahen, die Befreiung, über die so viel gesprochen wurde, die aber zu schön, zu märchenhaft ist, um je wirklich werden zu können? Sollte dieses Jahr, dieses 1944, uns den Sieg schenken? Wir wissen es noch nicht, aber die Hoffnung belebt uns, gibt uns wieder Mut, macht uns wieder stark.»[37]

Nur acht Wochen später, am 4. August 1944, drang ein vierköpfiges Greifkommando unter Leitung des SS-Oberscharführers Karl Josef Silberbauer in das Hinterhaus in der Prinsengracht ein und nahm die acht Untergetauchten fest. Wer das Versteck verraten hatte, hat sich nie aufklären lassen. Miep Gies, die kurze Zeit später die leere Wohnung vorfand, konnte einige verstreut auf dem Boden liegende Papiere, darunter Anne Franks Tagebuch, an sich nehmen. Die Verhafteten wurden in die Haftanstalt in der Weteringschans eingeliefert und vier Tage später nach Westerbork gebracht. Am 3. September verließ ein letzter Transport das Durchgangslager. Unter den knapp 1000 Menschen – 498 Männer, 422 Frauen und 79 Kinder – befanden sich auch Edith und Otto Frank, ihre Töchter, das Ehepaar van Pels mit ihrem Sohn sowie Fritz Pfeffer. Am 5. September traf der Zug in Auschwitz-Birkenau ein.

Anne und Margot Frank wurden Ende Oktober mit einem Evakuierungstransport nach Bergen-Belsen deportiert. Sie überlebten die dort herrschenden katastrophalen Bedingungen nicht. Ihre Mutter Edith starb am 6. Januar 1945 in Auschwitz. Hermann van Pels wurde im Oktober 1944 in Auschwitz vergast. Seine Frau Auguste wurde von Auschwitz über Bergen-Belsen und Buchenwald nach Theresienstadt verschleppt. Ihr genaues Todesdatum ist unbekannt. Peter van Pels gelangte mit einem Todesmarsch nach Mauthausen, wo er am 5. Mai 1945, dem Tag der Befreiung durch die Amerikaner, starb. Fritz Pfeffer kam am 20. Dezember 1944 in Neuengamme ums Leben. Otto Frank überlebte Auschwitz als einziger der acht Untergetauchten. Am 3. Juni 1945 kehrte er nach Amsterdam zurück. Mit den Worten: «Hier ist das Vermächtnis Ihrer Tochter Anne an Sie», übergab ihm Miep Gies das Tagebuch.[38]

Der 5. September 1944 – der Tag, an dem der Deportationszug aus Westerbork in Auschwitz eintraf – sollte in die niederländischen Geschichtsbücher als der «dolle Dinsdag», der «verrückte Dienstag», eingehen. Tags zuvor hatte Reichskommissar Seyß-Inquart über Amsterdam den Ausnahmezustand verhängt. Denn nach Berichten der BBC befanden sich die Truppen der Alliierten im Süden im raschen Vormarsch. «Die Befreiungsarmeen haben die Grenze überschritten!», titelte ein Flugblatt von «Het Parool», «Breda, Tilburg, Roosendaal und Maastricht sind schon befreit! Die glorreiche deutsche Wehrmacht ist geschlagen und auf der Flucht.»[39]

Zu Tausenden verließen die Besatzer am Abend des 4. September fluchtartig die Hauptstadt, unter ihnen auch viele niederländische Kollaborateure, die die Rache ihrer Landsleute fürchten mussten. Am 5. September strömten die Amsterdamer auf die Straßen. Überall zeigte sich die Farbe Orange, und in den Schaufenstern der Geschäfte lagen Fotos von Königin Wilhelmina aus. Doch die Hochstimmung wich bald einer grenzenlosen Enttäuschung. Denn die Befreier blieben aus. «Engländer nicht gekommen», stellte der Maler Max Beckmann, der 1937 nach Amsterdam emigriert war und während der gesamten deutschen Besatzungszeit dort lebte, am 6. September lapidar in seinem Tagebuch fest.[40] Die Wehrmacht gab sich noch keineswegs geschlagen. Der Versuch britischer Fallschirmtruppen, die strategisch wichtige Brücke von Arnheim zu erobern, endete in einem Desaster.

Bereits wenige Tage nach dem «verrückten Dienstag» kehrten die Besatzer zurück, patrouillierten deutsche Polizisten wieder auf den Straßen. Für die Amsterdamer Bevölkerung begann die schlimmste Leidensperiode während des ganzen Krieges. Jede Aktion des Widerstands beantworteten die Deutschen mit willkürlichen Verhaftungen und öffentlichen Geiselerschießungen. Nachdem die niederländischen Eisenbahner, um die alliierte Offensive zu unterstützen, Ende September 1944 in einen landesweiten Streik getreten waren, verhängte Reichskommissar Seyß-Inquart ein Embargo. Nach Amsterdam kamen kaum noch Nahrungsmitteltransporte. Im strengen Winter 1944/45 erlebte die Bevölkerung eine schwere Hungersnot. Und im Frühjahr, als sich die Niederlage Hitler-Deutschlands für alle sichtbar ankündigte, steigerte sich der Terror der Besatzungsmacht noch einmal. So wurden als Vergeltungsmaßnahme für den Anschlag auf den obersten SS-Führer Hanns Albin Rauter Anfang März 263 Niederländer ermordet.[41]

Im April 1945 rückte die Front immer näher. Am 12. April befreiten kanadische Soldaten das Lager Westerbork. Am 3. Mai traf Königin Wilhelmina in Den Haag ein. Zwei Tage später trat die deutsche Teilkapitulation in Nordwest-Europa in Kraft. Am 6. Mai unterzeichnete der Oberbefehlshaber der Wehrmacht in den Niederlanden, General Johannes Blaskowitz, in Wageningen die Kapitulationsurkunde. Mit der deutschen Herrschaft war es endgültig vorbei. «Ein halbes Gläschen Wermut getrunken. Um halb eins ins Bett, um halb drei schliefen wir noch nicht, und wie wir redeten, und wie laut! Wir durften es ja. Freude, Glück, Dankbarkeit, dass wir so davongekommen sind», notierte eine junge jüdische Frau, die 18jährige Carry Ulreich, die mit ihren Eltern und ihrer älteren Schwester in einem Versteck in Rotterdam überlebt hatte.[42]

In Amsterdam aber wartete man immer noch auf das Eintreffen der Kanadier, und so konnte ein deutscher Marinetrupp noch am 7. Mai das bereits geschilderte Massaker am Dam verüben. Am 8. Mai aber war es dann soweit: Soldaten der Seaforth Highlanders of Canada zogen, begeistert begrüßt, in die niederländische Hauptstadt ein. An diesem Tag wurde Seyß-Inquart, den die Briten in Hamburg verhaftet hatten, mit einem Militärflugzeug in die Niederlande gebracht und am Flughafen von Hengelo einer Einheit der kanadischen Militärpolizei übergeben.[43] Er sollte in Nürnberg gehenkt werden.

8. Mai 1945

Die Tinte auf der Kapitulationsurkunde von Reims war noch kaum getrocknet, da erhielt Eisenhower ein Protesttelegramm des stellvertretenden sowjetischen Generalstabschefs, Alexei Antonow: Das russische Oberkommando weigerte sich, die Unterzeichnung anzuerkennen, da der von Stabschef Bedell Smith übermittelte Kapitulationstext nicht mit dem übereinstimmte, der zuvor von der Europäischen Beratungskommission (EAC) im Auftrag der Regierungen in Washington, London und Moskau vorbereitet worden war. Eisenhower beeilte sich zu versichern, dass er sich «peinlich genau an die Verpflichtung gehalten» habe, keinen separaten Waffenstillstand zu schließen. Außerdem sei ja ein sowjetischer Vertreter, General Susloparow, in Reims anwesend gewesen und habe das Dokument mitunterschrieben.[1]

Doch Stalin bestand auf einer Wiederholung der Zeremonie, und zwar in der von der Roten Armee eroberten Hauptstadt Berlin. Die Sowjetunion hatte die Hauptlast des Krieges getragen, und so schien es ihm nur recht und billig, wenn dieses Mal die höchsten Repräsentanten der drei Wehrmachtteile gezwungen wurden, die Kapitulation im Beisein von führenden Vertretern der Alliierten zu vollziehen. Eisenhower sagte zunächst sein Kommen zu, nahm aber davon Abstand, nachdem ihm Mitglieder seines Stabes und auch Churchill abgeraten hatten: Die Deutschen hätten ja bereits in Reims bedingungslos kapituliert, und die neuerliche Ratifizierung in Berlin sei eigentlich eine Sache der Sowjets und entspringe dem persönlichen Prestigebedürfnis Stalins.[2]

Als ihre Vertreter entsandten die westlichen Alliierten den britischen Luftmarschall Arthur Tedder, den US-General Carl Spaatz sowie als Repräsentant der französischen Streitkräfte General Jean de Lattre de Tassigny. Von deutscher Seite reisten an: Generalfeldmarschall Wilhelm Keitel, der Chef des Oberkommandos der Wehrmacht, Generaladmiral Hans-Georg von Friedeburg (für die Marine) und Generaloberst Hans-Jürgen Stumpff in Vertretung des verwundeten Oberbefehlshabers der Luftwaffe, Robert Ritter von Greim, den Hitler noch am 26. April 1945 zum Nachfolger Hermann Görings bestellt hatte. Gegen Mittag des 8. Mai landeten drei britische Verkehrsmaschinen mit den Delegationen auf dem Flughafen Berlin-Tempelhof. Zum Empfang der Verbündeten war eine sowjetische Abordnung, an ihrer Spitze Schukows Stellvertreter, General Sokolowski, mit drei Ehrenkompanien erschienen. Eine Militärkapelle spielte die Nationalhymnen. Während Amerikaner und Briten die Ehrenformation abschritten, wurden die Deutschen gleich nach der Landung zu den bereitstehenden Wagen geführt, die sie nach Berlin-Karlshorst, dem Hauptquartier Marschall Schukows, brachten. «Voran schreitet Keitel im langen Mantel, mit großer, hoher Generalsmütze (...) Er vermeidet es bewusst, nach links oder rechts zu sehen, geht mit großen, ausholenden Schritten», beobachtete der sowjetische Kriegsberichterstatter Konstantin Simonow.[3]

In aller Eile hatte Schukow den Kasinosaal der Pionierschule in Karlshorst für die Zeremonie herrichten lassen. Die Rotarmisten requirierten Möbel, Teppiche, Gläser, Bestecke und Blumen. Die Anfahrtsstraßen wurden vom Schutt geräumt und mit Fahnen geschmückt.[4] Einer, der dabei tatkräftig mithalf, war Erich Honecker. Der spätere Nachfolger Ulbrichts als SED-Generalsekretär, der im «Dritten Reich» fast zehn Jahre lang hinter Gittern hatte zubringen müssen, hatte am 27. April 1945, nach Ankunft der Roten Armee, das Zuchthaus Brandenburg-Görden verlassen und sich auf den Weg nach Berlin gemacht. Am 4. Mai war er in der Wohnung seiner späteren ersten Ehefrau, der Wachtmeisterin Charlotte Schanuel, in der Landsberger Straße 37 angekommen. Noch bevor er zur «Gruppe Ulbricht» stieß, erhielt er den Auftrag, die Landsberger Straße mit den Fahnen der Siegermächte auszurüsten. Noch viele Jahre später erinnerte er sich nicht ohne Stolz, dass es ihm innerhalb einer kurzen Frist gelungen sei, eine genügend große Zahl aufzutreiben oder nähen zu lassen, so dass die Kolonnen ihren Weg nach Karlshorst durch ein Fahnenmeer hätten nehmen können.[5]

Die deutsche Delegation wurde in einer kleinen Villa neben der Pionierkaserne untergebracht. Der ursprünglich auf 14.00 Uhr festgesetzte Unterzeichnungsakt verzögerte sich. Denn die Vertreter der Siegermächte stritten sich nicht nur über die Sitzordnung und das Arrangement der Unterschriften, sie konnten sich auch über Stunden nicht auf einen gemeinsamen Text verständigen. Erstmals erhielten die westlichen Alliierten einen Vorgeschmack von den schwierigen Verhandlungen, die ihnen noch mit ihren sowjetischen Partnern bevorstanden. Schließlich einigte man sich auf ein Dokument, das nur geringe Abweichungen von der Kapitulationsurkunde des 7. Mai aufwies. So hieß es statt «Oberkommando der Sowjettruppen» jetzt «Oberkommando der Roten Armee», und in Artikel 6 wurde ausdrücklich festgelegt, dass nur die englische und russische Fassung als maßgeblich betrachtet werden sollten.[6]

Während der Wartezeit wurden die Deutschen mit einem kalten Buffet versorgt. Hin und wieder erschien ein neugieriger Reporter und machte Aufnahmen. Als Keitel einem russischen Offizier gegenüber äußerte, er sei bei der Fahrt durch Berlin erschüttert gewesen über das Ausmaß der Zerstörungen, erhielt er zur Antwort: «Waren Sie, Herr Feldmarschall, nicht erschüttert, als auf Ihren Befehl Tausende von sowjetischen Städten und Dörfern dem Erdboden gleichgemacht wurden, Orte, unter deren Ruinen Millionen unserer Landsleute, darunter Zehntausende von Kindern, den Tod fanden?»[7]

Um 23.45 Uhr bat Schukow die Vertreter des Alliierten Oberkommandos, Tedder, Spaatz und Lattre de Tassigny, in sein Arbeitszimmer, das direkt an den Kasinosaal angrenzte, und besprach mit ihnen letzte Details. Um 24.00 Uhr – zu dem Zeitpunkt, als die Kapitulation in Kraft treten sollte – betraten sie den Saal und nahmen an einem langen Tisch Platz, hinter dem die Fahnen der Sowjetunion, der USA, Englands und Frankreichs hingen. Ein Dutzend Sowjetgeneräle, eine Reihe hoher alliierter Offiziere, viele Ordonnanzen und über hundert Journalisten und Fotoreporter hatten sich eingefunden. Schukow eröffnete die Sitzung mit wenigen Worten und befahl, die deutsche Delegation hereinzuführen. Es wurde ganz still. Nur das Surren der Kameras war zu vernehmen, als sich eine Seitentür öffnete und Keitel, gefolgt von Friedeburg und Stumpff, den Raum betrat. Der OKW-Chef hielt sich kerzengerade und hob kurz die Hand mit dem Marschallstab zum Gruß. Auf nicht wenige Anwesende wie den amerikanischen Marineadjutanten Harry C. Butcher wirkte sein Auftreten «arrogant und herausfordernd». Ihm erschien der Generalfeldmarschall geradezu als «das verkörperte Preußentum».[8] Schukow hingegen gewann einen anderen Eindruck: «Nein, das war nicht mehr der hochmütige Keitel, der die Kapitulation des besiegten Frankreichs entgegengenommen hatte. Jetzt sah er niedergeschlagen aus, obwohl er sich Mühe gab, Haltung zu bewahren.»[9]

Eine Wiederholung auf Wunsch Stalins: Kurz nach Mitternacht, am 9. Mai 1945, unterzeichnet Generalfeldmarschall Wilhelm Keitel in Berlin-Karlshorst die bedingungslose Kapitulation.

Die Deutschen wurden aufgefordert, an einem kleinen Tisch unweit der Tür Platz zu nehmen. Danach fragte Schukow Keitel, ob er die Kapitulationsurkunde gelesen habe und ob er bevollmächtigt sei, sie zu unterzeichnen. Keitel bejahte und gab zu verstehen, dass man ihm die Dokumente bringen möge. Doch Schukow befahl der deutschen Delegation an den Präsidiumstisch zu kommen. «Mit einem unguten Blick auf das Präsidium erhob sich Keitel rasch von seinem Platz», erinnerte sich der sowjetische Marschall, «dann senkte er die Augen, nahm langsam seinen Marschallstab vom Tisch und kam mit unsicheren Schritten auf unseren Tisch zu. Sein Monokel fiel herunter und baumelte an der Kordel, das Gesicht bedeckte sich mit roten Flecken.»[10] Der Generalfeldmarschall setzte sich auf den Rand eines Stuhls, legte Mütze und Marschallstab beiseite, streifte einen Handschuh ab, klemmte das Monokel ins linke Auge und unterschrieb, im Blitzlichtgewitter der Fotografen, die fünf Exemplare der Kapitulationsurkunde. Die Uhr zeigte 16 Minuten nach Mitternacht. Nachdem Keitel an seinen Platz zurückgekehrt war, setzten von Friedeburg und Stumpff ihre Unterschrift unter die Dokumente. Danach unterzeichneten Schukow und Tedder als Vertreter der Alliierten, Spaatz und Lattre de Tassigny als Zeugen. Um 0.43 Uhr war die Zeremonie beendet, und Schukow forderte die deutsche Abordnung auf, den Saal zu verlassen. Keitel, von Friedeburg und Stumpff standen auf, verbeugten sich und gingen, gefolgt von den Offizieren ihrer Stäbe, hinaus.[11]

«Und plötzlich weicht die gestaute Spannung aus dem Saal», beobachtete Konstantin Simonow. «Sie verfliegt, als hätten alle lange den Atem angehalten, der nun der Brust entströmt. Ein allgemeiner Seufzer der Erleichterung und Erschöpfung bricht sich Bahn.»[12] Im Namen des sowjetischen Oberkommandos gratulierte Schukow den Anwesenden zum Sieg. Sowjetische und alliierte Offiziere schüttelten sich die Hände. Beim anschließenden Bankett feierte man die Waffenbrüderschaft und versprach, die freundschaftlichen Beziehungen zwischen den Ländern der Anti-Hitler-Koalition zu vertiefen – ein Wunsch, der schon bald durch die Wirklichkeit des beginnenden Kalten Krieges illusorisch werden sollte. Doch in der Nacht zum 9. Mai herrschte eine seltene Eintracht. Wodka und Champagner wurden reichlich ausgeschenkt, und, von der allgemeinen Fröhlichkeit angesteckt, legte Schukow einen russischen Volkstanz aufs Parkett.[13]

Auch die deutsche Delegation, die die Nacht in der kleinen Villa verbrachte, wurde nicht vergessen. Schukows Oberquartiermeister hatte ein opulentes Mahl für sie vorbereitet, und entschuldigte sich sogar noch, dass es so bescheiden ausgefallen sei. «Ich konnte nicht unterlassen zu antworten, dass wir solchen Luxus und eine so reich gedeckte Tafel nicht gewohnt seien (…)», erinnerte sich Keitel in der Nürnberger Haft. «Zum Schluss gab es noch gefrorene frische Erdbeeren, die ich zum ersten Mal in meinem Leben vorgesetzt erhalten hatte. Offenbar hatte ein Berliner Schlemmer-Restaurant diese Nachttafel geliefert, denn auch die Weine waren deutschen Ursprungs.»[14] Am Morgen des 9. Mai flogen die Deutschen von Tempelhof direkt nach Flensburg zurück, wo sie gegen 10.00 Uhr landeten.

Unterdessen hatte Dönitz seine Berater zusammengerufen, um mit ihnen die Frage zu diskutieren, ob es nach der Gesamtkapitulation der Wehrmacht noch einen Sinn habe, die Regierung weiterzuführen, oder ob nicht jetzt für ihn der Zeitpunkt gekommen sei, um mitsamt seinem Kabinett zurückzutreten. Für die Demission sprach sich am entschiedensten Albert Speer aus: Mit der Kapitulation sei Dönitz' Auftrag, den Krieg zu beenden, erfüllt. Das gesamte Reichsgebiet, bis auf die Flensburger Enklave, sei von den Siegermächten besetzt, und die Regierung habe faktisch keine Handlungsfreiheit mehr. Ein rechtzeitiger «Abgang in Würde» sei daher unumgänglich.[15]

Offenbar glaubte Speer, dass die Amerikaner gar nicht umhin könnten, ihn mit seinem Wissen über die deutsche Rüstungswirtschaft zu einer Mitarbeit heranzuziehen. Und tatsächlich sollten sich schon wenige Tage später, am 15. Mai, die ersten Amerikaner in Schloss Glücksburg einfinden und ihn ausführlich befragen. Bereitwillig gab Speer Auskunft, und er präsentierte sich hier in einer Rolle, mit der er künftig nicht nur die ehemaligen Kriegsgegner zu beeindrucken wusste: nämlich als unpolitischer Technokrat, der zeitweilig Hitlers dämonischen Verführungskünsten erlegen sei, gegen Ende des Krieges sich aber mutig dessen zerstörerischen Befehlen widersetzt habe.[16]

Am nachdrücklichsten für ein Verbleiben im Amt sprach sich Schwerin von Krosigk aus: Der Reichspräsident und die «Geschäftsführende Reichsregierung» seien die «sichtbare Verkörperung der Souveränität und Einheit des Reiches». Die bedingungslose Gesamtkapitulation beziehe sich auf die Wehrmacht; der deutsche Staat habe dadurch nicht aufgehört zu existieren. Auch wenn seine Handlungsfreiheit eingeschränkt sei, habe Dönitz nicht aufgehört, das Staatsoberhaupt des Deutschen Reiches zu sein. Außerdem sei die Regierung verpflichtet, in dieser schweren Zeit das Schicksal des Volkes zu teilen und dürfe sich nicht aus der Verantwortung stehlen. Diesem Standpunkt schloss sich der Großadmiral an. Das Protokoll der Sitzung vom 8. Mai hielt als Ergebnis der Diskussion fest: «Der Rücktritt ist eine unwiderrufliche Entscheidung, sie darf daher keinesfalls vorzeitig ausgesprochen werden.»[17]

Um 12.30 Uhr trat Dönitz vor das Mikrofon des Flensburger Senders und erläuterte seine Entscheidung: «Mit der Besetzung Deutschlands liegt die Macht bei den Besatzungsmächten. Es liegt in ihrer Hand, ob ich und die von mir bestellte Reichsregierung tätig sein kann oder nicht.

Kann ich durch meine Amtstätigkeit unserem Vaterland nützen und helfen, dann bleibe ich im Amt, bis der Wille des deutschen Volkes in der Bestellung eines Staatsoberhauptes Ausdruck finden kann oder die Besatzungsmächte mir die Fortführung meines Amtes unmöglich machen.» Nur «die Liebe zu Deutschland und die Pflicht», versicherte Dönitz, hielten ihn auf seinem Posten, und er werde bleiben, solange er es «mit der Würde vereinbaren» könne, die er dem Reich als «oberster Repräsentant» schulde.[18] Tatsächlich sollten die Alliierten der Regierung Dönitz noch eine Gnadenfrist von fünfzehn Tagen einräumen.

Für einen großen Teil der Bevölkerung sei die Bekanntmachung der bedingungslosen Gesamtkapitulation «völlig überraschend gekommen», meldete der Nachrichtendienst der Dönitz-Regierung. Man könne sich nicht erklären, warum nicht weiter gegen die Rote Armee gekämpft werde. Besonders unter Flüchtlingen seien Stimmen laut geworden, nun sei die letzte Hoffnung, an die man sich geklammert habe, geschwunden: dass die Westmächte sich mit den deutschen Truppen gegen die Sowjetunion wenden würden. Die Ostgebiete seien «für immer verloren».[19]

Um 20.00 Uhr am 8. Mai gab das Oberkommando der Wehrmacht über den Rundfunk bekannt: «Ab 9. Mai, 0.00 Uhr, sind auf allen Kriegsschauplätzen, von allen Wehrmachtteilen und von allen bewaffneten Organisationen oder Einzelpersonen die Feindseligkeiten gegen alle bisherigen Gegner einzustellen. Jede Zerstörung oder Beschädigung von Waffen und Munition, Flugzeugen, Ausrüstung, Geräten jeder Art sowie jede Beschädigung oder Versenkung von Schiffen widerspricht den vom OKW angenommenen und unterzeichneten Bedingungen und ist im Gesamtinteresse des deutschen Volkes mit allen Mitteln zu verhindern.»[20] Die letzten Kämpfe gegen die Rote Armee wurden am 9. Mai in der Tschechoslowakei, in Österreich und im Baltikum eingestellt. In Kurland gingen 180 000, in Ostpreußen 150 000 Soldaten in sowjetische Gefangenschaft.[21] Zuvor hatten sie, entgegen den Bestimmungen des Kapitulationsvertrags, noch einen Großteil des Kriegsgeräts zerstört. «In Michelswalde sieht es toll aus. Fahrzeug liegt neben Fahrzeug, PKW und LKW. Panzer und Geländewagen werden laufend gesprengt (…) Geräte aller Art liegen herum. Pferde und anderes Viehzeug läuft in großen Mengen umher. Es ist ein Bild nach der

Art, wie es in Dünkirchen 1940 zu sehen war», notierte ein Gefreiter, der noch mit einem der letzten Schiffe über die Ostsee entkommen konnte, am 9. Mai in sein Tagebuch.[22] Einen Tag später kapitulierten die deutschen Garnisonen in den «Atlantikfestungen» Lorient, Saint-Nazaire und La Rochelle. Der Festungskommandant von Lorient funkte: «Melde mich mit meiner standhaften und unbesiegten Besatzung ab. Wir gedenken der schwer geprüften Heimat. Es lebe Deutschland.»[23]

Dönitz' Hauptziel war es gewesen, die Gesamtkapitulation möglichst lange hinauszuschieben und durch eine Reihe von Teilkapitulationen Zeit zu gewinnen, um möglichst viele Zivilisten und Soldaten hinter die amerikanischen und britischen Linien zu bringen. Dadurch, dass sich Eisenhower den deutschen Wünschen verweigert und früher als erwartet auf die bedingungslose Kapitulation an allen Fronten bestanden hatte, waren die Pläne des Großadmirals durchkreuzt worden. Immerhin hatte er einen Teilerfolg errungen: In der ersten Maiwoche war es gelungen, 1 850 000 Soldaten der Ostfront dem Zugriff der Roten Armee zu entziehen. Nach dem 8. Mai mussten 1 490 000 Soldaten den Weg in die sowjetische beziehungsweise jugoslawische Kriegsgefangenschaft antreten. Das bedeutete: Mehr als die Hälfte der an der Ostfront stehenden Truppen hatte sich hinter die Linien der westlichen Alliierten absetzen können.[24]

In seinem letzten Bericht vom 9. Mai entließ das Oberkommando der Wehrmacht die Besiegten mit Worten, die an verlogenem Pathos kaum zu überbieten waren: «Seit Mitternacht schweigen nun an allen Fronten die Waffen. Auf Befehl des Großadmirals hat die Wehrmacht den aussichtslos gewordenen Kampf eingestellt. Damit ist das fast sechsjährige, ehrenhafte Ringen zu Ende. Es hat uns große Siege, aber auch schwere Niederlagen gebracht. Die deutsche Wehrmacht ist am Ende einer gewaltigen Übermacht ehrenvoll unterlegen (...) Die einmalige Leistung von Front und Heimat wird in einem späteren Urteil der Geschichte endgültige Würdigung finden.»[25] In einer Rede vor Offizieren in Flensburg am 9. Mai stieß Dönitz in dasselbe Horn: «Wir haben uns nicht zu schämen. Was die deutsche Wehrmacht im Kampf und das deutsche Volk im Erdulden in diesen sechs Jahren geleistet haben, ist einmalig in der Geschichte und in der Welt. Es ist ein nie dagewesenes Heldentum. Ohne Flecken an unserer Ehre stehen wir Soldaten da.»[26] Das war die Geburtsstunde einer Legende – der Legende von der «sauberen Wehrmacht». Sie sollte sich als erstaunlich zählebig erweisen, bis ihr durch die beiden Wehrmachtausstellungen des

Hamburger Instituts für Sozialforschung von 1995 und 2001 endgültig der Boden entzogen wurde.

Am Mittag des 8. Mai 1945 verließ Major Ralph E. Pearson, Kommandeur eines Regiments der 80. amerikanischen Infanteriedivision, mit zwei Jeeps und einem Lastkraftwagen, auf dem ein Trupp Infanteristen aufgesessen war, das oberösterreichische Städtchen Schwanenstadt. Sein Ziel: der Ort Altaussee im Salzkammergut. Am Tag zuvor war ihm der Bericht eines namentlich nicht genannten österreichischen Offiziers zugegangen mit der sensationellen Mitteilung, dass im dortigen Salzbergwerk Kunstschätze von unermesslichem Wert gelagert seien. Nach vier Stunden Fahrt, um 15.30 Uhr, kamen Pearson und seine Männer in Altaussee an. Im Ort wimmelte es noch von deutschen Soldaten, aber niemand dachte mehr an Widerstand. Als erste Maßnahme ließ Pearson den alten Bürgermeister ab- und einen neuen Bürgermeister einsetzen. Danach fuhr er zum Salzbergwerk. Hier erwartete ihn bereits der Mineraloge Hermann Michel, der den amerikanischen Major zu den verschlossenen Stolleneingängen führte und ihm erläuterte, dass sich dahinter große Teile der im Auftrag Hitlers aus ganz Europa zusammengeraubten Kunstschätze befänden. Pearson ließ, bevor er zurückkehrte, die Eingänge sichern und befahl Michel, ihm alle Akten und Unterlagen, soweit er ihrer habhaft werden konnte, zur Verfügung zu stellen.[27]

Bevor Hitlers Kunstsammlungen nach Altaussee gelangten, hatten sie bereits einen langen Weg hinter sich. Am 8. April 1938, nur wenige Wochen nach dem «Anschluss» Österreichs, hatte der Diktator Linz einen Besuch abgestattet und bei der Gelegenheit zum ersten Mal Ideen für einen Umbau seiner «Heimatstadt» skizziert. Als dessen Kernstück war ein großes «Führermuseum» geplant, in dem die Bilder von berühmten Malern nicht nur Deutschlands, sondern ganz Europas Platz finden sollten. Bei seinem Staatsbesuch in Italien im Mai 1938 hatte sich Hitler viel Zeit für die Museen in Rom und Florenz genommen. Besonders das Erlebnis der Uffizien beflügelte seine Linzer Museumsplanungen.[28]

Mit dem Aufbau des Museums betraute er den Direktor der Dresdner Gemäldegalerie Hans Posse, einen international angesehenen Museumsfachmann. Die Entscheidung stieß unter den NS-Funktionären in Dresden auf Verwunderung, denn Posse war wegen des Verdachts, er fördere «entartete Kunst», entlassen worden, wurde aber nach einem Besuch Hitlers in der Dresdner Gemäldegalerie im Juni 1938 auf Wunsch des Diktators wieder in sein Amt eingesetzt. Ein Jahr später bestellte Hitler Posse auf den Berghof und entwickelte seine Pläne: Das Linzer Museum solle «nur das Beste enthalten aus allen Zeiten» und auch die Wiener Sammlungen übertreffen. Mit Führer-Erlass vom 26. Juni 1939 wurde Posse zum Leiter des Projekts «Sonderauftrag Linz» bestellt. Alle Partei- und Dienststellen seien verpflichtet, ihn «bei der Erfüllung seiner Aufgaben zu unterstützen».[29]

Hitlers Sonderbeauftragtem wurden nahezu unbegrenzte finanzielle Mittel für den Ankauf von Gemälden zur Verfügung gestellt. Doch er kaufte nicht nur, sondern er ließ auch beschlagnahmen. Die Grundlage dafür lieferte der sogenannte «Führervorbehalt». Er räumte Hitler das Vorrecht ein, über die Verwendung eines jeden beschlagnahmten Kunstwerks persönlich zu entscheiden. Zum ersten Mal formuliert worden war dieses Erstzugriffsrecht im Juni 1938 im Zusammenhang mit den nach dem «Anschluss» Österreichs beschlagnahmten jüdischen Kunstsammlungen. Im Oktober 1940 wurde der «Führervorbehalt» auf das gesamte Reichsgebiet und im November 1940 auf die besetzten und noch zu besetzenden Gebiete ausgeweitet.[30] Posse war damit ein Instrument an die Hand gegeben, um aus den in ganz Europa geraubten Kunstwerken diejenigen Stücke auszuwählen, die er für die Linzer Gemäldegalerie für besonders geeignet hielt. Im Dezember 1941 und April 1942 ließ er Hitler Fotoalben überreichen, in denen die bislang im Rahmen des «Sonderauftrags Linz» akquirierten Bilder – bereits fast Tausend an der Zahl – abgebildet waren. Für die Bestände des zukünftigen «Führermuseums» wurde ein zentrales Depot im Stift Kremsmünster, einem Benediktiner-Kloster in Oberösterreich, eingerichtet.[31]

Am 7. Dezember 1942 starb Posse an Zungenkrebs. Hitler ordnete ein Staatsbegräbnis an; die Trauerrede hielt Propagandaminister Goebbels. Zum ersten Mal erfuhr die Öffentlichkeit etwas über das geplante Linzer Galerieprojekt. Zum Nachfolger ernannte Hitler im Februar 1943 Hermann Voss, den Direktor der Gemäldegalerie des Nassauischen Landesmuseums in Wiesbaden. Gemeinsam mit seinem wichtigsten Mitarbeiter, dem Dresdner Kunsthändler Hildebrand Gurlitt, erwarb Voss weiterhin Raubkunst, konzentrierte sich aber darüber hinaus auf die Registrierung der bereits vorhandenen Bestände.[32]

Mit den sich häufenden Luftangriffen auf das Reich sorgte sich Hitler um die Sicherheit seiner Kunstschätze. Vor allem das Depot in Stift Kremsmünster, wo die Objekte oberirdisch lagerten, schien ihm nicht hinreichend geschützt. Im Dezember 1943 schlug der für die Deponierung zuständige Referent des «Sonderauftrags Linz», Gottfried Reimer, das Salzbergwerk Altaussee als neuen Bergungsort vor. Hitler stimmte zu, und nachdem die erforderlichen Räume für die Lagerung hergerichtet worden waren, traf im Mai 1944 der erste Transport ein. Nach und nach fanden die für das Linzer Museum bestimmten Kunstwerke dort Platz, unter ihnen Spitzenwerke wie die beiden Gemälde von Jan Vermeer «Die Malkunst» und «Der Astronom». Aber es wurden in Altaussee auch Objekte eingelagert, die nicht zu den Hitler-Sammlungen gehörten, wie Michelangelos «Brügger Madonna» oder der «Genter Altar» Jan van Eycks.[33]

Wie wichtig Hitler sein Lieblingsprojekt war, zeigt die Tatsache, dass er auch noch in den letzten Monaten des «Dritten Reiches» sich immer wieder viele Stunden vor das riesige Modell der Stadt Linz setzte, das der Architekt Hermann Giesler Anfang Februar 1945 in einem Kellerraum der Neuen Reichskanzlei aufgebaut hatte.[34] In seiner Umgebung machte sich unterdessen Endzeitstimmung breit. Einer der fanatischsten Parteigänger Hitlers, der Gauleiter von Oberdonau, August Eigruber, war entschlossen, mit dem Diktator abzutreten. Wenn schon der Untergang unvermeidlich war, dann sollte er möglichst wirkungsvoll, mit großem Getöse, inszeniert werden. Und das hieß für Eigruber, dass die Kunstschätze, die sich im Salzbergwerk befanden, nicht in die Hände der Alliierten fallen durften, sondern vernichtet werden mussten. Am 10. April 1945 ließ er in Holzkisten mit der Aufschrift «Vorsicht Marmor, nicht stürzen» acht Fliegerbomben zu je 500 Kilogramm ins Bergwerk schaffen.

Am 13. April erfuhr Helmut von Hummel, Bormanns persönlicher Referent, der nach Altaussee gereist war, von Eigrubers Plan. Er informierte den Direktor der Salinen, Emmerich Pöchmüller, und die für die Kunstobjekte zuständigen Experten am Ort, den Leiter des Wiener Instituts für Denkmalpflege Herbert Seiberl und den Berliner Chefrestaurator Karl Sieber. Gemeinsam überlegten sie, wie man Eigruber von seinem monströsen Entschluss abbringen könne. Hummel telefonierte mit seinem Chef Bormann und bat ihn dringend, den Fall Hitler vorzutragen und eine «Führerentscheidung» zu erwirken. Die Antwort aus Berlin kam prompt: Hitler untersagte die Vernichtung der Kunstwerke. Es sollten nur die Zugänge zu den Stollen durch Sprengungen geschlossen werden, sobald sich der Feind näherte.[35]

Bei allem Zerstörungswahn, der den Diktator antrieb – seine Kunstsammlung wollte er für die Nachwelt erhalten wissen. Noch in seinem privaten Testament vom 29. April 1945 erklärte er, er habe die Gemälde «niemals für private Zwecke», sondern stets nur für den Aufbau der Galerie in Linz gesammelt: «Dass dieses Vermächtnis vollzogen wird, wäre mein herzlichster Wunsch.»[36] Am 1. Mai, einen Tag nach Hitlers Tod, schickte Helmut von Hummel ein Schreiben an den Restaurator Sieber, in dem Hitlers Entscheidung noch einmal bekräftigt wurde: «Der Führer entschied in der vergangenen Woche auf erneute Anfrage, die in dem Bergungsort Oberdonau untergebrachten Kunstwerke dürften nicht in Feindeshand fallen, aber auch keineswegs endgültig vernichtet werden. Es seien vielmehr Vorkehrungen zu treffen, um die Kunstwerke für längere Zeit einem etwaigen Feindzugriff zu entziehen.»[37] Doch Eigruber dachte gar nicht daran, diesem letzten Führerwunsch zu entsprechen. Er ließ am Eingang des Bergwerks eine Militärwache, ausgerüstet mit Maschinenpistolen und Handgranaten, Posten beziehen. Gerüchte gingen um, dass am 3. oder 4. Mai Sprengkommandos anrücken und die Bomben zünden würden.

Doch nun traten die Bergleute in Aktion. Ihnen ging es weniger um die Rettung der Kunstschätze als um die Erhaltung ihrer Arbeitsplätze. Denn eine Explosion der Bomben hätte mit Sicherheit auch große Teile der Stollen zerstört. Am 3. Mai unterrichtete Bergrat Otto Högler vor Schichtbeginn die Belegschaft über die Bedrohung des Bergwerks. Auf der Stelle meldete sich eine ganze Anzahl Freiwilliger, die sich bereit erklärten, die Holzkisten mit den Bomben zu bewachen und sie im Notfall aus dem Bergwerk herauszubringen. Einem Salinenmitarbeiter, Alois Rauschdaschl, kam überdies die Idee, Kontakt zu dem Chef des Reichssicherheitshauptamtes, Ernst Kaltenbrunner, aufzunehmen, der sich wie eine ganze Reihe von NS-Schergen, unter ihnen auch SS-Obersturmbannführer Adolf Eichmann, in der Gegend um Altaussee herumtrieb. Kaltenbrunner gab den Bergleuten grünes Licht für die Beseitigung der Bomben und stauchte in einem mitternächtlichen Telefonat Eigruber derart zusammen, dass dieser kleinlaut beigab. Am Morgen des 4. Mai wurden die Bomben aus den Stollen geschafft und in einem Wald deponiert. Danach wurden die Eingänge zum Bergwerk, Hitlers Befehl gemäß, gesprengt.[38]

Am 11. Mai, drei Tage, nachdem er das Salzbergwerk hatte sichern lassen, bat Major Pearson um Unterstützung durch Vertreter der «Monuments Men», einer 1943 gegründeten speziellen Kunstschutzabteilung der US-Armee. Inzwischen hatte auch die Presse Wind bekommen, und die Nachricht von den sagenhaften Kunstschätzen ging um die Welt. Am 13. Mai erschien Captain Robert K. Posey im Salzkammergut und ließ sich von Pearson ausführlich Bericht erstatten. Bis zum 27. Mai wurden die gesprengten Eingänge freigeräumt, und Captain Posey und seine Helfer konnten das Innere des Bergwerks inspizieren und sich davon überzeugen, dass die Kunstwerke keinen Schaden genommen hatten. Am 17. Juni verließen die ersten Lastwagen mit der wertvollen Fracht Altaussee. Zur zentralen Sammelstelle, dem «Central Collecting Point», hatten die Amerikaner den Verwaltungsbau und den «Führerbau» in München bestimmt. Beide Gebäude waren weitgehend unzerstört geblieben. Bis Ende des Jahres war die Rückführungsaktion abgeschlossen. Vier Angehörige der «Monuments Men» und über 100 deutsche Mitarbeiter waren vollauf damit beschäftigt, die Bestände zu fotografieren, zu katalogisieren und die vormaligen Eigentümer ausfindig zu machen. Die Restitutionen sollten sich noch Jahrzehnte hinziehen, und sie sind bis heute noch nicht ganz abgeschlossen.[39]

Kurz vor Mitternacht am 8. Mai 1945 setzte Josef Terboven, der Reichskommissar für die besetzten norwegischen Gebiete, seinem Leben ein Ende. Am Abend zuvor hatte ihn Großadmiral Dönitz seines Postens enthoben und seine Behörde für aufgelöst erklärt.[40]

Am 3. Mai, bei der Besprechung in Flensburg-Mürwik, hatte Terboven die militärische und politische Lage in Norwegen noch als stabil bezeichnet und sich gegen eine Kapitulation der deutschen Truppen in seinem Herrschaftsbereich ausgesprochen. Eher, so hatte er in Übereinstimmung mit den Wehrmachtsbefehlshabern in Norwegen und Dänemark, Franz Böhme und Georg Lindemann, gefordert, solle man einen «letzten anständigen Kampf» führen. Damit war er aber bei Dönitz und dessen Beratern nicht durchgedrungen.[41]

Am 5. Mai trat die Teilkapitulation Norddeutschlands, Hollands und Dänemarks in Kraft. An diesem Tag war Terboven nach Oslo zurück-

Ein Vertreter der «Monuments Men» (mit dem «N» auf der Uniform) und deutsche Sachverständige sichten ein aus dem Salzbergwerk Altaussee geborgenes Teilstück des «Genter Altars».

gekehrt. Vor seinen Mitarbeitern markierte er immer noch den starken Mann: Norwegen müsse so lange wie möglich als Faustpfand für Verhandlungen mit den westlichen Alliierten gehalten werden. Es komme nun alles darauf an, weiter diszipliniert zu arbeiten und keinerlei Zeichen von Schwäche zu zeigen. Mit seiner Absetzung am 7. Mai war seine Rolle jedoch ausgespielt. Er rief seinen Hauptabteilungsleiter Verwaltung, Hans-Reinhard Koch, zu sich und übergab ihm die Geschäfte des Reichskommissariats mit dem Auftrag, sie in die Hände des Wehrmachtbefehlshabers, General Böhme, zu legen. In seiner Residenz, dem vor den Toren Oslos gelegenen Kronprinzenpalais Skaugum, vernichtete Terboven Akten und zog sich danach in seine Privaträume zurück. Dem Chef des Wachkommandos hatte er zuvor den Auftrag gegeben, ausreichend Sprengstoff in den kleinen Bunker im Park zu schaffen. Dorthin begab er sich nach 23.00 Uhr. Knapp eine halbe Stunde später war eine kräftige Explosion zu hören. Der einst gefürchtete Reichskommissar hatte sich in die Luft gesprengt.[42]

Am 9. Mai war Norwegen frei. «Alle Glocken läuteten, Zehntausende von Fähnchen winkten, die Straßen wimmelten von Menschen», notierte der österreichische Schriftsteller Heimito von Doderer, der das Kriegsende als Offizier in Oslo erlebte.[43] Am selben Tag wurde Vidkun Quisling, der Ministerpräsident der von den Deutschen eingesetzten Marionettenregierung, dessen Name zum Synonym für Kollaboration geworden war, festgenommen. Er wurde wegen Hochverrats zum Tod verurteilt und am 24. Oktober 1945 in der Festung Akershus in Oslo hingerichtet.

Einer der ersten, der am 10. Mai aus Schweden nach Oslo zurückkehrte, war Willy Brandt. Er sollte für die schwedische Presse über das befreite Norwegen berichten. Zu diesem Zeitpunkt befanden sich noch rund 350 000 deutsche Soldaten im Land; ihre Rückführung konnte erst allmählich bewerkstelligt werden. Verwundert musste der Emigrant feststellen, dass manche der ehemaligen Besatzer noch über Wochen Befehle mit «Heil Hitler» unterschrieben und «sich auch sonst aufführten, als sei nichts geschehen».[44]

Die bedingungslose Kapitulation Deutschlands war «das Signal für den größten Freudenausbruch in der Geschichte der Menschheit (…)», schrieb Winston Churchill in seinen Memoiren. «Abgekämpft und erschöpft, verarmt und doch ungebrochen und am Ende siegreich, durchlebten wir Augenblicke höchsten Gefühlsaufschwunges.»[45] Auf den Straßen Londons tanzten, sangen und feierten die Menschen am 8. Mai den «Victory Day» in Europa bis in die späte Nacht. Am Nachmittag, um 15.00 Uhr, hielt Churchill eine Radioansprache. Er verkündete das Ende des Krieges gegen Deutschland, stimmte seine Landsleute aber zugleich auf weitere Opfer ein: «Wir dürfen uns eine kurze Weile Freude gönnen; wir wollen aber nicht vergessen, welche harte Arbeit und welche Anstrengungen vor uns liegen. Japan, das verräterische, gierige Japan, ist noch nicht besiegt.» Die Rede endete mit dem Ruf: «Vorwärts Britannia! Lang lebe die Sache der Freiheit! Gott schütze den König!»[46]

Von Downing Street aus begab sich Churchill ins Unterhaus: «Winston kommt herein, ein wenig scheu, ein wenig errötet, aber mit jungenhaftem Lächeln. Das Parlament springt auf, und es gibt einen langen, donnernden Applaus», bemerkte der Abgeordnete und frühere Diplomat Harold Nicolson.[47] Churchill wiederholte seine Rundfunkerklärung, legte dann aber das Manuskript beiseite und dankte dem Parlament in bewegten Worten für die Unterstützung, die er in den fünf Kriegsjahren als Premier erfahren hatte: «Wir alle haben Fehler begangen, aber die Kraft des Parlaments als Einrichtung hat sich erwiesen und hat es möglich gemacht, alle Ansprüche der Demokratie zu bewahren, während wir in der härtesten und ausgedehntesten Form Krieg führten.»[48]

Vor dem Buckingham Palace versammelte sich am Abend eine unübersehbare Menschenmenge, um dem britischen Königspaar und seinen beiden Töchtern zuzujubeln, die sich auf dem Balkon zeigten. Zur gleichen Zeit hielt Winston Churchill vom Balkon des Gesundheitsministeriums in Whitehall eine improvisierte Ansprache vor Zehntausenden Londonern. Auf die Frage: «Were we ever downhearted?» («Waren wir jemals entmutigt?») folgte ein vielstimmiges «No» und danach ein brausendes Gelächter – ein Ausdruck der Erleichterung, dass nun das Schlimmste überstanden war.[49]

Ähnliche Freudenszenen spielten sich auch in New York ab. «Ich stand am Times Square, als die Lichtbuchstaben am Hause der New York Times die Nachricht von der Gesamtkapitulation der Deutschen in die dichte Menschenmenge hineinstrahlten», erinnerte sich Elsbeth Weichmann, die mit ihrem Mann Herbert, später Hamburgs Bürgermeister, 1933 ins Exil nach Frankreich und 1940 nach dem Einmarsch der Wehrmacht in die USA geflüchtet war. «Lauter Jubel brach los. Ich hörte ihn kaum. Mit zitternden Knien setzte ich mich in das nächste Café. Die Spannung machte der Gewissheit Platz, dass von heute ab ein neuer Lebensabschnitt für die Welt und wahrscheinlich auch für uns begonnen hatte, der jahrelang herbeigesehnt und nun möglich geworden war (…) Am Abend, nach der Arbeit, trugen wir unsere Unruhe hinaus auf den Broadway in das laute Menschengetümmel, in Jubel und Rausch.»[50]

In seiner Rundfunkansprache vom 8. Mai gedachte US-Präsident Harry S. Truman seines Vorgängers, des am 12. April 1945 gestorbenen Franklin D. Roosevelt, der die Vereinigten Staaten in und durch den Krieg geführt hatte. Neben seiner Freude über das Ende des Krieges in Europa brachte Truman seinen Schmerz zum Ausdruck angesichts des «schrecklichen Preises, den wir dafür zahlen mussten, um die Welt von Hitler und seiner schlimmen Bande zu säubern». Auch der amerikanische Präsident erinnerte seine Landsleute daran, dass der Sieg erst zur Hälfte errungen sei: «Der Westen ist frei, aber Fernost ist immer noch gefesselt durch die verräterische Tyrannei der Japaner. Erst wenn die letzte japanische Division bedingungslos kapituliert, wird unsere Kampfaufgabe erfüllt sein.»[51] In Santa Monica in Kalifornien hielt der Schriftsteller Bertolt Brecht lapidar fest: «Nazideutschland kapituliert bedingungslos. Früh sechs Uhr im Radio hält der Präsident eine Ansprache. Zuhörend betrachte ich den blühenden kalifornischen Garten.»[52]

Auch in Paris kam es zu Ausbrüchen ungehemmter Siegesfreude, obwohl der eigentliche Tag der Befreiung bereits im August 1944 gefeiert worden war. «Unvergleichliches Schauspiel, wo eine ganze Volksmenge in einem einzigen Elan der Erleichterung und der Befreiung kommunizierte», beobachtete der Ingenieur Ferdinand Picard. «Alle Generationen mischten sich in dieser Flut, die unaufhörlich von den Menschenmengen der Vorstädte verstärkt wurde (…). Bewegendes Bild der Freude von einem ganzen Volk, das sich für einen Tag gehen lässt.»[53]

In Moskau verkündete der Rundfunk die bedingungslose Kapitulation Deutschlands erst am 9. Mai. Auch hier strömten die Menschen zusammen und feierten ausgelassen das Ende des Krieges, in dem die Sowjetunion am stärksten gelitten und die weitaus größten Opfer gebracht hatte. Daran erinnerte Stalin in seiner vom Rundfunk übertragenen Ansprache, und er schloss: «Der Große Vaterländische Krieg ist mit unserem vollen Sieg geendet. Die Periode des Krieges in Europa ist zu Ende. Die Periode der friedlichen Entwicklung hat begonnen.»[54]

Der junge Markus Wolf – später Leiter der Spionageabteilung im Ministerium für Staatssicherheit in der DDR – erlebte mit seinen Eltern die abendliche Kundgebung in der Nähe des Kreml: «Während der Salutschüsse zum ‹Tag des Sieges› fühlten wir uns eins mit Tausenden jubelnder Menschen, deren Vaterland in den elf langen Jahren der Vertreibung aus Deutschland zu unserer zweiten Heimat geworden war.»[55] Auch vor der amerikanischen Botschaft versammelte sich eine große Gruppe vorwiegend junger Leute und brachte, wie der Diplomat George F. Kennan feststellte, «in einem wahren Taumel der Begeisterung ihre freundschaftlichen Gefühle» zum Ausdruck.[56] Wer von den Demonstranten ahnte damals, dass schon bald nach Kriegsende erbitterte Feindschaft die Beziehungen zwischen der Sowjetunion und den Vereinigten Staaten bestimmen sollte?

«Abends waren wir zum ersten Male seit sechs Jahren ohne Verdunkelung», notierte Ernst Jünger am 8. Mai: «Das ist immerhin eine bescheidene Verbesserung für uns an einem Tage, an dem Siegesfeiern in allen Hauptstädten der Verbündeten von New York bis Moskau strahlen, während der Besiegte ganz tief im Keller sitzt, mit verhülltem Gesicht.»[57]

Epilog

Am 10. Mai 1945, zwei Tage nach der bedingungslosen Kapitulation der Wehrmacht, wandte sich Thomas Mann aus dem fernen Kalifornien an seine deutschen Hörer: «Die Stunde ist groß», so sprach er, «– nicht nur für die Siegerwelt, auch für Deutschland, – die Stunde, wo der Drache zur Strecke gebracht ist, das wüste und krankhafte Ungeheuer, Nationalsozialismus genannt, verröchelt und Deutschland von dem Fluch wenigstens befreit ist, das Land Hitlers zu heißen. Wenn es sich selbst hätte befreien können, früher, als noch Zeit dazu war, oder selbst spät, noch im letzten Augenblick; wenn es selbst mit Glockenschlag und Beethoven'scher Musik seine Befreiung, seine Rückkehr zur Menschheit hätte feiern können, anstatt dass nun das Ende des Hitlertums zugleich der völlige Zusammenbruch Deutschlands ist, – freilich, das wäre besser, wäre das Allerwünschenswerteste gewesen.»[1]

Wir wissen, warum das Wünschenswerte nicht geschah: Die Befreiung musste von außen kommen, weil die Deutschen die Kraft zur Selbstbefreiung nicht hatten aufbringen können. Trotz wachsender Kritik an der NSDAP und ihrem Führungspersonal gab es in Wehrmacht und Bevölkerung bis in die Agonie des «Dritten Reiches» hinein ein erstaunlich hohes Maß an Durchhaltebereitschaft. Und auch der Führermythos hatte seine Bindekraft noch nicht gänzlich verloren. Anders lässt sich wohl kaum erklären, warum der Diktator bis zuletzt suggestive Macht auf seine Umgebung ausüben konnte. Als schon längst alles verloren war, setzten viele immer noch auf «Wunderwaffen» und «Endsieg» – oder hofften auf einen Zerfall der Anti-Hitler-Koalition.

Der 8. Mai 1945 wurde von der großen Mehrheit der Deutschen, auch von regimekritisch eingestellten, nicht als Befreiung, sondern als eine beispiellose nationale Katastrophe empfunden. «Wie ‹harmlos› war im Vergleich mit diesem entsetzlichen Zusammenbruch das Unglück von 1918, an dem wir damals so schwer getragen haben, und das wir für unüberbietbar hielten», schrieb der Göttinger Historiker Siegfried A. Kaehler Mitte Mai.[2] Der Major Karl-Günther Hase, später unter den Kanzlern Adenauer, Erhard und Kiesinger Sprecher der Bundesregierung, erinnerte sich, was er am 9. Mai 1945 empfand, den er in einem Gefängnis in Moskau zubringen musste: «Es war vorherrschend tiefe Trauer über den totalen Zusammenbruch des Deutschen Reiches, die (...) unzweifelhaft größte Tragödie unserer nationalen Geschichte. Das ‹Finis Germaniae› – anders konnte ich es damals nicht sehen – war da.»[3]

Nicht anders empfand es Ursula von Kardorff in ihrem Ausweichquartier im schwäbischen Dorf Jettingen: «So also ist die Niederlage», notierte die Journalistin am 7. Mai, als die bedingungslose Kapitulation in Reims bekanntgemacht wurde. «Hätten sie uns unbedachterweise anders vorgestellt, das heißt, eigentlich gar nicht vorgestellt. Alles, alles musste besser sein als Hitler. Aber Befreiung? Seltsames Wort.»[4]

Theodor Heuss, der spätere Bundespräsident, erlebte das Kriegsende im Heidelberger Vorort Handschuhsheim, wo er seit Herbst 1943 mit seiner Frau Elly Heuss-Knapp Zuflucht vor den sich häufenden Bombenangriffen auf Berlin gesucht hatte. In einer Aufzeichnung vom 9. Mai nannte er die Kapitulation «einen der furchtbarsten Tage der deutschen Geschichte». Immerhin begrüßte er es, dass diesmal anders als 1918, als der Zentrumspolitiker Matthias Erzberger den Generälen das «böse Geschäft» abgenommen hatte, die Militärs Jodl und Keitel ihre Namen unter die Kapitulation hatten setzen müssen, eine Dolchstoßlegende also nicht noch einmal entstehen könne.[5] Vier Jahre später, bei der Verabschiedung des Grundgesetzes im Parlamentarischen Rat, sprach Heuss im Blick auf den 8. Mai 1945 von der «tragischsten und fragwürdigsten Paradoxie der Geschichte für jeden von uns» und prägte die Formel «erlöst und vernichtet in einem».[6] Es sollten aber noch einmal fast vier Jahrzehnte vergehen, bis Bundespräsident Richard von Weizsäcker in einer denkwürdigen Rede zum 40. Jahrestag des Kriegsendes im Plenarsaal des Bundestags in Bonn eindeutig Position bezog: «Der 8. Mai war ein Tag der Befreiung. Er hat uns alle befreit von dem menschenverachtenden System der nationalsozialistischen Gewaltherrschaft.»[7]

Befreit fühlte sich im Frühjahr 1945 die kleine Schar der Hitler-Gegner, sofern sie den Terror nach dem 20. Juli 1944 überlebt hatte. Befreit fühlten sich auch die Millionen Kriegsgefangenen und Zwangsarbeiter, die ins «Dritte Reich» verschleppt worden waren. Befreit fühlten sich vor allem die Häftlinge der Konzentrationslager, auch wenn die meisten zu entkräftet waren, um ihrer Freude Ausdruck zu geben.

In den Erinnerungen vieler Deutscher stößt man auf ein Gemisch zwiespältiger Gefühle und Empfindungen: Trauer über den Verlust geliebter Menschen, über die verlorene Heimat, die zerstörte Wohnung; Erleichterung darüber, noch einmal davongekommen zu sein; Aufatmen über das Ende des Krieges und die endlosen Bombennächte; das Glück, einmal ausschlafen zu dürfen; Angst vor der Rache der Siegermacht und einer ungewissen Zukunft; ein Gefühl der Leere nach so viel missbrauchtem Idealismus, so viel enttäuschter Glaubensbereitschaft. «Aller Glaube, alle Opfer waren vergebens», klagte die Studentin Lore Walb am 8. Mai. «6 Jahre nach Hitlers Machtergreifung ein Aufstieg ohnegleichen – nochmals sechs Jahre später: der Untergang. Und da sprachen sie frevelnd vom ‹tausendjährigen Reich›.»[8]

Auf eine Regung hingegen stößt man nur selten: auf Scham und Reue im Angesicht der Verbrechen des Nationalsozialismus. Dass diese Verbrechen jedes bisher vorstellbare Maß überstiegen, war für den Schriftsteller Alfred Kantorowicz in seinem New Yorker Exil zur Gewissheit geworden: «Das also liegt hinter uns», notierte er in der Nacht vom 8. auf den 9. Mai. «Immerhin zwölf Jahre. Zwölf Jahre, die die Verbrechen von tausend Jahren angehäuft haben.»[9] In den ersten Tagen und Wochen nach der Kapitulation berichteten Rundfunk und Zeitungen ausführlich über die Gräuel in den Konzentrations- und Vernichtungslagern. Nicht nur auf die Sieger, sondern auch auf die Besiegten wirkten die Enthüllungen wie ein Schock, brachten sie doch ans Tageslicht, was man in den Jahren zuvor erfolgreich verdrängt hatte. «Dass uns die Gräueltaten der KZ jetzt täglich (…) vorgehalten werden, geschieht uns nur recht», schrieb die Hamburgerin Mathilde Wolff-Mönckeberg. «Wir haben alle die Verantwortung für die grauenhaften Verbrechen zu tragen, und niemand soll sich dem verschließen.»[10]

Doch die wenigsten Deutschen zeigten die Bereitschaft, sich den grauenvollen Bildern auszusetzen und eigene Schuld zu bekennen. Vielmehr reagierten die meisten mit einer erschreckenden Gefühlsstarre und dem eingeübten, reflexhaften Wegsehen, wie es der Rundfunkredakteur Stephan Hermlin – später einer der bekanntesten Schriftsteller der DDR – während einer Vorführung von Dokumentarfilmen über Buchenwald und

Dachau in Frankfurt am Main beobachtete: «Im halben Licht des Projektionsapparats sah ich, wie die meisten nach Beginn des Films das Gesicht abwandten und so bis zum Ende der Vorstellung verharrten.»[11] Die Verweigerungshaltung spiegelte sich auch in der monotonen Beteuerung «Wir haben nichts gewusst!» Diese Worte bekam die Korrespondentin der amerikanischen Illustrierten «Life», Margaret Bourke-White, im Frühjahr 1945 so oft zu hören, dass sie ihr «wie eine deutsche Nationalmelodie» in den Ohren klangen.[12] Dabei hatten fast alle etwas gewusst, wenngleich das volle Ausmaß der Verbrechen erst nach dem 8. Mai offenbar wurde.

Die Kehrseite dieser Verstocktheit war eine Willfährigkeit, ja servile Beflissenheit gegenüber den Repräsentanten der Siegermächte in den jeweiligen Besatzungszonen. «Die Leute streichen heute um die drei Fahnen der Okkupation, wie sie 1933 um das rote ‹Banner› mit der schwarzen Spinne im weißen Rundfeld herumgestrichen sind: in fellachenmäßiger Weise unterwürfig – und schon verstehen sie, mit der neuen Situation Geschäfte zu machen!», bemerkte der Schriftsteller und Kunstkritiker Wilhelm Hausenstein im bayerischen Tutzing bereits einen Tag nach der Kapitulation.[13] Nicht wenige alliierte Beobachter betrachteten die unerwartete Unterwerfungsbereitschaft mit gemischten Gefühlen. «Zur Zeit ist die Haltung der Bevölkerung im besetzten Gebiet freundlich, sogar unangenehm freundlich», berichtete der britische Schriftsteller George Orwell Anfang Mai 1945 aus Südwestdeutschland.[14]

Am 10. Mai 1945 traf Klaus Mann mit dem Fotografen John Tewksbury in München ein, gespannt darauf, wie die Metropole an der Isar den Krieg überstanden hatte. Das Ausmaß der Zerstörungen übertraf alle seine Befürchtungen: «Was einmal als die schönste Stadt Deutschlands galt, als eine der attraktivsten Städte Europas, hat sich in einen riesigen Friedhof verwandelt. Im gesamten Zentrum ist, ohne Übertreibung, kein einziges Gebäude stehengeblieben. Nichts als Schutthaufen (…) Nur mühsam fand ich meinen Weg durch die einst vertrauten Straßen. Es war wie ein böser Traum.»[15] Auch das Elternhaus in der Poschingerstraße 1 war nicht verschont geblieben. Von einer ausgebombten Stenotypistin, die auf dem Balkon des zweiten Stocks hauste, und von Nachbarn erhielt Klaus Mann die schockierende Nachricht, dass die Villa nach 1933 zeitweise von der SS als «Lebensborn»-Einrichtung genutzt worden war: SS-Männer hatten dort mit ausgesuchten Frauen «arischen» Nachwuchs gezeugt. «Ja, unser armes, verstümmeltes, geschändetes Haus!», berichtete er seinem Vater in

Am 10. Mai 1945 besichtigt Klaus Mann das halbzerstörte Elternhaus in der Münchner Poschingerstraße 1. Die Aufnahme stammt vom amerikanischen Fotografen John Tewksbury.

einem langen Brief vom 16. Mai, in dem er ihm dringend davon abriet, nach Deutschland zurückzukehren: «Es wird Jahre oder Jahrzehnte in Anspruch nehmen, diese Städte wiederaufzubauen. Diese beklagenswerte, schreckliche Nation wird Generationen lang physisch und moralisch verstümmelt, verkrüppelt bleiben.»[16]

Die bedingungslose Kapitulation der Wehrmacht bedeutete noch nicht das Ende der Regierung Dönitz. Vielmehr durfte sie noch zwei Wochen im Amt bleiben. Allerdings besaß sie faktisch keine realen Machtbefugnisse mehr. Diese waren vielmehr übergegangen an eine «Alliierte Kontrollkommission» unter Führung des amerikanischen Generalmajors Lowell W. Rooks und des britischen Brigadegenerals Edward J. Foord. Am 12. Mai waren die beiden mit einem Stab von Fachleuten in Flensburg-Mürwik eingetroffen und hatten auf dem Wohnschiff «Patria» Quartier genommen. Ihre Hauptaufgabe bestand darin, die loyale Durchführung der Kapitulationsbedingungen zu überwachen. Am 17. Mai gesellte sich zu den Amerikanern und Engländern noch eine russische Delegation unter Leitung von Generalmajor Truskow.[17]

Obwohl also faktisch zur Ohnmacht verurteilt, setzten Dönitz und seine Mitarbeiter die Regierungsgeschäfte fort, als habe sich nichts geändert. Jeden Morgen um 10.00 Uhr rief Schwerin von Krosigk sein Kabinett im Sitzungssaal, einem früheren Schulzimmer, zusammen. Für Speer hatte es den Anschein, als habe der «Leitende Minister» mit seiner Geschäftigkeit nachholen wollen, was im «Dritten Reich» versäumt worden war. Denn seit Februar 1938 hatte Hitler das Kabinett nicht mehr tagen lassen.[18] Minister und Staatssekretäre produzierten eifrig Denkschriften und Memoranden, die von den Mitgliedern der Alliierten Kontrollkommission scheinbar interessiert entgegengenommen wurden, in Wirklichkeit aber nichts mehr bewirkten.[19] Es war eine gespenstisch anmutende Scheinwelt, in der sich die «Geschäftsführende Reichsregierung» bewegte.

Am 13. Mai zitierte Generalmajor Rooks Dönitz zu einer ersten Aussprache auf die «Patria». Im Auftrag des Allliierten Oberkommandos teilte er ihm mit, dass Generalfeldmarschall Keitel seines Postens als OKW-Chef enthoben sei und sich als Kriegsgefangener zu betrachten habe. Zum Nachfolger sollte vorübergehend Generaloberst Jodl bestellt werden.[20] Deutlicher hätte Dönitz nicht vor Augen geführt werden können, wo die tatsächliche Befehlsgewalt lag. Und obwohl der Großadmiral in seiner Rundfunkansprache vom 8. Mai versichert hatte, keine Stunde länger im Amt verbleiben zu wollen, als es mit seiner Würde zu vereinbaren sei, hatte er sich nun endgültig entschlossen, nicht freiwillig zurückzutreten. Sein Bestreben sei gewesen, hat er in seinen Erinnerungen bemerkt, auch nach der Kapitulation das ihm zugefallene Amt «bis zur Durchführung von Wahlen oder bis zur gewaltsamen Entfernung durch die Alliierten zu behalten».[21]

Auch in den Tagen nach der Kapitulation zeigte sich die Flensburger Regierung weder willens noch fähig, sich deutlich von der jüngsten Vergangenheit zu distanzieren. Zwar wurde am 8. Mai statt des Hitler-Grußes die alte militärische Ehrenbezeigung wieder in der Wehrmacht eingeführt, doch erst auf ausdrücklichen Befehl der Alliierten Kontrollkommission wurde die Reichskriegsflagge von dem Regierungsgebäude heruntergeholt und das Hissen der Hakenkreuzfahne verboten. Am 12. Mai lehnte es

Dönitz ab, «Führerbilder» aus den Amtsstuben zu entfernen. Erst zwei Tage später entschied er, dass sie vorsorglich in solchen Räumen abgehängt werden sollten, in denen Besprechungen mit den Angehörigen der Besatzungsmacht stattfanden.[22] Besonders vehement setzte sich der Großadmiral für das Recht der Militärs ein, weiterhin Orden und Ehrenzeichen tragen zu dürfen: Der deutsche Soldat solle «stolz sein auf (die) Leistung von Wehrmacht und Volk während des Krieges».[23] Noch am 18. Mai sprach er sich dagegen aus, dem Verlangen der Alliierten nach Ablegen der Hoheitsabzeichen stattzugeben: «Die Taktik des Gegners ist es, die Schraube uns gegenüber schrittweise so lange anzuziehen, bis er auf Widerstand stößt. Je eher dieser Widerstand einsetzt, desto mehr Aussicht besteht für die Erhaltung einer gewissen deutschen Restposition. Sollte der Gegner trotz unseres Protestes die Ablegung des Hoheitsabzeichens verlangen, so würde das OKW dann unter Zwang gehandelt und sein Gesicht gewahrt haben.»[24]

Wie sehr die «Geschäftsführende Reichsregierung» bemüht war, Elemente der Kontinuität mit dem Hitler-Regime zu bewahren, zeigte sich auch daran, dass sie in einer grundsätzlichen «Aussprache über Regierungsfragen» am 9. Mai zu dem Ergebnis kam: «Grundlage für die weitere Existenz des deutschen Volkes ist die vom Nationalsozialismus geschaffene Volksgemeinschaft.» Im Protokoll der Kabinettssitzung vom 15. Mai wurde bekräftigt: «Die wahre Volksgemeinschaft, die durch (den) Nationalsozialismus geschaffen (wurde), muss erhalten werden; (der) Wahnsinn der Parteien wie vor 1933 darf nicht wieder Platz greifen.»[25] Eine parlamentarische Demokratie nach westlichem Muster lag außerhalb der Vorstellungswelt der Dönitz-Regierung. Auch insofern repräsentierte sie nicht einen Neubeginn, sondern das Ende einer langen Tradition des vor- und antidemokratischen Denkens in der deutschen Geschichte, die in Hitler und dem Nationalsozialismus ihre extremste Ausprägung erfahren hatte.[26]

Am 11. und 16. Mai kamen im Kabinett die Berichte über die Gräuel in den Konzentrationslagern zur Sprache. Selbst in diesem Kreis hochrangiger NS-Funktionsträger, von denen, wie erwähnt, einige direkt in den Terror- und Vernichtungsapparat eingebunden gewesen waren, behauptete man, von den Verbrechen nichts gewusst zu haben. Man verständigte sich darauf, gegenüber der Alliierten Kontrollkommission klarzustellen, «dass weder die deutsche Wehrmacht noch das deutsche Volk von diesen Dingen Kenntnis hatten und von ihnen in aller Form abrücken».[27] In einem Schreiben an General Eisenhower vom 16. Mai hatte Schwerin von Krosigk die Stirn zu erklären: «Die Konzentrationslager waren von der Außenwelt völlig abgeschlossen, und alles, was in diesen Lagern vorging, wurde auf das strengste geheim gehalten. Selbst führende deutsche Persönlichkeiten hatten keine Möglichkeit, sich über die tatsächlichen Verhältnisse in den Konzentrationslagern zu unterrichten.»[28]

Auf alliierter Seite scheint man sich zunächst noch unschlüssig gewesen zu sein, wie man mit der Dönitz-Regierung verfahren sollte. Vor allem der britische Premier Churchill neigte zunächst der Ansicht zu, sie vorläufig unter alliierter Kontrolle als zentrale Verwaltungsinstanz im Amt zu belassen. «Es muss irgendeine Autorität geben, die Befehle erteilt, denen zu gehorchen die Deutschen bereit sind (...)», schrieb er am 14. Mai an den britischen Außenminister Anthony Eden, der seine Bedenken angemeldet hatte. «Wollen Sie einen Stock haben, mit dem Sie dieses besiegte Volk lenken können, oder wollen Sie Ihre Hände einfach in einen aufgeschreckten Ameisenhaufen stecken?»[29] Doch sowohl die Amerikaner als auch die Russen wandten sich gegen Churchills Idee. Sie wollten die «Geschäftsführende Reichsregierung» so rasch wie möglich absetzen, wenn die militärischen Vereinbarungen des Kapitulationsvertrags erfüllt waren. Vor allem sowjetische Medien verschärften ihre Angriffe gegen die «Dönitz-Clique». In der «Prawda» war am 20. Mai zu lesen: «Die geschlagenen deutschen Militaristen passen sich an die neue Umgebung an und versuchen, sich mit Hilfe von auswärtigen Mächten der Verantwortung zu entziehen und gleichzeitig wichtige Schlüsselpositionen im Lande zu behalten, um ihr politisches Intrigenspiel fortführen zu können, indem sie auf eine Spaltung im Lager der Alliierten spekulieren.»[30]

Am 17. Mai kam Robert Murphy, der politische Berater Eisenhowers, nach Flensburg. Sein Auftrag lautete, die Legitimation von Dönitz als Staatsoberhaupt zu überprüfen. Der Großadmiral konnte statt einer Ernennungsurkunde nur die bekannten drei Funksprüche vom 30. April und 1. Mai vorlegen, und Murphy machte im Gespräch aus seiner Skepsis hinsichtlich des Wertes dieser Dokumente keinen Hehl. Diese Reaktion bestärkte die Mitglieder der «Geschäftsführenden Reichsregierung» in der Auffassung, dass ihre Absetzung nur noch eine Frage der Zeit sei.[31]

Tatsächlich empfahl Murphy unmittelbar danach, die Tätigkeit der Regierung Dönitz zu beenden. Dabei hob er hervor, dass der Großadmiral keinerlei Bedauern über die von Deutschland begangenen Verbrechen geäußert habe. Nachdem Eisenhower sich mit dem Oberkommando der Roten Armee in Verbindung gesetzt und dessen Zustimmung eingeholt hatte, befahl er der 21. britischen Heeresgruppe am 19. Mai, die Mitglieder der Dönitz-Regierung und des OKW festzunehmen und deren Archive sicherzustellen.[32]

Am Nachmittag des 22. Mai erhielt Dönitz die Aufforderung, am nächsten Morgen um 9.45 Uhr mit Jodl und von Friedeburg vor der Alliierten Kontrollkommission zu erscheinen. Der Großadmiral wusste, was das zu bedeuten hatte. «Koffer packen!», befahl er seinem Adjutanten. Pünktlich auf die Minute fanden sich die Deutschen vor der «Patria» ein. Diesmal empfing sie kein Offizier am Fallreep; stattdessen hatte sich eine große Zahl von Reportern versammelt. In der Bar des Schiffes musste die Delegation einige Minuten warten, bevor Generalmajor Rooks, gefolgt von Brigadegeneral Foord und Generalmajor Truskow, den Raum betrat. Ohne Umschweife erklärte er, dass er von Eisenhower den Befehl erhalten habe, die «Geschäftsführende Reichsregierung» und das Oberkommando der Wehrmacht zu verhaften. Sie hätten sich von diesem Moment an als Kriegsgefangene zu betrachten. Auf die Frage, ob er noch etwas erwidern wolle, entgegnete Dönitz, dass sich wohl jedes weitere Wort erübrige.[33]

War die Verhandlung auf der «Patria» noch korrekt durchgeführt worden, so spielte sich die Gefangennahme der übrigen Mitglieder der «Geschäftsführenden Reichsregierung» und des OKW in der Marineschule Flensburg-Mürwik in weniger zivilen Formen ab. Britische Panzer, Infanterie und Militärpolizei hatten das Regierungsgebäude umstellt. In die Kabinettssitzung, die Schwerin von Krosigk wie an jedem Tag um 10.00 Uhr anberaumt hatte, platzten Soldaten mit gezogenen Maschinenpistolen und dem Ruf: «Hände hoch!». Nachdem ihnen Papiere und Wertgegenstände abgenommen worden waren, wurden die Verhafteten im Hof mit im Nacken verschränkten Armen den Pressefotografen vorgeführt. Generaladmiral von Friedeburg, der auf der Rückfahrt von der «Patria» Zeuge der Szene wurde, nahm sich kurz darauf durch Einnahme von Gift das Leben.[34]

Am Morgen des 23. Mai hatten die Engländer auch das Schloss Glücksburg umstellt und Albert Speer verhaftet. Mitsamt den übrigen Mitgliedern der Dönitz-Regierung und den Spitzen des OKW wurde er in das Flensburger Polizeipräsidium eingeliefert, wo sie allesamt einer eingehenden Leibesvisitation unterzogen wurden. Offensichtlich suchten die

Am 23. Mai 1945 beenden britische Soldaten die Tätigkeit der Regierung Dönitz. (Von links nach rechts: Albert Speer, Karl Dönitz, Alfred Jodl).

Briten nach Giftampullen, um zu verhindern, dass sich weitere Verhaftete das Leben nahmen.[35] Am späten Nachmittag wurden die Gefangenen mit Lastautos zum Flugplatz transportiert. Dort warteten bereits zwei Frachtmaschinen, die sie nach Luxemburg brachten. Noch am selben Tag wurden sie nach Bad Mondorf überführt, das von den Alliierten als zentrale Sammelstelle für führende Vertreter des NS-Regimes und hochrangige Militärs ausgewählt worden war.

Über die Ankunft hat Speer in seinen Erinnerungen vermerkt: «Wir hielten vor einem großen Gebäude, dem Palace-Hotel in Mondorf, und wurden in die Empfangshalle geführt. Draußen, durch die Glastüren, konnte man Göring mit anderen ehemaligen Führungsfiguren aus der Hierarchie des Dritten Reiches auf- und abwandeln sehen: Minister, Feldmarschälle, Reichsleiter der Partei, Staatssekretäre und Generale. Es war ein gespenstisches Bild, alle, die sich am Schluss verstreut hatten wie Spreu im Winde, hier wieder versammelt zu sehen.»[36]

Als ihren wichtigsten Häftling betrachteten die Alliierten zweifellos Hermann Göring, den Hitler einst zu seinem Nachfolger bestimmt, ihn dann aber noch in den letzten Kriegstagen wegen angeblichen «Verrats» verstoßen hatte. Der Reichsmarschall hatte sich am 8. Mai in Oberbayern freiwillig in die Hände der 36. Infanteriedivision der 7. US-Armee begeben und war drei Tage später in Augsburg der internationalen Presse vorgeführt worden. Einer, der ihn bei dieser Gelegenheit scharf beobachtete, war Klaus Mann. «Dieser alte Kämpfer und führende Repräsentant der Nazi-Bewegung ist durchaus nicht ein halb wahnsinniger Clown, als den ihn manche Korrespondenten beschrieben haben», berichtete er in einem Artikel für «The Stars and Stripes». «Er ist schlau, hartgesotten und berechnend. Mit bemerkenswerter Selbstdisziplin gelingt es ihm, sich den veränderten Umständen anzupassen. Er ist bemüht – und macht das nicht einmal ungeschickt –, einen guten Eindruck zu hinterlassen und die Sympathien jener zu gewinnen, deren Gnade er ausgeliefert ist. Er gibt sich als zivilisierter Mensch: versöhnlich und moderat, wobei er vermeidet, würdelos und allzu unterwürfig zu erscheinen.»[37] Am 21. Mai wurde Göring nach Bad Mondorf gebracht.

Im Unterschied zu Göring hatten andere NS-Größen, die in Mondorf eingeliefert wurden, zuvor den Versuch unternommen, unter falscher Identität unterzutauchen. Robert Ley, den Hitler in seinem Testament vom 29. April als Leiter der Deutschen Arbeitsfront (DAF) und Mitglied des Reichskabinetts bestätigt hatte, wurde am 15. Mai von Truppen der 101. US-Luftlandedivision in einer Berghütte bei Berchtesgaden festgenommen. Er hatte sich dort unter dem Namen «Dr. Ernst Distelmeyer» versteckt gehalten. Bei einer Gegenüberstellung mit dem Schatzmeister der NSDAP, Franz Xaver Schwarz, konnte er jedoch eindeutig identifiziert werden. Nach seiner Festnahme erklärte der fanatische Parteigänger des «Führers»: «Das Leben bedeutet mir überhaupt nichts mehr. Ihr könnt mich foltern oder verprügeln oder pfählen. Aber ich werde die Taten Hitlers nie anzweifeln.»[38]

Ebenfalls von Angehörigen der 101. US-Luftlandedivision verhaftet wurde am 22. Mai der Herausgeber des antisemitischen Hetzblattes «Der Stürmer», Julius Streicher. Der ehemalige Gauleiter in Franken hatte sich auf die Nachricht von Hitlers Tod auf einen Berghof im österreichischen

Waidring unter dem Decknamen «Joseph Seiler» zurückgezogen. Er hatte sich einen weißen Vollbart stehen lassen und betätigte sich als Hobbymaler. Im Verlauf einer Routinebefragung ließ der vernehmende amerikanische Offizier halb im Scherz die Bemerkung fallen: «Sie sehen aber aus wie Julius Streicher», worauf der «Frankenführer» auf der Stelle die Maskerade aufgab und erklärte: «Ja, der bin ich.»[39] Als er von den Umständen erfuhr, unter denen Ley und Streicher verhaftet worden waren, notierte Erich Kästner in sein Tagebuch: «Es geht zu wie im Maskenverleih-Institut. Oder wie in Gangsterfilmen. Der Würdelosigkeit sind keine Grenzen gesetzt.»[40]

Einer der letzten hochrangigen NS-Repräsentanten, die den Alliierten ins Netz gingen, war Hitlers langjähriger Außenminister Joachim von Ribbentrop. Er war, nachdem er vergeblich versucht hatte, in der Dönitz-Regierung noch eine Rolle zu spielen, nach Hamburg geflüchtet und hatte sich hier in der Schlüterstraße 14 unter dem Namen «Johann Riese» eingemietet. Er nahm alte Geschäftsverbindungen als Sekt und Spirituosenvertreter aus der Zeit vor 1933 wieder auf. Doch der Sohn eines befreundeten Weinhändlers verriet den Engländern das Versteck. Am 14. Juni wurde Ribbentrop von der britischen Militärpolizei verhaftet. Um seine Identität festzustellen, ließ sie sich etwas Besonderes einfallen: Sie arrangierte ein Zusammentreffen mit seiner Schwester Ingeborg im Nobelhotel «Vierjahreszeiten». Danach waren alle Zweifel ausgeräumt, und auch Ribbentrop wurde umgehend nach Mondorf befördert.[41]

Das Interrogation-Camp in Mondorf wurde unter dem Codenamen «Ashcan» (amerikanisch für «Ascheimer») geführt. Es war streng von der Öffentlichkeit abgeschirmt. Das Gelände des Palace-Hotels war mit einem fünf Meter hohen Stacheldrahtzaun umgeben, behängt mit Stoffbahnen und Tarnnetzen. Auf den Wachtürmen standen Posten mit Maschinengewehren. Um Selbstmordversuche auszuschließen, mussten die Internierten Rasierklingen, Krawatten, Hosenträger und andere Utensilien abgeben. Beim Essen durften sie nur Löffel benutzen. Die Einrichtung der Räume war spartanisch: Sie bestand aus einer Armeepritsche mit Strohmatratze, einem kleinen Tisch und einem Stuhl. Die Ernährung beschränkte sich auf 1550 Kalorien pro Tag – mehr standen aber damals auch gewöhnlichen deutschen Zivilisten nicht zu. Die Gefangenen durften miteinander reden. Sie konnten sich frei im Park bewegen und auf der Hotelterrasse ausgiebig sonnen. Eine sowjetische Delegation unter Leitung des

Obersten des NKWD, Alexei Potaschew, die im Juni 1945 die Erlaubnis erhielt, die Gefangenen zu verhören, war überrascht, als sie die NS-Prominenz zu Gesicht bekam: «Sie sehen alle gut aus und gebräunt wie Kurgäste.»[42] Göring, der als schwer vom Morphiumersatzmittel Paracodin abhängig eingeliefert worden war, wurde während seines Aufenthalts in Mondorf nach und nach von seiner Tablettensucht befreit und fand zu guter körperlicher Verfassung zurück. Er war, wie sich Schwerin von Krosigk erinnerte, «der Anziehungsmagnet (…), immer bereit, sich interviewen zu lassen, Anekdoten zum Besten zu geben und Souvenirs zu verteilen».[43]

Rasch bildeten sich unter den 52 Inhaftierten Cliquen heraus. Die Militärs – Keitel, Jodl, Kesselring und andere – blieben zumeist unter sich, ebenso wie die «Alten Kämpfer» – Frank, Ley oder der Gauleiter von Thüringen Fritz Sauckel, Hitlers «Generalbevollmächtigter für den Arbeitseinsatz». Von beiden Gruppen hielten sich die «Bürokraten» und Diplomaten fern – Stuckart, Schwerin von Krosigk, Steengracht von Moyland oder Hans Heinrich Lammers, der Chef von Hitlers Reichskanzlei.[44] Von allen geschnitten wurde Julius Streicher. Niemand wollte mit ihm gemeinsam die Mahlzeiten einnehmen. Wenn er den Speisesaal betrat, rückten die anderen die Stühle zusammen.[45]

Zwischen Dönitz und Göring spielte sich ein absurdes Gerangel um die Rangfolge ab. Der Reichsmarschall betrachtete sich immer noch als der designierte Nachfolger Hitlers, während Dönitz an seinem Anspruch festhielt, legitimes Staatsoberhaupt zu sein. «In aller Stille», so Albert Speer, «wurde zwischen dem neuen Staatsoberhaupt und dem abgesetzten Nachfolger ausgefochten, wem nun im ausgeräumten Palasthotel von Mondorf der Vortritt gebühre, wer den Vorsitz am ersten Speisetisch zu übernehmen habe und wer überhaupt die unbestrittene Spitze unseres Gremiums bildete. Eine Einigung konnte nicht erzielt werden. Beide Parteien vermieden es bald, vor der Tür zusammenzutreffen; im Speisesaal übernahm jeder von ihnen an zwei verschiedenen Tischen den Vorsitz.»[46]

Während der Verhöre, die die russische Delegation im Juni 1945 unter Aufsicht amerikanischer Offiziere vornahm, zeigte sich keiner der Befragten bereit, eine eigene Beteiligung an den Verbrechen des Regimes einzugestehen. «Wenn es einzelne Brutalitäten von Soldaten an der Front und in den besetzten Ländern gegeben hat, so versichere ich Ihnen, dass nie-

Auf der Treppe des Palace-Hotels in Bad Mondorf, Sommer 1945: Fototermin für die inhaftierte NS-Elite (in der Mitte der ersten Reihe: Hermann Göring).

mand aus der Staatsführung, aus dem Generalstab oder der Regierung und der Partei das gebilligt hat», erklärte Göring.[47] Keitel besaß die Unverfrorenheit, den von langer Hand geplanten Überfall auf die Sowjetunion als einen «Präventivkrieg» zu bezeichnen. Wie fast alle Militärs versuchte er sich der Verantwortung zu entziehen, indem er sich als bloßen Befehlsempfänger ausgab: Er habe «in keiner Weise Entscheidungen getroffen, weder militärische noch politische», sondern «lediglich die Befehle des Führers umgesetzt».[48]

Anfang August 1945 lüfteten die Amerikaner das Geheimnis um Mondorf, und die internationale Presse versammelte sich am Ort. Die Internierten mussten sich auf der Treppe des Hotels zu einem Fototermin aufstellen; das Bild wurde in amerikanischen Zeitungen mit der Legende «Abschlussjahrgang 1945» veröffentlicht.[49] Als einzige Frau durfte auch Erika Mann, Thomas Manns älteste Tochter, die wie ihr Bruder Klaus als amerikanische Korrespondentin arbeitete, den «Big 52» einen Besuch abstatten. «Ein gespenstischeres Abenteuer ist nicht vorstellbar», schrieb sie ihrer Mutter Katia. «Göring, Papen, Rosenberg, Streicher, Ley – tout le horreur du monde (einschließlich Keitel, Dönitz, Jodl etc.) eingesperrt in einem ehemaligen Hotel, das zum Gefängnis wurde und aus dem seine Insassen ein regelrechtes Irrenhaus gemacht haben.»[50] In ihrer Reportage, die der Londoner «Evening Standard» am 13. August auf der Titelseite groß herausbrachte, gab sie als ihren Haupteindruck wieder: «Tatsächlich tat die ganze Bande jedoch ein und dasselbe. Sie schrieben und feilten an den Rollen, die sie eifrig für *den Tag* vorbereiteten.»[51]

Der Tag – das war das Datum, an dem die unfreiwilligen Kurgäste vor Gericht erscheinen sollten. Seit Mitte August 1945 wurden die Gefangenen von Mondorf in den Justizpalast von Nürnberg überstellt, wo der Prozess gegen die Hauptkriegsverbrecher stattfinden sollte. Albert Speer war schon einige Wochen nach seiner Einlieferung im Palace-Hotel zunächst nach Versailles und später nach Schloss Kransberg bei Frankfurt am Main verlegt worden, wo vor allem führende Techniker und Wissenschaftler des NS-Regimes, unter ihnen Wernher von Braun, befragt wurden.[52]

Von der Dönitz-Mannschaft wurden in Nürnberg Keitel und Jodl zum Tode verurteilt. Der Großadmiral selbst erhielt zehn Jahre Haft. Speer kam mit milden zwanzig Jahren davon. Er hatte es verstanden, sich als ein Geläuterter darzustellen, der sich in allgemeinen Wendungen zu seiner Verantwortung bekannte, aber jede eigene Beteiligung an den Massenverbrechen von sich wies.[53] Schwerin von Krosigk wurde im April 1949 im «Wilhelmstraßen-Prozess» zu zehn Jahren Haft verurteilt, aber bereits im Januar 1951 aus dem Kriegsverbrechergefängnis Landsberg entlassen. Wilhelm Stuckart, ebenfalls im «Wilhelmstraßen-Prozess» angeklagt, hatte sein Strafmaß von drei Jahren, zehn Monaten und zwanzig Tagen nach seiner Festnahme im Mai 1945 abgebüßt und war nach der Urteilsverkündung ein freier Mann.

Julius Dorpmüller war vor der Verhaftung der Dönitz-Regierung mit einem Flugzeug nach Le Chesnay bei Paris gebracht worden. Er soll den Auftrag erhalten haben, die Reichsbahnverwaltung in der US-Zone wiederaufzubauen. Nach seiner Rückkehr nach Malente starb er am 5. Juli 1945 an einer Krebserkrankung. Franz Seldte sollte in Nürnberg angeklagt werden, starb jedoch noch vor der Anklageerhebung am 1. April 1947 in Fürth. Herbert Backe war am 15. Mai als Experte für Ernährungsfragen ins alliierte Hauptquartier nach Reims geflogen, dort aber verhaftet worden. Er erhängte sich am 6. April 1947 in der Nürnberger Gefängniszelle. Otto Ohlendorf, der in der Nürnberger Hauptverhandlung im Januar 1946 freiwillig als Zeuge der Anklage auftrat, wurde am 10. April 1948 wegen seiner Verbrechen als Leiter der Einsatzgruppe D in der Sowjetunion zum Tod durch den Strang verurteilt.[54]

Als die Alliierten im Frühjahr 1945 Deutschland besetzten, machten sie eine überraschende Entdeckung: Sie kamen in ein Land, in dem es anscheinend keine Nationalsozialisten gegeben hatte. «Niemand ist ein Nazi. Niemand ist je einer gewesen (...)», bemerkte die amerikanische Kriegskorrespondentin Martha Gellhorn, und verwundert fragte sie sich, wie es das NS-Regime, dem angeblich niemand Gefolgschaft geleistet haben wollte, fertiggebracht hatte, den Krieg fünfeinhalb Jahre durchzuhalten. «Wir stehen mit fassungslosen und verächtlichen Gesichtern da und hören uns diese Geschichten ohne Wohlwollen an und ganz gewiss ohne Achtung. Ein ganzes Volk, das sich vor der Verantwortung drückt, ist kein erbaulicher Anblick.»[55]

Fassungslos waren auch die Hitler-Gegner im Inland, die nun erleben mussten, wie rasch Anhänger des Regimes ihre Überzeugungen wechselten. «Ach, keiner will jetzt ‹dabei› gewesen sein; keiner hat das Parteizeichen im Rockumschlag ernst gemeint; die Charaktere stehn in Blüte ... es ist zum Speien», notierte der Schriftsteller Wilhelm Hausenstein am 6. Mai 1945.[56]

Unmittelbar nach Kriegsende setzte eine große Nachfrage nach entlastenden Zeugnissen, sogenannten «Persilscheinen», ein. «Zu Dutzenden kommen sie, um sich ihr Nazitum fortattestieren zu lassen», schrieb Ruth Andreas-Friedrich, die in Berlin einer Widerstandsgruppe angehört hatte. «Jeder benutzt einen anderen Vorwand. Jeder hat plötzlich einen Juden, dem er irgendwann einmal mindestens zwei Kilo Brot oder zehn Pfund Kartoffeln gegeben haben will. Jeder hat den ausländischen Sender gehört. Jeder hat Verfolgten geholfen. ‹Unter Lebensgefahr›, pflegt die Mehrzahl dieser posthumen Wohltäter stolz-bescheiden hinzuzufügen. Das Leumundszeugnis regiert die Stunde.»[57]

Der Prozess der Abwendung vom Nationalsozialismus vollzog sich mit ungeahnter Schnelligkeit. Über Nacht verschwanden die Symbole und Embleme seiner Herrschaft von der Bildfläche. «Ein Bildersturm ohnegleichen geht in diesen Tagen durch Deutschland», beobachtete die Journalistin Marta Hillers eine Woche nach der Kapitulation.[58] Im August 1945 bemerkte der neue Landrat von Gunzenhausen, einer früheren Hochburg der NSDAP, in seinem ersten Monatsbericht nach Ende des «Dritten Reiches»: «Obwohl der Krieg erst seit einigen Monaten beendet ist, wird vom Nationalsozialismus fast nicht mehr, und wenn schon, dann im nachteiligen Sinne gesprochen. Bei Leuten, die in ihren Heimen Zeichen des nationalsozialistischen Staates in jeglicher Form zeigten, ist keine Spur davon zu sehen.»[59]

Der Hitler-Mythos verkehrte sich in sein Gegenteil. Der einst vergötterte «Führer» wurde nun zur Unperson erklärt, zu einem Teufel in Menschengestalt, gegen dessen dämonische Verführungskünste man sich nicht habe wehren können. So entzog man sich der Notwendigkeit, Rechenschaft abzulegen über die eigene Verwicklung in den Nationalsozialismus. Wenn jemand Schuld an den Verbrechen trug, dann war es Hitler, dann waren es Himmler und seine SS-Clique – man selbst hatte damit nichts zu tun und wollte damit auch nicht mehr behelligt werden. In seinem Ende 1945 geschriebenen Buch «Der SS-Staat» – der ersten Darstellung des KZ-Universums – zog Eugen Kogon, selbst ehemaliger Buchenwald-Häftling, eine deprimierende Bilanz: Bei den meisten Deutschen sei die Stimme des Gewissens nicht wach geworden; niemand wolle noch etwas von den Nazigräueln hören. «Berichte aus den Konzentrationslagern erwecken in der Regel höchstens Staunen oder ungläubiges Kopfschütteln; sie werden kaum zu einer Sache des Verstandes, geschweige denn zum Gegenstand aufwühlenden Empfindens.»[60]

Zunehmend betrachteten sich die Besiegten als eigentliche Opfer, die im Bombenkrieg oder durch Flucht und Vertreibung Schreckliches erlitten hätten und nun auch noch einer ungerecht harten Behandlung durch die Alliierten ausgesetzt würden. «Die Deutschen glauben ernsthaft – jede und jeder für sich und ohne sich mit den anderen zu verschwören –, dass ihr Leid alle Vorstellungskraft übersteigt», schrieb Erika Mann in einer Reportage über «Deutsche Zustände» vom Frühjahr 1946.[61] Schon im Mai 1945 hatte ihr Bruder Klaus sich höchst irritiert gezeigt über die Selbstgefälligkeit, das Selbstmitleid und die Ignoranz vieler seiner ehemaligen Landsleute: «Es scheint, dass sie nichts beklagen außer der misslichen

Lage, in der sie sich befinden. Sie sehen nicht ein, warum ausgerechnet sie so leiden müssen. ‹Womit haben wir dies verdient?› fragen sie mit blauäugiger Treuherzigkeit und in aller Unschuld. ‹Sind wir nicht stets fleißige, dem Gesetz ergebene Bürger gewesen?›.»[62]

Für das unermessliche Leid, das sie den Völkern in den eroberten und besetzten Gebieten zugefügt hatten, brachten die meisten Deutschen kein Interesse, schon gar kein Mitgefühl auf. Stattdessen stürzten sie sich mit geradezu verbissenem Eifer auf Trümmerbeseitigung und Wiederaufbau. Staunend stellte der Schriftsteller Alfred Döblin auf einer Reise durch Süddeutschland Ende 1945 fest, «dass die Menschen hier wie Ameisen in einem zerstörten Haufen hin und her rennen, erregt und arbeitswütig zwischen den Ruinen».[63]

Eine ähnliche Beobachtung machte die Philosophin Hannah Arendt auch noch zweieinhalb Jahre später, als sie zum ersten Mal das Land bereiste, das sie 1933 hatte verlassen müssen. In dem «allgemeinen Gefühlsmangel», dem sie begegnete, der «offensichtlichen Herzlosigkeit», manchmal nur «mit billiger Rührseligkeit kaschiert», erkannte sie «das auffälligste äußerliche Symptom einer tief verwurzelten, hartnäckigen und gelegentlich brutalen Weigerung, sich dem tatsächlich Geschehenen zu stellen und sich damit abzufinden»: «Beobachtet man die Deutschen, wie sie geschäftig durch die Ruinen ihrer tausendjährigen Geschichte stolpern und für die zerstörten Wahrzeichen ein Achselzucken übrig haben oder wie sie es einem verübeln, wenn man sie an die Schreckenstaten erinnert, welche die ganze übrige Welt nicht loslassen, dann begreift man, dass die Geschäftigkeit ihre Hauptwaffe bei der Abwehr der Wirklichkeit geworden ist.»[64]

Das «Wirtschaftswunder» in den Westzonen und der späteren Bundesrepublik begünstigte die Flucht aus der Geschichte. In dem sich herausbildenden zweiten deutschen Staat, der DDR, enthob das offizielle Bekenntnis zum Antifaschismus die Menschen ohnehin der Notwendigkeit, über die eigene Beteiligung am Nationalsozialismus nachzudenken. «Die Unfähigkeit zu trauern» – auf diesen Begriff haben Alexander und Margarete Mitscherlich in ihrem Buch aus dem Jahr 1967 den Verdrängungsprozess gebracht.[65] Diese Unfähigkeit zeigte sich, wenn auch mit Unterschieden, in beiden Teilen Deutschlands.

Anfang Mai 1945 kam zum Abschluss, was am 30. Januar 1933 mit der Machtübertragung auf Hitler begonnen hatte. «Zwölf Jahre Hitler-Regiment hat genügt, um eine Großmacht ins Verderben zu stürzen; es ist so überwältigend, dass es gar nicht zu fassen ist», zog der norwegische Korrespondent in Berlin, Theo Findahl, am 9. Mai Bilanz.[66] Militärische Niederlage und Zusammenbruch waren so total, die materiellen Zerstörungen so gewaltig, die verübten Verbrechen so präzedenzlos, dass nicht wenige zeitgenössische Beobachter bezweifelten, ob es für das besiegte Land überhaupt noch eine Zukunft geben könne.

Und doch markierte der 8. Mai 1945 nicht nur ein Ende, sondern auch einen Anfang. Neben Erschöpfung und Bitterkeit gab es ebenso gesteigerte Lebenslust und eine geradezu euphorische Aufbruchstimmung. Nie wieder habe sie «so intensiv gefühlt, was es heißt, weiterleben zu dürfen», wie damals, erinnerte sich die FDP-Politikerin Hildegard Hamm-Brücher.[67] Das Glücksgefühl, das Inferno überlebt zu haben, setzte ungeahnte Energien frei. Das galt nicht zuletzt für jene Minderheit der Deutschen, die den Verheißungen des Nationalsozialismus widerstanden und sich das Empfinden für Anstand und Menschenwürde bewahrt hatten. «Jetzt liegen die zwölf Jahre hinter uns. Etwas Neues beginnt (...)», bemerkte Ruth Andreas-Friedrich. «Jeder Schritt wird zum Neubeginn. Jeder Handgriff trägt Wert und Gewicht eines Gründungsaktes. ‹Anpacken und zugreifen›, ist die Devise.»[68]

Der Journalistin und ihren Gesinnungsfreunden diente das geschäftige Aufräumen nicht dazu, die unmittelbare Vergangenheit zu verdrängen, sondern war im Gegenteil vom Wunsch bestimmt, beim Aufbau einer freiheitlichen politischen und gesellschaftlichen Ordnung mit Hand anzulegen. Und die jungen Frontsoldaten und Flakhelfer, die mit der Propaganda des «Dritten Reiches» groß geworden waren, entwickelten sich nicht, wie von den Alliierten befürchtet, zu fanatischen Untergrundkämpfern, zu «Werwölfen». Nach dem Schock der radikalen Desillusionierung verfielen die meisten von ihnen keiner trotzigen Verstocktheit, sondern verbanden die vor 1945 eingeübte Leistungsbereitschaft mit einer erstaunlichen Offenheit für das westliche Lebensmodell.[69]

Trotz des harten Alltags, der den Menschen alles abverlangte, um das bloße Überleben zu sichern, regte sich nach zwölf Jahren der Gleichschaltung und des geistigen Kahlschlags ein kräftiger Hunger nach Kultur. Es öffnete sich ein bislang verschlossener Kosmos an Büchern, Zeitschriften,

Bildern, Schallplatten. Nie zuvor und nie mehr danach strömte in die Theater, Konzertsäle und Kinos ein so interessiertes, auf das Neue begieriges Publikum. Neben all der Zerstörung, der Selbstgerechtigkeit und der Unfähigkeit zu trauern zeigten sich so schon erste zarte Knospen des Neubeginns. Doch es sollte noch dauern, bis die Demokratie, die unter Anleitung von Amerikanern, Briten und Franzosen reimplantiert wurde, in der Bevölkerung der Westzonen Wurzeln schlug. Man muss sich das Ausmaß der Verheerungen, der materiellen wie moralischen, vor Augen halten, um zu begreifen, wie unwahrscheinlich dies am 8. Mai 1945 erscheinen musste und welche Errungenschaft es bedeutet, heute in einem stabilen, freiheitlichen und friedlichen Land leben zu können. Vielleicht ist es an der Zeit, daran zu erinnern.

Anhang

Anmerkungen

Vorwort

1 Erich Kästner: Notabene 45. Ein Tagebuch, München 1989, S. 130 (v. 7. 5. 1945). Bei dem zuerst 1961 veröffentlichten Buch handelt sich um eine überarbeitete Fassung der ursprünglichen Aufzeichnungen. Vgl. die Einführung von Sven Hanuschek in Erich Kästner: Das Blaue Buch. Geheimes Kriegstagebuch 1941–1945. Hrsg. von Sven Hanuschek in Zusammenarbeit mit Ulrich von Bülow und Silke Becker, Zürich 2018, S. 25–31.

2 Vgl. zum «Nullpunktbewusstsein» im Spiegel der Autobiographien von Politikern Volker Depkat: Lebenswelten und Zeitenwenden. Deutsche Politiker und die Erfahrungen des 20. Jahrhunderts, München 2007, S. 189–196.

3 Anonyma: Eine Frau in Berlin. Tagebuchaufzeichnungen vom 20. April bis 22. Juni 1945, Frankfurt/M. 2003, S. 154 (v. 7. 5. 1945).

4 Vgl. zum Begriff der «Niemandszeit» Harald Jähner: Wolfszeit. Deutschland und die Deutschen 1945–1955, Berlin 2019, S. 20.

5 Friedrich Kellner: «Vernebelt, verdunkelt sind alle Hirne». Tagebücher 1939–1945. Hrsg. von Sascha Feuchert/Robert Martin Scott Kellner/Erwin Leibfried/Jörg Riecke/Markus Roth, Bd. 2, Göttingen 2011, S. 930 (v. 5. 5. 1945).

6 Reinhold Maier: Ende und Wende. Briefe und Tagebuchaufzeichnungen 1944–1946, Wuppertal 2004, S. 232 (v. 7. 5. 1945).

7 Vgl. Richard Bessel: Germany 1945. From War to Peace, London 2009, S. 134 f.

8 Ivone Kirkpatrick: Im inneren Kreis. Erinnerungen eines Diplomaten, Berlin 1964, S. 167. Vgl. Jähner: Wolfszeit, S. 61 ff.

9 Vgl. Stefan-Ludwig Hoffmann: Besiegte, Besatzer, Beobachter. Das Kriegsende im Tagebuch, in Daniel Fulda/Dagmar Herzog/Stefan-Ludwig Hoffmann/Till van Rahden (Hrsg.): Demokratie im Schatten der Gewalt. Geschichten des Privaten im deutschen Nachkrieg, Göttingen 2010, S. 25–55; Susanne zur Nieden: Alltag im Ausnahmezustand. Frauentagebücher im zerstörten Deutschland, Berlin 1993.

1 Vgl. auch zum Folgenden Volker Ullrich: Adolf Hitler. Bd. 2: Die Jahre des Untergangs 1939–1945, Frankfurt/M. 2018, S. 656 ff.; Joachim Fest: Der Untergang. Hitler und das Ende des Dritten Reiches, Berlin 2002, S. 128 ff.; Anton Joachimsthaler: Hitlers Ende. Legenden und Dokumente, München/Berlin 1995, S. 201 ff.

2 Ernst Günther Schenck: Patient Hitler. Eine medizinische Biographie, Düsseldorf 1989, S. 400.

3 Vgl. Joachimsthaler: Hitlers Ende, S. 205–209.

4 Vgl. ebd., S. 210–213; Henrik Eberle/Matthias Uhl (Hrsg.): Das Buch Hitler. Geheimdossier des NKWD für Josef W. Stalin, zusammengestellt aufgrund der Verhörprotokolle des Persönlichen Adjutanten Hitlers, Otto Günsche, und des Kammerdieners Heinz Linge, Moskau 1948/49, Bergisch Gladbach 2005, S. 444 f.

5 Traudl Junge: Bis zur letzten Stunde. Hitlers Sekretärin erzählt ihr Leben, München 2002, S. 205.

6 Faksimile in Joachimsthaler: Hitlers Ende, S. 192.

7 Hans Baur: Ich flog Mächtige der Erde, Kempten (Allgäu) 1956, S. 275 f.

8 Heinz Linge: Bis zum Untergang. Als Chef des Persönlichen Dienstes bei Hitler. Hrsg. von Werner Maser, München 1982, S. 286 f.; vgl. Eberle/Uhl (Hrsg.): Das Buch Hitler, S. 446 f.

9 Junge: Bis zur letzten Stunde, S. 206.

10 Abgedr. u. a. in Joseph Goebbels: Tagebücher 1945. Die letzten Aufzeichnungen, Hamburg 1977, S. 549 f. Der Brief wurde von der Fliegerin und Hitler-Verehrerin Hanna Reitsch am 28. April aus Berlin gebracht und erreichte Harald Quandt, der sich in britischer Gefangenschaft in Nordafrika befand, auf einigen Umwegen. Vgl. Joachim Scholtyseck: Der Aufstieg der Quandts. Eine deutsche Unternehmerdynastie, München 2011, S. 252.

11 Vgl. Joachimsthaler: Hitlers Ende, S. 221 f.

12 Vgl. ebd., S. 230–270 (mit einem Abgleich aller Zeugenaussagen); Eberle/Uhl (Hrsg.): Das Buch Hitler, S. 447 f.

13 Vgl. Joachimsthaler: Hitlers Ende, S. 288–332; Eberle/Uhl (Hrsg.): Das Buch Hitler, S. 448 f.

14 Vgl. zum Folgenden Antony Beevor: Berlin 1945. Das Ende, München 2002, S. 387–389, 398 f.; Tony Le Tissier: Chronik der Schlacht um Berlin, in Bengt von zur Mühlen (Hrsg.): Der Todeskampf der Reichshauptstadt, Berlin-Kleinmachnow 1994, S. 79–86.

15 Vgl. Jörg Müllner: Wie Russlands Fahne 1945 auf den Reichstag kam, in Die Welt v. 18. 1. 2008.

16 Vgl. Jewgeni Chaldej: Der bedeutende Augenblick. Hrsg. von Ernst Volland und Heinz Krimmer, Leipzig 2008.

17 So der Kriegsberichterstatter Konstantin Simonow: Kriegstagebuch 1941–1945, Berlin-Ost o. J.; zit. nach Peter Gosztony (Hrsg.): Der Kampf um Berlin 1945 in Augenzeugenberichten, Düsseldorf 1970, S. 389.

18 Vgl. den Bericht eines russischen Majors an seine Schwester v. 9. 5. 1945: «An den Wänden gibt es eine Vielzahl von Aufschriften unserer ruhmreichen russischen Soldaten und Offiziere mit Kreide, Kohle und Bleistift. Hier sind einige von ihnen: ‹Hier waren Stalingrader – Unterschriften›, ‹Hier stand ein russischer Soldat aus Smolensk – Unterschrift›, ‹Wir sind im Reichstag. Alles in Ordnung. Ivan Petrow 9. 5. 45›.» Elke Scherstjanoi (Hrsg.): Rotarmisten schreiben aus Deutschland. Briefe von der Front (1945) und historische Analysen, München 2004, S. 172.

19 Marianne Feuersenger: Im Vorzimmer der Macht. Aufzeichnungen aus dem Wehrmachtführungsstab und Führerhauptquartier 1940–1945, München 1999, S. 271.

20 Abgedr. u. a. in Winfried Nerdinger (Hrsg.): München und der Nationalsozialismus. Katalog des NS-Dokumentationszentrums München, München 2015, S. 298.

21 Faksimile in ebd., S. 301. Vgl. zum Folgenden David Clay Large: Hitlers München. Aufstieg und Fall der Hauptstadt der Bewegung, München 1998, S. 431 f.; Wolfgang Görl: Als die Amerikaner München befreiten, in Süddeutsche Zeitung v. 24. 4. 2015.

22 Faksimile des Programms in Nerdinger (Hrsg.): München und der Nationalsozialismus, S. 297. Zur FAB vgl. die Studie von Veronika Diem: Die Freiheitsaktion Bayern. Ein Aufstand in der Endphase des NS-Regimes, Kallmünz 2013. Scharfe Kritik an dem «ungenügend vorbereiteten und dilettantisch bewerkstelligten Aufstandsversuch» übt Klaus-Dietmar Henke: Die amerikanische Besatzung Deutschlands, München 1995, S. 854–857 (Zitat S. 854).

23 Faksimile des Aufrufs in Nerdinger (Hrsg.): München und der Nationalsozialismus, S. 296.

24 Vgl. Henke: Die amerikanische Besetzung Deutschlands, S. 859 f.; Frederick Taylor: Zwischen Krieg und Frieden. Die Besetzung und Entnazifizierung Deutschlands 1944–1946, Berlin 2011, S. 137–141.

25 Zit. nach Henke: Die amerikanische Besetzung Deutschlands, S. 934.

26 Sven Keller (Hrsg.): Kriegstagebuch einer jungen Nationalsozialistin. Die Aufzeichnungen Wolfhilde von Königs 1939–1946, Berlin–Boston 2015, S. 213 (v. 30. 4. 1945).

27 Zit. nach Wolfgang Görl: Als die Amerikaner München befreiten, in Süddeutsche Zeitung v. 24. 4. 2005. Langendorf war als Presseoffizier nach Kriegsende an der Vergabe der ersten Zeitungslizenzen und maßgeblich an der Gründung der «Süddeutschen Zeitung» beteiligt. Vgl. Knud von Harbou: Als Deutschland seine Seele retten wollte. Die Süddeutsche Zeitung in den Gründerjahren nach 1945, München 2015, S. 24 f.

28 Edgar Kupfer-Koberwitz: Dachauer Tagebücher. Die Aufzeichnungen des Häftlings 24814, München 1997, S. 451 f., 452 f.

29 Ludwig Eiber: Gewalt im KZ Dachau. Vom Anfang eines Terrorsystems, in Andreas Wirsching (Hrsg.): Das Jahr 1933. Die nationalsozialistische Machteroberung und die deutsche Gesellschaft, Göttingen 2009, S. 169–181 (hier S. 178).

30 Vgl. zum Folgenden Gabriele Hammerstein: Das Kriegsende in Dachau, in Bernd-A. Rusinek (Hrsg.): Kriegsende 1945. Verbrechen, Katastrophen, Befreiungen in nationaler und internationaler Perspektive, Göttingen 2004, S. 27–45 (Zitat S. 28); Wolfgang Benz/Barbara Distel (Hrsg.): Der Ort des Terrors. Geschichte der nationalsozialistischen Konzentrationslager, Bd. 2, München 2005, S. 268–271; Nikolaus Wachsmann: KL. Die Geschichte der nationalsozialistischen Konzentrationslager, München 2015, S. 682–684; Henke: Die amerikanische Besetzung Deutschlands, S. 862–931.

31 Vgl. Henke: Die amerikanische Besetzung Deutschlands, S. 905–913; Benz/Distel (Hrsg.): Der Ort des Terrors, Bd. 2, S. 269 f.; Daniel Blatman: Die Todesmärsche 1944/45. Das letzte Kapitel des nationalsozialistischen Massenmords, Reinbek bei Hamburg 2011, S. 334–337.

32 Kupfer-Koberwitz: Dachauer Tagebücher, S. 444.

33 Zit. nach Henke: Die amerikanische Besetzung Deutschlands, S. 917 f.

34 Vgl. Hammerstein: Das Kriegsende in Dachau, S. 41 f.; Henke: Die amerikanische Besetzung Deutschlands, S. 919–922; Keith Lowe: Der wilde Kontinent. Europa in den Jahren der Anarchie 1943–1950, Stuttgart 2014, S. 113 f. Eine detaillierte Schilderung der Ereignisse findet sich auch in der Felix Sparks-Biografie von Alex Kershaw: Der Befreier. Die Geschichte eines amerikanischen Soldaten im Zweiten Weltkrieg, München 2014, S. 309–345.

35 Kupfer-Koberwitz: Dachauer Tagebücher, S. 459.

36 Abgedr. u. a. in Percy Ernst Schramm (Hrsg.): Die Niederlage 1945. Aus dem Kriegstagebuch des Oberkommandos der Wehrmacht, München 1982, S. 419; Walter Lüdde-Neurath: Regierung Dönitz. Die letzten Tage des Dritten Reiches, 3. wesentlich erweiterte Aufl., Göttingen 1964, S. 130.

37 Vgl. Ullrich: Adolf Hitler, Bd. 2, S. 652, 654.

38 Karl Dönitz: Zehn Jahre und zwanzig Tage, Frankfurt/M.–Bonn 1963, S. 434. Am letzten Tag von Dönitz' Gefängnisaufenthalt in Spandau am 30. September 1956 dementierte der Mithäftling Albert Speer, dass er bei seinem letzten Besuch im Führerbunker am 27. April Hitler Dönitz als Nachfolger vorgeschlagen habe; er habe sich auf Nachfrage nur positiv über Dönitz' Tätigkeit im «Nordraum» geäußert. Albert Speer: Spandauer Tagebücher, Berlin–München 2002, S. 445 (v. 30. 9. 1956). Dennoch behauptete Dönitz in seinen Erinnerungen (S. 434), dass die Anregung zu seiner Ernennung von Speer ausgegangen sei.

39 Vgl. Ullrich: Adolf Hitler, Bd. 2, S. 640 f.

40 Vgl. ebd., S. 648 f., 652 f.

41 Vgl. Lüdde-Neurath: Regierung Dönitz, S. 42 f.; Dönitz: Zehn Jahre und zwanzig Tage, S. 433.

42 Zit. nach Reimer Hansen: Das Ende des Dritten Reiches. Die deutsche Kapitulation 1945, Stuttgart 1966, S. 103. Auch in seinem Verhör in Mondorf am 17. 6. 1945 erklärte Dönitz: «Hitler war eine herausragende Persönlichkeit.» Wassili S. Christoforow u. a. (Hrsg.): Verhört. Die Befragungen deutscher Generale und Offiziere durch die sowjetischen Geheimdienste 1945–1952, Berlin–Boston 2015, S. 66.

43 Heinrich Schwendemann: «Deutsche Menschen vor der Vernichtung durch den

Bolschewismus zu retten.» Das Programm der Regierung Dönitz und der Beginn einer Legendenbildung, in Jörg Hillmann/John Zimmermann (Hrsg.): Kriegsende 1945 in Deutschland, München 2002, S. 9–33 (Zitate S. 9).

44 Vgl. Lüdde-Neurath: Regierung Dönitz, S. 29 f.

45 Hans Sarkowicz (Hrsg.): «Als der Krieg zu Ende war.» Erinnerungen an den 8. Mai 1945, Frankfurt/M.–Leipzig 1995, S. 112 f.

46 Dönitz: Zehn Jahre und zwanzig Tage, S. 436. Vgl. Lüdde-Neurath: Regierung Dönitz, S. 89 f.; Marlis G. Steinert: Die 23 Tage der Regierung Dönitz, Düsseldorf–Wien 1967, S. 88 f.

47 Vgl. Kriegstagebuch des Führungsstabes Nord (A), 30. 4. 1945; Percy Ernst Schramm (Hrsg.): Kriegstagebuch des Oberkommandos der Wehrmacht, Bd. IV,2, Herrsching 1982, S. 1468 (künftig zit. KTB-OKW).

1. Mai 1945

1 Hans Refior: Mein Berliner Tagebuch 1945, in von zur Mühlen (Hrsg.): Der Todeskampf der Reichshauptstadt, S. 132.

2 Marschall Wassilij Tschuikow: Das Ende des Dritten Reiches, München 1966, S. 184 f.; vgl. Ulrich Völklein (Hrsg.): Hitlers Tod. Die letzten Tage im Führerbunker, Göttingen 1998, S. 48 f. (Hier wird der Zeitpunkt von Hitlers Tod mit 15.50 Uhr angegeben).

3 Vgl. Ullrich: Adolf Hitler, Bd. 2, S. 445, 550 f.

4 Vgl. Refior: Mein Berliner Tagebuch 1945, S. 132; Rochus Misch: Der letzte Zeuge. «Ich war Hitlers Telefonist, Kurier und Leibwächter», Zürich und München 2008, S. 225 f.

5 Arthur Axmann: Das Ende im Führerbunker, in Stern v. 2. 5. 1965; zit. nach Gosztony (Hrsg.): Der Kampf um Berlin 1945 in Augenzeugenberichten, S. 350.

6 Junge: Bis zur letzten Stunde, S. 208.

7 Vgl. die Schilderung von Theodor von Dufving: Die Kapitulationsverhandlungen vom 30. April bis zum 2. Mai 1945, in von zur Mühlen (Hrsg.): Der Todeskampf der Reichshauptstadt, S. 168 f.

8 Tschuikow: Das Ende des Dritten Reiches, S. 183.

9 Vgl. die ausführliche Schilderung der Verhandlungen in ebd., S. 185–214.

10 Abgedr. in Eberle/Uhl (Hrsg.): Das Buch Hitler, S. 463. Vgl. Völklein (Hrsg.): Hitlers Tod, S. 46 f.

11 Georgi K. Schukow: Erinnerungen und Gedanken, Stuttgart 1969, S. 604 f.

12 Dufving: Die Kapitulationsverhandlungen, in von zur Mühlen (Hrsg.): Der Todeskampf der Reichshauptstadt, S. 173–175.

13 Axmann: Das Ende im Führerbunker, in Stern vom 2. 5. 1965; zit. nach Gosztony: Der Kampf um Berlin 1945, S. 363.

14 Abgedr. in KTB-OKW, Bd. IV,2, S. 1469; Schramm (Hrsg.): Die Niederlage 1945, S. 419. Der Funkspruch wurde um 3.27 Uhr abgesetzt.

15 Faksimile des Speer-Entwurfs in Heinrich Breloer (in Zusammenarbeit mit

Rainer Zimmer): Die Akte Speer. Spuren eines Kriegsverbrechers, Berlin 2006, S. 319.

16 Vgl. zur zwielichtigen Rolle Speers Magnus Brechtken: Albert Speer. Eine deutsche Karriere, München 2017, S. 276–280; Ullrich: Adolf Hitler, Bd. 2, S. 615–619.

17 Abgedr. in Schramm (Hrsg.): Die Niederlage 1945, S. 420; Lüdde-Neurath: Regierung Dönitz, S. 130. Das Telegramm war um 7.40 Uhr in Berlin aufgegeben worden.

18 Vgl. Hansen: Das Ende des Dritten Reiches, S. 95; Jochen von Lang: Der Sekretär. Martin Bormann: Der Mann, der Hitler beherrschte, Stuttgart 1977, S. 336.

19 Abgedr. in Schramm (Hrsg.): Die Niederlage 1945, S. 420; Lüdde-Neurath: Regierung Dönitz, S. 130.

20 Vgl. Dönitz: Zehn Jahre und zwanzig Tage, S. 444; Albert Speer: Erinnerungen, Frankfurt/M.–Berlin 1993, S. 490.

21 Lars Lüdicke: Constantin von Neurath. Eine politische Biographie, Paderborn 2014, S. 558.

22 Steinert: Die 23. Tage der Regierung Dönitz, S. 107; vgl. Lüdde-Neurath: Regierung Dönitz, S. 82.

23 Lutz Graf Schwerin von Krosigk: Es geschah in Deutschland. Menschenbilder unseres Jahrhunderts, Tübingen und Stuttgart, 3. Aufl., 1952, S. 366; vgl. ders.: Memoiren, Stuttgart 1977, S. 242 f.

24 Vgl. Steinert: Die 23 Tage der Regierung Dönitz, S. 89; Schwerin von Krosigk: Es geschah in Deutschland, S. 374.

25 Vgl. Lüdde-Neurath: Regierung Dönitz, S. 53–60; Steinert: Die 23 Tage der Regierung Dönitz, S. 172 f.; Herbert Kraus: Karl Dönitz und das Ende des «Dritten Reiches», in Hans-Erich Volkmann (Hrsg.): Ende des Dritten Reiches – Ende des Zweiten Weltkriegs. Eine perspektivische Rückschau, München–Zürich 1995, S. 1–23 (hier S. 11).

26 Friedrich Karl Engel: 1. Mai 1945: Hitlers Tod in Rundfunksendungen, in Funkgeschichte, 41. Jg. (2018); als PDF-Datei, S. 1 f.

27 Abgedr. in Lüdde-Neurath: Regierung Dönitz, S. 132 (auch für die folgenden Zitate).

28 Engel: 1. Mai 1945. Hitlers Tod in Rundfunksendungen, PDF-Datei, S. 1.

29 Abgedr. in Lüdde-Neurath: Die Regierung Dönitz, S. 133. Da er eine Neuvereidigung der Wehrmacht unter den gegebenen Bedingungen für undurchführbar hielt, hatte Keitel diese Formulierung vorgeschlagen. Vgl. Walter Görlitz (Hrsg.): Generalfeldmarschall Keitel. Verbrecher oder Offizier? Erinnerungen, Briefe, Dokumente des Chefs OKW, Göttingen–Berlin–Frankfurt/M. 1961, S. 372.

30 Kästner: Notabene 45, S. 105 (v. 2. 5. 1945). Vgl. die kürzere Version in ders.: Das Blaue Buch, S. 192 (v. 2. 5. 1945).

31 Sönke Neitzel: Abgehört. Deutsche Generäle in britischer Kriegsgefangenschaft 1942–1945, Berlin 2005, Dok. 78, S. 205–210 (Bericht vom 1./2. 5. 1945).

32 Ursula von Kardorff: Berliner Aufzeichnungen 1942 bis 1945. Hrsg. und kommentiert von Peter Hartl, München 1992, S. 319 (v. 1. 5. 1945). Im Taschenkalender v.

Kardorffs hieß es nur lapidar: «Hitler ist tot. Aufregendst! Heule.» Ebd., S. 320, Anm.3.

33 Speer: Erinnerungen, S. 491; vgl. ähnlich Gitta Sereny: Albert Speer. Das Ringen mit der Wahrheit und das deutsche Trauma, München 1995, S. 627.

34 Vgl. Brechtken: Albert Speer, S. 295 ff.; Volker Ullrich: Zum Dank ein Bild vom Führer, in DIE ZEIT v. 16. 5. 2016.

35 William L. Shirer: Berliner Tagebuch. Das Ende 1944–45. Hrsg. von Jürgen Schebera, Leipzig 1994, S. 67 (v. 1. 5. 1945).

36 Thomas Mann: Tagebücher 1944–1. 4. 1946. Hrsg. von Inge Jens, Frankfurt/M. 1986, S. 197 (v. 1. und 2. 5. 1945).

37 Sebastian Haffner: Germany: Jekyll & Hyde. 1939 – Deutschland von innen betrachtet, Berlin 1996, S. 21. Vgl, Thomas Mann: Tagebücher 1940–1943. Hrsg. von Peter de Mendelssohn, Frankfurt/M. 1982, S. 76 (v. 15. 5. 1940): «Las aufmerksam in einem engl(ischen) Buch ‹Germany: Jekyll and Hyde› von S. Haffner (Pseudonym?), ausgezeichnet.»

38 Joseph Goebbels: Die Tagebücher. Hrsg. von Elke Fröhlich, T. II, Bd. 15, München 1995, S. 383 (v. 28. 2. 1945). Vgl. Ullrich: Adolf Hitler, Bd. 2, S. 608–610; ders.: Seine letzte Rolle, in DIE ZEIT v. 4. 10. 2018.

39 Faksimile in von zur Mühlen (Hrsg.): Der Todeskampf der Reichshauptstadt, S. 150.

40 Hugh R. Trevor Roper: Hitlers letzte Tage, Frankfurt/M.–Berlin 1995, S. 181 f. (zuerst 1947 in England veröffentlicht). Vgl. Junge: Bis zur letzten Stunde, S. 204.

41 Vgl. Fest: Der Untergang, S. 168.

42 Axmann: Das Ende im Führerbunker, in Stern v. 2. 5. 1965; zit. nach Gosztony (Hrsg.): Der Kampf um Berlin 1945, S. 350 f.

43 Vgl. Misch: Der letzte Zeuge, S. 227.

44 Vgl. auch zum Folgenden das Vernehmungsprotokoll der 4. Abteilung der Verwaltung der Aufklärung SMERSCH der 1. Belorussischen Front v. 7. 5. 1945; abgedr. bei Lew A. Besymenski: Das Ende der Familie Goebbels, in DIE ZEIT v. 16. 8. 1968; auszugsweise auch in Völklein (Hrsg.): Hitlers Tod, S. 76–79.

45 Vernehmungsprotokoll v. 19. 5. 1945; Besymenski: Das Ende der Familie Goebbels, in DIE ZEIT v. 16. 8. 1968; Völklein (Hrsg.): Hitlers Tod, S. 79 f.

46 Junge: Bis zur letzten Stunde, S. 212; Baur: Ich flog Mächtige der Erde, S. 282.

47 Misch: Der letzte Zeuge, S. 232.

48 Vgl., Trevor Roper: Hitlers letzte Tage, S. 203.

49 Vgl. Eberle/Uhl (Hrsg.): Das Buch Hitler, S. 455. So auch die Erinnerung des Maschinenmeisters in der Alten Reichskanzlei, Johannes Hentschel; Misch: Der letzte Zeuge, S. 233.

50 Protokoll über die gerichtsmedizinische Untersuchung v. 7. bis 9. 5. 1945; abgedr. in Völklein (Hrsg.): Hitlers Tod, S. 106–131 (hier S. 116, 121)

51 Vgl. ebd., S. 141.

52 Vgl. Scholtyseck: Der Aufstieg der Quandts, S. 252 f., 770. Zum «Naumann-Kreis» vgl. Norbert Frei: Vergangenheitspolitik. Die Anfänge der Bundesrepublik und die NS-Vergangenheit, München 1996, S. 361 ff.

53 Lew Besymenski: Die letzten Notizen von Martin Bormann. Ein Dokument und sein Verfasser, Stuttgart 1974, S. 272.
54 Vgl. Junge: Bis zur letzten Stunde, S. 210 f., 212.
55 Vgl. Trevor-Roper: Hitlers letzte Tage, S. 203 f.; Eberle/Uhl (Hrsg.): Das Buch Hitler, S. 454.
56 Vgl. zur Zusammensetzung der Gruppen mit zum Teil unterschiedlichen Angaben Trevor-Roper: Hitlers letzte Tage, S. 204; Junge: Bis zur letzten Stunde, S. 213; Eberle/Uhl (Hrsg.): Das Buch Hitler, S. 854; Lang: Der Sekretär, S. 339.
57 Junge: Bis zur letzten Stunde, S. 213.
58 Vgl. Lang: Der Sekretär, S. 402 ff.; Volker Koop: Martin Bormann. Hitlers Vollstrecker, Wien–Köln–Weimar 2012, S. 314–316.
59 Florian Huber: Kind versprich mir, dass du dich erschießt. Der Untergang der kleinen Leute, Berlin, 4. Aufl., 2015, S. 139. Vgl. auch zum Folgenden S. 9–77.
60 Vgl. u. a. Hannes Heer/Klaus Naumann (Hrsg.): Vernichtungskrieg. Verbrechen der Wehrmacht 1941–1944, Hamburg 1995.
61 Vgl. Bernhard Fisch: Nemmersdorf, Oktober 1944. Was in Ostpreußen tatsächlich geschah, Berlin 1997.
62 Goebbels: Tagebücher, T. II, Bd. 14, S. 110 (v. 26. 10. 1944).
63 Zit. nach Werner Zeidler: Kriegsende im Osten. Die Rolle der Roten Armee und die Bevölkerung Deutschlands östlich der Oder und Neiße 1944/45, München 1996, S. 138. Vgl. zum Verhalten der Roten Armee beim Einmarsch in Deutschland auch Catherine Merridale: Iwans Krieg. Die Rote Armee 1939–1945, Frankfurt/M. 2006, S. 329–351; Normann N. Naimark: Die Russen in Deutschland. Die sowjetische Besatzungszone 1945 bis 1949, Berlin 1997, S. 94–98.
64 Huber: Kind versprich mir, dass du dich erschießt, S. 51.
65 Ebd., S. 59 f.
66 Vgl. ebd., S. 136–138.
67 Vgl. auch zum Folgenden Christian Goeschel: Selbstmord im Dritten Reich, Berlin 2011, S. 241–255; Richard J. Evans: Das Dritte Reich, Bd. III: Krieg, München 2008, S. 907–915.
68 Heinz Boberach (Hrsg.): Meldungen aus dem Reich. Die geheimen Lageberichte des Sicherheitsdienstes der SS, Herrrsching 1984, Bd. 17, S. 6737.
69 Walter Ulbricht an Wilhelm Pieck, 17. 5. 1945; Gerhard Keiderling (Hrsg.): «Gruppe Ulbricht» in Berlin April bis Juni 1945. Von den Vorbereitungen im Sommer 1944 bis zur Wiedergründung der KPD im Juni 1945. Eine Dokumentation, Berlin 1993, Dok. 64, S. 348.
70 Vgl. auch zum Folgenden Mario Frank: Walter Ulbricht. Eine deutsche Biografie, Berlin 2001, S. 137 ff.
71 Wolfgang Leonhard: Mai 1945: Erinnerungen eines Mitglieds der «Gruppe Ulbricht», in Christine Krauss/Daniel Küchenmeister (Hrsg.): Das Jahr 1945. Brüche und Kontinuitäten, Berlin 1995, S. 50.
72 Keiderling (Hrsg.): «Gruppe Ulbricht» in Berlin, Dok. 6, S. 130–134 (hier S. 131 f.). Vgl. ebd., S. 26–28; Frank: Walter Ulbricht, S. 174 f
73 Vgl. Frank: Walter Ulbricht, S. 177; Wilfried Loth: Stalins ungeliebtes Kind. Warum Moskau die DDR nicht wollte, Berlin 1994, S. 20 ff.

74 Keiderling (Hrsg.): «Gruppe Ulbricht» in Berlin, Dok. 1, S. 121.
75 Vgl. ebd., S. 29; Frank: Walter Ulbricht, S. 176.
76 Keiderling (Hrsg.): «Gruppe Ulbricht» in Berlin, Dok. 14, S. 182; vgl. ebd., S. 30 f., 42; Frank: Walter Ulbricht, S. 178.
77 Keiderling (Hrsg.): «Gruppe Ulbricht» in Berlin, Dok. 31, S. 260–265 (hier S. 260).
78 Vgl. ebd., Dok. 34, S. 273 f.
79 Vgl. Wolfgang Leonhard: Die Revolution entlässt ihre Kinder, Köln 1987, S. 297–301; Keiderling (Hrsg.): «Gruppe Ulbricht» in Berlin, S. 727–732.
80 Keiderling (Hrsg.): «Gruppe Ulbricht» in Berlin, Dok. 36, S. 277 f.
81 Leonhard: Die Revolution entlässt ihre Kinder, S. 292.
82 Vgl. Leonhard: Die Revolution entlässt ihre Kinder, S. 301–305; ders.: Im Dienste Walter Ulbrichts, in Gustav Trampe (Hrsg.): Die Stunde Null. Erinnerungen an Kriegsende und Neuanfang, Stuttgart 1995, S. 272 f.; Keiderling (Hrsg.): «Gruppe Ulbricht» in Berlin, S. 39 f.; Richard Gyptner: Am 1. Mai 1945 nach Bruchmühle, in ebd., S. 699 f.
83 Leonhard: Die Revolution entlässt ihre Kinder, S. 308.
84 Theo Findahl: Letzter Akt – Berlin 1933–1945, Hamburg 1946, S. 180, 182.
85 Vgl. Peter Merseburger: Willy Brandt 1913–1992. Visionär und Realist, Stuttgart–München 2002, S. 57–221.
86 Willy Brandt: Erinnerungen, Berlin–Frankfurt/M. 1989, S. 139 f.; leicht abgewandelt auch in ders.: Links und frei. Mein Weg 1930–1950, Hamburg 1982, S. 375.
87 Willy Brandt: Verbrecher und andere Deutsche. Ein Bericht aus Deutschland 1946. Bearbeitet von Einhart Lorenz, Bonn 2007 (dort besonders die Einleitung des Bearbeiters S. 7–33).
88 Astrid Lindgren: Die Menschheit hat den Verstand verloren. Tagebücher 1939–1945, Berlin 2015, S. 444 f. (v. 1. 5. 1945). Vgl. dort auch S. 5–16 das Vorwort von Antje Rávic Strubel.

2. Mai 1945

1 Engel: 1. Mai 1945: Hitlers Tod in Rundfunksendungen, PDF-Datei, S. 1.
2 Christian Graf von Krockow: Der deutschen Grenze entgegen, in Trampe (Hrsg.): Die Stunde Null, S. 250.
3 Gerd Schmückle: Mitgegangen, mitgefangen …, in ebd., S. 57.
4 Kardorff: Berliner Aufzeichnungen 1942 bis 1945, S. 320 (v. 2. 5. 1945).
5 Ruth Andreas-Friedrich: Schauplatz Berlin. Ein deutsches Tagebuch, München 1962, S. 188 f. (v. 2. 5. 1945).
6 Karla Höcker: Die letzten und die ersten Tage. Berliner Aufzeichnungen 1945, Berlin 1966, S. 23 (v. 1. 5. 1945).
7 Heinrich Breloer (Hrsg.): Mein Tagebuch. Geschichten vom Überleben 1939–1947, Köln 1984, S. 182.
8 Neitzel (Hrsg.): Abgehört, Dok. 79, S. 210–212 (v. 2. 5. 1945), Dok. 72, S. 195 (v. 10.–13. 4. 1945), Dok. 73, S. 197 (v. 16.–18. 4. 1945).

9 Ernst Jünger: Die Hütte im Weinberg. Sämtliche Werke, Bd. 3, Stuttgart 1979, S. 421 (v. 1. 5. 1945).

10 Sarkowicz (Hrsg.): «Als der Krieg zu Ende war», S. 79.

11 Hamburger Zeitung v. 2. 5. 1945; wieder abgedr. in DIE ZEIT v. 23. 4. 2015.

12 Lore Walb: Ich, die Alte – ich, die Junge. Konfrontation mit meinen Tagebüchern 1933–1945, Berlin 1997, S. 338.

13 Breloer (Hrsg.): Mein Tagebuch, S. 213 (v. 2. 5. 1945).

14 Carola Stern: In den Netzen der Erinnerung. Lebensgeschichten zweier Menschen, Reinbek bei Hamburg 1986, S. 237. Vgl. auch dies.: Dem Führer die Treue halten?, in Trampe (Hrsg.): Die Stunde Null, S. 261.

15 Lothar Loewe: Der Kampf um Berlin, in Trampe (Hrsg.): Die Stunde Null, S. 47. Die 15jährige Johanna Ruf, die am 27. April 1945 mit anderen Mitgliedern des Bundes Deutscher Mädel (BDM) als Schwesternhelferin im Lazarett unter der Neuen Reichskanzlei dienstverpflichtet worden war, notierte am 2. Mai: «Was uns alle in dieser Stunde bewegt, da wir noch einmal vom Führer sprechen, man kann es nicht aufschreiben.» Johanna Ruf: Eine Backpfeife für den kleinen Goebbels. Berlin im Tagebuch einer 15-Jährigen. Die letzten und die ersten Tage. Hrsg. von Wieland Giebel, Berlin 2017, S. 29.

16 Kellner: Tagebücher 1939–1945, Bd. 2, S. 930 (v. 1. 5. 1945).

17 Shirer: Berliner Tagebuch. Das Ende 1944–45, S. 71 (v. 2. 5. 1945).

18 Tschuikow: Das Ende des Dritten Reiches, S. 219.

19 Refior: Mein Berliner Tagebuch 1945, in von zur Mühlen (Hrsg.): Der Todeskampf der Reichshauptstadt, S. 135.

20 Dufving: Die Kapitulationsverhandlungen vom 30. April bis 2. Mai 1945, in ebd., S. 177–181.

21 Faksimile des Befehls v. 2. 5. 1945 in Olaf Groehler: 1945. Die Neue Reichskanzlei. Das Ende, Berlin 1995, S. 72. Vgl. Tschuikow: Das Ende des Dritten Reiches, S. 226 f.

22 Vgl. Stefan Doernberg: Befreiung 1945. Ein Augenzeugenbericht, Berlin-Ost 1975, S. 62–64.

23 Vgl. Von zur Mühlen (Hrsg.): Der Todeskampf der Reichshauptstadt, S. 254.

24 Stefan Doernberg (Hrsg.): Hitlers Ende ohne Mythos. Jelena Rshewskaja erinnert sich an ihren Einsatz im Mai 1945 in Berlin, Berlin 2005, S. 51.

25 Vgl. Von zur Mühlen (Hrsg.): Der Todeskampf der Reichshauptstadt, S. 250 f., 255–277.

26 Margret Boveri: Tage des Überlebens. Berlin 1945, München–Zürich 1985, S. 97 f. (v. 1.–3. 5. 1945).

27 Berliner Schulaufsätze aus dem Jahr 1946. Ausgewählt und eingeleitet von Annett Gröschner, Berlin 1996, S. 244.

28 Ebd., S. 164. Vgl. die Tagebuchaufzeichnungen der 18jährigen Büroangestellten Brigitte Eicke in Berlin: «Die Menschen waren alle wie irre und beim Plündern wie die Hyänen, keiner hat Rücksicht genommen, sie haben geschlagen, gar nicht mehr menschenähnlich.» Barbara Felsmann/Annett Gröschner/Grischa Meyer (Hrsg.): Backfisch im Bombenkrieg. Notizen in Steno, Berlin 2013, S. 269

(v. 2. 5. 1945); Höcker: Die letzten und die ersten Tage, S. 24 (v. 2. 5. 1945): «Ein Rausch der Besitzgier hat die Leute erfasst, der Spießer wird hemmungslos.»

29 Angela Martin/Claudia Schoppmann: «Ich fürchte die Menschen mehr als die Bomben.» Aus den Tagebüchern dreier Berliner Frauen 1938–1946, Berlin 1996; zit. nach http//www.berliner-geschichtswerkstatt.de/news-reader/items/tagebuchaufzeichnungen-vom-1-april-bis-zum-9-mai-1945.html.

30 Zit. nach Antony Beevor: Ein Schriftsteller im Krieg. Wassili Grossman und die Rote Armee 1941–1945, München 2007, S. 417.

31 Merridale: Iwans Krieg, S. 363 f.

32 Leonhard: Die Revolution entlässt ihre Kinder, S. 309.

33 Fritz Erpenbeck: Am Anfang war das Chaos, in Keiderling (Hrsg.): «Gruppe Ulbricht» in Berlin, S. 640.

34 Leonhard: Die Revolution entlässt ihre Kinder, S. 310, 311 f.

35 Vgl. ebd., S. 315–317; Leonhard: Im Dienste Walter Ulbrichts, in Trampe (Hrsg.): Die Stunde Null, S. 276.

36 Walter Ulbricht an Wilhelm Pieck, 17. 5. 1945; Keiderling (Hrsg.): «Gruppe Ulbricht» in Berlin, Dok. 64, S. 348–351 (hier S. 349). Vgl. Frank: Walter Ulbricht, S. 186 f.

37 Vgl. Protokoll der 2. Berliner KPD-Funktionärsversammlung, 20. 5. 1945; Keiderling (Hrsg.): «Gruppe Ulbricht» in Berlin, Dok. 69, S. 362; Vgl. ebd., S. 56 f.; Leonhard: Die Revolution entlässt ihre Kinder, S. 331 f.; Naimark: Die Russen in Deutschland, S. 152 f., 157.

38 Walter Ulbricht an Wilhelm Pieck, 17. 5. 1945; Keiderling (Hrsg.): «Gruppe Ulbricht» in Berlin, Dok. 64, S. 349. Vgl. Frank: Walter Ulbricht, S. 195.

39 Vgl. Andreas Petersen: Die Moskauer. Wie das Stalintrauma die DDR prägte, Frankfurt/M. 2019, S. 29 f.; Frank: Walter Ulbricht, S. 195 f.

40 Walter Ulbricht an Georgi Dimitroff, 9. 5. 1945; Keiderling (Hrsg.): «Gruppe Ulbricht» in Berlin, Dok. 51, S. 319–321 (hier S. 320).

41 Walter Ulbricht an Generaloberst Serow, 6. 5. 1945; Keiderling (Hrsg.): «Gruppe Ulbricht» in Berlin, Dok. 47, S. 298–301 (hier S. 300).

42 Vgl. Leonhard: Die Revolution entlässt ihre Kinder, S. 335–337; Keiderling (Hrsg.): «Gruppe Ulbricht» in Berlin, S. 57–68; Frank: Walter Ulbricht, S. 189–191.

43 James P. O'Donnell/Uwe Bahnsen: Die Katakombe. Das Ende in der Reichskanzlei, Stuttgart 1975, S. 376 f.

44 Vgl. Beevor: Berlin 1945, S. 424.

45 Rshewskaja: Hitlers Ende ohne Mythos, S. 47 f.

46 Völklein (Hrsg.): Hitlers Tod, S. 94.

47 Vgl. ebd., S. 95–98.

48 Vgl. ebd., S. 98 f.

49 Rshewskaja: Hitlers Ende ohne Mythos, S. 66 f.

50 Vgl. den Bericht des Zugführers Oberleutnant Panassow, 5. 5. 1945; Lew Besymenski: Der Tod des Adolf Hitler. Unbekannte Dokumente aus Moskauer Archiven, Hamburg 1968, S. 17 f.; Völklein (Hrsg.): Hitlers Tod, S. 100 f.; Eberle/Uhl (Hrsg.): Das Buch Hitler, S. 464.

51 Vgl. Völklein (Hrsg.): Der Tod Hitlers, S. 54–56; Eberle/Uhl (Hrsg.): Das Buch Hitler, S. 463.

52 Das Protokoll der gerichtsmedizinischen Untersuchung ist abgedr. bei Besymenski: Der Tod des Adolf Hitler, S. 321–351; Auszüge auch bei Völklein (Hrsg.): Hitlers Tod, S. 106–131; vgl. ebd., S. 131–140, den Brief von Faust Schkarawski an Lew Besymenski vom Oktober 1965.

53 Vgl. die späteren Aussagen von Käthe Heusermann vom 27. 4. 1956 und Fritz Echtmann vom 10. 7. 1954 bei Joachimsthaler: Hitlers Ende, S. 373–378; ferner Völklein (Hrsg.): Hitlers Tod, S. 125, 139, 154; Rshewskaja: Hitlers Ende ohne Mythos, S. 116–123, mit der falschen Angabe, dass die Röntgenbilder von Hitlers Gebiss in der Reichskanzlei gefunden wurden (S. 123).

54 Vgl. Völklein (Hrsg.): Hitlers Tod, S. 101–103; Rshewskaja: Hitlers Ende ohne Mythos, S. 105–107.

55 Vgl. Völklein (Hrsg.): Hitlers Tod, S. 140–144; Eberle/Uhl (Hrsg.): Das Buch Hitler, S. 466 f.

56 Aufzeichnung von Stalins Dolmetscher Pawlow, 26. 5. 1945; Völklein (Hrsg.): Hitlers Tod, S. 60.

57 Joachimsthaler: Hitlers Ende, S. 394; vgl. Schukow: Erinnerungen und Gedanken, S. 608.

58 Joachimsthaler: Hitlers Ende, S. 395 f.; vgl. Völklein (Hrsg.): Hitlers Tod, S. 61 f.

59 Vgl. Eberle/ Uhl (Hrsg.): Das Buch Hitler, S. 468–477; Völklein (Hrsg.): Hitlers Tod, S. 162–175.

60 Juri Andropow an Leonid Breschnew, 13. 3. 1970; Völklein (Hrsg.): Hitlers Tod, S. 192 f.

61 Ebd., S. 194 f.; vgl. Sven Felix Kellerhoff: Warum Hitler und Eva Braun zehn Mal begraben wurden, in Die Welt v. 29. 4. 2016.

62 Bradley F. Smith/Elena Agarossi: Unternehmen «Sonnenaufgang», Köln 1981, S. 255 f.

63 Vgl. Kerstin von Lingen: SS und Secret Service. «Verschwörung des Schweigens»: Die Akte Karl Wolff, Paderborn 2010, S. 10, 24–39. Vgl. zur Biographie Jochen von Lang: Der Adjutant. Karl Wolff: Der Mann zwischen Hitler und Himmler, München–Berlin 1985.

64 Vgl. Max Waibel: 1945. Kapitulation in Norditalien. Originalbericht des Vermittlers, Basel 1981, S. 27–45.

65 Vgl. Lingen: SS und Secret Service, S. 64–66; Smith/Agarossi: Unternehmen «Sonnenaufgang», S. 127–131; Allen Dulles/Gero von Gaevernitz: Unternehmen «Sunrise». Die geheime Geschichte des Kriegsendes in Italien, Düsseldorf–Wien 1967, S. 113–126.

66 Smith/Agarossi: Unternehmen «Sonnenaufgang», S. 148 f.; vgl. Lingen: SS und Secret Service, S. 67 f.

67 Vgl. Lang: Der Adjutant, S. 279 f.; Lingen: SS und Secret Service, S. 68 f.

68 Smith/Agarossi: Unternehmen «Sonnenaufgang», S. 201; vgl. Lang: Der Adjutant, S. 280–282; Dulles/von Gaevernitz: Unternehmen «Sunrise», S. 208–211.

69 Vgl. Hansen: Das Ende des Dritten Reiches, S. 75 f.; Lingen: SS und Secret Servive, S. 71 f.; Henke: Die amerikanische Besetzung Deutschlands, S. 676; Smith/

Agarossi: Unternehmen «Sonnenaufgang», S. 160–171, 183–190; Winston S. Churchill: Der Zweite Weltkrieg, Frankfurt/M. 2003, S. 1049–1052.

70 Vgl. Hansen: Das Ende des Dritten Reiches, S. 77 f.; Holger Afflerbach: Die Kunst der Niederlage. Eine Geschichte der Kapitulation, München 2013, S. 238 f.; Smith/Agarossi: Unternehmen «Sonnenaufgang», S. 226–238.

71 Dulles/von Gaevernitz: Unternehmen «Sunrise», S. 251.

72 Text der Kapitulationsurkunde in KTB-OKW, Bd. IV, 2, S. 1663 f.

73 Vgl. Hansen: Das Ende des Dritten Reiches, S. 78 f.; Lingen: SS und Secret Service, S. 75–77; Smith/Agarossi: Unternehmen «Sonnenaufgang», S. 245–255; Albert Kesselring: Soldat bis zum letzten Tag, Bonn 1953, S. 418–420.

74 Gerhard Förster/Richard Lakowski (Hrsg.): 1945. Das Jahr der endgültigen Niederlage der faschistischen Wehrmacht, Berlin-Ost 1975, Dok. 188, S. 364 f.

75 Vgl. Lüdde-Neurath: Regierung Dönitz, S. 61; Steinert: Die 23 Tage der Regierung Dönitz, S. 188.

76 Tagebuch Wilhelm Neumanns v. 1. 5. 1945; https://www.moz.de/landkreise/oder-spree/frankfurt-oder/artikel9/dg/0/1/1109539/.

77 Vgl. Dönitz: Zehn Jahre und zwanzig Tage, S. 440 f.; Hansen: Das Ende des Dritten Reiches, S. 114 f.; Steinert: Die 23 Tage der Regierung Dönitz, S. 170 f.

78 Tagesniederschrift v. 2. 5. 1945; Schramm (Hrsg.): Die Niederlage 1945, S. 421.

79 KTB-OKW, Bd. IV,2, S. 1470 (v. 2. 5. 1945).

80 Abgedr. in Lüdde-Neurath: Regierung Dönitz, S. 135 f. (hier S. 135).

81 Joseph Goebbels: Das Jahr 2000, in Das Reich v. 25. 2. 1945.

82 Vgl. Volker Ullrich: Eiserner Vorhang. Wie die NS-Propaganda Churchills Schlagwort prägte, in ZEIT-Geschichte H. 5 (2019), S. 33; Rainer Blasius: Politisches Schlagwort. Nicht Churchill prägte den Begriff «Eiserner Vorhang», in Frankfurter Allgemeine Zeitung v. 19. 2. 2015; vgl. auch Churchill: Der Zweite Weltkrieg, S. 1079.

83 Lüdde-Neurath: Regierung Dönitz, S. 136.

84 Tagesniederschrift v. 2. 5. 1945; Schramm (Hrsg.): Die Niederlage 1945, S. 423.

85 KTB-OKW, Bd. IV,2, S. 1471 (v. 2. 5. 1945). Vgl. Dönitz: Zehn Jahre und zwanzig Tage, S. 445 f.; Lüdde-Neurath: Regierung Dönitz, S. 61 f.; Steinert: Die 23 Tage der Regierung Dönitz, S. 173 f.

86 Vgl. Lüdde-Neurath: Regierung Dönitz, S. 63 f.

87 Vgl. Michael J. Neufeld: Wernher von Braun. Visionär des Weltraums, Ingenieur des Krieges, München 2009, S. 241 f.

88 Ebd., S. 242.

89 Vgl. zum Folgenden neben Neufeld: Wernher von Braun, die Biographie von Rainer Eisfeld: Mondsüchtig. Wernher von Braun und die Geburt der Raumfahrt aus dem Geist der Barbarei, Reinbek bei Hamburg 1996. Zusammenfassend Jens-Christian Wagner: Ingenieur und Blender, in ZEIT-Geschichte H. 3 (2019), S. 78 f.

90 Vgl. Eisfeld: Mondsüchtig, S. 153.

91 Vgl. Henke: Die amerikanische Besetzung Deutschlands, S. 742–776; Tom Bower: Verschwörung Paperclip. NS-Wissenschaftler im Dienst der Siegermächte, München 1987, S. 87 ff.

92 Eisfeld: Mondsüchtig, S. 157.

93 Victor Klemperer: Ich will Zeugnis ablegen bis zum letzten. Tagebücher 1942–1945. Hrsg. von Walter Nowojski unter Mitarbeit von Hadwig Klemperer, Berlin 1995, S. 761 (v. 2. 5. 1945).

94 Vgl. Volker Ullrich: Victor Klemperer: Ich will Zeugnis ablegen bis zum letzten. Tagebücher 1933–1945, in Markus Roth/Sascha Feuchert (Hrsg.): Holocaust Zeugnis Literatur. 20 Werke wieder gelesen, Göttingen 2018, S. 211–222.

95 Klemperer: Tagebücher 1942–1945, S. 724, 727 (v. April 1945).

96 Ebd., S. 758 (v. 28. 4. 1945), 761 (v. 1. 5. 1945), 768 (v. 5. 5. 1945).

97 Ebd., S. 762 (v. 2. 5. 1945).

98 Vgl. weitere Beispiele in Hermann Glaser: 1945. Ein Lesebuch, Frankfurt/M. 1995, S. 62 f.

99 Kardorff: Berliner Aufzeichnungen 1942–1945, S. 317 (v. 28. 4. 1945).

3. Mai 1945

1 Tagesniederschrift v. 3. 5. 1945; Schramm (Hrsg.): Die Niederlage 1945, S. 423. Vgl. Lüdde-Neurath: Regierung Dönitz, S. 64; KTB-OKW, Bd. IV,2, S. 1471: Der Befehl an den Kampfkommandanten Schleswig, alle verfügbaren Kräfte sofort an den Kaiser-Wilhelm-Kanal zu verlegen, erging um 11.20 Uhr. Auf Nachfrage wurde allerdings festgestellt, dass «schwere Waffen und zum Teil auch Handwaffen und Panzerkampfmittel nicht in ausreichendem Maße vorhanden» waren.

2 Vgl. René Küpper: Karl Hermann Frank (1896–1946). Politische Biographie eines sudetendeutschen Nationalsozialisten, München 2010, S. 129 ff., 268 ff.

3 Vgl. Walter Manoschek: «Serbien ist judenfrei». Militärische Besatzungspolitik und Judenvernichtung in Serbien 1941/42, München 1993, S. 12, 55 ff.

4 Vgl. Robert Bohn: Reichskommissariat Norwegen. «Nationalsozialistische Neuordnung» und Kriegswirtschaft, München 2000, S. 79 ff., 423 ff.

5 Vgl. Ulrich Herbert: Best. Biographische Studien über Radikalismus, Weltanschauung und Vernunft 1903–1989, Bonn 1996, S. 323–398.

6 Vgl. Johannes Koll: Arthur Seyß-Inquart und die deutsche Besatzungspolitik in den Niederlanden (1940–1945), Wien u. a. 2015, S. 37 ff., 69 ff, 321 ff, 383 ff., 411 ff.

7 Tagesniederschrift v. 3. 5. 1945; Schramm (Hrsg.): Die Niederlage 1945, S. 423 f.; vgl. Dönitz: Zehn Jahre und zwanzig Tage, S. 447; Lüdde-Neurath: Regierung Dönitz, S. 76 f.; Steinert: Die 23 Tage der Regierung Dönitz, S. 190 f.

8 Tagesniederschrift v.3. 5. 1945; Schramm (Hrsg.): Die Niederlage 1945, S. 424; vgl. Lüdde-Neurath: Regierung Dönitz, S. 78 f.; Steinert: Die 23 Tage der Regierung Dönitz, S. 179; Herbert: Best, S. 400.

9 Vgl. Koll: Seyß-Inquart und die deutsche Besatzungspolitik in den Niederlanden (1940–1945), S. 556–565.

10 Tagesniederschrift v. 3. 5. 1945; Schramm (Hrsg.): Die Niederlage 1945, S. 424 f.;

vgl. Lüdde-Neurath: Die Regierung Dönitz, S. 78; Steinert: Die 23 Tage der Regierung Dönitz, S. 176.

11 Vgl. Koll: Arthur Seyß-Inquart und die deutsche Besatzungspolitik in den Niederlanden (1940–1945), S. 572 f.

12 Dönitz: Zehn Jahre und zwanzig Tage, S. 448 f.; vgl. Tagesniederschrift v. 3. 5. 1945; Schramm (Hrsg.): Die Niederlage 1945, S. 425 f.; Lüdde-Neurath: Die Regierung Dönitz, S. 79 f.

13 Text der Speer-Rede v. 3. 5. 1945; abgedr. bei Breloer: Die Akte Speer, S. 322–325; vgl. Speer: Erinnerungen, S. 478, 497; Brechtken: Albert Speer, S. 290.

14 Faksimile der Bekanntmachung v. 3. 5. 1945; Ortwin Pelc in Zusammenarbeit mit Christiane Zwick (Hrsg.): Kriegsende in Hamburg. Eine Stadt erinnert sich, Hamburg 2005, S. 164.

15 Vgl. ebd., S. 18–20; Uwe Bahnsen/Kerstin von Stürmer: Die Stadt, die leben wollte. Hamburg und die Stunde Null, Hamburg 2004, S. 16–20.

16 Vgl. Frank Bajohr: Hamburgs «Führer». Zur Person und Tätigkeit des Hamburger NSDAP-Gauleiters Karl Kaufmann (1900–1969), in ders./Joachim Szodrzynski (Hrsg.): Hamburg in der NS-Zeit. Ergebnisse neuerer Forschungen, Hamburg 1995, S. 59–91.

17 Vgl. Ursula Büttner: «Gomorrha» und die Folgen. Der Bombenkrieg, in Forschungsstelle für Zeitgeschichte in Hamburg (Hrsg.): Hamburg im «Dritten Reich», Göttingen 2005, S. 613–632.

18 Joachim Szodrzynski: Die «Heimatfront» zwischen Stalingrad und Kriegsende, in ebd., S. 633–682 (hier S. 673).

19 Aufzeichnung Karl Kaufmanns: Die Kapitulation von Hamburg, Juni 1946; abgedr. bei Manfred Asendorf: 1945. Besiegt und befreit, Hamburg 1995, S. 19; vgl. Bahnsen/von Stürmer: Die Stadt, die leben wollte, S. 31 f.

20 Mathilde Wolff-Mönckeberg: Briefe, die sie nicht erreichten. Briefe einer Mutter an ihre fernen Kinder in den Jahren 1940–1946, Hamburg 1980, S. 151 (v. 20. 4. 1945).

21 Faksimile des Schreibens v. 29. 4. 1945 in Pelc (Hrsg.): Kriegsende in Hamburg, S. 94. Vgl. zur ersten Kontaktaufnahme mit den Briten ebd., S. 34–36; Bahnsen/von Stürmer: Die Stadt, die leben wollte, S. 73–84.

22 Lüdde-Neurath: Die Regierung Dönitz, S. 36 f., 129.

23 Bahnsen/von Stürmer: Die Stadt, die leben wollte, S. 92.

24 Faksimile des Aufrufs v. 2. 5. 1945 in Pelc (Hrsg.): Kriegsende in Hamburg, S. 46.

25 Zit. nach Szodrzynski: Die «Heimatfront» zwischen Stalingrad und Kriegsende, S. 677.

26 Vgl. Pelc (Hrsg.): Kriegsende in Hamburg, S. 41; Bahnsen/von Stürmer: Die Stadt, die leben wollte, S. 102 f.

27 Gauleiter Karl Kaufmann spricht zu den Hamburgern, Reichssender Hamburg v. 3. 5. 1945 (3.59 Minuten); NDR-Mediathek.

28 Wolff-Mönckeberg: Briefe, die sie nicht erreichten, S. 160 (v. 6. 5. 1945).

29 Vgl. Bajohr: Hamburgs «Führer», S. 59–61.

30 Vgl. Pelc (Hrsg.): Kriegsende in Hamburg, S. 41 f.; Bahnsen/von Stürmer: Die Stadt, die leben wollte, S. 104–109.

31 Vgl. Pelc (Hrsg.): Kriegsende in Hamburg, S. 46 f.; Bahnsen/von Stürmer: Die Stadt, die leben wollte, S. 110 f.

32 Wolff-Mönckeberg: Briefe, die sie nicht erreichten, S. 161 (v. 6. 5. 1945).

33 Hans-Ulrich Wagner: Radio Hamburg: Der erste Sender nach dem Zweiten Weltkrieg; NDR-Mediathek, 21. 1. 2014.

34 Ralph Giordano: Erinnerungen eines Davongekommenen. Die Autobiographie, Köln 2007, S. 244.

35 Vgl. Bajohr: Hamburgs «Führer», S. 84.

36 Vgl. Günther Schwarberg: Angriffsziel Cap Arcona, Göttingen 1998, S. 42–47; Bahnsen/von Stürmer: Die Stadt, die leben wollte, S. 118.

37 Vgl. Wachsmann: KL, S. 667.

38 Vgl. Detlef Garbe: Eine Stadt und ihr KZ. Die Hansestadt Hamburg und ihr Konzentrationslager Neuengamme, in: Jahrbuch Zeitgeschichte in Hamburg 2018, Hamburg 2019, S. 12–31 (hier S. 26–28). Zu Neuengamme vgl. Hermann Kaienburg: Das Konzentrationslager Neuengamme 1938–1945, Bonn 1997.

39 Diese These vertritt Wilhelm Lange: Cap Arcona. Das tragische Ende einiger Konzentrationslager-Evakuierungen im Raum der Stadt Neustadt in Holstein, Eutin-Neustadt 2005; vgl. auch ders.: Neueste Erkenntnisse zur Bombardierung der KZ-Schiffe in der Neustädter Bucht am 3. Mai 1945: Vorgeschichte, Verlauf, Verantwortlichkeiten, in Detlef Garbe/Carmen Lange (Hrsg.): Häftlinge zwischen Befreiung und Vernichtung. Die Auflösung des KZ Neuengamme und seiner Außenlager durch die SS im Frühjahr 1945, Bremen 2005, S. 217–229 (hier S. 226).

40 Vgl. Schwarberg: Angriffsziel Cap Arcona, S. 56 f.; Rudi Goguel: «Cap Arcona». Report über den Untergang der Häftlingsflotte in der Lübecker Bucht am 3. Mai 1945, Frankfurt/M. 1972, S. 26 f.

41 Goguel: «Cap Arcona», S. 29 f.

42 Vgl. Lange: Neueste Erkenntnisse zur Bombardierung der KZ-Schiffe in der Neustädter Bucht, S. 225.

43 Erwin Geschonneck: Der Untergang der «Cap Arcona», in Trampe (Hrsg.): Die Stunde Null, S. 128–133 (hier S. 130 f.). Vgl. Schwarberg: Angriffsziel Cap Arcona, S. 86 f.

44 Geschonneck: Der Untergang der «Cap Arcona», in Trampe (Hrsg.): Die Stunde Null, S. 131–133. Vgl. Garbe: Eine Stadt und ihr KZ, S. 29; Schwarberg: Angriffsziel Cap Arcona, S. 89 ff.

45 Anonyma: Eine Frau in Berlin, S. 137 (v. 3. 5. 1945), 73 (v. 1. 5. 1945).

46 Vgl. ausführlich zur Textgeschichte Yuliya von Saal: Anonyma. «Eine Frau in Berlin». Geschichte eines Bestsellers, in Vierteljahrshefte für Zeitgeschichte, Jg. 67 (2019), S. 343–376 (hier S. 344, 351–359).

47 Vgl. Jens Bisky: Wenn Jungen Weltgeschichte spielen, haben Mädchen stumme Rollen. Wer war die Anonyma in Berlin? Fragen, Fakten und Fiktionen – Anmerkungen zu einem großen Bucherfolg dieses Sommers, in Süddeutsche Zeitung v.

24. 9. 2003; Matthias Sträßner: «Erzähl mir vom Krieg!» Ruth Andreas-Friedrich, Ursula von Kardorff, Margret Boveri und Anonyma: Wie vier Journalistinnen ihre Berliner Tagebücher schrieben, Würzburg 2014, S. 153–188 (hier S. 173).

48 Anonyma: Eine Frau in Berlin, S. 187 (v. 11. 5. 1945).

49 Vgl. Volker Ullrich: Authentisch? Vielleicht, vielleicht auch nicht. Wie der Versuch scheiterte, Einblick in das Original-Tagebuch der «Anonyma» aus dem Jahr 1945 zu nehmen, in DIE ZEIT v. 9. 10. 2003; Götz Aly: Ein Fall für Historiker. Offene Fragen um das Buch «Eine Frau in Berlin», in Süddeutsche Zeitung v. 18./19. 10. 2003.

50 Vgl. Volker Ullrich: Die Zweifel bleiben. Walter Kempowskis Gutachten zum Buch der Anonyma, in DIE ZEIT v. 22. 1. 2004; Gustav Seibt: Kieselsteine zählen. Walter Kempowskis Gutachten zum Tagebuch der Anonyma, in Süddeutsche Zeitung v. 21. 1. 2004.

51 Yuliya von Saal: Anonyma: «Eine Frau in Berlin», S. 368–376; vgl. Volker Ullrich: Was von der Anonyma bleibt. Zweifel an den Tagebüchern der Marta Hillers gab es immer. In Teilen haben sie sich nun bestätigt, in DIE ZEIT v. 4. 7. 2019. Ähnliches gilt im Übrigen auch für die «Berliner Aufzeichnungen» Ursula von Kardorffs und Karla Höckers; vgl. Volker Ullrich: Geschönt und darum nicht mehr authentisch, in DIE ZEIT v. 3. 7. 1992; Hoffmann: Besiegte, Besatzer, Beobachter. Das Kriegsende im Tagebuch, in Fulda u. a. (Hrsg.): Demokratie im Schatten der Gewalt, S. 31–33.

52 Vgl. Yuliya von Saal: Anonyma: «Eine Frau in Berlin», S. 376.

53 Anonyma: «Eine Frau in Berlin», S. 74 (v. 1. 5. 1945).

54 Ebd., S. 75 (v. 1. 5. 1945).

55 Ebd., S. 130 f. (v. 3. 5. 1945).

56 Ebd., S. 89 (v. 29. 4. 1945, zurückblickend)

57 Ebd., S. 51 (v. 26. 4. 1945).

58 Ebd., S. 87 (v. 29. 4. 1945, (zurückblickend)

59 Erich Kuby: Die Russen in Berlin 1945, Rastatt 1965, S. 313. Vgl. den Bericht des Militärstaatsanwalts der 1. Belorussischen Front an den Militärrat der Front, 2. 5. 1945: «Die Fälle von ziellosen und (unbegründeten) Erschießungen der Deutschen, von Marodieren und Vergewaltigungen deutscher Frauen haben wesentlich abgenommen, wenngleich auch nach Ausgaben der Direktiven des Hauptquartiers des Oberkommandos und des Militärrates der Front noch eine Reihe solcher Fälle festgestellt wurden.» Scherstjanoi (Hrsg.): Rotarmisten schreiben aus Deutschland, S. 166.

60 Vgl. Naimark: Die Russen in Deutschland, S. 100 f.

61 Andreas-Friedrich: Schauplatz Berlin, S. 189 f. (v. 6. 5. 1945). Vgl. zu den Vergewaltigungen als Stadtgespräch in Berlin Jens Bisky: Berlin. Biographie einer großen Stadt, Berlin 2019, S. 636 f.

62 Beide Zitate in Naimark: Die Russen in Deutschland, S. 102.

63 Kuby: Die Russen in Berlin 1945, S. 317.

64 Loewe: Der Kampf um Berlin, in Trampe (Hrsg.): Die Stunde Null, S. 51.

65 Berliner Schulaufsätze aus dem Jahr 1946, S. 90.

66 Vgl. Ingrid Schmidt-Harzbach: Eine Woche im April. Berlin 1945. Vergewaltigung als Massenschicksal, in Helke Sander/Barbara John (Hrsg.): BeFreier und Befreite. Krieg, Vergewaltigungen, Kinder, München 1992, S. 25–27, 40 f.

67 Boveri: Tage des Überlebens, S. 119 (v.6. 5. 1945).

68 Vgl. Naimark: Die Russen in Deutschland, S. 169 f.

69 Vgl. ebd., S. 108–125.

70 Bertolt Brecht: Arbeitsjournal 1941–1955, Bd. 2, Frankfurt/M. 1973, S. 850.

71 Vgl. Naimark: Die Russen in Deutschland, S. 170 f.

72 Vgl. Miriam Gebhardt: Als die Soldaten kamen. Die Vergewaltigung deutscher Frauen am Ende des Zweiten Weltkriegs, München 2015. Die Autorin kommt aufgrund ihrer Schätzungen (S. 32–38) zu dem Resultat, dass von insgesamt rund 860 000 Vergewaltigungsopfern zwischen 1944 und 1955 auszugehen sei, wobei 190 000 auf das amerikanische, 50 000 auf das französische und 45 000 auf das britische Konto gingen. Die geschätzte Anzahl der sowjetischen Vergewaltigungsopfer würde demnach dramatisch reduziert, während die der Westalliierten sich stark erhöhte. Zur Problematik der Berechnungen vgl. Klaus-Dieter Henke: Rechenfehler und Ungereimtheiten, in Frankfurter Allgemeine Zeitung v. 18. 5. 2015.

73 Vgl. Taylor: Zwischen Krieg und Frieden, S. 200–203; Thomas Faltin: Drei furchtbare Tage, in Stuttgarter Zeitung v. 18. 4. 2015.

74 Vgl. die Fallstudie von Herfried Münkler: Machtzerfall. Die letzten Tage des Dritten Reiches, dargestellt am Beispiel der hessischen Kreisstadt Friedberg, Berlin 1985, S. 238 f. Auf der Fahrt nach Augsburg Anfang Mai 1945 machte der amerikanische Leutnant Melvin L. Lasky, später Herausgeber der Zeitschrift «Der Monat», folgende Beobachtung: «Auf der Straße deutsche Mädchen, die Zigaretten offensichtlich amerikanischer Herkunft rauchten. Der Fahrer grinste wissend: ‹Ein Päckchen, eine Nummer …›.» Melvin L. Lasky: Und alles war still. Deutsches Tagebuch 1945, Berlin 2014, S. 208 (v. 4. 5. 1945). Der Münchner Kardinal Michael Faulhaber empörte sich am 7. Mai 1945: «Das Verhalten mancher Frauen und Mädchen ist schandvoll. Lassen sich Chokolade schenken.» https://www.faulhabert-edition.de/dokument html?idno=092651945–05–07T01&-collid=1945#1945–05–07.

75 Marschall Montgomery: Memoiren, München 1958, S. 376.

76 Vgl. Lüdde-Neurath: Regierung Dönitz, S. 65.

77 Montgomery: Memoiren, S. 376.

78 Ebd., S. 377 f.

79 Vgl. ebd., S. 378 f.; Lüdde-Neurath: Regierung Dönitz, S. 138.

4. Mai 1945

1 Tagesniederschrift v. 4. 5. 1945; Schramm (Hrsg.): Die Niederlage 1945, S. 426.

2 KTB-OKW, Bd. IV,2, S. 1472 (v. 4. 5. 1945).

3 Vgl. Dönitz: Zehn Jahre und zwanzig Tage, S. 449 f.; Lüdde-Neurath: Regierung Dönitz, S. 65.

4 Vgl. Dönitz: Zehn Jahre und zwanzig Tage, S. 450 f.; Lüdde-Neurath: Regierung Dönitz, S. 66 f.; Steinert: Die 23 Tage der Regierung Dönitz, S. 184 f.

5 Tagesniederschrift v. 4. 5. 1945; Schramm (Hrsg.): Die Niederlage 1945, S. 426 f.

6 Montgomery: Memoiren, S. 380.

7 Ebd., S. 380 f. Faksimile der englischen Kapitulationsurkunde in Lüdde-Neurath: Regierung Dönitz, S. 139. Deutsche Übersetzung ebd., S. 138, auch in KTB-OKW, Bd. IV,2, S. 1670 f.

8 KTB-OKW, Bd. IV,2, S. 1278 (v. 5. 5. 1945).

9 Vgl. Herbert: Best, S. 408, 429–434.

10 Vgl. KTB-OKW, Bd. IV, 2, S. 1674 f.; Kesselring: Soldat bis zum letzten Tag, S. 420 f.; Hansen: Das Ende des Dritten Reiches, S. 134 f.; Henke: Die amerikanische Besetzung Deutschlands, S. 936 f.

11 Henke: Die amerikanische Besetzung Deutschlands, S. 679–683 (Zitate S. 682 f.). Eine Einwohnerin des Dorfes Klietznick unweit der Elbe notierte am 4. Mai 1945: «Soldaten rollen weiter hier durch. Dabei nehmen sie noch mit, was ihnen für ihre Flucht über die Elbe zu den Amerikanern als Fortbewegungsmittel nützlich dünkt. Flöße werden gebaut, wozu Wände und Tore von Scheunen Verwendung finden. Ohne Rücksicht, rette sich, wer kann.» Tagebuch Ruth Bodensiecks v. 4. 5. 1945; https://www.volksstimme.de/nachrichten/lokal/genthin/1472 844 Auf-dem-Weinberg-wird-die-weisse-Fahne-gehisst.html.

12 Vgl. Albert A. Feiber: Der lange Schatten Adolf Hitlers. Der Obersalzberg 1945–2005, in Volker Dahm/Albert A. Feiber/Hartmut Mehringer/Horst Möller (Hrsg.): Die tödliche Utopie. Bilder, Texte, Dokumente. Daten zum Dritten Reich, 6. Aufl., Berlin 2011, S. 672; Florian M. Beierl: Hitlers Berg. Licht ins Dunkel der Geschichte. Geschichte des Obersalzbergs und seiner geheimen Bunkeranlagen, 4. Aufl., Berchtesgaden 2015, S. 142.

13 Vgl. Ulrich Chaussy: Nachbar Hitler. Führerkult und Heimatzerstörung am Obersalzberg, Berlin 1995, S. 163; Beierl: Hitlers Berg, S. 142; Feiber: Der lange Schatten Adolf Hitlers, S. 672. Zu Jean Gabin vgl. Karin Wieland: Dietrich & Riefenstahl. Der Traum von der neuen Frau, München 2011, S. 411.

14 Vgl. auch zum Folgenden Volker Ullrich: Adolf Hitler. Biographie, Bd. 1: Die Jahre des Aufstiegs 1889–1939, Frankfurt/M. 2013, S. 673–704; ders.: Adolf Hitler, Bd. 2, S. 484–499; Heike Görtemaker: Hitlers Hofstaat. Der innere Kreis im Dritten Reich und danach, München 2019, S. 156 ff.

15 Vgl. Henke: Die amerikanische Besetzung Deutschlands, S. 937–943; Hellmut Schöner (Hrsg.): Die verhinderte Alpenfestung. Das Ende des Zweiten Weltkriegs im Raum Berchtesgaden-Bad Reichenhall-Salzburg, Berchtesgaden 1996, S. 5–75; Dwight D. Eisenhower: Kreuzzug in Europa, Amsterdam 1948, S. 457 f.

16 Christa Schroeder: Er war mein Chef. Aus dem Nachlass der Sekretärin von Adolf Hitler, 3. Aufl., München 1985, S. 212.

17 Vgl. Beierl: Hitlers Berg, S. 123–129; Feiber: Der lange Schatten Adolf Hitlers, S. 663. Vgl. Karl Koller: Der letzte Monat. 14. April bis 27. Mai 1945. Tagebuchaufzeichnungen des ehemaligen Chefs des Generalstabs der deutschen Luftwaffe, Esslingen-München 1985, S. 85 (v. 25. 4. 1945): «Nach Angaben von Frank

(SS-Obersturmbannführer, Kommandant auf dem Obersalzberg – V. U.) sieht der Obersalzberg wie eine Mondlandschaft aus. Haus Göring fast völlig weg. Führerbau zur Hälfte, auch Haus Bormann zerstört.»

18 Schroeder: Er war mein Chef, S. 213.

19 Josef Geiß: Obersalzberg. Die Geschichte eines Berges von Judith Platter bis heute, 20. Aufl., Berchtesgaden 2016, S. 158. Vgl. Feiber: Der lange Schatten Adolf Hitlers, S. 676 f.; Chaussy: Nachbar Hitler, S. 162.

20 Vgl. Schroeder: Er war mein Chef, S. 214–216.

21 Vgl. Lee Miller: Krieg. Mit den Alliierten in Europa 1944–1945. Reportagen und Fotos. Hrsg. von Antony Penrose, Berlin 2013, S. 229–233 (mit dem Foto auf S. 232). Vgl. Elisabeth Bronfen/Daniel Kampa (Hrsg.): Eine Amerikanerin in Hitlers Badewanne. Drei Frauen berichten über den Krieg: Margaret Bourke-White, Lee Miller und Martha Gellhorn, Hamburg 2015, S. 132, 297 f.

22 Miller: Krieg, S. 246.

23 Ebd., S. 247 f.

24 Vgl. Klaus Mann: Tagebücher 1944 bis 1949. Hrsg. von Joachim Heimannsberg, Peter Laemmle und Wilfried F. Schoeller, München 1991, S. 82 (v. 8. 5. 1945).

25 Klaus Mann: Hitler ist tot, in ders.: Auf verlorenem Posten. Aufsätze, Reden, Kritiken 1942–1949. Hrsg. von Uwe Naumann und Michael Töteberg, Reinbek bei Hamburg 1994, S. 211–215. Vgl. zum Vorstehenden Uwe Naumann (Hrsg.): «Ruhe gibt es nicht bis zum Schluss.» Klaus Mann (1906–1949). Bilder und Dokumente, Reinbek bei Hamburg 1999, S. 272–294.

26 Klaus Mann an Thomas Mann, 16. 5. 1945, in Klaus Mann: Der Wendepunkt. Ein Lebensbericht, Frankfurt/M. 1963, S. 429.

27 Vgl. Feiber: Der lange Schatten Adolf Hitlers, S. 679 f., 699 f. (Zitat S. 680); Chaussy: Nachbar Hitler, S. 167, 171–174.

28 Anneliese Poppinga: Meine Erinnerungen an Konrad Adenauer, Stuttgart 1970, S. 253.

29 Vgl. Hans-Peter Schwarz: Adenauer, Bd. 1: Der Aufstieg 1876–1952, München 1994, S. 343–424, sowie die umfangreiche Dokumentensammlung von Hans Peter Mensing (Bearb.): Adenauer im Dritten Reich, Berlin 1991.

30 Vgl. Schwarz: Adenauer, Bd. 1, S. 428–434. Zur Ermordung Oppenhoffs vgl. Taylor: Zwischen Krieg und Frieden, S. 73–75, 79–87.

31 Konrad Adenauer: Erinnerungen 1945–1953, Stuttgart 1965, S. 21. Vgl. auch den eindrucksvollen Bericht über das zerstörte Köln von Stephen Spender: Deutschland in Ruinen. Ein Bericht, Heidelberg 1995, S. 36–39. Dort auch S. 71–73 ein Porträt Adenauers: «Er wirkt erstaunlich jung und hat das ruhige selbstgewisse Auftreten eines erfolgreichen und höflichen Mannes.» (S. 71)

32 Konrad Adenauer an Hans Rörig, 5. 7. 1945; zit. nach Schwarz: Adenauer, Bd. 1, S. 447.

33 Vgl. ebd., S. 430, 442–444, 472.

34 Adenauer: Erinnerungen 1945–1953, S. 34–37; vgl. Schwarz: Adenauer, Bd. 1, S. 469–471.

35 Schwarz: Adenauer, Bd. 1, S. 477.

36 Jacob Kronika: Der Untergang Berlins, Flensburg–Hamburg 1946, S. 188 (v. 4. 5. 1945). Vgl. Findahl: Letzter Akt – Berlin, S. 184 (v. 3. 5. 1945): «Die Russen lehnen es fortgesetzt ab, die deutschen Leichen anzurühren, beschäftigen sich aber um so sorgfältiger mit ihren eigenen Toten, die ordentliche Gräber mit roten Sternen und anderen Auszeichnungen, Blumen und großen Namenstafeln, bekommen.»

37 Vgl. die Erinnerungen von Hans Mahle in Krauss/Küchenmeister (Hrsg.): Das Jahr 1945, S. 65–77 (hier S. 70); Kronika: Der Untergang Berlins, S. 200 (v. 10. 5. 1945).

38 Höcker: Die letzten und die ersten Tage, S. 31 (v. 7. 5. 1945).

39 Boveri: Tage des Überlebens, S. 107 (v. 4. 5. 1945). Vgl. Felsmann u. a. (Hrsg.): Backfisch im Bombenkrieg, S. 272 (v. 6. 5. 1945): «Es ist schon eine Plagerei mit dem Wasserschleppen.»

40 Andreas-Friedrich: Schauplatz Berlin, S. 189 (v. 4. 5. 1945).

41 Kronika: Der Untergang Berlins, S. 189 (v. 4. 5. 1945).

42 Andreas-Friedrich: Schauplatz Berlin, S. 189 (v. 4. 5. 1945). Vgl. Boveri: Tage des Überlebens, S. 118 (v. 6. 5. 1945): «Die meisten Russen können noch nicht radeln, und es gibt also komische Fahrübungen auf den Straßen, wobei ein großer Teil der Räder ganz oder halb kaputt geht.»

43 Anonyma: Eine Frau in Berlin, S. 197 (v. 14. 5. 1945). Vgl. Findahl: Letzter Akt – Berlin, S. 194 (v. 11. 5. 1945): «Kaum sind die Russen aus einem Hause weggezogen, als auch schon Deutsche zur Stelle sind, um alles an sich zu raffen, was sie erwischen können.»

44 Ursula Büttner/Angelika Voß-Louis (Hrsg.): Neuanfang auf Trümmern. Die Tagebücher des Bremer Bürgermeisters Theodor Spitta 1945–1947, München 1992, S. 100 (v. 2. 5. 1945). Vgl. ebd., S. 140 (v. 27. 5. 1945): «Das Gefühl für Mein und Dein völlig geschwunden.»

45 Findahl: Letzter Akt – Berlin, S. 187 (v. 6. 5. 1945).

46 Höcker: Die letzten und die ersten Tage, S. 29 (v. 4. 5. 1945).

47 Erik Reger: Zeit des Übelebens. Tagebuch April bis Juni 1945, Berlin 2014, S. 76 (v. 2. 5. 1945), 102 (v. 20. 5. 1945).

48 Boveri: Tage des Überlebens, S. 117 (v. 6. 5. 1945). Vgl. Höcker: Die letzten und die ersten Tage, S. 26 (v. 3. 5. 1945): «Sachlich gesehen, wissen wir noch immer nicht, was los ist. Wo ist Goebbels geblieben, wo Göring? Von wo aus ‹befiehlt› Dönitz? Wer hat eigentlich in Berlin kapituliert? Wir erfahren gar nichts.»

49 Fritz Klein: Drinnen und draußen. Ein Historiker in der DDR. Erinnerungen, Frankfurt/M. 2000, S. 97.

50 Anonyma: Eine Frau in Berlin, S. 125 (v. 2. 5. 1945).

51 Andreas-Friedrich: Schauplatz Berlin, S. 188 (v. 2. 5. 1945).

52 Höcker: Die letzten und die ersten Tage, S. 32 f. (v. 15. 5. 1945), 36 f. (v. 17. 5. 1945), 40 (v. 8. 6. 1945), 41 (v. 28. 6. 1945). Vgl. Boveri: Tage des Überlebens, S. 135 (v. 12. 5. 1945): «Es ist erstaunlich, wie schnell alles in Gang kommt (…) In Friedenau gibt es in manchen Straßen schon wieder Wasser und Licht; vier Straßenbahnen sollen auf Teilstrecken wieder gehen (…).»

53 Taschenkalender Helmut Schmidts v. 3. 5. 1945; zit. nach Hartmut Soell: Helmut Schmidt 1918–1969. Vernunft und Leidenschaft, München 2003, S. 166.

54 Helmut Schmidt u. a.: Kindheit und Jugend unter Hitler, Berlin 1992, S. 214.

55 Ebd., S. 219.

56 Sabine Pamperrien: Helmut Schmidt und der Scheißkrieg. Die Biographie 1918–1945, München–Zürich 2014, S. 247 f.; vgl. ebd., S. 161, 221, 261.

57 Schmidt u. a.: Kindheit und Jugend unter Hitler, S. 221.

58 Vgl. Jörg Ganzenmüller: Das belagerte Leningrad 1941–1944, 2. Aufl., Paderborn 2007, S. 32 ff., 64 ff.

59 Soell: Helmut Schmidt 1918–1969, S. 105; vgl. Pamperrien: Helmut Schmidt und der Scheißkrieg, S. 219.

60 Helmut Schmidt/Fritz Stern: Unser Jahrhundert. Ein Gespräch, München 2010, S. 79.

61 Vgl. Soell: Helmut Schmidt 1918–1969, S. 152–159; Pamperrien: Helmut Schmidt und der Scheißkrieg, S. 259–267.

62 Vgl. Soell: Helmut Schmidt 1918–1969, S. 159 f., 166.

63 Vgl. das Protokoll des Rundgesprächs u. a. mit dem Ausstellungsmacher Hannes Heer: «Wir hatten geglaubt, wir könnten anständig bleiben», in DIE ZEIT v. 3. 3. 1995.

64 Taschenkalender v. 1. 7. 1945; Soell: Helmut Schmidt 1918–1969, S. 163.

65 Schmidt u. a.: Kindheit und Jugend unter Hitler, S. 234.

66 Taschenkalender v. 12. 5. 1945; Soell: Helmut Schmidt 1918–1969, S. 161.

67 Vgl. auch zum Folgenden Rüdiger Overmans: «Ein untergeordneter Eintrag im Leidensbuch der jüngeren Geschichte»? Die Rheinwiesenlager 1945, in Volksmann (Hrsg.): Ende des Dritten Reiches, Ende des Zweiten Weltkriegs, S. 259–291; ders.: Das Schicksal der deutschen Kriegsgefangenen des Zweiten Weltkriegs, in Militärgeschichtliches Forschungsamt (Hrsg.): Das Deutsche Reich und der Zweite Weltkrieg, Bd. 10/2, München 2008, S. 417–421; Lowe: Der wilde Kontinent, S. 149–152. Zum Lager Remagen vgl. Winfried Becker: Die Brücke und die Gefangenenlager von Remagen. Über die Interdependenz eines Massenschicksals im Jahre 1945, in ders. (Hrsg.): Die Kapitulation von 1945 und der Neubeginn in Deutschland, Köln–Wien 1987, S. 44–71.

68 Hansheinrich Thomas/Hans Hofmeister: Das war Wickrathberg. Erinnerungen aus den Kriegsgefangenenlagern des Rheinlands, Minden 1950, S. 15; zit. nach Overmans: Die Rheinwiesenlager 1945, S. 264.

69 Marzell Oberneder: Wir waren in Kreuznach. Eindrücke und Bilder aus den Kriegsgefangenenlagern Kreuznach und St. Avold, Straubing 1954, S. 102; zit. nach Overmans: Das Schicksal der deutschen Kriegsgefangenen, S. 420.

70 Fritz von Hellweg: Rheinwiesen 1945, Wuppertal 1951, S. 81; zit. nach Overmans: Die Rheinwiesenlager 1945, S. 272.

71 Vgl. James Bacque: Der geplante Tod. Deutsche Kriegsgefangene in amerikanischen und französischen Lagern 1945–1946. Erweiterte Ausgabe, Frankfurt/M.–Berlin 1994.

72 Vgl. Arthur L. Smith: Die «vermißte Million». Zum Schicksal deutscher Kriegs-

gefangener nach dem Zweiten Weltkrieg, München 1992, S. 86. Für das Lager Remagen, das bis Ende April 1945 169 036 Gefangene aufnahm, wird die Zahl der Toten auf rund 1200 geschätzt. Vgl. Becker: Die Brücke und die Gefangenenlager von Remagen, S. 56, 70.

73 Ulrich Herbert: Geschichte Deutschlands im 20. Jahrhundert, München 2014, S. 445.

74 Hans Frank: Im Angesicht des Galgens. Deutung Hitlers und seiner Zeit aufgrund eigener Erlebnisse und Erkenntnisse, München 1953, S. 428. Vgl. auch zum Folgenden Dieter Schenk: Hans Frank. Hitlers Kronjurist und Generalgouverneur, Frankfurt/M. 2006, hier S. 370 f.

75 Frank: Im Angesicht des Galgens, S. 39 f.; vgl. Schenk: Hans Frank, S. 48.

76 Ulrich von Hassell: Vom andern Deutschland. Aus den nachgelassenen Tagebüchern 1938–1944, Frankfurt/M. 1964, S. 99 (v. 25. 12. 1939).

77 Zit. nach Schenk, Hans Frank, S. 158.

78 Zit. nach ebd., S. 232 f.

79 Vgl. Stephan Lehnstaedt: Der Kern des Holocaust. Bełżec, Sobibór, Treblinka und die Aktion Reinhardt. München 2017.

80 Vgl. Schenk: Hans Frank, S. 243–253.

81 Vgl. ebd., S. 360–369.

82 Vgl. ebd., S. 372 f.

83 Kurt von Schuschnigg: Ein Requiem in Rot-Weiß-Rot, Zürich 1946, S. 503.

84 Vgl. Henke: Die amerikanische Besetzung Deutschlands, S. 875.

85 Vgl. ebd., S. 875; Benz/Distel (Hrsg.): Der Ort des Terrors, Bd. 2, S. 268 f., 353 f.; Hans Otto Eglau: Fritz Thyssen. Hitlers Gönner und Geisel, Berlin 2003, S. 259 f.; Christopher Kopper: Hjalmar Schacht. Aufstieg und Fall von Hitlers mächtigstem Bankier, München–Wien 2006, S. 353.

86 Hermann Pünder: Von Preußen nach Europa. Lebenserinnerungen, Stuttgart 1968, S. 175.

87 Vgl. Benz/Distel (Hrsg.): Der Ort des Terrors, Bd. 2, S. 353 f.

88 Isa Vermehren: Reise durch den letzten Akt. Ein Bericht (10. 2. 44 bis 29. 6. 45), Hamburg 1948, S. 181 f.

89 Pünder: Von Preußen nach Europa, S. 176.

90 Vgl. Vermehren: Reise durch den letzten Akt, S. 187.

91 Vgl. ebd., S. 187–189; Eglau: Fritz Thyssen, S. 261 f.

92 Vermehren: Reise durch den letzten Akt, S. 205.

93 Ebd., S. 230.

5. Mai 1945

1 Tagesniederschrift v. 5. 5. 1945; Schramm (Hrsg.): Die Niederlage 1945, S. 429.

2 Vgl. Lüdde-Neurath: Regierung Dönitz, S. 83 f.; Hansen: Das Ende des Dritten Reiches, S. 167 f. Zur Bildung der «Geschäftsführenden Reichsregierung» vgl. auch Steinert: Die 23 Tage der Regierung Dönitz, S. 142–159.

3 Vgl. Eckart Conze/Norbert Frei/Peter Hayes/Moshe Zimmermann: Das Amt und die Vergangenheit. Deutsche Diplomaten im Dritten Reich und in der Bundesrepublik, München 2010, S. 153 f.

4 Vgl. Hans-Christian Jasch: Staatssekretär Wilhelm Stuckart und die Judenpolitik. Der Mythos von der sauberen Verwaltung, München 2012.

5 Zit. nach Ullrich: Adolf Hitler, Bd. 2, S. 672.

6 Vgl. Götz Aly/Susanne Heim: Vordenker der Vernichtung. Auschwitz und die deutschen Pläne für eine neue europäische Ordnung, Hamburg 1991, S. 366–374; Joachim Lehmann: Herbert Backe – Technokrat und Agrarideologe, in Ronald Smelser/Enrico Syring/Rainer Zitelmann (Hrsg.): Die braune Elite II. 21 weitere biographische Skizzen, Darmstadt 1993, S. 1–12.

7 Vgl. Wigbert Benz: Hans-Joachim Riecke. NS-Staatssekretär. Vom Hungerplaner vor, zum «Welternährer» nach 1945, Berlin 2014.

8 Heiner Lichtenstein: Mit der Reichsbahn in den Tod. Massentransporte in den Holocaust 1941 bis 1945, Köln 1985, S. 48 (Faksimile des Schreibens nach S. 32). Vgl. Alfred Gottwaldt: Dorpmüllers Reichsbahn. Die Ära des Reichsverkehrsministers Julius Dorpmüller 1920–1945, Freiburg 2009.

9 Vgl. Alexander Nützenadel (Hrsg.): Das Reichsarbeitsministerium im Nationalsozialismus. Verwaltung-Politik-Verbrechen, Göttingen 2017.

10 Vgl. Sereny: Albert Speer, S. 632; Brechtken: Albert Speer, S. 289.

11 Vgl. Andrej Angrick: Besatzungspolitik und Massenmord. Die Einsatzgruppe D in der südlichen Sowjetunion 1941–1943, Hamburg 2003.

12 Vgl. Stephan Linck: ‹Festung Nord› und ‹Alpenfestung›. Das Ende des NS-Sicherheitsapparates, in Gerhard Paul/Klaus-Michael Mallmann (Hrsg.): Die Gestapo im Zweiten Weltkrieg. «Heimatfront» und besetztes Europa, Darmstadt 2000, S. 569–597 (hier S. 588).

13 Vgl. Stanislav Kokoška: Prag im Mai 1945. Die Geschichte eines Aufstands, Göttingen 2009, S. 153; Rudolf Ströbinger: Poker um Prag. Die frühen Folgen von Jalta, Zürich–Osnabrück 1985, S. 62.

14 Küpper: Karl Hermann Frank, S. 376–380 (Zitat, S. 380). Vgl. Kokoška: Prag im Mai 1945, S. 95–97.

15 Küpper: Karl Hermann Frank, S. 381; vgl. Kokoška: Prag im Mai 1945, S. 144.

16 Tagesniederschrift v. 3. 5. 1945; Schramm (Hrsg.): Die Niederlage 1945, S. 423; vgl. oben S. 96.

17 Kokoška: Prag im Mai 1945, S. 153–159 (Zitat S. 153); vgl. Ströbinger: Poker um Prag, S. 62 f.

18 Kokoška: Prag im Mai 1945, S. 169.

19 Vgl. ebd., S. 188 192.

20 Ströbinger: Poker um Prag, S. 67.

21 Ebd., S. 68; vgl. Kokoška: Prag im Mai 1945, S. 195–200.

22 Tagesniederschrift v. 6. 5. 1945; Schramm (Hrsg.): Die Niederlage 1945, S. 431.

23 Roland Kaltenegger: Schörner. Feldmarschall der letzten Stunde. Biographie, München–Berlin 1994, S. 297.

24 Vgl. Ströbinger: Poker um Prag, S. 79.

25 Kokoška: Prag im Mai 1945, S. 215.

26 Ebd., S. 232; vgl. Ströbinger: Poker um Prag, S. 75 f.

27 Vgl. Ströbinger: Poker um Prag, S. 81–83; Kokoška: Prag am Mai 1945, S. 287–293.

28 Vgl. Küpper: Karl Hermann Frank, S. 396–402.

29 Zit. nach Kokoška: Prag im Mai 1945, S. 297 f.

30 Vgl. Peter Steinkamp: Generalfeldmarschall Ferdinand Schörner, in Gerd R. Ueberschär (Hrsg.): Hitlers militärische Elite, Bd. 2: Vom Kriegsbeginn bis zum Weltkriegsende, Darmstadt 1998, S. 236–255 (hier S. 238).

31 Vgl. Ströbinger: Poker um Prag, S. 94 f.

32 Peter Demetz: Mein Prag. Erinnerungen 1939 bis 1945, Wien 2007, S. 373 f. Zum Schicksal der deutschen Bevölkerung Prags in den Tagen des Prager Aufstands und danach vgl. Dokumentation der Vertreibung der Deutschen aus Ost-Mitteleuropa. Hrsg. vom Bundesministerium für Vertriebene, Flüchtlinge und Kriegsbeschädigte, Bd. IV: Die Vertreibung der deutschen Bevölkerung aus der Tschechoslowakei, Teilbd. 1, Berlin 1957, S. 60–64, sowie die Erlebnisberichte in Teilbd. 2, S. 107–206; ferner Lowe: Der wilde Kontinent, S. 165–169.

33 Zit. nach Mathias Beer: Flucht und Vertreibung der Deutschen. Voraussetzungen, Verlauf, Folgen, München 2011, S. 80.

34 Vgl. R. M. Douglas: «Ordnungsgemäße Überführung». Die Vertreibung der Deutschen nach dem Zweiten Weltkrieg, München 2012, S. 124 f.

35 Vgl. Emilia Hrabovec: Vertreibung und Abschub. Deutsche in Mähren 1945–1947, Frankfurt/M. 1995, S. 96–101; Douglas: «Ordnungsgemäße Überführung», S. 129–131.

36 Hrabovec: Vertreibung und Abschub, S. 115 f. (Zitate S. 116).

37 Zit. nach Ulrich Herbert: Fremdarbeiter. Politik und Praxis des «Ausländer-Einsatzes» in der Kriegswirtschaft des Dritten Reiches, Berlin–Bonn 1985, S. 341.

38 Zit. nach Wolfgang Jacobmeyer: Vom Zwangsarbeiter zum heimatlosen Ausländer. Die Displaced Persons in Westdeutschland 1945–1951, Göttingen 1985, S. 16.

39 Vgl. ebd., S. 42.

40 Vgl. Ulrich Herbert: Geschichte der Ausländerpolitik in Deutschland. Saisonarbeiter, Zwangsarbeiter, Gastarbeiter, Flüchtlinge, München 2001, S. 146 f.

41 Vgl. Herbert: Fremdarbeiter, S. 154–157.

42 Vgl. ebd., S. 336–340; Andreas Heusler: Die Eskalation des Terrors. Gewalt gegen ausländische Zwangsarbeiter in der Endphase des Zweiten Weltkrieges, in Cord Arendes/Edgar Wolfrum/Jörg Zedler (Hrsg.): Terror nach innen. Verbrechen am Ende des Zweiten Weltkrieges, Göttingen 2006, S. 172–182.

43 Zit. nach Herbert: Fremdarbeiter, S. 342. Vgl. zu den Racheaktionen der Zwangsarbeiter Lowe: Der wilde Kontinent, S. 129–134.

44 Zit. nach Jacobmeyer: Vom Zwangsarbeiter zum heimatlosen Ausländer, S. 39.

45 Zit. nach ebd., S. 47. Vgl. auch die Aufzeichnungen eines Schulleiters aus Mellendorf bei Hannover: «Die Gefangenen aus allen Völkern Europas, die in so großer Zahl ins Land geholt wurden, sind jetzt zu einer furchtbaren Gefahr geworden.

Sie terrorisieren deutsches Land und Volk und fühlen sich als Herren (…) Sie rauben und plündern alle Tage, und da sie Waffen haben, können wir uns nicht wehren und müssen verbissen zusehen, wie sie Tag für Tag ihr schändliches Treiben fortsetzen.» Mellendorfer Kriegstagebuch. Aufgezeichnet von Ewald Niedermeyer, Hannover 1996, S. 59 (v. 3. 5. 1945).

46 Werner Borgsen/Klaus Volland: Stalag X B Sandborstel. Zur Geschichte eines Kriegsgefangenen- und KZ-Auffanglagers in Norddeutschland 1939–1945, Bremen 1991, S. 218. Vgl. für Bremen die Tagebücher Theodor Spittas; Büttner/Voß-Louis (Hrsg.): Neuanfang auf Trümmern, S. 98 (v. 30. 4. 1945): «Das Plündern durch ausländische Arbeiter nimmt zu, straßenweise und systematisch.»

47 Vgl. Jacobmeyer: Vom Zwangsarbeiter zum heimatlosen Ausländer, S. 48–50; Herbert: Fremdarbeiter, S. 342–344; Michael Pegel: Fremdarbeiter, Displaced Persons, Heimatlose Ausländer. Konstanten eines Randgruppenschicksals nach 1945, Münster 1997, S. 76 f.

48 Zit. nach Jacobmeyer: Vom Zwangsarbeiter zum heimatlosen Ausländer, S. 37 f.

49 Findahl: Letzter Akt – Berlin, S. 185 (v. 3. 5. 1945). Vgl. auch Kronika: Der Untergang Berlins, S. 192 (v. 6. 5. 1945): «Lange Kolonnen von ausländischen Zwangsarbeitern ziehen durch die Tiergartenstraße. Sie wollen nach Hause! Der lange Fußmarsch schreckt sie nicht ab.»

50 Vgl. Bettina Greiner: Warten auf das wirkliche Leben, in ZEIT-Geschichte H. 1 (2015), S. 42–47. Zu den Beschlagnahmungen vgl. Ulrich Müller: Fremde in der Nachkriegszeit. Displaced Persons – zwangsverschleppte Personen – in Stuttgart und Württemberg-Baden 1945–1951, Stuttgart 1990, S. 19–39.

51 Vgl. Jacobmeyer: Vom Zwangsarbeiter zum heimatlosen Ausländer, S. 42–46; Herbert: Fremdarbeiter, S. 342.

52 Vgl. Jacobmeyer: Vom Zwangsarbeiter zum heimatlosen Ausländer, S. 82–84.

53 Vgl. Patrick Wagner: Displaced Persons in Hamburg. Stationen einer halbherzigen Integration 1945 bis 1958, Hamburg 1997, S. 21.

54 Jacobmeyer: Vom Zwangsarbeiter zum heimatlosen Ausländer, S. 126 f.

55 Zit. nach ebd., S. 132. Vgl. Bernd Bonwetsch: Sowjetische Zwangsarbeiter vor und nach 1945. Ein doppelter Leidensweg, in Jahrbücher für die Geschichte Osteuropas, Jg.41 (1993), S. 533–546 (hier S. 538 f.); Herbert: Fremdarbeiter, S. 344 f.; ders.: Geschichte der Ausländerpolitik in Deutschland, S. 182 f.

56 Zit. nach Jacobmeyer: Vom Zwangsarbeiter zum heimatlosen Ausländer, S. 134.

57 Vgl. Bonwetsch: Sowjetische Zwangsarbeiter vor und nach 1945, S. 540–543; Memorial Moskau/Heinrich Böll-Stiftung (Hrsg.): Für immer gezeichnet. Die Geschichte der Ostarbeiter in Briefen, Erinnerungen und Interviews, Berlin 2019.

58 Vgl. Edgar Wolfrum: Rot-Grün an der Macht. Deutschland 1998–2005, München 2013, S. 603–607.

59 Vgl. Angelika Königseder/Juliane Wetzel: Lebensmut im Wartesaal. Die jüdischen DPs (Displaced Persons) im Nachkriegsdeutschland, Frankfurt/M. 1994, S. 18–31, 35–37 (Zitat S. 37).

60 Zit. nach ebd., S. 41.

61 Ruth Klüger: weiter leben. Eine Jugend, München 2010, S. 196.

62 Königseder/Wetzel: Lebensmut im Wartesaal, S. 47. Zum Vorstehenden vgl. ebd., S. 47–53.
63 Vgl. ebd., S., 56 f., 148–154, 169–172.
64 Tom Segev: Simon Wiesenthal. Die Biographie, München 2010, S. 83. Vgl. Wolfgang Benz/Barbara Distel (Hrsg.): Der Ort des Terrors. Geschichte der nationalsozialistischen Konzentrationslager, Bd. 4, München 2006, S. 322 f.
65 Vgl. Segev: Simon Wiesenthal, S. 43–80.
66 Vgl. Benz/Distel (Hrsg.): Der Ort des Terrors, Bd. 4, S. 314 f., 324.
67 Segev: Simon Wiesenthal, S. 83.
68 Vgl. ebd., S. 85–95.
69 Vgl. ebd., S. 123–129, 213–219, 248–262.
70 Ebd., S. 21.

6. Mai 1945

1 Vgl. Tagesniederschrift v. 4. 5. 1945; Schramm (Hrsg.): Die Niederlage 1945, S. 427.
2 S. oben S. 81 f.
3 Dwight D. Eisenhower: Kreuzzug in Europa, Amsterdam 1948, S. 485.
4 Vgl. Henke: Die amerikanische Besetzung Deutschlands, S. 966.
5 Eisenhower: Kreuzzug in Europa, S. 469.
6 Vgl. Walter Bedell Smith: Eisenhower's Six Great Decisions, New York–London–Toronto 1956, S. 204 f.; Steinert: Die 23 Tage der Regierung Dönitz, S. 195 f.
7 Tagesniederschrift v. 6. 5. 1945; Schramm (Hrsg.): Die Niederlage 1945, S. 430 f.
8 Dönitz: Zehn Jahre und zwanzig Tage, S. 454.
9 Notizen Alfred Jodls über die Besprechung mit Walter Bedell Smith am 6. 5. 1945; KTB-OKW, Bd. IV,2, S. 1479–1481. Vgl. Bedell Smith: Eisenhower's Six Great Decisions, S. 205 f.; Eisenhower: Kreuzzug in Europa, S. 487 f.
10 KTB-OKW, Bd. IV,2, S. 1481 f.; Schramm (Hrsg): Die Niederlage 1945, S. 432 (v. 6. 5. 1945).
11 Vgl. Hansen: Das Ende des Dritten Reiches, S. 165. S. auch oben S. 32.
12 Rudolf Höß: Kommandant in Auschwitz. Autobiographische Aufzeichnungen. Hrsg. von Martin Broszat, 4. Aufl., München 1978, S. 148. Vgl. Wachsmann: KL, S. 672 f.
13 Vgl. Lüdde-Neurath: Regierung Dönitz, S. 90.
14 Zit. nach Hansen: Das Ende des Dritten Reiches, S. 165; vgl. Steinert: Die 23 Tage der Regierung Dönitz, S. 143.
15 Vgl. Hansen: Das Ende des Dritten Reiches, S. 165; Steinert: Die 23 Tage der Regierung Dönitz, S. 144; Michael Wildt: Generation des Unbedingten. Das Führungskorps des Reichssicherheitshauptamtes, Hamburg 2002, S. 733 f.
16 Tagesniederschrift v. 6. 5. 1945; Schramm (Hrsg.): Die Niederlage 1945, S. 431 f.
17 Vgl. Görlitz (Hrsg.): Generalfeldmarschall Keitel, S. 375. Am 7. 5. 1945 gab Keitel lapidar bekannt: «Sämtliche Aufgaben des Reichsführers SS sind erloschen.» Zit. nach John Zimmermann: Die Eroberung und Besetzung des Deutschen Reiches,

in Militärgeschichtliches Forschungsamt (Hrsg.): Das Deutsche Reich im Zweiten Weltkrieg, Bd. 10/1, München 2008, S. 481.

18 Lüdde-Neurath: Regierung Dönitz, S. 91.

19 Vgl. Peter Longerich: Heinrich Himmler. Biographie, München 2008, S. 7–9, 756 f.

20 Zit. nach Blatman: Die Todesmärsche 1944/45, S. 312. Vgl. zum Folgenden ebd., S. 291 ff.; Daniel Jonah Goldhagen: Hitlers willige Vollstrecker. Ganz gewöhnliche Deutsche und der Holocaust, Berlin 1996, S. 388 ff.

21 Vgl. Goldhagen: Hitlers willige Vollstrecker, S. 401–404; Blatman: Die Todesmärsche 1944/45, S. 292 f.

22 Blatman: Die Todesmärsche 1944/45, S. 302. Vgl. zum Vorstehenden, ebd., S. 296–301; Goldhagen: Hitlers willige Vollstrecker, S. 404–409 (dort auch S. 408 eine Karte des Todesmarsches von Helmbrechts).

23 Vgl. Blatman: Die Todesmärsche 1944/45, S. 303 f.

24 Goldhagen: Hitlers willige Vollstrecker, S. 411. Zur Goldhagen-Debatte vgl. Volker Ullrich: Eine produktive Provokation: Die Rolle der Medien in der Goldhagen-Kontroverse, in Martin Sabrow/Ralph Jessen/Klaus Große Kracht (Hrsg.): Zeitgeschichte als Streitgeschichte. Große Kontroversen nach 1945, München 2003, S. 152–170.

25 Vgl. Peter Engelbrecht: Der Krieg ist aus. Frühjahr 1945 in Oberfranken, Weißenstadt 2015, S. 84.

26 Vgl. Blatman: Die Todesmärsche 1944/45, S. 305–313 (Zahlen S. 312 f.).

27 Dies ist der Haupteinwand Daniel Blatmans gegen Daniel Goldhagen, der die Todesmärsche als letztes Glied in der Vernichtung der europäischen Juden interpretiert und als Triebfeder auch hier einen fanatischen «eliminatorischen» Antisemitismus am Werk sieht. Vgl. Goldhagen: Hitlers willige Vollstrecker, S. 417–436; Blatman: Die Todesmärsche 1944/45, S. 313–319.

28 Vgl. Blatman: Die Todesmärsche 1944/45, S. 11 f.

29 Vgl. ebd., S. 196–202; Benedikt Erenz: Apokalypse in Ostpreußen, in DIE ZEIT v. 1. 3. 2007.

30 Vgl. zur Reaktion der «gewöhnlichen Deutschen» Wachsmann: KL, S. 676 f.; Katrin Greiser: Die Todesmärsche von Buchenwald. Räumung, Befreiung und Spuren der Erinnerung, Göttingen 2008; S. 257–277; Martin C. Winter: Gewalt und Erinnerung im ländlichen Raum. Die deutsche Bevölkerung und die Todesmärsche, Berlin 2018, bes. S. 154–199.

31 Vgl. Bernhard Strebel: Celle April 1945 revisited, Bielefeld 2008, S. 52–123; ders.: Celle, 5. April 1945, in DIE ZEIT v. 23. 4. 2009; Blatman: Die Todesmärsche 1944/45, S. 435–443.

32 Vgl. Blatman: Die Todesmärsche 1944/45, S. 499–568.

33 Horst G. W. Gleiss: Breslauer Apokalypse 1945. Dokumentarchronik vom Todeskampf und Untergang einer deutschen Stadt und Festung am Ende des Zweiten Weltkrieges, Wedel 1988, Bd. 5, S. 326.

34 Ebd., S. 433.

35 Vgl. auch zum Folgenden Gregor Thum: Die fremde Stadt. Breslau 1945, Berlin

2003, S. 18–30 (hier S. 19); Norman Davies/Roger Moorhouse: Die Blume Europas. Breslau-Wrocław-Vratislava. Die Geschichte einer mitteleuropäischen Stadt, München 2002, S. 29–60.

36 Paul Peikert: «Festung Breslau» in den Berichten eines Pfarrers, 22. Januar bis 6. Mai 1945. Hrsg. von Karol Jonca und Alfred Konieczny, Berlin 1970, S. 26.

37 Gleiss: Breslauer Apokalypse 1945, Bd. 1, S. 204.

38 Zit. nach Davies/Moorhouse: Die Blume Europas, S. 32.

39 Zit. nach ebd., S. 33.

40 Speer: Erinnerungen, S. 430.

41 Goebbels: Tagebücher, T. II, Bd. 15, S. 209 (v. 24. 1. 1945).

42 Ebd., S. 274 (v. 30. 1. 1945); vgl. ebd., S. 267 f. (v. 30. 1. 1945).

43 Vgl. Thum: Die fremde Stadt, S. 21; Davies/Moorhouse: Die Blume Europas, S. 37.

44 Vgl. Gregor Thum: Stalingrad an der Oder, in DIE ZEIT v. 3. 3. 2005; Davies/Moorhouse: Die Blume Europas, S. 46.

45 Gleiss: Breslauer Apokalypse 1945, Bd. 3, S. 651; vgl. Thum: Die fremde Stadt, S. 24; Davies/Moorhouse: Die Blume Europas, S. 49.

46 Völkischer Beobachter v. 4. 3. 1945; Gleiss: Breslauer Apokalypse 1945, Bd. 3, S. 128 f.

47 Goebbels: Tagebücher, T. II, Bd. 15, S. 416 (v. 4. 3. 1945), 421 (v. 5. 3. 1945).

48 Schlesische Tageszeitung. Frontzeitung der Festung Breslau v. 7. 3. 1945; Gleiss: Breslauer Apokalypse 1945, Bd. 3, S. 230.

49 Vgl. Davies/Moorhouse: Die Blume Europas, S. 48; Thum: Die fremde Stadt, S. 25.

50 Goebbels: Tagebücher, T. II, Bd. 15, S. 640 (v. 30. 3. 1945).

51 Peikert: «Festung Breslau» in den Berichten eines Pfarrers, S. 284.

52 Schlesische Tageszeitung. Frontzeitung der Festung Breslau v. 20. 4. 1945; Gleiss: Breslauer Apokalypse 1945, Bd. 4, S. 864.

53 Albert Speer an Gauleiter Karl Hanke, 14. 4. 1945; abgedr. in Breloer: Die Akte Speer, S. 315.

54 Vgl. Hitlers politisches Testament v. 29. 4. 1945; Joachimsthaler: Hitlers Ende, S. 191. Zur Ordensverleihung an Hanke vgl. Goebbels: Tagebücher T. II, Bd. 15, S. 692 f. (v. 9. 4. 1945).

55 Schlesische Tageszeitung. Frontzeitung der Festung Breslau v. 4. 5. 1945; Gleiss: Breslauer Apokalypse 1945, Bd. 5, S. 156.

56 Ebd., S. 181 f.; vgl. auch den Bericht des letzten Stadtdekans von Breslau Joachim Konrad: Das Ende von Breslau, in Vierteljahrshefte für Zeitgeschichte, Jg. 4 (1956), S. 387–390.

57 Gleiss: Breslauer Apokalypse 1945, Bd. 5, S. 233.

58 Vgl. Thum: Die fremde Stadt, S. 30, 533 (Anm. 31).

59 Hans von Ahlfen/Hermann Niehoff: So kämpfte Breslau. Verteidigung und Untergang von Schlesien, München 1959.

60 Vgl. Davies/Moorhouse: Die Blume Europas, S. 59.

61 Vgl. ebd., S. 519.

62 Vgl. ebd., S. 519–527.

63 Hugo Hartung: Schlesien 1944/45. Aufzeichnungen und Tagebücher, München 1956, S. 131.

64 Vgl. Peter Merseburger: Der schwierige Deutsche. Kurt Schumacher. Eine Biographie, Stuttgart 1995, S. 11–193 (Zitat S. 119 f.).

65 Albrecht Kaden: Einheit oder Freiheit. Die Wiedergründung der SPD 1945/46, Hannover 1964, S. 17.

66 Rede Schumachers v. 6. 5. 1945, abgedr. bei Willy Albrecht (Hrsg.): Kurt Schumacher. Reden – Schriften – Korrespondenzen 1945–1952, Berlin–Bonn 1985, S. 203–236. Zusammenfassungen bei Kaden: Einheit und Freiheit, S. 17–21; Kristina Meyer: Die SPD und die NS-Vergangenheit 1945–1990, Göttingen 2015, S. 32–34.

67 Annemarie Renger: Die Trümmer in den Köpfen der Menschen, in Trampe (Hrsg.): Die Stunde Null, S. 225–233 (Zitat S. 233). Vgl. auch Annemarie Renger: Ein politisches Leben. Erinnerungen, Stuttgart 1993, S. 65–69.

68 Renger: Ein politisches Leben, S. 70 f.

69 Meyer: Die SPD und die NS-Vergangenheit 1945–1990, S. 35.

70 Kurt Schumacher an Carl Severing, 25. 7. 1945; Albrecht (Hrsg.): Kurt Schumacher, S. 241.

71 Vgl. Kaden: Einheit oder Freiheit, S. 69; Kurt Klotzbach: Der Weg zur Staatspartei, Programmatik, praktische Politik und Organisation der deutschen Sozialdemokratie 1945 bis 1965, Berlin–Bonn 1982, S. 43.

72 «Politische Richtlinien der SPD in ihrem Verhältnis zu anderen politischen Faktoren», abgedr. in Albrecht (Hrsg.): Kurt Schumacher, S. 256–286. Zusammenfassend Kaden: Einheit oder Freiheit, S. 70–74.

73 Zit. nach Brigitte Seebacher-Brandt: Ollenhauer. Biedermann und Patriot, Berlin 1984, S. 287.

74 Zit. nach ebd., S. 291.

75 «Programmatische Erklärungen» Schumachers auf den Konferenzen von Wennigsen und Hannover, 5./6. 10. 1945; Albrecht (Hrsg.): Kurt Schumacher, S. 301–319 (hier S. 318).

76 Kurt Schumacher an Carl Severing, 12. 10. 1945; ebd., S. 320.

77 Hauptreferat Schumachers «Aufgaben und Ziele der deutschen Sozialdemokratie; ebd., S. 387–418 (hier S. 418). Vgl. zur Entwicklung der SPD zwischen Oktober 1945 und April 1946 Kaden: Einheit oder Freiheit, S. 233–280; Klotzbach: Der Weg zur Staatspartei, S. 73–81.

78 Vgl. auch zum Folgenden Hartmut Peters: Das Kriegsende in Jever 1945 und der Massenprotest gegen die Verteidigung der Stadt; https://www.groeschlerhaus.eu/das-kriegsende-in-jever-1945-und-der-massenprotest-gegen-die-verteigung-der-stadt/.

79 Ebd.

1 Tagesniederschrift v. 7. 5. 1945; Schramm (Hrsg.): Die Niederlage 1945, S. 432. Vgl. Dönitz: Zehn Jahre und zwanzig Tage, S. 455.
2 Bedell Smith: Eisenhower's Six Great Decisions, S. 210.
3 Zit. nach Steinert: Die 23 Tage der Regierung Dönitz, S. 200.
4 Vgl. Harry C. Butcher: Drei Jahre mit Eisenhower, Bern 1946, S. 829; Eisenhower: Kreuzzug in Europa, S. 488.
5 Text der Kapitulationsurkunde v. 7. 5. 1945 in Lüdde-Neurath: Die Regierung Dönitz, S. 144 f.; KTB-OKW, Bd. IV,2, S. 1676 f.
6 Vgl. Lüdde-Neurath: Regierung Dönitz, S. 70.
7 Rede Schwerin von Krosigks v. 7. 5. 1945; abgedr. in Lüdde-Neurath: Die Regierung Dönitz, S. 152 f.; auch in Schwerin von Krosigk: Memoiren, S. 247 f.
8 Tagesniederschrift v. 7. 5. 1945; Schramm (Hrsg.): Die Niederlage 1945, S. 433.
9 Vgl. auch zum Folgenden Heinrich Thies: Fesche Lola, brave Liesel. Marlene Dietrich und ihre verleugnete Schwester, Hamburg 2017, S. 9 ff.; ders.: Im Schatten des Blauen Engels, in DIE ZEIT v. 27. 9. 2017.
10 Vgl. Wachsmann: KL, S. 651–653, 668.
11 Vgl. Thies: Fesche Lola, brave Liesel, S. 9, 14–18, 214 f.
12 Vgl. Karin Wieland: Dietrich & Riefenstahl. Der Traum von der neuen Frau, München 2011, S. 9–13, 38–85 (Zitat S. 52); Thies: Fesche Lola, brave Liesel, S. 19–42, 49–56; Eva Gesine Baur: Einsame Klasse. Das Leben der Marlene Dietrich, München 2017, S. 7–67.
13 Vgl. Wieland: Dietrich & Riefenstahl, S. 183 ff.; Baur: Einsame Klasse, S. 110 ff.
14 Vgl. Thies: Fesche Lola, brave Liesel, S. 57–64, 110–118 (Zitate S. 116).
15 Goebbels: Tagebücher, T. I, Bd. 3/II, München 2001, S. 55 (v. 2. 4. 1936). Vgl. ebd., Bd. 2/III, S. 341 (v. 21. 12. 1933): «Dann bei Hitler. ‹Shanghai Express›. Marlene Dietrich kann was.»
16 Ebd., Bd. 3/II, S. 393 (v. 25. 2. 1937).
17 Vgl. Thies: Fesche Lola, brave Liesel, S. 132, 135–139, 153–159.
18 Marlene Dietrich: Nehmt nur mein Leben … Reflexionen, München 1979, S. 143.
19 Interview mit Marlene Dietrich im «New York Herald Tribune» v. 13. 8. 1944; zit. nach Wieland: Dietrich & Riefenstahl, S. 400. Vgl. zum Vorstehenden und Folgenden ebd., S. 380–409; Baur: Einsame Klasse, S. 254–296.
20 Dietrich: Nehmt nur mein Leben …, S. 171.
21 Vgl. Thies: Fesche Lola, brave Liesel, S. 201; Baur: Einsame Klasse, S. 304 f.
22 Thies: Fesche Lola, brave Liesel, S. 216.
23 Marlene Dietrich an Rudolf Sieber, 27. 9. 1945; Wieland: Dietrich & Riefenstahl, S. 412; vgl. Thies: Fesche Lola, brave Liesel, S. 226; Baur: Einsame Klasse, S. 309 f.
24 Vgl. Thies: Fesche Lola, brave Liesel, S. 245–256.
25 Vgl. Wieland: Dietrich & Riefenstahl, S. 424–429, 482–488, 496–500; Baur: Einsame Klasse, S. 360 ff., 389 ff.
26 Vgl. Thies: Fesche Lola, brave Liesel, S. 285–292, 357–361.

27 Vgl. Thies: Fesche Lola, brave Liesel, S. 369. Vgl. zum Vorstehenden auch Wieland: Dietrich & Riefenstahl, S. 503 f., 529–543; Baur: Einsame Klasse, S. 404 f., 472–474.

28 Vgl. auch zum Folgenden Barbara Beuys: Leben mit dem Feind. Amsterdam unter deutscher Besatzung 1940–1945, München 2012, hier S. 350.

29 Zit. nach ebd., S. 103.

30 Vgl. ebd., S. 109–150 (Zitat S. 149).

31 Vgl. ebd., S. 152–191 (Zitat S. 191).

32 Anne Frank: Tagebuch. Fassung von Otto H. Frank und Mirjam Pressler, Frankfurt/M. 1991, S. 11 (v. 12. 6. 1942). Vgl. auch Melissa Müller: Das Mädchen Anne Frank. Die Biographie, Frankfurt/M. 2013, S. 213 f.; Matthias Heyl: Anne Frank, Reinbek bei Hamburg 2002, S. 52.

33 Anne Frank: Tagebuch, S. 18 (v. 20. 6. 1942).

34 Ebd., S. 32 (v. 8. 7. 1942). Vgl. Beuys: Leben mit dem Feind, S. 192–198; Heyl: Anne Frank, S. 60–66; Müller: Das Mädchen Anne Frank, S. 244–248.

35 Anne Frank: Tagebuch, S. 64 (v. 9. 10. 1942). Vgl. Beuys: Leben mit dem Feind, S. 204–207, 227–236.

36 Vgl. Beuys: Leben mit dem Feind, S. 255, 285 f.

37 Anne Frank: Tagebuch, S. 291 f. (v. 6. 6. 1944).

38 Vgl. Beuys: Leben mit dem Feind, S. 302 f., 313 f.; Heyl: Anne Frank, S. 111–115, 118–123, 126–131 (Zitat S. 131); Müller: Das Mädchen Anne Frank, S. 345–348, 358–361, 364–378, 380–383.

39 Beuys: Leben mit dem Feind, S. 304 f.; vgl. Heyl: Anne Frank, S. 124 f.

40 Max Beckmann: Tagebücher 1940–1950. Zusammengestellt von Mathilde Q. Beckmann. Hrsg. von Erhard Göpel, München–Wien 1979, S. 97 (v. 6. 9. 1944).

41 Vgl. Beuys: Leben mit dem Feind, S. 305–312, 316–342.

42 Carry Ulreich: Nachts träum ich vom Frieden. Tagebuch 1941 bis 1945, Berlin 2018, S. 286 (v. 6. 5. 1945).

43 Vgl. Koll: Arthur Seyß-Inquart und die deutsche Besatzungspolitik in den Niederlanden (1940–1945), S. 574. Zum Vorstehenden vgl. Beuys: Leben mit dem Feind, S. 344–352.

8. Mai 1945

1 Vgl. Steinert: Die 23 Tage der Regierung Dönitz, S. 203 f.; Karl-Heinz Janßen: Der 8. Mai 1945. Die deutsche Kapitulation in Karlshorst, in ders.: Und morgen die ganze Welt … Deutsche Geschichte 1871–1945, Bremen 2003, S. 485–492 (hier S. 487).

2 Vgl. Eisenhower: Kreuzzug in Europa, S. 489; Steinert: Die 23 Tage der Regierung Dönitz, S. 206 f.

3 Konstantin Simonow: Kriegstagebücher, Bd. 2: 1942–1945, Berlin-Ost 1979; zit. nach Walter Kempowski: Das Echolot. Abgesang '45. Ein kollektives Tagebuch, München 2005, S. 439. Vgl. Görlitz (Hrsg.): Generalfeldmarschall Keitel, S. 376.

4 Vgl. Janßen: Der 8. Mai 1945, S. 488.

5 Martin Sabrow, Erich Honecker. Das Leben davor 1912–1945, München 2016, S. 441. Zum Vorstehenden vgl. ebd., S. 425–432.

6 Vgl. Steinert: Die 23 Tage der Regierung Dönitz, S. 207 f. Text der Kapitulationsurkunde v. 8. 5. 1945 in Lüdde-Neurath: Regierung Dönitz, S. 207 f.; KTB-OKW, Bd. IV,2, S. 1679 f.

7 Schukow: Erinnerungen und Gedanken, S. 611.

8 Zit. nach Kempowski: Das Echolot. Abgesang'45, S. 446 f. Vgl. auch den Bericht des amerikanischen Majors Oppenheimer: «Als die deutschen Bevollmächtigten hereingerufen wurden, stand Keitel mit dem starren Ausdruck eiskalten Zornes im Gesicht kerzengerade stramm und präsentierte mit behandschuhter rechter Hand seinen Marschallstab. Kein Muskel in seinem Gesicht oder Körper wagte sich zu bewegen.» Zit. nach Klaus Bergmann/Gerhard Schneider (Hrsg.): 1945. Ein Lesebuch, Hannover 1985, S. 93.

9 Schukow: Erinnerungen und Gedanken, S. 612.

10 Ebd., S. 613.

11 Vgl. ebd., S. 613; Janßen: Der 8. Mai 1945, S. 486.

12 Zit. nach Kempowski: Echolot. Abgesang '45, S. 442.

13 Vgl. Schukow: Erinnerungen und Gedanken, S. 613 f.

14 Görlitz (Hrsg.): Generalfeldmarschall Keitel, S. 378.

15 Hansen: Das Ende des Dritten Reiches, S. 177 f.; vgl. Speer: Erinnerungen, S. 499.

16 Vgl. Breloer: Die Akte Speer, S. 329–336; Brechtken: Albert Speer, S. 295 f.

17 Tagesniederschrift v. 8. 5. 1945; Schramm (Hrsg.): Die Niederlage 1945, S. 435. Vgl. zum Vorstehenden Dönitz: Zehn Jahre und zwanzig Tage, S. 463; Hansen: Das Ende des Dritten Reiches, S. 178.

18 Dönitz' Ansprache v. 8. 5. 1945; abgedr. in Lüdde-Neurath: Regierung Dönitz, S. 157 f.

19 Steinert: Die 23 Tage der Regierung Dönitz, S. 213.

20 KTB-OKW, Bd. IV,2, S. 1484 f.

21 Vgl. ebd., S. 1495; Gerd R. Ueberschär/Rolf-Dieter Müller: 1945. Das Ende des Krieges, Darmstadt 2005, S. 112.

22 Tagebuch Wilhelm Wintgens v. 9. 5. 1945; https://aulemettmanner.de/index.php/erzaehlungen-von-frueher/110-tagebuch-eines-mettmanner-soldaten.

23 Steinert: Die 23 Tage der Regierung Dönitz, S. 230 f.

24 Vgl. Hansen: Das Ende des Dritten Reiches, S. 161 f.

25 KTB-OKW, Bd. IV,2, S. 1281 f.; Ueberschär/Müller (Hrsg.): 1945. Das Ende des Krieges, S. 112 f. In seinen Erinnerungen kommentierte Dönitz: «Ich halte diese Worte in ihrem wesentlichen Inhalt auch heute noch für richtig.» Zehn Jahre und zwanzig Tage, S. 458.

26 Rede von Großadmiral Dönitz vor Offizieren in Flensburg, 9. 5. 1945; abgedr. in Förster/Lakowski (Hrsg.): 1945, Dok. 208, S. 382–388 (hier S. 387).

27 Vgl. Ernst Kubin: Sonderauftrag Linz. Die Kunstsammlung Adolf Hitler. Aufbau, Vernichtungsplan, Rettung. Ein Thriller der Kulturgeschichte, Wien 1989, S. 141–143.

28 Vgl. Birgit Schwarz: Auf Befehl des Führers. Hitler und der NS-Kunstraub, Darmstadt 2014, S. 39–45; dies.: Geniewahn: Hitler und die Kunst, Wien–Köln–Weimar 2009, S. 221–228.
29 Vgl. Schwarz: Auf Befehl des Führers, S. 49–55, 81–83 (Zitate S. 82, 83); dies.: Geniewahn, S. 228–235; Kubin: Sonderauftrag Linz, S. 14–18.
30 Vgl. Schwarz: Auf Befehl des Führers, S. 16–18; dies.: Geniewahn, S. 238 f.; Kubin: Sonderauftrag Linz, S. 19 f.
31 Vgl. Schwarz: Auf Befehl des Führers, S. 218–221, 230–232.
32 Vgl. Goebbels: Tagebücher, T. II, Bd. 6, S. 430 f. (v. 12. 12. 1941); Schwarz: Auf Befehl des Führers, S. 235 f., 239 f.; Kubin: Sonderauftrag Linz, S. 61–64; Meike Hoffmann/Nicola Kuhn: Hitlers Kunsthändler. Hildebrand Gurlitt 1895–1956. Die Biographie, München 2016, S. 213 ff.
33 Vgl. Schwarz: Auf Befehl des Führers, S. 237, 248–253; Kubin: Sonderauftrag Linz, S. 79–89.
34 Vgl. Ullrich: Adolf Hitler, Bd. 2, S. 604–606.
35 Vgl. Kubin: Sonderauftrag Linz, S. 99–102; Schwarz: Auf Befehl des Führers, S. 256; Konrad Kramar: Mission Michelangelo. Wie die Bergleute in Altaussee Hitlers Raubkunst vor der Vernichtung retteten, St. Pölten–Salzburg–Wien 2013, S. 99–117.
36 Joachimsthaler: Hitlers Ende, S. 192.
37 Faksimile des Schreibens in Kubin: Sonderauftrag Linz, S. 115.
38 Vgl. Kubin: Sonderauftrag Linz, S. 114–130; Kramar: Mission Michelangelo, S. 120–147; Schwarz: Auf Befehl des Führers, S. 257; Peter Black: Ernst Kaltenbrunner. Vasall Himmlers: Eine SS-Karriere, Paderborn 1991, S. 276 f.
39 Vgl. Kubin: Sonderauftrag Linz, S. 146–160; Schwarz: Auf Befehl des Führers, S. 272–279.
40 Vgl. auch zum Folgenden Bohn: Reichskommissariat Norwegen, S. 1–3.
41 S. oben S. 97.
42 Vgl. Bohn: Reichskommissariat Norwegen, S. 3.
43 Heimito von Doderer: Tangenten. Tagebuch eines Schriftstellers 1940–1950, München 1964; zit. nach Kempowski: Echolot. Abgesang '45, S. 353.
44 Brandt: Erinnerungen, S. 141; vgl. ders.: Links und frei, S. 381 f.
45 Churchill: Der Zweite Weltkrieg, S. 1074.
46 Winston S. Churchill: Reden in Zeiten des Kriegs. Ausgewählt, eingeleitet und erläutert von Klaus Körner, Hamburg–Wien 2002, S. 281–283 (hier S. 283). Vgl. Lindgren: Tagebücher 1939–1945, S. 448 (v. 8. 5. 1945): «Was mag es für ein Gefühl für den vitalen über 70-Jährigen sein, dieses dem britischen Imperium zu verkünden! Er sprach wie ein Mann in seiner vollen Kraft, deutlich und klar, und ich mochte ihn mehr denn je.»
47 Harold Nicolson: Diaries and Letters 1930–1964, London 1968; zit. nach Kempowski: Echolot. Abgesang '45, S. 325.
48 Churchill: Reden in Zeiten des Krieges, S. 283.
49 Vgl. die Schilderung von Joan Widham, Mitarbeiterin bei den «Women's Auxiliary Air Forces (WAAF)»; zit. bei Kempowski: Echolot. Abgesang '45, S. 322–324 (hier S. 324); ferner Janßen: Der 8. Mai 1945, S. 491.

50 Elsbeth Weichmann: Zuflucht. Jahre des Exils, München 1983; zit. nach Kempowski: Echolot. Abgesang '45, S. 313 f.

51 Rundfunkansprache Harry S. Trumans v. 8. 5. 1945; abgedr. u. a. in Shirer: Berliner Tagebuch. Das Ende 1944–45, S. 80 f.

52 Zit. nach Werner Hecht: Brecht Chronik 1898–1956, Frankfurt/M. 1997, S. 754. Thomas Mann notierte in sein Tagebuch: «Abends franz(ösischen) Champagner zur Feier des VE-Day. Hörten die Reden von Truman und Churchill.» Th. Mann: Tagebücher 1944–1. 4. 1946, S. 202 (v. 8. 5. 1945).

53 Zit. nach Kempowski: Echolot. Abgesang '45, S. 315 f.

54 Ansprache Stalins an die Völker der Sowjetunion, 9. 5. 1945; abgedr. in Herbert Michaelis/Ernst Schraepler (Hrsg.): Ursachen und Folgen. Vom deutschen Zusammenbruch 1918 bis zur staatlichen Neuordnung Deutschlands in der Gegenwart, Bd. XXIII, Berlin o. J., S. 258 f.

55 Markus Wolf: Sozialismus stand nicht auf der Tagesordnung, in Trampe (Hrsg.): Die Stunde Null, S. 281–290 (hier S. 281).

56 George F. Kennan: Memoiren eines Diplomaten, Stuttgart 1968; zit. nach Kempowski: Echolot. Abgesang '45, S. 334.

57 Jünger: Die Hütte im Weinberg, Sämtliche Werke, Bd. 3, S. 434 (v. 8. 5. 1945).

Epilog

1 Thomas Mann: An die gesittete Welt. Politische Schriften und Reden im Exil, Frankfurt/M. 1980, S. 616.

2 Siegfried A. Kaehler an Martin Kaehler, 19. 5. 1945; Siegfried A. Kaehler: Briefe 1900–1963. Hrsg. von Walter Bußmann und Günther Grünthal unter Mitwirkung von Joachim Stemmler, Boppard am Rhein 1993, S. 299.

3 Karl-Günther von Hase: Düstere Gedanken im Moskauer Gefängnis, in Trampe (Hrsg.): Die Stunde Null, S. 147–151 (hier S. 148).

4 Kardorff: Berliner Aufzeichnungen 1942–1945, S. 324 (v. 7. 5. 1945).

5 Theodor Heuss: Das Ende, in ders.: Aufzeichnungen 1945–1947, Tübingen 1966; zit. nach Peter Merseburger: Theodor Heuss. Der Bürger als Präsident, München 2012, S. 364. Vgl. Heinrich Krone: Tagebücher, 1. Bd.: 1945–1961. Bearbeitet von Hans-Otto Kleinmann, Düsseldorf 1995, S. 8 (v. 9. 5. 1945): «Unter der Urkunde des Waffenstillstands stehen die Namen von Generalen. Nicht wie 1918 die eines Bürgers. Wer die Suppe eingebrockt hat, soll sie auslöffeln, damit nicht wieder eine Dolchstoßlegende entsteht.»

6 Zit. nach Merseburger: Theodor Heuss, S. 367 f.

7 Zit. nach Gunter Hofmann: Richard von Weizsäcker. Ein deutsches Leben, München 2010, S. 188. Zu den Auseinandersetzungen um den 8. Mai 1945 in der Bundesrepublik vgl. Sebastian Ullrich: Wir sind, was wir erinnern. Es hat lange gedauert, bis sich ein selbstkritischer Umgang mit der Vergangenheit durchsetzen konnte, in ZEIT-Geschichte, H. 1 (2005), S. 27–34.

8 Walb: Ich, die Alte – ich, die Junge, S. 345 (v. 8. 5. 1945). Vgl. Keller (Hrsg.):

Kriegstagebuch einer jungen Nationalsozialistin, S. 211 (v. 29. 4. 1945): «Soll denn alles aus sein, alles an was wir geglaubt haben, für was wir gelebt haben. Sollen alle Opfer umsonst gewesen sein. Ich kann es nicht glauben.»

9 Alfred Kantorowicz: Deutsches Tagebuch, 1. Teil, Berlin 1978, S. 80 (v. 8./9. 5. 1945).

10 Wolff-Mönckeberg: Briefe, die sie nicht erreichten, S. 171 (v. 1. 6. 1945).

11 Stephan Hermlin: Bestimmungsorte, Berlin 1985, S. 46.

12 Margaret Bourke-White: Deutschland – April 1945. «Dear Fatherland Rest Quietly», München 1979, S. 90.

13 Wilhelm Hausenstein: Licht unter dem Horizont. Tagebücher von 1942 bis 1946, München 1967, S. 348 (v. 9. 5. 1945).

14 George Orwell: Now Germany Faces Hunger, in Manchester Evening News v. 4. 5. 1945; zit. nach Hoffmann: Besiegte, Besatzer, Beobachter. Das Kriegsende im Tagebuch, in Fulda u. a. (Hrsg.): Demokratie im Schatten der Gewalt, S. 46.

15 Klaus Mann: Es gibt keine Heimkehr, in ders.: Auf verlorenem Posten, S. 224–230 (hier S. 227). Vgl. Wilhelm Hoegner: Der schwierige Außenseiter. Erinnerungen eines Abgeordneten, Emigranten und Ministerpräsidenten, München 1959, S. 190 f.: «Das ausgegrabene Pompeji schien mir im Vergleich zu München gut erhalten zu sein.»

16 Tilman Lahme/Holger Pils/Kerstin Klein (Hrsg.): Die Briefe der Manns. Ein Familienporträt, Frankfurt/M. 2016, S. 308–314 (Zitate S. 309, 314). Vgl. Naumann: Klaus Mann (1906–1949), S. 300 f. (mit den Fotos John Tewksburys vom Haus in der Poschingerstraße).

17 Vgl. Lüdde-Neurath: Regierung Dönitz, S. 106; Hansen: Das Ende des Dritten Reiches, S. 187; Steinert: Die 23 Tage der Regierung Dönitz, S. 239.

18 Vgl. Speer: Erinnerungen, S. 500.

19 Vgl. Hansen: Das Ende des Dritten Reiches, S. 189 f.; Speer: Erinnerungen, S. 500: «Wir verfassten Denkschriften ins Leere, versuchten unserer Unwichtigkeit durch eine Scheintätigkeit entgegenzuwirken.»

20 Aktennotiz über die Unterredung Rooks-Dönitz, 13. 5. 1945; Förster/Lakowski (Hrsg.): 1945, Dok. 217, S. 400–402 (hier S. 400). Vgl. Tagesniederschrift v. 13. 5. 1945; Schramm (Hrsg.): Die Niederlage 1945, S. 443 f.; Görlitz (Hrsg.): Generalfeldmarschall Keitel, S. 379 f.

21 Dönitz: Zehn Jahre und zwanzig Tage, S. 463.

22 Vgl. KTB-OKW, Bd. IV,2, S. 1484; Tagesniederschriften v. 10., 12. und 14. 5. 1945; Schramm (Hrsg.): Die Niederlage 1945, S. 437 f., 440 f., 445.

23 Tagesniederschrift v. 15. 5. 1945; Schramm (Hrsg.): Die Niederlage 1945, S. 446.

24 Aktennotiz von Großadmiral Dönitz, 18. 5. 1945; Förster/Lakowski (Hrsg.): 1945, Dok. 224, S. 411–413 (hier S. 412).

25 Tagesniederschriften v. 9. und 15. 5. 1945; Schramm (Hrsg.): Die Niederlage 1945, S. 436, 446.

26 Vgl. dazu grundlegend Heinrich August Winkler: Der lange Weg nach Westen, 2 Bände, München 2000.

27 Tagesniederschrift v. 11. und 16. 5. 1945; Schramm (Hrsg.): Die Niederlage 1945,

S. 439, 447. Vgl. Dönitz: Zehn Jahre und zwanzig Tage, S. 458: «Wir fragten uns, wie derartige Dinge, die mitten in Deutschland geschehen waren, uns entgangen sein konnten.»

28 Schwerin von Krosigk an Eisenhower, 16. 5. 1945; Förster/Lakowski (Hrsg.): 1945, Dok. 222, S. 408 f. (hier S. 409).

29 Zit. nach Hansen: Das Ende des Dritten Reiches, S. 193. Vgl. Marlies Steinert: Die alliierte Entscheidung zur Verhaftung der Regierung Dönitz, in Militärgeschichtliche Mitteilungen, 2 (1986), S. 85–99 (hier S. 89).

30 Zit. nach Hansen: Das Ende des Dritten Reiches, S. 195.

31 Vgl. Lüdde-Neurath: Regierung Dönitz, S. 107, 112; Schwerin von Krosigk: Memoiren, S. 251.

32 Vgl. Hansen: Das Ende des Dritten Reiches, S. 200; Steinert: Die alliierte Entscheidung zur Verhaftung der Regierung Dönitz, S. 92 f.

33 Vgl. Lüdde-Neurath: Regierung Dönitz, S. 113 (dort auch S. 161 der Wortlaut der Erklärung von Rooks); Dönitz: Zehn Jahre und zwanzig Tage, S. 465.

34 Vgl. Lüdde-Neurath: Regierung Dönitz, S. 114, 115 f.; Schwerin von Krosigk: Es geschah in Deutschland, S. 379.

35 Vgl. Speer: Erinnerungen, S. 502; Sereny: Albert Speer, S. 640 f. Mit Speer verhaftet und ins Flensburger Polizeipräsidium eingeliefert wurde Hitlers Arzt Karl Brandt, einer der Hauptorganisatoren des Euthanasie-Programms. Vgl. Ulf Schmidt: Hitlers Arzt Karl Brandt. Medizin und Macht im Dritten Reich, Berlin 2009, S. 514.

36 Speer: Erinnerungen, S. 503.

37 Klaus Mann: Göring wirbt um Mitgefühl, in ders.: Auf verlorenem Posten, S. 221–224 (hier S. 222). Vgl. Kl. Mann: Der Wendepunkt, S. 438; ders.: Tagebücher 1944–1949, S. 83 (v. 11. 5. 1945).

38 Ronald Smelser: Robert Ley. Hitlers Mann an der «Arbeitsfront». Eine Biographie, Paderborn 1989, S. 286.

39 Daniel Roos: Julius Streicher und «Der Stürmer» 1923–1945, Paderborn 2014, S. 467. Vgl. Richard Overy: Verhöre. Die NS-Elite in den Händen der Alliierten, München–Berlin 2001, S. 41.

40 Kästner: Notabene 45, S. 148 (v. 24. 5. 1945). Vgl. ders.: Das Blaue Buch, S. 213 (v. 24. 5. 1945): «Das Ganze geht zum Teil aus wie ein Maskenverleih-Institut. Sogar unter der Würde dieser würdelosen Großmäuler.»

41 Vgl. Hamburg-Journal. Sendung v. 14. 6. 2015; Conze u. a.: Das Amt, S. 332; Theo Sommer: 1945. Die Biographie eines Jahres, Reinbek bei Hamburg 2005, S. 83.

42 Bericht des Bevollmächtigten des NKWD, 25. 6. 1945; Christoforow u. a. (Hrsg.): Verhört, S. 48–57 (hier S. 51). Zu den Lebensbedingungen in Mondorf vgl. Overy: Verhöre, S. 65–67; Conze u. a.: Das Amt, S. 332 f.; Kirkpatrick: Im inneren Kreis, S. 171 f.; Philipp Schnee: Hotel der Kriegsverbrecher, in Der Spiegel v. 28. 10. 2009.

43 Schwerin von Krosigk: Memoiren, S. 257.

44 Vgl. Conze u. a.: Das Amt, S. 333; Mark Mazower: Hitlers Imperium. Europa unter der Herrschaft des Nationalsozialismus, München 2009, S. 486.

45 Vgl. Roos: Julius Streicher und «Der Stürmer», S. 471.

46 Speer: Erinnerungen, S. 504.

47 Befragung Görings, 17. 6. 1945; Christoforow u. a. (Hrsg.): Verhört, S. 78–95 (hier S. 91). Auch im Gespräch mit dem britischen Diplomaten Ivone Kirkpatrick im Juni 1945 zeigte Göring «keinerlei Reue über die Nazi-Verbrechen oder seinen Anteil daran». Im inneren Kreis, S. 174.

48 Befragung Keitels, 17. 5. 1945; Christoforow u. a. (Hrsg.): Verhört, S. 95–121 (hier S. 97, 103).

49 Vgl. Mazower: Hitlers Imperium, S. 487.

50 Erika Mann an Katia Mann, 22. 8. 1945; Lahme u. a. (Hrsg.): Die Briefe der Manns, S. 322–324 (hier S. 323). Vgl. Uwe Naumann (Hrsg.): Die Kinder der Manns. Ein Familienalbum, Reinbek bei Hamburg 2005, S. 200 f.

51 Erika Mann: Wer das Schwert nimmt ..., in dies.: Blitze überm Ozean. Aufsätze, Reden, Reportagen. Hrsg. von Irmela von der Lühe und Uwe Naumann, Reinbek bei Hamburg 2000, S. 343–355 (hier S. 346).

52 Vgl. Speer: Erinnerungen, S. 504–507.

53 Vgl. Volker Ullrich: Speers Erfindung, in DIE ZEIT v. 4. 5. 2005; Brechtken: Albert Speer, S. 299–310.

54 Vgl. Hansen: Das Ende des Dritten Reiches, S. 200 f.; Angrick: Besatzungspolitik und Massenmord, S. 716–719.

55 Zit. nach Hans Magnus Enzensberger (Hrsg.): Europa in Ruinen. Augenzeugenberichte aus den Jahren 1944–1948, München 1995, S. 87 f. Denselben Eindruck gewann Saul K. Padover, der als Angehöriger der Abteilung für psychologische Kriegsführung der US-Streitkräfte Vernehmungen in den eroberten Gebieten des «Dritten Reiches» durchführte: «Seit zwei Monaten sind wir hier zugange (...), und wir haben keinen einzigen Nazi gefunden. Jeder ist ein Nazigegner. Alle Leute sind gegen Hitler. Sie sind schon immer gegen Hitler gewesen.» Saul K. Padover: Lügendetektor. Vernehmungen im besiegten Deutschland 1944/45, Frankfurt/M. 1999, S. 46.

56 Hausenstein: Licht unter dem Horizont, S. 347 (v. 6. 5. 1945). Vgl. Kellner: Tagebücher 1939–1945, Bd. 2, S. 932 (v. 6. 5. 1945): «Heute will natürlich keiner ein echter Nazi gewesen sein. Jeder drückt sich vor der Verantwortung.»

57 Andreas-Friedrich: Schauplatz Berlin, S. 194 (v. 17. 5. 1945).

58 Anonyma: Eine Frau in Berlin, S. 199 (v. 15. 5. 1945).

59 Zit. nach Ian Kershaw: Der Hitler-Mythos. Führerkult und Volksmeinung, Stuttgart 1999, S. 274. Vgl. Klemperer: Tagebücher 1942–1945, S. 773 (v. 11. 5. 1945): «Das 3. Reich ist schon so gut wie vergessen»; Kardorff: Berliner Aufzeichnungen, S. 326 (v. 16. 5. 1945, Anm. 2): «Der Krieg ist aus, die Nazis wie im 73. Psalm weggeschwemmt, zusammengebrochen, schon so vergangen, dass sie kaum noch interessieren.»

60 Eugen Kogon: Der SS-Staat. Das System der deutschen Konzentrationslager, München 1974, S. 393. Vgl. Padover: Lügendetektor, S. 86: «Alle Schuld wird auf den Führer abgewälzt, damit man selbst keine moralische Verantwortung tragen muss.»

61 Erika Mann: Deutsche Zustände, in dies.: Blitze überm Ozean, S. 377–382 (hier S. 378).

62 Klaus Mann: Unsere Aufgabe in Deutschland, in ders.: Auf verlorenem Posten, S. 216–221 (hier S. 217). Vgl. als aufschlussreiches Zeugnis für diese Geisteshaltung die Aufzeichnungen des Mellendorfer Schulleiters Ewald Niedermeyer: Mellendorfer Kriegstagebuch, S. 59 (v. 3. 5. 1945): «So ganz ohne Hoffnung müssen wir nun unseren Golgathaweg antreten»; S. 63 (v. 20. 5. 1945): «Wir sind jetzt unseren Gegnern so ausgeliefert, wie es wohl noch kein Volk dieser Erde in den letzten Jahrhunderten erlebt hat.»

63 Zit. nach Enzensberger (Hrsg.): Europa in Ruinen, S. 188.

64 Hannah Arendt: Besuch in Deutschland, Berlin 1993, S. 25, 35.

65 Alexander und Margarete Mitscherlich: Die Unfähigkeit zu trauern. Grundlagen kollektiven Verhaltens, München 1967.

66 Findahl: Letzter Akt – Berlin 1939–1945, S. 190 (v. 9. 5. 1945).

67 Sarkowicz (Hrsg.): «Als der Krieg zu Ende war», S. 173.

68 Andreas-Friedrich: Schauplatz Berlin, S. 196 (v. 2. 6. 1945), 203 (v. 22. 6. 1945).

69 Vgl. Norbert Frei: Große Gefühle. Das Kriegsende war eine Zeit voll widerstreitender Emotionen, in ZEIT-Geschichte H. 1 (2015), S. 16–23 (hier S. 23).

Bibliographie

1. Gedruckte Quellen

Albrecht, Willy (Hrsg.): Kurt Schumacher. Reden-Schriften-Korrespondenzen 1945–1952, Berlin–Bonn 1985.

Bergmann, Klaus/Gerhard Schneider (Hrsg.): 1945. Ein Lesebuch, Hannover 1985.

Berliner Schulaufsätze aus dem Jahr 1946. Hrsg. vom Prenzlauer Berg Museum des Kulturamtes Berlin Prenzlauer Berg. Ausgewählt und eingeleitet von Annett Gröschner, Berlin 1996.

Besymenski, Lew: Der Tod des Adolf Hitler. Unbekannte Dokumente aus den Moskauer Archiven, Hamburg 1968.

Besymenski, Lew: Die letzten Notizen von Martin Bormann. Ein Dokument und sein Verfasser, Stuttgart 1974.

Boberach, Heinz (Hrsg.): Meldungen aus dem Reich. Die geheimen Lageberichte des Sicherheitsdienstes der SS, Bd. 17, Herrsching 1984.

Brandt, Willy: Verbrecher und andere Deutsche. Ein Bericht aus Deutschland 1946. Bearbeitet von Einhart Lorenz, Bonn 2007.

Breloer, Heinrich in Zusammenarbeit mit Rainer Zimmer: Die Akte Speer. Spuren eines Kriegsverbrechers, Berlin 2006.

Bronfen, Elisabeth/Daniel Kampa (Hrsg.): Eine Amerikanerin in Hitlers Badewanne. Drei Frauen berichten über den Krieg: Margaret Bourke-White, Lee Miller und Martha Gellhorn, Hamburg 2015.

Christoforow, Wassili S./Wladimir G. Makarow/Matthias Uhl (Hrsg.): Verhört. Die Befragungen deutschen Generale und Offiziere durch die sowjetischen Geheimdienste 1945–1952, Berlin–Boston 2015.

Churchill, Winston S.: Reden in Zeiten des Kriegs. Ausgewählt, eingeleitet und erläutert von Klaus Körner, Hamburg–Wien 2002.

Dokumentation der Vertreibung der Deutschen aus Ost-Mitteleuropa. Hrsg. vom Bundesministerium für Vertriebene, Flüchtlinge und Kriegsbeschädigte, Bd. IV: Die Vertreibung der deutschen Bevölkerung aus der Tschechoslowakei, 2 Teilbde., Berlin 1957.

Enzensberger, Hans Magnus (Hrsg.): Europa in Ruinen. Augenzeugenberichte aus den Jahren 1944–1948, München 1995.

Förster, Gerhard/Richard Lakowski (Hrsg.): 1945. Das Jahr der endgültigen Niederlage der faschistischen Wehrmacht. Dokumente, Berlin-Ost 1975.

Gleiss, Horst G.W.: Breslauer Apokalypse 1945. Dokumentarchronik vom Todeskampf und Untergang einer deutschen Stadt und Festung am Ende des Zweiten Weltkrieges, Bde. 1–5, Wedel 1986–88.

Gosztony, Peter (Hrsg.): Der Kampf um Berlin 1945 in Augenzeugenberichten, Düsseldorf 1970.

Groehler, Olaf: Das Tagebuch Europa 1945. Die Neue Reichskanzlei. Das Ende, Berlin 1995.

Hirschfeld, Gerhard/Irina Reinz (Hrsg.): Besiegt und befreit. Stimmen vom Kriegsende 1945, Gerlingen 1995.

Keiderling, Gerhard (Hrsg.): «Gruppe Ulbricht» in Berlin April bis Juni 1945. Von den Vorbereitungen im Sommer 1944 bis zur Wiedergründung der KPD im Juni 1945. Eine Dokumentation, Berlin 1993.

Mann, Erika: Blitze überm Ozean. Aufsätze, Reden, Reportagen. Hrsg. von Irmela von der Lühe und Uwe Naumann, Reinbek bei Hamburg 2000.

Mann, Klaus: Auf verlorenem Posten. Aufsätze, Reden, Kritiken 1942–1949. Hrsg. von Uwe Naumann und Michael Töteberg, Reinbek bei Hamburg 1994.

Mann, Thomas: Reden an die gesittete Welt. Politische Schriften und Reden im Exil, Frankfurt/M. 1980.

Mensching, Hans Peter (Bearbeiter): Adenauer im Dritten Reich, Berlin 1991.

Miller, Lee: Krieg. Mit den Alliierten in Europa 1944–1945. Reportagen und Fotos. Hrsg. von Antony Penrose, Berlin 2013.

Neitzel, Sönke: Abgehört. Deutsche Generäle in britischer Kriegsgefangenschaft 1942–1945, Berlin 2005.

Padover, Saul K.: Lügendetektor. Vernehmungen im besiegten Deutschland 1944/45, Frankfurt/M. 1999.

Ruhl, Klaus-Jörg (Hrsg.): Deutschland 1945. Alltag zwischen Krieg und Frieden in Berichten, Dokumenten und Bildern, Darmstadt und Neuwied 1984.

Schäfer, Hans Dieter: Berlin im Zweiten Weltkrieg. Der Untergang der Reichshauptstadt in Augenzeugenberichten, München–Zürich 1985.

Scherstjanoi, Elke (Hrsg.): Rotarmisten schreiben aus Deutschland. Briefe von der Front (1945) und historische Analysen, München 2004.

Schramm, Percy Ernst (Hrsg.): Kriegstagebuch des Oberkommandos der Wehrmacht (Wehrmachtführungsstab), Bd. IV: 1. Januar 1944– 22. Mai 1945, Herrsching 1982.

Schramm, Percy Ernst (Hrsg.): Die Niederlage 1945. Aus dem Kriegstagebuch des Oberkommandos der Wehrmacht, München 2. Aufl. 1985.

Von zur Mühlen, Bengt (Hrsg.): Der Todeskampf der Reichshauptstadt, Berlin 1994.

Völklein, Ulrich (Hrsg.): Hitlers Tod. Die letzten Tage im Führerbunker, Göttingen 1999.

2. Tagebücher, Briefe, Erinnerungen

Adenauer, Konrad: Erinnerungen 1945–1953, Stuttgart 1965.

Ahlfen, Hans/Hermann Niehoff: So kämpfte Breslau. Verteidigung und Untergang von Schlesien, München 1959.

Andreas-Friedrich, Ruth: Schauplatz Berlin. Ein deutsches Tagebuch, München 1962.

Anonyma: Eine Frau in Berlin. Tagebuchaufzeichnungen vom 20. April bis 22. Juni 1945, Frankfurt/M. 2003.

Arendt, Hannah: Besuch in Deutschland, Berlin 1993.

Baur, Hans: Ich flog Mächtige der Erde, Kempten (Allgäu) 1956.

Beckmann, Max: Tagebücher 1940–1945. Zusammengestellt von Mathilde Q. Beckmann. Hrsg. von Erhard Göpel, München–Wien 1979.

Bedell Smith, Walter: Eisenhower's Six Great Decisions, New York–London–Toronto 1956.

Bourke-White, Margaret: Deutschland April 1945. «Dear Fatherland Rest Quietly», München 1979.

Bovery, Margret: Tage des Überlebens. Berlin 1945, München 1985.

Brandt, Willy: Links und frei. Mein Weg 1930–1950, Hamburg 1982.

Brandt, Willy: Erinnerungen, Berlin 1989.

Brecht, Bertolt: Arbeitsjournal 1941–1955, Bd. 2, Frankfurt/M. 1973.

Breloer, Heinrich (Hrsg.): Mein Tagebuch. Geschichten vom Überleben 1939–1947, Köln 1984.

Büttner, Ursula/Angelika Voß-Louis (Hrsg.): Neuanfang auf Trümmern. Die Tagebücher des Bremer Bürgermeisters Theodor Spitta 1945–1947, München 1992.

Butscher, Harry C.: Drei Jahre mit Eisenhower, Bern 1946.

Chaldej, Jewgeni: Der bedeutende Augenblick. Hrsg. von Ernst Volland und Heinz Krimmer, Leipzig 2008.

Churchill, Winston: Der Zweite Weltkrieg, Frankfurt/M. 2003.

Demetz, Peter: Mein Prag. Erinnerungen 1939 bis 1945, Wien 2007.

Dietrich, Marlene: Nehmt nur mein Leben ... Reflexionen, München 1979.

Dönitz, Karl: Zehn Jahre und zwanzig Tage, Frankfurt/M.–Bonn 1963.

Doernberg, Stefan: Befreiung 1945. Ein Augenzeugenbericht, Berlin-Ost 1975.

Doernberg, Stefan (Hrsg.): Hitlers Ende ohne Mythos. Jelena Rshewskaja erinnert sich an ihren Einsatz im Mai 1945 in Berlin, Berlin 2005.

Dulles, Allen/Gero von Gaevernitz: Unternehmen «Sunrise». Die geheime Geschichte des Kriegsendes in Italien, Düsseldorf–Wien 1967.

Eberle, Henrik/Matthias Uhl (Hrsg.): Das Buch Hitler. Geheimdossier des NKWD für Josef W. Stalin, zusammengestellt aufgrund der Verhörprotokolle des Persönlichen Adjutanten Hitlers, Otto Günsche, und des Kammerdieners Heinz Linge, Moskau 1948/49, Bergisch Gladbach 2005.

Eisenhower, Dwight D.: Kreuzzug in Europa, Amsterdam 1948.

Felsmann, Barbara/Annett Gröschner/Grischa Meyer (Hrsg.): Backfisch im Bombenkrieg. Notizen in Steno, Berlin 2013.

Feuersenger, Marianne: Im Vorzimmer der Macht. Aufzeichnungen aus dem Wehrmachtführungsstab und Führerhauptquartier 1940–1945, München 4. Aufl. 2001.

Findahl, Theo: Letzter Akt – Berlin 1938–1945, Hamburg 1946.

Frank, Anne: Tagebuch. Fassung von Otto H. Frank und Mirjam Pressler, Frankfurt/M. 1991.

Frank, Hans: Im Angesicht des Galgens. Deutung Hitlers und seiner Zeit aufgrund eigener Erlebnisse und Erkenntnisse, München 1953.

Gelfand, Wladimir: Deutschland-Tagebuch 1945–1946. Aufzeichnungen eines Rotarmisten. Ausgewählt und kommentiert von Elke Scherstjanoi, Berlin 2005.

Giordano, Ralph: Erinnerungen eines Davongekommenen, Köln 2007.

Goebbels, Josef: Die Tagebücher. Hrsg von Elke Fröhlich, Teil II, Bd. 15, München 1995.

Görlitz, Walter (Hrsg.): Generalfeldmarschall Keitel. Verbrecher oder Offizier? Erinnerungen, Briefe, Dokumente des Chefs OKW, Göttingen 1961.

Goguel, Rudi: «Cap Arcona». Report über den Untergang der Häftlingsflotte in der Lübecker Bucht am 3. Mai 1945, Frankfurt/M. 1972.

Hartung, Hugo: Schlesien 1944/45. Aufzeichnungen und Tagebücher, München 1956.

Hausenstein, Wilhelm: Licht unter dem Horizont. Tagebücher von 1942 bis 1946, München 1967.

Hermlin, Stephan: Bestimmungsorte, Berlin 1985.

Heuss, Theodor: Erzieher zur Demokratie. Briefe 1945–1949. Hrsg. und bearbeitet von Ernst Wolfgang Becker, München 2007.

Höcker, Karla: Die letzten und die ersten Tage. Berliner Aufzeichnungen 1945, Berlin 1966.

Höß, Rudolf: Kommandant in Auschwitz. Autobiographische Aufzeichnungen. Hrsg. von Martin Broszat, München 4. Aufl. 1978.

Junge, Traudl: Bis zur letzten Stunde. Hitlers Sekretärin erzählt ihr Leben. Unter Mitarbeit von Melissa Müller, München 2002.

Kaehler, Siegfried A.: Briefe 1900–1963. Hrsg. von Walter Bußmann und Günther Grünthal, Boppard am Rhein 1993.

Kantorowicz, Alfred: Deutsches Tagebuch, 1. Teil, Berlin 1978.

Kardorff, Ursula von: Berliner Aufzeichnungen 1942 bis 1945. Neu hrsg. und kommentiert von Peter Hartl, München 1992.

Kästner, Erich: Notabene 45. Ein Tagebuch, München 1993.

Kästner, Erich: Das blaue Buch. Geheimes Kriegstagebuch 1941–1945. Hrsg. von Sven Hanuschek in Zusammenarbeit mit Ulrich von Bülow und Silke Becker, Zürich 2018.

Keller, Sven (Hrsg.): Kriegstagebuch einer jungen Nationalsozialistin. Die Aufzeichnungen Wolfhilde von Königs 1939–1946, Berlin–Boston 2015.

Kellner, Friedrich; «Vernebelt, verdunkelt sind alle Hirne». Tagebücher 1939–1945. Hrsg. von Sascha Feuchert, Robert Martin Scott Kellner, Erwin Leibfried, Jörg Riecke und Markus Roth, Bd. 2, Göttingen 2011.

Kempowski, Walter: Das Echolot. Abgesang '45. Ein kollektives Tagebuch, München 2005.

Kesselring, Albert: Soldat bis zum letzten Tag, Bonn 1953.
Kirkpatrick, Ivone: Im inneren Kreis. Erinnerungen eines Diplomaten, Berlin 1964.
Klein, Fritz: Drinnen und draußen. Ein Historiker in der DDR, Frankfurt/M. 2000.
Klemperer, Victor: Ich will Zeugnis ablegen bis zum letzten. Tagebücher 1942–1945. Hrsg. von Walter Nowojski unter Mitarbeit von Hadwig Klemperer, Berlin 1995.
Klüger, Ruth: weiter leben. Eine Jugend, München 17. Aufl. 2010.
Koller, Karl: Der letzte Monat. 14. April bis 27. Mai 1945. Tagebuchaufzeichnungen des ehemaligen Chefs des Generalstabs der deutschen Luftwaffe, Esslingen–München 1985.
Krauss, Christine/Daniel Küchenmeister (Hrsg.): Das Jahr 1945. Brüche und Kontinuitäten, Berlin 1995.
Krone, Heinrich: Tagebücher, Bd. 1:1945–1961. Bearbeitet von Hans-Otto Kleinmann, Düsseldorf 1995.
Kronika, Jacob: Der Untergang Berlins, Flensburg–Hamburg 1946.
Kupfer-Koberwitz, Edgar: Dachauer Tagebücher. Die Aufzeichnungen des Häftlings 24814, München 1997.
Lahme, Tilmann/Holger Pils/Kerstin Klein (Hrsg.): Die Briefe der Manns. Ein Familienporträt, Frankfurt/M. 2016.
Lasky, Melvin J.: Und alles war still. Deutsches Tagebuch 1945, Berlin 2014.
Leonhard, Wolfgang: Die Revolution entlässt ihre Kinder, Köln 1987.
Lindgren, Astrid: Die Menschheit hat den Verstand verloren. Tagebücher 1939–1945, Berlin 2015.
Linge, Heinz: Bis zum Untergang. Als Chef des Persönlichen Dienstes bei Hitler. Hrsg. von Werner Maser, München 1982.
Maier, Reinhold: Ende und Wende. Briefe und Tagebuchaufzeichnungen 1944–1946, Wuppertal 2004.
Mann, Klaus: Der Wendepunkt. Ein Lebensbericht, Frankfurt/M. 1963.
Mann, Klaus: Tagebücher 1944–1949. Hrsg. von Joachim Heimannnsberg, Peter Laemmle und Wilfried F. Schoeller, München 1991.
Mann, Thomas: Tagebücher 1944–1. 4. 1946. Hrsg. von Inge Jens, Frankfurt/M. 1986.
Martin, Angela/Claudia Schoppmann: «Ich fürchte die Menschen mehr als die Bomben». Aus den Tagebüchern dreier Berliner Frauen 1938–1946, Berlin 1996.
Mellendorfer Kriegstagebuch 1942–1949. Aufgezeichnet von Ewald Niedermeyer, Hannover 1996.
Memorial Moskau/Heinrich Böll-Stiftung (Hrsg.): Für immer gezeichnet. Die Geschichte der Ostarbeiter in Briefen, Erinnerungen und Interviews, Berlin 2019.
Misch, Rochus: Der letzte Zeuge. «Ich war Hitlers Telefonist, Kurier und Leibwächter», unter Mitarbeit von Sandra Zarrinbal und Burkhard Nachtigall, Zürich–München 2008.
Montgomery, Marschall: Memoiren, München 1958.
Peikert, Paul: «Festung Breslau» in den Berichten eines Pfarrers, 22. Januar bis 6. Mai 1945. Hrsg. von Karol Jonca und Alfred Konieczny, Berlin 1970.

Poppinga, Anneliese: Mein Erinnerungen an Konrad Adenauer, Stuttgart 1970.
Pünder, Hermann: Von Preußen nach Europa. Lebenserinnerungen, Stuttgart 1968.
Reger, Erik: Zeit des Überlebens. Tagebuch April bis Juni 1945. Hrsg. und mit einem Nachwort von Andreas Petersen, Berlin 2014.
Renger, Annemarie: Ein politisches Leben. Erinnerungen, Stuttgart 1993.
Ruf, Johanna: Eine Backpfeife für den kleinen Goebbels. Berlin 1945 im Tagebuch einer 15-Jährigen. Die letzten und die ersten Tage. Hrsg. von Wieland Giebel, Berlin 2017.
Sarkowicz, Hans (Hrsg.): «Als der Krieg zu Ende war». Erinnerungen an den 8. Mai 1945, Frankfurt/M.–Leipzig 1995.
Schmidt, Helmut u. a.: Kindheit und Jugend unter Hitler, Berlin 1992.
Schroeder, Christa: Er war mein Chef. Aus dem Nachlass der Sekretärin von Adolf Hitler. Hrsg. von Anton Joachimsthaler, München–Wien 3. Aufl. 1985.
Schukow, Georgi K.: Erinnerungen und Gedanken, Stuttgart 1969.
Schuschnigg, Kurt von: Ein Requiem in Rot-Weiß-Rot. Aufzeichnungen des Häftlings Dr. Auster, Zürich 1946.
Schwerin von Krosigk, Lutz Graf: Es geschah in Deutschland. Menschenbilder unseres Jahrhunderts, Tübingen–Stuttgart 1952.
Schwerin von Krosigk, Lutz Graf: Memoiren, Stuttgart 1977.
Shirer, William L.: Berliner Tagebuch. Das Ende. 1944–45. Hrsg. von Jürgen Schebera, Leipzig 1994.
Speer, Albert: Erinnerungen. Mit einem Essay von Jochen Thies, Frankfurt/M.–Berlin 1993.
Speer, Albert: Spandauer Tagebücher. Mit einem Vorwort von Joachim Fest, Berlin–München 2002.
Spender, Stephen: Deutschland in Ruinen. Ein Bericht, Heidelberg 1995.
Stern, Carola: In den Netzen der Erinnerung. Lebensgeschichten zweier Menschen, Reinbek bei Hamburg 1986.
Trampe, Gustav (Hrsg.): Die Stunde Null. Erinnerungen an Kriegsende und Neuanfang, Stuttgart 1995.
Tschuikow: Marschall Wassilij: Das Ende des Dritten Reiches, München 1966.
Ulreich, Carry: Nachts träum ich vom Frieden. Tagebuch 1941 bis 1945, Berlin 2018.
Vermehren, Isa: Reise durch den letzten Akt. Ein Bericht (10. 2. 44 bis 29. 6. 45), Hamburg 1948.
Waibel, Max: 1945. Kapitulation in Norditalien. Originalbericht des Vermittlers, Basel 1981.
Walb, Lore: Ich, die Alte – Ich, die Junge. Konfrontation mit meinen Tagebüchern 1933–1945, Berlin 1997.
Wolff-Mönckeberg, Mathilde: Briefe, die sie nicht erreichten. Briefe einer Mutter an ihre fernen Kinder in den Jahren 1940–1946, Hamburg 1980.

Afflerbach, Holger: Die Kunst der Niederlage. Eine Geschichte der Kapitulation, München 2013.

Aly, Götz/Susanne Heim: Vordenker der Vernichtung. Auschwitz und die deutschen Pläne für eine neue europäische Ordnung, Hamburg 1991.

Angrick, Andrej: Besatzungspolitik und Massenmord. Die Einsatzgruppe D in der südlichen Sowjetunion 1941–1943, Hamburg 2003.

Asendorf, Manfred: 1945. Hamburg besiegt und befreit. Hrsg. von der Landeszentrale für politische Bildung, Hamburg 1995.

Bacque, James: Der geplante Tod. Deutsche Kriegsgefangene in amerikanischen und französischen Lagern. Erweiterte Ausgabe, Frankfurt/M.–Berlin 1994.

Bahnsen, Uwe/ Kerstin von Stürmer: Die Stadt, die leben wollte. Hamburg und die Stunde Null, Hamburg 2004.

Bajohr, Frank: Hamburgs «Führer». Zur Person und Tätigkeit des Hamburger NSDAP-Gauleiters Karl Kaufmann (1900–1969), in: ders./Joachim Szodrzynski (Hrsg.): Hamburg in der NS-Zeit. Ergebnisse neuerer Forschungen, Hamburg 1995, S. 59–91.

Baur, Eva Gesine: Einsame Klasse. Das Leben der Marlene Dietrich, München 2017.

Becker, Winfried: Die Brücke und die Gefangenenlager von Remagen. Über die Interdependenz eines Massenschicksals im Jahre 1945, in: ders. (Hrsg.): Die Kapitulation von 1945 und der Neubeginn in Deutschland, Köln–Wien 1987, S. 44–71.

Beer, Mathias: Flucht und Vertreibung der Deutschen. Voraussetzungen, Verlauf, Folgen, München 2011.

Beevor, Antony: Berlin 1945. Das Ende, München 2002.

Beevor, Antony: Ein Schriftsteller im Krieg. Wassili Grossman und die Rote Armee 1941–1945, München 2005.

Beierl, Florian M.: Hitlers Berg. Licht ins Dunkel der Geschichte des Obersalzbergs und seiner geheimen Bunkeranlagen, Berchtesgaden 4. Aufl. 2015.

Benz, Wigbert: Hans-Joachim Riecke. NS-Staatssekretär. Vom «Hungerplaner» vor zum «Welternährer» nach 1945, Berlin 2014.

Benz, Wolfgang/Barbara Distel (Hrsg.): Der Ort des Terrors. Geschichte der nationalsozialistischen Konzentrationslager, Bd. 2, Bd. 4, Bd. 6, München 2005/2006/2007.

Bessel, Richard: Germany 1945. From War to Peace, London 2009.

Beuys, Barbara: Leben mit dem Feind. Amsterdam unter deutscher Besatzung 1940–1945, München 2012.

Bisky, Jens: Berlin. Biographie einer großen Stadt, Berlin 2019.

Black, Peter: Ernst Kaltenbrunner. Vasall Himmlers: Eine SS-Karriere, Paderborn 1991.

Blatman, Daniel: Die Todesmärsche 1944/45. Das letzte Kapitel des nationalsozialistischen Massenmords, Reinbek bei Hamburg 2011.

Bohn, Robert: Reichskommissariat Norwegen. «Nationalsozialistische Neuordnung» und Kriegswirtschaft, München 2000.

Bonwetsch, Bernd: Sowjetische Zwangsarbeiter vor und nach 1945. Ein doppelter Leidensweg, in: Jahrbücher für Geschichte Osteuropas, Jg. 41 (1993), S. 533–546.

Borgsen, Werner/Klaus Volland: Stalag XB Sandborstel. Zur Geschichte eines Kriegsgefangenen- und KZ-Auffanglagers in Norddeutschland 1939–1945, Bremen 1991.

Bower, Tom: Verschwörung Paperclip. NS-Wissenschaftler im Dienst der Siegermächte, München 1987.

Brechtken, Magnus: Albert Speer. Eine deutsche Karriere, München 2017.

Chaussy, Ulrich/Christoph Püschner: Nachbar Hitler. Führerkult und Heimatzerstörung am Obersalzberg, Berlin 1995.

Conze, Eckart/Norbert Frei/Peter Hayes/Moshe Zimmermann: Das Amt und die Vergangenheit. Deutsche Diplomaten im Dritten Reich und in der Bundesrepublik, München 2010.

Dahm, Volker/Albert A. Feiber/Hartmut Mehringer/Horst Möller (Hrsg.): Die tödliche Utopie. Bilder, Texte, Dokumente. Daten zum Dritten Reich, München–Berlin, 6. Aufl. 2011.

Davies, Norman/Roger Moorhouse: Die Blume Europas. Breslau – Wrocław – Vratislava. Die Geschichte einer mitteleuropäischen Stadt, München 2002.

Depkat, Volker: Lebenswelten und Zeitenwenden. Deutsche Politiker und die Erfahrungen des 20. Jahrhunderts, München 2007.

Diem, Veronika: Die Freiheitsaktion Bayern. Ein Aufstand in der Endphase des NS-Regimes, Kallmünz 2013.

Donnell, James P. O./Uwe Bahnsen: Die Katakombe. Das Ende der Reichskanzlei, Stuttgart 1975.

Douglas, R. M.: «Ordnungsgemäße Überführung». Die Vertreibung der Deutschen nach dem Zweiten Weltkrieg, München 2012.

Eglau, Hans Otto: Fritz Thyssen. Hitlers Gönner und Geisel, Berlin 2003.

Eisfeld, Rainer: Mondsüchtig. Wernher von Braun und die Geburt der Raumfahrt aus dem Geist der Barbarei, Reinbek bei Hamburg 1996.

Engel, Friedrich Karl: 1. Mai 1945: Hitlers Tod in Rundfunksendungen, in: Funkgeschichte, 41. Jg. (2018); PDF-Datei, 5. 3. 2019.

Engelbrecht, Peter: Der Krieg ist aus. Frühjahr 1945 in Oberfranken, Weißenstadt 2015.

Evans, Richard J.: Das Dritte Reich, Bd. III: Krieg, München 2009.

Fest, Joachim: Der Untergang. Hitler und das Ende des Dritten Reiches, Berlin 2002.

Fisch, Bernhard: Nemmersdorf, Oktober 1944. Was in Ostpreußen tatsächlich geschah, Berlin 1997.

Forschungsstelle für Zeitgeschichte in Hamburg (Hrsg.): Hamburg im «Dritten Reich», Göttingen 2005.

Frank, Mario: Walter Ulbricht. Eine deutsche Biographie, Berlin 2001.

Frei, Norbert/Johannes Schmitz: Journalismus im Dritten Reich, München 1989.

Frei, Norbert: Vergangenheitspolitik. Die Anfänge der Bundesrepublik und die NS-Vergangenheit, München 1996.

Frei, Norbert: 1945 und wir. Das Dritte Reich im Bewusstsein der Deutschen, München 2005.

Ganzenmüller, Jörg: Das belagerte Leningrad 1941–1944, Paderborn 2. Aufl. 2007.

Garbe, Detlef/Carmen Lange (Hrsg.): Häftlinge zwischen Vernichtung und Befreiung. Die Auflösung des KZ Neuengamme und seiner Außenlager durch die SS im Frühjahr 1945, Bremen 2005.

Garbe, Detlef: Eine Stadt und ihr KZ. Die Hansestadt Hamburg und das Konzentrationslager Neuengamme, in: Zeitgeschichte in Hamburg 2018, Hamburg 2019, S. 12–31.

Gebhardt, Miriam: Als die Soldaten kamen. Die Vergewaltigung deutscher Frauen am Ende des Zweiten Weltkriegs, München 2015.

Geiß, Josef: Obersalzberg. Die Geschichte eines Berges von Judith Platter bis heute, Berchtesgaden 20. Aufl. 2016.

Glaser, Hermann: 1945. Ein Lesebuch, Frankfurt/M. 1995.

Goeschel, Christian: Selbstmord im Dritten Reich, Berlin 2011.

Goldhagen, Daniel Jonah: Hitlers willige Vollstrecker. Ganz gewöhnliche Deutsche und der Holocaust, Berlin 1996.

Görtemaker, Heike B.: Ein deutsches Leben. Die Geschichte der Margret Boveri, München 2005.

Görtemaker, Heike B.: Hitlers Hofstaat. Der innere Kreis im Dritten Reich und danach, München 2019.

Gottwaldt, Alfred: Dorpmüllers Reichsbahn. Die Ära des Reichsverkehrsministers Julius Dorpmüller 1920–1945, Freiburg 2009.

Greiser, Katrin: Die Todesmärsche von Buchenwald. Räumung, Befreiung und Spuren der Erinnerung, Göttingen 2008.

Hammerstein, Gabriele: Das Kriegsende in Dachau, in: Bernd-A. Rusinek (Hrsg.): Kriegsende 1945, Göttingen 2004, S. 27–53.

Hansen, Reimer: Das Ende des Dritten Reiches. Die deutsche Kapitulation 1945, Stuttgart 1966.

Harbou, Knud: Als Deutschland seine Seele retten wollte. Die Süddeutsche Zeitung in den Gründerjahren nach 1945, München 2015.

Heer, Hannes/Klaus Naumann (Hrsg.): Vernichtungskrieg. Verbrechen der Wehrmacht 1941– 1944, Hamburg 1995.

Henke, Klaus-Dietmar: Die amerikanische Besetzung Deutschlands, München 1995.

Herbert, Ulrich: Fremdarbeiter. Politik und Praxis des «Ausländer-Einsatzes» in der Kriegswirtschaft des Dritten Reiches, Berlin–Bonn 1985.

Herbert, Ulrich: Best. Biographische Studien über Radikalismus, Weltanschauung und Vernunft 1903–1989, Bonn 1996.

Herbert, Ulrich: Geschichte der Ausländerpolitik in Deutschland. Saisonarbeiter, Zwangsarbeiter, Gastarbeiter, Flüchtlinge, München 2001.

Herbert, Ulrich: Geschichte Deutschlands im 20. Jahrhundert, München 2014.

Herbert, Ulrich/Axel Schildt (Hrsg.): Kriegsende in Europa. Vom Beginn des deutschen Machtverfalls bis zur Stabilisierung der Nachkriegsordnung 1944–1948, Essen 1998.

Heusler, Andreas: Die Eskalation des Terrors. Gewalt gegen ausländische Zwangsarbeiter in der Endphase des Zweiten Weltkrieges, in: Cord Arendes/Edgar

Wolfrum/Jörg Zedler (Hrsg.): Terror nach innen. Verbrechen am Ende des Zweiten Weltkrieges, Göttingen 2006, S. 172–182.
Heyl, Matthias: Anne Frank, Reinbek bei Hamburg 2002.
Hoffmann, Stefan-Ludwig: Besiegte, Besatzer, Beobachter. Das Kriegsende im Tagebuch, in: Daniel Fulda/Dagmar Herzog/Stefan-Ludwig Hoffmann/Till van Rhaden (Hrsg.): Demokratie im Schatten der Gewalt. Geschichten des Privaten im deutschen Nachkrieg, Göttingen 2010, S. 25–55.
Hofmann, Gunter: Richard von Weizsäcker. Ein deutsches Leben, München 2010.
Hrabovec, Emilia: Vertreibung und Abschub. Deutsche in Mähren 1945–1947, Frankfurt/M. 1995.
Huber, Florian: Kind, versprich mir, dass du dich erschießt. Der Untergang der kleinen Leute, Berlin 4. Aufl. 2015.
Jacobmeyer, Wolfgang: Vom Zwangsarbeiter zum heimatlosen Ausländer. Die Displaced Persons in Westdeutschland 1945–1951, Göttingen 1985.
Jacobmeyer, Wolfgang: Ortlos am Ende des Grauens: ‹Displaced Persons› in der Nachkriegszeit, in: Klaus J. Bade (Hrsg.): Deutsche im Ausland – Fremde in Deutschland. Migration in Geschichte und Gegenwart, München 1992, S. 367–373.
Jähner, Harald: Wolfszeit. Deutschland und die Deutschen 1945–1955, Berlin 2019.
Janßen, Karl.Heinz: Der 8. Mai 1945 – Die deutsche Kapitulation in Karlshorst, in: ders.: Und morgen die ganze Welt… Deutsche Geschichte 1871–1945, Bremen 2003, S. 485–492.
Jasch, Hans-Christian: Staatssekretär Wilhelm Stuckart und die Judenpolitik. Der Mythos von der sauberen Verwaltung, München 2012.
Joachimsthaler, Anton: Hitlers Ende. Legenden und Dokumente, München–Berlin 1995.
Kaden, Albrecht: Einheit oder Freiheit. Die Wiedergründung der SPD 1945/46, Hannover 1964.
Kaienburg, Hermann: Das Konzentrationslager Neuengamme 1938–1945, Bonn 1997.
Kaltenegger, Roland: Schörner. Feldmarschall der letzten Stunde. Biographie, München–Berlin 1994.
Kershaw, Alex: Der Befreier. Die Geschichte eines amerikanischen Soldaten im Zweiten Weltkrieg, München 2012.
Kershaw, Ian: Der Hitler-Mythos. Führerkult und Volksmeinung, Stuttgart, 2. Aufl. 1999.
Kershaw, Ian: Das Ende. Kampf bis in den Untergang. NS-Deutschland 1944/55, München 2011.
Klotzbach, Kurt: Der Weg zur Staatspartei. Programmatik, praktische Politik und Organisation der deutschen Sozialdemokratie 1945 bis 1965, Berlin–Bonn 1982.
Königseder, Angelika/Juliane Wetzel: Lebensmut im Wartesaal. Die jüdischen DPs (Displaced Persons) im Nachkriegsdeutschland, Frankfurt/M. 1994.
Kogon, Eugen: Der SS-Staat. Das System der deutschen Konzentrationslager, München 1974.
Kokoška, Stanislav: Prag im Mai 1945. Die Geschichte eines Aufstandes, Göttingen 2009.

Koll, Johannes: Arthur Seyß-Inquart und die deutsche Besatzungspolitik in den Niederlanden (1940–1945), Wien–Köln–Weimar 2015.

Konrad, Joachim: Das Ende von Breslau, in: Vierteljahrshefte für Zeitgeschichte, Jg. 4 (1956), S. 387–390.

Koop, Volker: Martin Bormann. Hitlers Vollstrecker, Wien–Köln–Weimar 2012.

Kopper, Christopher: Hjalmar Schacht. Aufstieg und Fall von Hitlers mächtigstem Bankier, München–Wien 2006.

Kossert, Andreas: Kalte Heimat. Die Geschichte der deutschen Vertriebenen nach 1945, München 2008.

Kramar, Konrad: Mission Michelangelo. Wie die Bergleute von Altaussee Hitlers Raubkunst vor der Vernichtung bewahrten, St.Pölten–Salzburg–Wien 2013.

Kubin, Ernst: Sonderauftrag Linz. Die Kunstsammlung Adolf Hitler. Aufbau, Vernichtungsplan, Rettung. Ein Thriller der Kulturgeschichte, Wien 1989.

Kuby, Erich: Die Russen in Berlin 1945, Rastatt 1965.

Küpper, René: Karl Hermann Frank (1898–1946). Politische Biographie eines sudetendeutschen Nationalsozialisten, München 2010.

Lang, Jochen von: Der Sekretär. Martin Bormann: Der Mann, der Hitler beherrschte. Unter Mitarbeit von Claus Sibyll, Stuttgart 1977.

Lang, Jochen von: Der Adjutant. Karl Wolff: Der Mann zwischen Hitler und Himmler. Unter Mitarbeit von Claus Sybill, München–Berlin 1985.

Large, David Clay: Hitlers München. Aufstieg und Fall der Hauptstadt der Bewegung, München 1998.

Lehnstaedt, Stephan: Der Kern des Holocaust. Bełżec, Sobibór, Treblinka und die Aktion Reinhardt, München 2017.

Lichtenstein, Heiner: Mit der Reichsbahn in den Tod. Massentransporte in den Holocaust 1941 bis 1945, Köln 1985.

Linck, Stephan: ‹Festung Nord› und ‹Alpenfestung›. Das Ende des NS-Sicherheitsapparates, in: Gerhard Paul/Michael Mallmann (Hrsg.): Die Gestapo im Zweiten Weltkrieg. ‹Heimatfront› und besetztes Europa, Darmstadt 2000, S. 569–595.

Lingen, Kerstin von: SS und Secret Service. «Verschwörung des Schweigens»: Die Akte Karl Wolff, Paderborn 2010.

Longerich, Peter: Heinrich Himmler. Biographie, München 2008.

Loth, Wilfried: Stalins ungeliebtes Kind. Warum Moskau die DDR nicht wollte, Berlin 1994.

Loth, Wilfried: 8. Mai 1945: Der Zusammenbruch des Dritten Reiches, in: Dirk Blasius/Wilfried Loth (Hrsg.): Tage deutscher Geschichte im 20. Jahrhundert., Göttingen 2006, S. 75–91.

Lowe, Keith: Der wilde Kontinent. Europa in den Jahren der Anarchie 1943–1950, Stuttgart 2014.

Lüdde-Neurath, Walter: Regierung Dönitz. Die letzten Tage des Dritten Reiches, Göttingen 3. Aufl. 1964.

Lüdicke, Lars: Constantin von Neurath. Eine politische Biographie, Paderborn 2014.

Manoschek, Walter: «Serbien ist judenfrei». Militärische Besatzungspolitik und Judenvernichtung in Serbien 1941/42, München 1993.

Mazower, Mark: Hitlers Imperium. Europa unter der Herrschaft des Nationalsozialismus, München 2009.

Merridale, Catherine: Iwans Krieg. Die Rote Armee 1939–1945, Frankfurt/M. 2006.

Merseburger, Peter: Der schwierige Deutsche. Kurt Schumacher. Eine Biographie, Stuttgart 1995.

Merseburger, Peter: Willy Brandt 1913–1992. Visionär und Realist, Stuttgart–München 2002.

Merseburger, Peter: Theodor Heuss. Der Bürger als Präsident. Biographie, München 2012.

Meyer, Kristina: Die SPD und die NS-Vergangenheit 1945–1990, Göttingen 2015.

Militärgeschichtliches Forschungsamt (Hrsg.): Das Deutsche Reich und der Zweite Weltkrieg, Bd. 10: Der Zusammenbruch des Deutschen Reiches 1945. Erster Halbbd.: Die militärische Niederwerfung der Wehrmacht; Zweiter Halbbd.: Die Folgen des Zweiten Weltkrieges, München 2008.

Mitscherlich, Alexander und Margarete: Die Unfähigkeit zu trauern. Grundlagen kollektiven Verhaltens, München 1967.

Müller, Melissa: Das Mädchen Anne Frank. Die Biographie, Frankfurt/M. 2012.

Müller, Ulrich: Fremde in der Nachkriegszeit. Displaced Persons – zwangsverschleppte Personen – in Stuttgart und Württemberg-Baden 1945–1951, Stuttgart 1990.

Münkler, Herfried: Machtzerfall. Die letzten Tage des Dritten Reiches dargestellt am Beispiel der hessischen Kreisstadt Friedberg, Berlin 1985.

Naimark, Norman N.: Die Russen in Deutschland. Die sowjetische Besatzungszone 1945 bis 1949, Berlin 1997.

Naumann, Uwe (Hrsg.): «Ruhe gibt es nicht bis zum Schluss». Klaus Mann (1906–1949). Bilder und Dokumente, Reinbek bei Hamburg 1999.

Naumann, Uwe (Hrsg.): Die Kinder der Manns. Ein Familienalbum, Reinbek bei Hamburg 2005.

Nerdinger, Winfried (Hrsg.): München und der Nationalsozialismus. Katalog des NS-Dokumentationszentrums in München, München 2015.

Neufeld, Michael J.: Wernher von Braun. Visionär des Weltraums, Ingenieur des Krieges, München 2009.

Nieden, Susanne zur: Alltag im Ausnahmezustand. Frauentagebücher im zerstörten Deutschland 1943 bis 1945, Berlin 1993.

Nützenadel, Alexander (Hrsg.): Das Reichsarbeitsministerium im Nationalsozialismus. Verwaltung-Politik-Verbrechen, Göttingen 2017.

Overmans, Rüdiger: «Ein ungeordneter Eintrag im Leidensbuch der deutschen Geschichte?» Die Rheinwiesenlager 1945, in: Hans-Erich Volkmann (Hrsg.): Ende des Dritten Reiches – Ende des Zweiten Weltkriegs. Eine perspektivische Rückschau, München–Zürich 1995, S. 259–291.

Overy, Richard: Verhöre. Die NS-Elite in den Händen der Alliierten, München–Berlin 2001.

Pamperrien, Sabine: Helmut Schmidt und der Scheißkrieg. Die Biografie 1918 bis 1945, München–Zürich 2014.

Pegel, Michael: Fremdarbeiter, Displaced Persons, Heimatlose Ausländer. Konstanten eines Randgruppenschicksals nach 1945, Münster 1997.
Pelc, Ortwin in Zusammenarbeit mit Christiane Zwick (Hrsg.): Kriegsende in Hamburg. Eine Stadt erinnert sich, Hamburg 2005.
Petersen, Andreas: Die Moskauer. Wie das Stalintrauma die DDR prägte, Frankfurt/M. 2019.
Roos, Daniel: Julius Streicher und «Der Stürmer» 1923–1945, Paderborn 2014.
Rusinek, Bernd-A.: Kriegsende 1945. Verbrechen, Katastrophen, Befreiungen in nationaler und internationaler Perspektive, Göttingen 2004.
Saal, Yuliya von: Anonyma: «Eine Frau in Berlin». Geschichte eines Bestsellers, in: Vierteljahrhefte für Zeitgeschichte, Jg. 67 (2019), S. 343–376.
Sabrow, Martin: Erich Honecker. Das Leben davor 1912–1945, München 2016.
Sander, Helge/Barbara John (Hrsg.): BeFreier und Befreite. Krieg, Vergewaltigungen, Kinder, München 1992.
Schenck, Ernst Günther: Patient Hitler. Eine medizinische Biographie, Düsseldorf 1989.
Schenk, Dieter: Hans Frank. Hitlers Kronjurist und Generalgouverneur, Frankfurt/M. 2006.
Schmidt, Ulf: Hitlers Arzt Karl Brandt. Medizin und Macht im Dritten Reich, Berlin 2009.
Schöner, Hellmut (Hrsg.): Die verhinderte Alpenfestung. Das Ende des Zweiten Weltkriegs im Raum Berchtesgaden–Bad Reichenhall–Salzburg, Berchtesgaden 1996.
Scholtyseck, Joachim: Der Aufstieg der Quandts. Eine deutsche Unternehmerdynastie, München 2011.
Schwarberg, Günther: Angriffsziel Cap Arcona, Göttingen 1998.
Schwarz, Birgit: Geniewahn: Hitler und die Kunst, Wien–Köln–Weimar 2009.
Schwarz, Birgit: Auf Befehl des Führers. Hitler und der Kunstraub, Darmstadt 2014.
Schwarz, Hans-Peter: Adenauer, Bd. 1: Der Aufstieg 1876–1952, München 1994.
Schwendemann, Heinrich: «Deutsche Menschen vor der Vernichtung durch den Bolschewismus zu retten». Das Programm der Regierung Dönitz und der Beginn einer Legendenbildung, in: Jörg Hillmann/John Zimmermann (Hrsg.): Kriegsende 1945 in Deutschland, München 2002, S. 9–33.
Seebacher-Brandt, Brigitte: Ollenhauer. Biedermann und Patriot, Berlin 1984.
Segev, Tom: Simon Wiesenthal. Die Biographie, München 2010.
Sereny, Gitta: Albert Speer. Das Ringen mit der Wahrheit und das deutsche Trauma, München 1995.
Smelser, Ronald: Robert Ley. Hitlers Mann an der «Arbeitsfront». Eine Biographie, Paderborn 1989.
Smelser, Ronald/Enrico Syring/Rainer Zitelmann (Hrsg.): Die braune Elite II. 21 weitere biographische Skizzen, Darmstadt 1993.
Smith, Arthur L.: Die «vermisste Million». Zum Schicksal deutscher Kriegsgefangener nach dem Zweiten Weltkrieg, München 1992.
Smith, Bradley F./Elena Agarossi: «Unternehmen Sonnenaufgang», Köln 1981.
Sommer, Theo: 1945. Die Biographie eines Jahres, Reinbek bei Hamburg 2005.

Soell, Hartmut: Helmut Schmidt 1918–1969. Vernunft und Leidenschaft, München 2003.
Stargardt, Nicholas: Der Deutsche Krieg 1939–1945, Frankfurt/M. 2015.
Steinert, Marlis G.: Die 23 Tage der Regierung Dönitz, Düsseldorf–Wien 1967.
Steinert, Marlis G.: Die alliierte Entscheidung zur Verhaftung der Regierung Dönitz, in: Militärgeschichtliche Mitteilungen 2 (1986), S. 85–99.
Sträßner, Matthias: «Erzähl mir vom Krieg!». Wie 4 Journalistinnen 1945 ihre Berliner Tagebücher schreiben. Ruth Andreas-Friedrich, Ursula von Kardorff, Margret Boveri und Anonyma, Würzburg 2014.
Strebel, Bernhard: Celle April 1945 revisited, Bielefeld 2008.
Ströbinger, Rudolf: Poker um Prag. Die frühen Folgen von Jalta, Zürich–Osnabrück 1985.
Taylor, Frederick: Zwischen Krieg und Frieden. Die Besetzung und Entnazifzierung Deutschlands 1944–1946, Berlin 2011.
Thies Heinrich: Fesche Lola, brave Liesel. Marlene Dietrich und ihre verleugnete Schwester, Hamburg 2017.
Thum, Gregor: Die fremde Stadt. Breslau 1945, Berlin 2003.
Trevor-Roper, Hugh R.: Hitlers letzte Tage, Frankfurt/M.–Berlin 1995.
Ueberschär, Gerd R. (Hrsg.): Hitlers militärische Elite. Bd. 2: Vom Kriegsbeginn bis zum Weltkriegsende, Darmstadt 1998.
Ueberschär, Gerd R./Rolf-Dieter Müller: 1945. Das Ende des Krieges, Darmstadt 2005.
Ullrich, Sebastian: Der Weimar-Komplex. Das Scheitern der ersten deutschen Demokratie und die politische Kultur der frühen Bundesrepublik, Göttingen 2009.
Ullrich, Volker: Adolf Hitler, Bd. 1: Die Jahre des Aufstiegs 1889–1939; Bd. 2: Die Jahre des Untergangs 1939–1945, Frankfurt/M. 2013/18.
Ullrich, Volker: Victor Klemperer: Ich will Zeugnis ablegen bis zum letzten, in: Markus Roth/Sascha Feuchert (Hrsg.): HolocaustZeugnisLiteratur. 20 Werke wieder gelesen, Göttingen 2018, S. 211–222.
Volkmann, Hans-Erich (Hrsg.): Ende des Dritten Reiches – Ende des Zweiten Weltkriegs. Eine perspektivische Rückschau, München–Zürich 1995.
Wachsmann, Nikolaus: KL. Die Geschichte der nationalsozialistischen Konzentrationslager, München 2015.
Wagner, Patrick: Displaced Persons in Hamburg. Stationen einer halbherzigen Integration 1945 bis 1948, Hamburg 1997.
Wieland, Karin: Dietrich & Riefenstahl. Der Traum von der neuen Frau, München 2011.
Wildt, Michael: Generation des Unbedingten. Das Führungskorps des Reichsicherheitshauptamtes, Hamburg 2002.
Winkler, Heinrich August: Der lange Weg nach Westen, 2 Bde., München 2000.
Winter, Martin C.: Gewalt und Erinnerung im ländlichen Raum. Die deutsche Bevölkerung und die Todesmärsche, Berlin 2018.
Zeidler, Werner: Kriegsende im Osten. Die Rolle der Roten Armee und die Bevölkerung Deutschlands östlich der Oder und Neiße 1944/45, München 1996.

Dank

Mein erster Dank geht an Dr. Detlef Felken, den Cheflektor des Verlages C.H.Beck. Er hat die Idee für dieses Buch gehabt und die Entstehung des Manuskripts mit gleichbleibend freundlicher Aufmerksamkeit begleitet. Danken möchte ich auch Alexander Goller, der sorgfältig Korrektur gelesen, und Janna Rösch, die die Abläufe bis zur Drucklegung koordiniert hat.

Zu danken habe ich ebenfalls Mirjam Zimmer, Dr. Kerstin Wilhelms und ihren Kolleginnen von der Dokumentation der ZEIT sowie den Mitarbeiterinnen der Forschungsstelle für Zeitgeschichte in Hamburg, Dorothee Mateika und Christine Riemer. Sie alle waren mir bei der Erfüllung meiner Bücherwünsche in zuvorkommender Weise behilflich.

Mein größter Dank gilt aber einmal mehr meiner Frau Gudrun und unserem Sohn Sebastian. Ohne die anregenden Gespräche, die ich mit ihnen führen durfte, ohne ihre kritischen Anmerkungen hätte auch dieses Buch nicht geschrieben werden können.

Widmen möchte ich den Band meiner 2004 verstorbenen Mutter. Sie hat ihre fünf Söhne mit Bravour durch die schwierigen letzten Kriegs- und ersten Nachkriegsjahre gebracht. Als sich 1942/43 die Bombenangriffe auf Berlin häuften, war sie mit ihren Kindern in ein Dorf in der Lüneburger Heide gezogen. An das Kriegsende kann ich mich, damals knapp zwei Jahre alt, nicht erinnern. Aber ein Erlebnis ist mir unvergesslich geblieben: Irgendwann, 1947 oder 1948, fuhr eine britische Militärpatrouille durchs Dorf, und Soldaten warfen uns Knirpsen am Straßenrand Bonbons zu. Sie schmeckten wunderbar!

Hamburg, im November 2019 Volker Ullrich

Bildnachweis

Seite 21: © Khaldei/Voller Ernst/akg-images, Berlin
Seite 23: Scherl/Süddeutsche Zeitung Photo, München
Seite 48: Sammlung Berliner Verlag/Archiv/akg-images, Berlin
Seite 69: Berliner Verlag/Archiv/dpa/ZB/Picture-Alliance, Frankfurt/Main
Seite 89: akg-images, Berlin
Seite 105: bpk-Bildagentur, Berlin
Seite 127: © Lee Miller Archives, England 2019. All rights reserved. www.leemiller.co.uk
Seite 130: ullstein bild/dpa Picture-Alliance, Frankfurt/Main
Seite 141: akg-images, Berlin
Seite 155: IMAGNO/Votava/dpa Picture-Alliance, Frankfurt/Main
Seite 165: akg-images, Berlin
Seite 181: Benno Gantner/akg-images, Berlin
Seite 189: akg-images, Berlin
Seite 201: akg-images, Berlin
Seite 203: akg-images, Berlin
Seite 207: picture alliance/Keystone/akg-images, Berlin
Seite 219: AKG/ullstein bild, Berlin
Seite 229: Pictures From History/akg-images, Berlin
Seite 238: Münchner Stadtbibliothek/Monacensia, Signatur: Mann, Klaus, KM F 144, Stars and Stripes Photo
Seite 243: Bayerische Staatsbibliothek München/Archiv Heinrich Hoffmann/bpk-Bildagentur, Berlin
Seite 247: Bettmann/Getty Images

Personenregister